시남집

이 책은 2020년도 정부(교육부)의 재원으로 한국고전번역원의 지원을 받아
수행된 '권역별거점연구소협동번역사업'의 결과물임.

This work was supported by Institute for the Translation of Korean Classics - Grant funded by the Korean Government.

한국고전번역원 한국문집번역총서 / 충남대학교 한자문화연구소

시남집 2

市南集

유계 지음
兪棨

이상수
임현정 옮김

일러두기

1. 이 책의 번역 대본은 한국고전번역원에서 간행한 한국문집총간 117집 소재 《시남집(市南集)》으로 하였다. 번역 대본의 원문 텍스트와 원문 이미지는 한국고전종합DB(https://db.itkc.or.kr)에서 확인할 수 있다.
2. 내용이 간단한 역주는 간주(間註)로, 긴 역주는 각주(脚註)로 처리하였다.
3. 한자는 필요한 경우 이해를 돕기 위하여 넣었으며, 운문(韻文)은 원문을 병기하였다.
4. 맞춤법과 띄어쓰기는 한글 맞춤법과 표준어 규정을 따랐다.
5. 이 책에서 사용한 부호는 다음과 같다.
   ( ) : 번역문과 음이 같은 한자를 묶는다.
   〔 〕 : 번역문과 뜻은 같으나 음이 다른 한자를 묶는다.
   " " : 대화 등의 인용문을 묶는다.
   ' ' : " " 안의 재인용 또는 강조 문구를 묶는다.
   「 」 : ' ' 안의 재인용을 묶는다.
   『 』 : 「 」 안의 재인용을 묶는다.
   《 》 : 책명 및 각주의 전거(典據)를 묶는다.
   〈 〉 : 책의 편명 및 운문·산문의 제목을 묶는다.

차례

시남집 제5권

시詩

칠언율시七言律詩

시남집 제6권

시詩

칠언율시七言律詩

칠언배율七言排律

시남집 제7권

시詩

오언고시五言古詩

칠언고시七言古詩

시남집 제8권

교서教書

소疏

시남집

제5권

詩시

중문[1]과 함께 배를 타고 달을 기다리면서 금성 현감 이함경[2]을 추억하다
偕仲文舟江待月 憶錦城使君李咸卿

금강에서 구름을 바라보던 당시	錦江當日望湖雲
함경을 대할 적마다 그대 얘기 꺼냈지	每對咸卿說得君
호상에서 우연히 만났었는데	湖上偶然成握手
강남에서 다시금 문장에 관해 논하지 못하였네	江南還復阻論文
물결 이는 저녁 물가에 물고기 그물에 올라오고	潮生暮水魚登網
서리 내리는 긴 물가에 기러기 무리지어 우네	霜落長洲雁叫群
천 리 먼 곳의 벗 그리며 밝은 달 기다리면서	千里容顏待明月
같은 하늘 추운 밤중에 앉아 있다오	一天風露坐宵分

무자년(1648, 인조26)에 지었다. 이하는 임천(林川)으로 돌아간 뒤에 지은 것이다.

1 중문(仲文) : 김익희(金益熙, 1610~1656)로, 본관은 광산(光山), 자는 중문, 호는 창주(滄州), 시호는 문정(文貞)이다.

2 이함경(李咸卿) : 이일상(李一相, 1612~1666)으로, 본관은 연안(延安), 자는 함경, 호는 청호(青湖), 시호는 문숙(文肅)이다. 1648년 금성 현감(錦城縣監)에 제수되었다.《承政院日記 仁祖 26年 2月 20日》 금성은 지금의 나주(羅州)이다.

김 옹진의 아내인 종고모에 대한 만사
挽從姑金甕津內子

상복 바꾸지 않고 피눈물 흘리니	衰麻不改血漣漣
사십 년 세월 한결같으셨네	四十年猶一日然
감정 없는 금석도 감동시킬 수 있는 정성이었고	金石無情誠可動
신명이 도와서 수명 연장되셨네	神明有相壽還延
당시 조정에서 표창한 정려문 남았고	褒揚當歲朝旌在
뒷날 여사[3]에 절의가 전해지리	義烈他時女史傳
천지가 다함은 물거품과 환상처럼 빨리 사라지는데	天地會窮泡幻速
부부가 황천에서 만남은 길이 남네	永留雙劍會重泉

3 여사(女史) : 주(周)나라 때에 설치한 관직으로, 궁중의 정령(政令)이나 후비(后妃)에 관한 일을 기록하는 여자 관원을 일컫는다. 《주례(周禮)》 천관(天官)에 "여사는 왕후의 예직(禮職)을 맡는다. 내치의 다음가는 자리를 맡아 왕후를 깨우쳐 내정을 다스리게 한다."라고 하였다. 여기서는 어진 여자에 대한 행적이나 사적을 적은 글을 의미한다.

심창[4]에 대한 만사

挽沈敞

부친이 사면을 받고 돌아왔는데 막 도착했을 때는 심창이 죽은 뒤였다.[5]

일찍이 난옥[6] 같아 집안에 걸맞은 아이였는데	曾看蘭玉稱家兒
이 사람 갑자기 이 지경에 이를 줄 생각지 못했네	不謂斯人遽至斯
하늘 끝 흰 구름 몇 해나 바라보았던가[7]	天末白雲經歲望
뜰 앞에서 색동옷 입을 날 하루를 남겨두었는데	庭前綵服隔宵期
누가 알았으랴 부자가 상봉하는 날이	誰知父子相逢日
이승과 저승으로 영원히 이별하는 때가 될 줄을	便是幽明永訣時
구천에 천고의 한을 묻으니	埋却重泉千古恨

4 심창(沈敞) : ?~1649. 본관은 청송(青松)이다. 심동귀(沈東龜)의 아들이다.

5 부친이……뒤였다 : 《송자대전(宋子大全)》 권177 〈청봉심공묘갈명(晴峯沈公墓碣銘)〉에 "기축년(1649)에……효종(孝宗) 초에 사면되어 심공(沈公)이 말을 달려 급히 왔는데, 이는 선친의 묘소에 성묘함과 빈궁(殯宮)에 곡을 함이 급했기 때문이었다. 맏아들 창(敞)이 심공을 맞이하려다가 갑자기 병으로 죽었다."라고 하였다.

6 난옥(蘭玉) : 남의 집안의 뛰어난 자제(子弟)를 칭찬하여 비유하는 말로, 심창을 가리킨다. 진(晉)나라 사안(謝安)이 여러 자제들에게 어떤 자제가 되고 싶으냐고 묻자, 그의 조카인 사현(謝玄)이 "비유하자면 지란(芝蘭)과 옥수(玉樹)가 뜰 안에 자라게 하고 싶은 것과 같습니다."라고 한 데서 온 말이다. 《世說新語 言語》

7 하늘……바라보았던가 : 심창이 장흥(長興)에 유배된 아버지를 그리워했다는 말이다. 백운(白雲)은 어버이를 그리워하는 정을 말하는데, 당(唐)나라 적인걸(狄仁傑)이 태항산(太行山)을 넘던 중 흰 구름이 외로이 떠가는 남쪽 하늘을 바라보며 "저 구름 아래에 어버이가 계신다.〔吾親所居, 在此雲下.〕"라고 하였다는 고사가 있다. 《舊唐書 卷89 狄仁傑列傳》 심동귀는 1644년에 장흥으로 귀양 갔다. 《仁祖實錄 22年 3月 21日》

정을 쏟은 준충 때문에 매우 슬프도다[8]

鍾情偏爲濬冲悲

8 정을……슬프도다 : 준충(濬冲)은 진(晉)나라 왕융(王戎)의 자로, 왕융이 일찍이 아들을 잃은 슬픔을 심동귀에 비유하여 말한 것이다. 왕융이 일찍이 아들을 잃었을 때 산간(山簡)이 찾아가 보니 왕융이 비통함을 감당하지 못하므로 산간이 말하기를 "어린애는 품 안의 물건이거늘, 어찌 이 지경에 이른단 말인가."라고 하였다. 왕융이 "성인은 정을 잊는 것이고, 가장 하등인 사람은 정을 다하지 못하는 것이며, 정을 다 쏟을 수 있는 것은 바로 우리들에게 있다.〔聖人忘情, 最下不及情, 情之所鍾, 正在我輩.〕"라고 하였다. 《晉書 卷43 王戎列傳》

중서 사인 이계하[9]가 보내준 시에 차운하다

次李季夏中書見贈

하의에 난초 패물 찬 초신의 옷차림으로[10] 荷衣蘭佩楚臣裝
초췌하게 강변 마을 객당에 머무르네 憔悴江城滯客堂
고요히 설봉 마주하면 근심 절로 커지고 靜對雪峯愁自旺
한가로이 붓 잡으면 시의 기상 되려 강해질테지 閑拈詩筆氣猶强
외로운 학 자꾸 날개 꺾임을 누가 동정할까 誰憐獨鶴頻摧翮
응당 높은 하늘 다시 날아오르리라 會見重霄更展翔
천의는 우연이 아니라 온전히 성취시키려 함이니 天意玉成非偶爾
오거서를 모두 읽는 것도 괜찮다오 五車看盡且無妨

막다른 길에서 옛정 깊이 느끼고 窮途斗覺舊情偏
세모에 초나라 연못가[11]를 그리워하네 歲暮相思楚澤邊

9 이계하(李季夏) : 이해창(李海昌, 1599~1651)으로, 본관은 한산(韓山), 자는 계하, 호는 송파(松坡)이다. 《과재집(果齋集)》 권6 〈대사간이공묘지명(大司諫李公墓誌銘)〉에 이해창이 중서 사인(中書舍人)을 지냈다는 기록이 있다.

10 하의(荷衣)에……옷차림으로 : 하의는 연잎 옷으로 은자(隱者)의 복장을 말한다. 《초사(楚辭)》 〈이소(離騷)〉에 "연꽃 잎으로 웃옷 해 입고, 부용으로 아랫바지 만들어 입네.〔製芰荷以爲衣兮, 集芙蓉以爲裳.〕"라고 하였다. 난패(蘭佩)는 《초사》 〈이소〉에 "가을 난초를 엮어 허리에 찼다오.〔紉秋蘭以爲佩〕"라는 구절이 있다. 초신(楚臣)은 초나라의 충신으로, 굴원(屈原)을 가리킨다.

11 초나라 연못가 : 초택(楚澤)은 초나라 굴원이 유배 간 뒤 노닐었던 곳으로, 여기서는 이해창이 있는 곳을 비유하여 가리킨 것이다.

빈 휘장에서 몇 번이나 외로운 달 맞이해 취하나　虛幌幾邀孤月醉
객창에서 동자와 짝이 돼 잠을 자리　客窓應伴一童眠
간절히 바라보지만 첩첩이 산이 가렸고　山將望眼重重蔽
근심 어린 창자처럼 강물이 굽이굽이 에둘렀네　江似愁腸曲曲牽
병이 많아 괜스레 계서의 약속[12] 저버리니　多病坐孤鷄黍約
요즘은 한밤에 그대 꿈꾸기도 어렵다오　邇來三夜夢難圓

12 계서(鷄黍)의 약속 : 닭 잡고 기장밥 지어 손님을 대접하겠다는 약속을 말한다. 한(漢)나라 범식(范式)과 장소(張劭)는 평소 태학(太學)에서 함께 공부하면서 우정이 매우 두터웠다. 두 사람이 이별할 때 범식이 장소에게 "2년 뒤 돌아올 때 그대의 집에 들르겠다."라고 하였다. 꼭 2년째가 되는 날에 장소가 닭을 잡고 기장밥을 짓고 범식을 기다리자 그 어머니가 "2년 전에 천리 밖에서 약속한 말을 너는 어째서 그리 믿느냐?"라고 하자, 장소가 대답하기를 "범식은 신의가 있는 사람이니 반드시 약속을 어기지 않을 것입니다."라고 하였다. 그날이 되자 범식이 과연 당도했다고 한다. 이에 계서약(鷄黍約)은 친구 사이에 우의가 깊어 만나기로 한 약속을 지키는 전고로 쓰이게 되었다. 《後漢書 卷81 范式列傳》

경인년(1650, 효종1) 1월 12일 밤에 입으로 읊다
庚寅元月十二夜 口占

덧없는 인생 허연 머리 이상해 말아야지	莫怪浮生鬢髮皚
봄바람이 마흔네 번째 돌아왔다오	春風四十四年廻
근심 속에 게을리 시권 펼쳐 보고	愁中懶把尋詩卷
병든 뒤로 술 들고 글자 묻는 일[13] 팽개쳤네	病後仍抛問字杯
달빛은 호숫가 계수나무를 점차 감싸고	暗魄漸籠湖上桂
맑은 향기는 섬돌 가 매화에 진동하누나	淸香初動砌邊梅
도연명은 오래전에 자기 신세 잊었거니[14]	淵明久已忘身世
한 치의 한가한 마음 괴롭게도 시들지 않네	一寸閑情苦未灰

13 술……일 : 한(漢)나라의 양웅(揚雄)은 고문(古文), 기자(奇字) 등을 많이 알았으므로 유분(劉棻) 등이 항상 그에게 가서 글자를 물었고, 양웅이 또 원래 가난한 데다 술을 좋아했으므로 가끔 호사자(好事者)들이 술과 안주를 가지고 와서 수업을 청했다고 한다. 《漢書 卷87 揚雄傳下》

14 도연명은……잊었거니 : 연명(淵明)은 진(晉)나라 처사인 도잠(陶潛)의 자(字)이다. 도잠이 팽택 영(彭澤令)이 되었다가 독우(督郵)에게 허리를 굽히기 싫어 관직을 그만두면서 〈귀거래사(歸去來辭)〉를 짓고는 전원에 은거하여 자기의 신세를 잊고 지냈다.

윤자우[15]가 보내준 시에 차운하다

次尹子羽見贈韻

살구꽃 온통 붉으며 누런 버들 휘늘어지고　杏蕊均紅柳軃黃
초당에서 봄잠 자니 하루 해가 길구나　草堂春睡日初長
노년이 되니 인심이 거듭 보이고　人情到老重重見
마음에 걸리는 세상일 일부러 잊고 지내네　世事關心故故忘
부질없는 영고성쇠 득실은 매한가지　膜外榮枯齊得喪
좌중에서 범과 초는 누가 존재하고 누가 망했나[16]　座間凡楚孰存亡
그대가 강호에서 느긋하게 사는 뜻 이야말로　知君湖海棲遲意
앞의 출처 잘 헤아리고 내린 결정이로세　出處前頭好細量

15 윤자우(尹子羽) : 윤명거(尹溟擧, 1612~1658)로, 본관은 파평(坡平), 자는 자우이다. 윤증(尹拯)의 당숙부이다. 《明齋遺稿 卷38 堂叔父參奉府君墓碣銘》

16 좌중에서……망했나 : 범초(凡楚)는 춘추 시대 초나라와 그의 속국인 범나라를 합칭한 말이다. 《장자(莊子)》 〈전자방(田子方)〉에 "초왕(楚王)이 범군(凡君)과 함께 앉았을 때 초왕의 좌우에서 '범나라는 망한다.'라고 말하자, 범군이 말하기를 '우리 범나라가 망한다 해도 내 자신의 존재를 잃는 것은 아니다. 그렇다면 초나라가 존재하는 것도 결국 존재하는 것이 되지 못하니, 이것으로 본다면 범나라가 애당초 망한 것이 아니요 초나라도 애당초 존재한 것이 아니다.' 하였다."라고 한 데서 온 말로, 존망(存亡)의 진리를 판단하기 어렵다는 뜻이다.

3월 30일에

三月三十日

당시 조정에서 눈물 흘리며 처녀를 오(吳) 땅으로 출가시키자 서울과 지방에서 시끄러웠다.[17]

구십 일의 봄날을 삼분해보니	三分九十日韶光
이분은 병으로 골골대고 일분은 분주하였네	二分沈痾一分忙
늙어감에 마음 즐겁기란 어려운 일	叵奈懽悰老去索
저물녘 광풍을 견딜 수 없구나	不堪風色晩來狂
예쁜 꽃은 어디로 물 따라 흘러가나	嫣紅何處隨流水
짙푸른 녹음에서 사라진 향기를 찾노라[18]	濃綠無蹤覓斷香
무엇보다 감정이 많은 숲 밖의 새가	最是多情林外鳥
깊은 원한 품고 이러쿵저러쿵 말하는 듯하구나	似將幽怨說郎當

17 당시……시끄러웠다 : 《승정원일기》 효종 1년 3월 14일 기사에 제칙(諸勅)과 종실(宗室)의 처녀를 많이 출현(出見)하지 않은 것에 대해 임금과 신하들이 문답하고 처녀를 간택하기 위해 장악원(掌樂院)에 가겠다는 비변사(備邊司)의 기록이 실려 있다. 당시 조정에서 종실의 처녀를 청나라에 공출하는 논의가 있었고, 실제로 금림군(錦林君) 이개윤(李愷胤)의 딸을 청나라 구왕(九王)에게 시집보냈다. 눈물 흘리며 처녀를 오(吳)나라로 출가시킨다는 것은, 《맹자》 〈이루 상(離婁上)〉에 "제 경공(齊景公)이 말하기를 '국력이 약하여 명령할 형편이 못 되면서 명령을 듣지도 않는다면 이는 완전히 상대에게 고립되는 것이다.' 하고는 눈물을 흘리며 딸을 오나라에 시집보냈다."라고 한 데서 유래하였다.

18 예쁜……찾노라 : 붉은 꽃과 녹음은 당시 청나라로 공출된 조선의 처녀를 비유하여 말한 것이다. 처녀들이 청나라로 끌려가 조선에 남아 있지 않는 상황을 비유적으로 표현하고 있다.

이튿날 다시 짓다

翌日復得

동군[19]이 잠시 봄빛을 붙잡지 않으니	不遣東君少駐光
상쾌한 바람이 바쁘게 절기를 재촉하는구나	光風催節太顚忙
안개 낀 버들 언덕에 꾀꼬리 보이고	煙籠岸柳鶯呈態
노을 끊긴 도원에는 나비가 날지 않네	霞斷園桃蝶罷狂
부인은 예전에 빚은 술로 봄을 전송하려 하고	婦爲送春篘舊釀
아이는 새로운 푸성귀 보며 약방문을 점검한다	兒能檢方蔌新香
산옹은 병석에서 일어났으나 매우 쇠하여	山翁病起全蕭索
일을 감당할 기력 더욱 사라졌다오	更沒筋骸可了當

19 동군(東君) : 봄을 주관하는 신(神)이다. 봄은 동방(東方)과 청색(青色)을 대표하기 때문에 동제(東帝), 동황(東皇), 청제(青帝), 청황(青皇) 등으로 불리기도 한다.

북쪽 변방으로 귀양 갈 때 진위 여관에 들러[20] 생질 윤송[21]의 시에 차운하다 경인년(1650, 효종1) 4월

赴北塞 過振威旅舍 次尹甥松韻 庚寅四月

당시에 가다가 갑자기 수성(隋城)에 들어갈 수 없게 되었고, 또 형님과 갈림길에서 헤어져야 했다. ○이하는 북쪽으로 귀양 가는 때에 지은 것이다.

세상에 용납되지 못하니 진실로 어리석거니와　　舉世莫容眞是癡
좋은 시대에 귀양살이는 또한 슬픈 일이네　　淸時遷謫亦堪悲
이별하는 창자 모두 끊어져 조금도 남지 않았고　　離腸若斷應無寸
무궁한 나그네 길에서 또 갈림길 만났구나　　客路難窮更有岐
멀리 보이는 고향은[22] 옛 모습 그대로이고　　望裏家山依舊色
근심 속에 초목은 모두 새로운 자태 뽐내네　　愁邊草木摠新姿
거센 바람 저녁 비가 나그네 갈 길 재촉하는데　　顚風晩雨催行邁
외로운 기러기 슬피 울며 양 날개를 늘어뜨리네　　獨雁哀鳴兩翅垂

이날 비바람이 몰아쳤다.

20 북쪽……들러 : 유계는 인조(仁祖)의 묘호(廟號)를 정할 때 인(仁) 자를 다시 쓰는 것을 반대하다가 1650년에 선왕(先王)을 욕되게 하였다는 죄목으로 유배되었다. 《승정원일기》 효종 1년 4월 4일 기사에 의금부에서 유계를 온성(穩城)에 귀양 보냈다는 기록이 있다. 진위(振威)는 경기도 평택시의 옛 지명이다.

21 윤송(尹松) : 1628~? 본관은 남원(南原), 자는 후자(後者)·후로(後老)이다. 유계의 매형인 윤형지(尹衡志)는 유양증(兪養曾)의 둘째 딸과 혼인하여 슬하에 윤매(尹梅), 윤백(尹栢), 윤송을 두었다. 《恬軒集 卷31 承文博士尹公墓碑銘》

22 멀리 보이는 고향은 : 유계가 수원에서 태어났기에 고향이라고 한 것이다.

양문역에서 아우와 헤어지다

楊門驛 別舍弟

차마 이별하지 못하고 말 타고 함께 가다가	不忍相離仍竝駕
양문역 관문 밖에서 헤어지네	楊門關外此分鑣
한양의 삼각산 볼수록 멀어지고	三山日下看看遠
하늘 끝으로 가는 길 가도 가도 아득하구나	一道天邊去去遙
경물 보고 슬퍼져 샘솟듯 울고	眼爲境悲泉溜迸
괴롭게 읊조리느라 흰머리 나부낀다	鬢緣吟苦雪霜飄
슬픈 감정을 어느 정도 제어할 줄 알았는데	哀情自信差能制
오늘 아침에 이르러 애간장 녹네	及到今朝膽盡銷

다시 철령에 오르다

還登鐵嶺

험난한 곳 지나 높이 오르니 사방이 탁 트이고	歷險登高四望開
오래된 성 모퉁이에 안장을 내려놓았네	征鞍聊卸古城隈
구름 가 바다는 하늘 동쪽에 드넓게 펼쳐졌고	雲邊渤海天東闊
눈 덮인 오랑캐 산은 변방 북쪽에서 뻗쳤네	雪外胡山塞北來
오령을 귀양객이 넘었다고 예전에 들었는데	五嶺舊聞遷客度
삼위로 좇겨난 신하 돌아옴을 오늘 보는구나[23]	三危今見逐臣廻
임금의 은혜 갚지 못하고 늙어 가니	君恩未報身將老
감격하여 길게 읊노라니 백발을 재촉하네	感慨長吟白髮催

23 오령(五嶺)을……보는구나 : 오령과 삼위(三危)는 모두 예로부터 중국의 유배지로 유명하였다. 오령은 교지(交趾)의 합포(合浦) 경계에 있는 대유(大庾), 시안(始安), 임하(臨賀), 계양(桂陽), 게양(揭陽)을 말한다. 두보(杜甫)의 시 〈이백에게 부치다〔寄李白〕〉에 "오령은 무더운 고장이요, 삼위로 추방된 신하라오.〔五嶺炎蒸地, 三危放逐臣.〕"라고 하였다. 《杜詩詳註 卷8》

회양을 지나며 금강산이 멀지 않다고 들었지만 볼 수 없어서 감회가 일다

過淮陽 聞金剛不遠而不得見 有感

신하의 죄 산과 같아 죽어야 편하련만	臣罪如山死卽安
성은 입고 생환을 허락받았네	聖恩天覆許生還
거쳐간 지 얼마 안 돼 문득 은계수 건너고[24]	纔經却渡銀溪水
잠시 지나면서 거듭 철령관을 넘는다	乍過重踰鐵嶺關
세상이 사람 부릴 때 한가한 날 얼마나 제공했나	世自役人閑幾日
하늘이 나로 하여금 여러 산을 둘러보게 하였네	天應教我看諸山
선경이 지척인데 맑은 감상 하지 못하니	仙區咫尺違清賞
연하를 슬피 바라보며 부끄러움이 얼굴 가득하네	悵望煙霞愧滿顔

24 거쳐간……건너고 : 《여유당전서(與猶堂全書)》 권22 〈산수심원기(汕水尋源記)〉에 "회양(淮陽)은 옛날의 교주(交州)이다. 은계수(銀溪水)는 회양부의 북쪽 철령(鐵嶺)에서 나와 남쪽으로 흘러 화천(和川)으로 들어간다."라고 하였다.

함경[25]이 보내준 시에 차운하다

次咸卿見贈韻

마음은 마른나무 같고 자취는 쑥대 같으니	心似枯株迹似蓬
그동안의 계획 모두 허사가 되었구나	向來營算摠成空
상소문 세 번 올렸다가 평생을 그르쳤는데	平生已誤書三上
한 번 술에 취하니 예전 태도 남아 있네	舊態猶存酒一中
젊을 적 마음 맞는 건 오직 그대였나니	少日襟期唯子在
곤궁한 처지에서 몇 사람이나 지향이 같을까	窮途臭味幾人同
형제 서로 잊는 것이 귀하고 말고	形骸貴是相忘處
벌레와 쥐 모두 조화옹에 맡기세나[26]	蟲鼠都將付化工

25 함경(咸卿) : 이일상(李一相, 1612~1666)으로, 본관은 연안(延安), 자는 함경, 호는 청호(靑湖), 시호는 문숙(文肅)이다.

26 벌레와……맡기세나 : 충서(蟲鼠)는 충비서간(蟲臂鼠肝)의 줄임말로 대단히 미세한 존재를 뜻하는데, 여기서는 사소한 모든 것까지 자연의 조화에 맡기겠다는 말이다. 《장자(莊子)》 〈대종사(大宗師)〉에 "위대하도다, 조화(造化)여! 너를 장차 무엇으로 만들려나? 너를 쥐의 간으로 만들 것인가, 너를 벌레의 팔뚝으로 만들 것인가?"라고 하였다.

가을의 심회를 읊은 시를 친구인 함경, 대이,[27] 문숙,[28] 중초,[29] 자회[30]에게 드리고 화답을 청하다

秋懷 呈咸卿大而文叔仲初子晦諸友 求和

병석에서 일어나니 놀랍구나 계절의 빠름이	病起渾驚節序忙
금풍 옥로[31]에 온갖 꽃들은 파리해지네	金風玉露悴群芳
빈 동산의 해바라기는 붉은 마음을 기울이고	空園葵藿傾心赤
저물녘 물가에 갈대는 머리가 하얗게 세어가네	晩渚蒹葭和鬢蒼
눈앞엔 교유하는 친구가 별처럼 드물고	眼裏交親星落落
인간 세상의 파도는 바다처럼 아득하네	人間波浪海茫茫
그윽한 난초 뜯어 그저 품에 한가득 안을 뿐	幽蘭掇拾徒盈抱
한 번 하늘 끝 바라보니 감개하기 그지없네	一望天涯感慨長

27 대이(大而) : 홍명하(洪命夏, 1607~1667)로, 본관은 남양(南陽), 자는 대이, 호는 기천(沂川), 시호는 문간(文簡)이다.

28 문숙(文叔) : 김홍욱(金弘郁, 1602~1654)으로, 본관은 경주(慶州), 자는 문숙, 호는 학주(鶴洲), 시호는 문정(文貞)이다.

29 중초(仲初) : 조복양(趙復陽, 1609~1671)으로, 본관은 풍양(豐壤), 자는 중초, 호는 송곡(松谷), 시호는 문간(文簡)이다.

30 자회(子晦) : 홍처량(洪處亮, 1607~1683)으로, 본관은 남양, 자는 자회, 호는 북정(北汀), 시호는 정정(貞靖)이다.

31 금풍 옥로(金風玉露) : 금풍은 가을바람이나 서풍(西風)을 뜻하는데, 오행(五行)의 금(金)은 가을과 서쪽을 상징한다. 옥로는 가을 이슬을 뜻한다. 남조(南朝) 제(齊)나라 사조(謝朓)의 〈범수곡(泛水曲)〉에 "옥로는 푸른 잎을 적시고, 금풍은 흰 가지에 울린다.〔玉露沾翠葉, 金風鳴素枝.〕"라고 하였다.

편지를 대신해 송명보[32] 준길, 영보,[33] 태지[34] 여러 벗에게 부치다

替書寄宋明甫 浚吉 英甫泰之諸友

각자 야윈 몸으로 각지에 흩어져 있으니	各抱羸形滯一方
요즘 만나지 못해[35] 얼마나 원망스러운지	邇來何苦怨參商
경치 쓸쓸한 창강은 저물어가고	蕭騷物色蒼江晚
의욕 꺾인 채 백발만 길어졌다오	濩落心期白髮長
늙어서 사정을 보는 눈이 다소 자세하지만	老見事情差委曲
곤지의 언어는 지나치게 사리에 맞지 않았네[36]	困知言語太郎當
산속의 계수나무 향기 진동하는 가을	山中叢桂秋香動
눈서리 맞은 성긴 꽃을 다시 잡노라	更把疏英鬪雪霜

32 송명보(宋明甫) : 송준길(宋浚吉, 1606~1672)로, 본관은 은진(恩津), 자는 명보, 호는 동춘당(同春堂), 시호는 문정(文正)이다.

33 영보(英甫) : 송시열(宋時烈, 1607~1689)로, 본관은 은진, 자는 영보, 호는 우암(尤庵)·우재(尤齋), 시호는 문정(文正)이다.

34 태지(泰之) : 이유태(李惟泰, 1607~1684)로, 본관은 경주(慶州), 자는 태지, 호는 초려(草廬), 시호는 문헌(文憲)이다.

35 요즘 만나지 못해 : 삼상(參商)은 삼성(參星)과 상성(商星)을 말한다. 삼성은 서쪽에 있고 상성은 동쪽에 있는데 번갈아 뜨고 져서 서로 볼 수가 없으므로 친구가 멀리 떨어져 있어 서로 만나지 못하는 것을 비유한다.

36 곤지(困知)의……않았네 : 곤지는 곤이지지(困而知之)의 줄임말로, 노력하여 깨우친다는 의미이다. 사리에 맞지 않았다는 것은 인조(仁祖)의 묘호(廟號)를 정할 때 유계가 인(仁) 자를 다시 쓰는 것을 반대하는 상소를 올렸는데, 이 일이 문제가 되어 1650년(효종1) 선왕(先王)을 욕되게 하였다는 죄로 온성(穩城)에 유배된 것을 말한다.

성곡[37]에 은거하고 있는 영보를 방문하다
訪英甫星谷幽居

홀로 지내며 병든 뒤의 회포 견디기 어려워	離索難堪病後懷
맑은 가을에 필마 타고 산재를 방문하네	淸秋匹馬訪山齋
구름빛 연못에 떨어지니 맑은 물결 더욱 출렁이고	雲光落沼晴還漾
산색은 창문을 여니 저물녘에 다시 아름답구나	嶽色排窓晩更佳
시렁 위 남겨진 책에 바람은 절로 불어오고	數架殘書風自卷
한 가닥 오솔길은 풀로 완전히 덮였네	一條幽逕草全埋
그대만은 진실로 안빈낙도의 삶을 즐기니	知君獨有眞安樂
누가 시편에 화답하여 〈타괴음〉을 이을손가[38]	誰和篇章續打乖

37 성곡(星谷) : 현재의 충청남도 금산군(錦山郡)에 속해 있다.

38 그대만은……이을손가 : 원문의 타괴(打乖)는 세상과 어그러지는 일을 한다는 뜻이다. 송나라 소옹(邵雍)은 〈안락와에서 타괴를 좋아하는 노래〔安樂窩中好打乖吟〕〉를 지어 자신이 세상과 어긋나는 삶을 살면서 유유자적한다는 뜻을 밝혔는데, 이에 대해 정호(程顥)는 〈요부의 타괴음에 화답하다〔和堯夫打乖吟〕〉에서 소옹의 타괴가 화광동진(和光同塵)하며 안빈낙도(安貧樂道)의 삶을 사는 것이라고 풀이하였다. 이 두 구절은 소옹처럼 안빈낙도하는 송시열의 시에 누가 정호처럼 화답시를 지을 것인지 묻는 말이다.

이태지와 함께 계룡산의 봉림동을 방문하다

偕李泰之訪鷄山之鳳林洞

산문으로 방향 돌려 푸른 시내 거슬러 오르니　回轉山門溯碧溪
단풍 든 산비탈 여기저기에 붉은 사다리[39] 많구나　楓崖四面簇丹梯
땅이 숨겨 놓은 용추에는 구름 길게 사라지고　龍湫地閟雲長銷
하늘에 맞닿은 계룡산에는 해 쉬이 지네　鷄嶽天連日易低
나뭇잎 유독 산길에 떨어지고　木葉偏當人逕落
숲 속 새는 손님 오자 지저귀는 듯하구나　林禽似爲客來啼
석 잔 술에 흥 일어 지팡이 짚고 가니　三杯興發吟筇去
어지러이 구경하는 마음 더욱 황홀하여라　接應紛挐意更迷

39 붉은 사다리 : 선경(仙境)으로 들어가는 길을 의미한다.

광릉 나루에서 청회역에서 이전에 지은 시의 운을 써서[40] 윤생에게 주다 경인년(1650, 효종1) 10월
廣陵津頭 用淸淮前韻 贈尹甥 庚寅十月

조금의 영리함도 없이 아주 어리석은 몸 身無半點只全癡
젊어선 유랑함 익숙했지만 늙어선 더욱 슬프네 少慣流離老更悲
만 리 관하 가는 길 길게 결옥을 차니[41] 萬里關河長佩玦
일 년 동안 남북 오가며 갈림길에 섰구나 一年南北再分岐
슬픈 마음에 억지로 술 마시니 새로운 한 더하고 愁腸强酒添新恨
나그네 귀밑털엔 서리 내리니 옛 모습 바뀌었네 旅鬢黏霜換昔姿
신안의 물가에 임할 필요도 없이[42] 不待登臨信安水
경강에서 소매 붙들자 눈물이 먼저 떨어지네 京江把袂淚先垂

이하는 뒤에 북쪽으로 귀양 갈 때 지은 시이다.

40 청회역(淸淮驛)에서……써서 : 청회역은 경기도 평택시 진위현(振威縣)에 있던 역원이다. 이전에 지은 시는 《시남집(市南集)》 권5 〈북쪽 변방으로 귀양 갈 때 신위의 여관에 들러……〔赴北塞 過振威旅舍……〕〉이다.

41 만 리……차니 : 유배를 간다는 뜻이다. 패결(佩玦)은 결옥(玦玉)을 찬다는 것으로 임금으로부터 버림받는 것을 의미한다. 결옥은 한쪽이 터진 옥고리인데, 쫓겨난 신하에게 왕이 결옥을 내리면 군신의 관계를 끊는 것으로 간주한 데서 온 말이다.

42 신안의……없이 : 이별하는 슬픔을 알겠다는 말이다. 진(晉)나라의 은호(殷浩)가 동양군(東陽郡) 신안현(信安縣)으로 쫓겨났을 때, 평소 사랑하던 생질 한백(韓伯)이 따라와 한 해 동안 같이 지내다가 도성으로 돌아가게 되었는데, 은호가 그를 전송하면서 시를 읊으며 눈물을 흘렸다고 한다. 《晉書 卷77 殷浩列傳》

아침 일찍 양문역을 출발하다

早發楊門驛

눈처럼 하얗게 서리 내리고 얼음 언 날	霜華如雪水凝氷
초가집에 새벽닭 우니 객은 일찍 일어나네	茅店鷄鳴客早興
게으른 종 소리쳐 부르니 다시 분주해지고	倦僕招招還蹩躠
여윈 말 찬 바람에 더욱 벌벌 떠는구나	羸驂策策轉凌兢
아홉 굽이 시내를 자주 건너니 걱정이고	寒溪九曲愁頻渡
층층의 돌산을 다시 오르려니 덜컥 겁이 나네	亂石層岡怯再登
잠시 말안장에서 얼핏 잠이 들었는데	暫式征鞍成小睡
잠시 고향 숲 돌아가는 꿈을 꾸었네	故林歸夢乍瞢騰

거듭 철령을 넘으며 이전 귀양길에서 지었던 "사과중유" 구절이 마침내 시참이 됨을 기록하다[43]

再踰鐵嶺 因記前行乍過重踰之句 遂成詩讖

관문의 관리 껄껄거리며 나를 비웃는 건	關吏呵呵苦笑儂
유배객이 여름에 왔다가 또 겨울에 와서라네[44]	客行今夏又今冬
언 샘물은 다시 온 한스러움 때문에 오열하는 듯	氷泉似咽重來恨
눈 덮인 고개엔 옛날 다녀간 자취 모두 없어졌네	雪嶺都迷舊去蹤
만사는 하늘에 달려있어 사람이 관여할 수 없나니	萬事在天人莫與
낟알 같은 이 한 몸 세상에 용납되기 어렵구나	一身如粒世難容
고개 돌려 남쪽 구름 바라보며 공연히 서성이는데	南雲回首空延佇
말은 추위에 울고 해는 봉우리 뒤로 지는구나	征馬寒嘶日隱峯

43 거듭……기록하다 : 사과중유(乍過重踰)는 《시남집(市南集)》 권5 〈회양을 지나며 금강산이 멀지 않다고 들었지만……〔過淮陽 聞金剛不遠……〕〉의 "잠시 지나면서 거듭 철령관을 넘는다〔乍過重踰鐵嶺關〕"라는 구절을 말한다. 시참(詩讖)이란 자신이 지은 시의 내용이 우연히 뒷날 일어난 일과 꼭 맞게 되어 예언적 역할을 하는 것을 말한다. 이전 귀양길에서 철령을 넘으며 지었던 '철령관을 거듭 넘는다.'라는 시의 내용이 시참이 되어 또 다시 귀양을 가게 되었다는 말이다.

44 유배객이……와서라네 : 1650년 4월에 유계가 선왕인 인조를 비방했다는 이유로 온성(穩城)에 유배 가다가 가는 도중에 곧바로 석방되고, 그해 10월에 다시 온성으로 유배가게 된 일을 말한다.

고개 위에서 눈을 만나다

嶺上遇雪

사나운 눈 모진 바람 얼굴을 때리며 불어오는데	虐雪饕風撲面吹
떠도는 나의 발걸음 어디로 가려 하나	我行蓬轉欲安之
파수 언덕에서 나귀 타는 흥[45]은 전혀 없고	都無灞岸騎驢興
남관에서 눈이 말을 가로막은 때와 흡사하여라[46]	絶似藍關擁馬時
일생에 나라 은혜 갚으려는 마음 절로 붉지만	報國一生心自赤
유배 되어 죽을 고비 넘기면서 귀밑털 세었다오	投荒萬死鬢成絲
막 술 깨었는데 시상은 말라붙어	初醒小酒吟魂冷
언 수염 만지작거려도 시를 짓지 못하네	摘盡氷髭不得詩

45 파수……흥 : 파안(灞岸)은 중국 섬서성(陝西省) 서안시(西安市)의 파교(灞橋)가 있는 파수(灞水) 언덕을 가리킨다. 송나라 소식(蘇軾)이 나귀를 타고 파교를 지나가며 시상을 생각하던 맹호연(孟浩然)을 읊어 "또 보지 못했는가, 눈 속에서 나귀를 탄 맹호연이 눈썹을 찌푸리고 시를 읊느라 어깨가 산처럼 솟은 것을.〔又不見雪中騎驢孟浩然, 皺眉吟詩肩聳山.〕"이라고 한 데서 온 말이다. 《東坡全集 卷6 贈寫眞何充秀才》

46 남관(藍關)에서……흡사하여라 : 남관은 섬서성(陝西省) 남전현(藍田縣) 동남쪽에 있던 남전관(藍田關)의 줄임말이다. 한유(韓愈)의 〈좌천되어 가는 도중에 남관에 이르러 조카 상에게 주다〔左遷至南關示姪孫湘〕〉라는 시에 "구름이 진령에 비껴 있으니 집은 어디쯤 있는가? 눈이 남관을 가로막아 말이 나아가지 않는구나.〔雲橫秦嶺家何在? 雪擁藍關馬不前.〕"라고 한 구절에서 온 말이다. 《韓昌黎集 卷10》 유계 역시 귀양 가는 도중에 눈을 만나 앞으로 나아가기 어려운 처지이므로 이 말을 인용한 것이다.

남산 노상에서 입으로 읊어 학성 부사 민중집에게 드리다[47]
南山道上口占 呈鶴城閔使君仲集

가파른 돌계단 옆으로 맑은 시내 흐르고	崎嶇石磴傍淸溪
초목이 무성한 황야 아득히 시야에 들어온다	草樹荒原一望迷
쓸쓸한 절의 희미한 종소리 바람 타고 이르고	蕭寺殘鍾風外到
옛 전장터[48]의 차가운 햇빛은 눈 속에 뉘엿뉘엿	古場寒日雪邊低
고향 생각에 남쪽 구름 걷히는 곳을 바라보고	鄕愁目斷南雲盡
나그네 길의 하늘은 북쪽 바닷가에 맞닿았네	客路天連北海倪
오늘 밤 청안[49]으로 나눈 대화 다소 즐거우니	差喜今宵靑眼話
내일 새벽 다시 헤어질 수 있을는지	可堪明曉重分携

47 남산(南山)……드리다 : 남산은 함경남도 안변(安邊) 남쪽에 있는 역원을 가리키고, 학성(鶴城)은 안변의 다른 이름이다. 민중집(閔仲集)은 민광훈(閔光勳, 1595~1659)으로, 본관은 여흥(驪興), 자는 중집이다. 《宋子大全 卷167 江原監司閔公神道碑銘》

48 옛 전장터 : 함경남도 안변의 남산 지역을 말한다. 병자호란 때 청나라는 조선과 강화를 맺은 뒤 바로 돌아갔으나 몽고군은 강원도에서 약탈을 일삼았다. 인조를 근왕(勤王)하기 위해 출정했던 함경도 군대가 복귀하는 길에 철령(鐵嶺)에서 몽고군을 만나 추격하였는데, 안변에 매복한 몽고군의 기습을 받아 군사 4천여 명이 전사하였다.

49 청안(靑眼) : 반가운 친구를 맞이하여 다정한 눈빛으로 대하는 것을 말한다. 진(晉)나라 때 죽림칠현(竹林七賢) 중의 한 사람인 완적(阮籍)이 세속의 법도에 구애받지 않고 지내면서 속된 선비는 백안(白眼)으로 대하고, 고상한 선비는 청안으로 대하였다고 한다. 《晉書 卷49 阮籍列傳》

함흥에서

咸興

천부[50]의 이름난 도시 고개 북쪽에 자리하니	天府名都嶺北陲
천년 왕업 이어질 조선의 빈기[51]로세	大東千世卽豳岐
상서로운 구름은 환릉[52]의 나무에 머물고	祥雲鎭鎖桓陵樹
아름다운 기운 성조의 터에 영원히 남았다오	佳氣長留聖祖基
산으로 둘러싼 층층의 봉우리가 큰 요새 이루고	山擁層峯雄作塞
평야와 맞닿은 바다는 넓은 해자 되었네	野連滄海闊成池
관문 방어는 틀림없이 다른 성과 구별되니	關防合與他城別
왕명 펼치는 소호에게 알려 알게 해야지[53]	欲報旬宣召虎知

50 천부(天府) : 토지가 비옥하고 물산이 풍부한 지역을 말한다.

51 빈기(豳岐) : 빈(豳)은 빈(邠)으로도 쓰는데, 주(周)나라가 처음에 빈에 도읍하였다가 북적(北狄)의 침공을 받고 기산(岐山) 아래로 천도하였으므로 제왕의 발상지를 가리킨다. 조선을 건국한 태조 이성계(李成桂)의 선조가 함경도의 함흥(咸興) 등지에 살았으므로 함흥을 빈기라고 칭한 것이다.

52 환릉(桓陵) : 태조 이성계의 아버지 환조(桓祖, 1315～1361)의 능(陵)으로, 함흥(咸興)에 있는 정릉(定陵)을 말한다.

53 왕명……해야지 : 소호(召虎)는 주(周)나라 선왕(宣王) 때의 명장(名將)으로, 군사(軍事)에 유능하여 회이(淮夷)를 정벌하는 등 공을 세웠다. 관찰사에게 소호를 빗대어 북방을 잘 방비하기를 바란다는 말이다.

북청 길가에서 감회가 일다

北青道中有感

청해군(青海君) 이지란(李之蘭) 묘[54]와 상국(相國) 이백사(李白沙) 서원[55]이 모두 길가에 있다. 삼수(三水)와 갑산(甲山)으로 가는 길이 여기에서 갈린다.

높이 서 있는 외로운 성 바닷가에 임했는데	迢遞孤城傍海堧
이곳의 경치는 옛 신하가 누리던 것이네	一區形勝舊人煙
장군의 공적은 산하에 남아 있고	將軍勳業山河在
상국의 강상은 일월처럼 걸려 있네	相國綱常日月懸
북으로 삼수로 갈 수 있는 갈림길에서	直北岐分三水外
동으로 육관을 향해 달려간다	迤東路走六關邊
오래된 사당과 옛 무덤 멀리 보이나니	遺祠古墓看看遠
자못 형양에서 이별하는 때 같다오[56]	頗似衡陽摻別年

54 청해군(青海君) 이지란(李之蘭) 묘 : 이지란(1331~1402)의 본관은 청해(青海), 자는 식형(式馨), 시호는 양렬(襄烈)이다. 《강한집(江漢集)》 권13 〈수충분의익찬경운개국공신……양렬이공신도비명(輸忠奮義翊贊景運開國功臣……襄烈李公神道碑銘)〉에 "북청으로 돌아간 지 10년 뒤에 운명하였으니, 향년 72세이다. 그 돌아간 해 모월 모일에 부(府)의 동쪽 안대(晏臺) 언덕에 장사 지냈다."라고 하였다.

55 상국(相國) 이백사(李白沙) 서원 : 이백사는 이항복(李恒福, 1556~1618)으로, 본관은 경주(慶州), 자는 자상(子常), 호는 필운(弼雲)·백사, 시호는 문충(文忠)이다. 북청에 있는 노덕서원(老德書院)을 가리키는데, 당쟁으로 인해 1617년(광해군9)에 북청으로 귀양 간 이항복을 추모하기 위하여 1627년(인조5)에 건립하였다.

56 자못……같다오 : 두보의 시 〈귀안(歸雁)〉에 "만 리 밖 형양(衡陽) 땅의 기러기가 올해 또 북쪽으로 돌아가는구나. 쌍쌍이 길손을 보며 날아오르고 일일이 사람을 등지고 날아가도다."라고 하였다. 《杜詩詳註 卷23》 유계가 홀로 북쪽으로 귀양 가는 처지가 형양 땅의 기러기가 북쪽으로 돌아가는 상황과 비슷하므로 이 시를 인용하였다.

길주 도중에 복재 기 선생이 옥당의 꿈속에서 지은 시를 차운하면서[57] 동시에 중봉[58]을 추억하며 존경의 뜻을 붙인다
吉州道中 次服齋奇先生玉堂夢作韻 竝憶重峯 以寓景仰之意

변방에서 털옷 입은 행색이 옛날과 같으니	氈塞行裝昔日同
다시금 여기에서 중봉을 추억할 만하도다[59]	更堪於此憶重峯
사후 시비에서 진실은 정해졌고	是非身後眞方定
생전의 영욕은 꿈처럼 공허하였네	榮辱生前夢已空
만고의 명성은 별처럼 빛나고	萬古聲名星斗上
백년의 두터운 사귐은 도서 속에 있었네	百年襟契卷圖中
삼천 리 머나먼 변새로 귀양 갔던	間關嶺海三千里

57 길주(吉州)……차운하면서 : 기 선생은 기준(奇遵, 1492～1521)으로, 본관은 행주(幸州), 자는 자경(子敬)·경중(敬仲), 호는 복재(服齋)·덕양(德陽), 시호는 문민(文愍)이다. 옥당의 꿈속에서 지은 시는 《덕양유고(德陽遺稿)》 권1 〈기몽(記夢)〉을 가리킨다. 해당 시의 주석에 기준이 대궐에서 숙직할 때 꿈에서 언덕에 있는 어느 마을에 이르러 마을 이름을 물어보니 길성(吉城)이었다는 꿈을 꾸고 나서 슬픈 감정을 시를 지어 기록하였다는 내용이 보인다. 길성은 길주의 옛 지명이기 때문에 유계가 〈기몽〉을 차운한 것이다.

58 중봉(重峯) : 조헌(趙憲, 1544～1592)으로, 본관은 배천(白川), 자는 여식(汝式), 호는 중봉·도원(陶原)·후율(後栗), 시호는 문열(文烈)이다. 유학자이자 의병장으로 금산 전투에서 700명의 병력을 이끌고 왜군과 싸우다 순국하였다.

59 변방에서……만하도다 : 귀양 가는 유계 자신의 처지가 예전에 조헌이 길주로 귀양 왔을 때의 처지와 같을 것이라는 말이다. 조헌은 1589년 4월에 도끼를 지고 대궐에 나아가 만언소(萬言疏)를 올렸는데, 이 일로 인하여 5월에 길주 영동역(嶺東驛)에 정배(定配)되었다가 11월에 석방되었다. 《宣祖實錄 22年 5月 5日, 22年 11月 3日》

당시의 채계통에게 스스로 부끄럽구나[60]　　　自愧當時蔡季通

60 삼천 리……부끄럽구나 : 채계통(蔡季通)은 채원정(蔡元定, 1135~1198)으로, 자는 계통, 호는 서산(西山), 시호는 문절(文節)이다. 송나라 건주(建州) 건양(建陽) 사람이다. 채원정은 위학당(僞學黨)으로 몰려 도주(道州)로 유배 갔는데, 3천 리 길을 가면서 다리에 피가 났을 정도였다고 한다. 여기서는 조헌을 채원정에게 비유하여 조헌은 의연히 유배 갔는데, 자신은 그렇지 못하다고 부끄럽다는 말이다.

귀문관[61]에서

鬼門關

꼬불꼬불 푸른 벼랑으로 흑수가 흐르고	蒼壁盤回黑水奔
천고토록 음기 쌓여 낮에도 어둡구나	積陰千古日長昏
세상의 위험한 길 마천령 때문에 근심하였고	人間畏道愁天嶺
변경의 으슥한 귀문관 두려워라	塞外幽關怕鬼門
남으로 가는 연객[62]은 눈물 얼마나 뿌리나	南去幾揮燕客淚
북쪽으로 오는 초신[63]은 넋이 끊어졌다오	北來偏斷楚臣魂
숲 속의 도깨비 서로 좋아하지 말라[64]	林中魑魅休相喜
이 몸은 여전히 우로의 은혜 입고 있다네	身上猶霑雨露恩

61 귀문관(鬼門關) : 함경도 명천(明川)과 경성(鏡城) 사이에 있던 관문으로, 유배지를 의미하기도 하며 병항판(瓶項坂)이라고도 한다. 들판처럼 평평한 언덕 지대의 가운데에 갈라지고 횅하니 함몰된 곳으로 길이 나 있는데 낮에도 빛이 없어 귀문이라고 한다. 《北關紀事 山川道里》

62 연객(燕客) : 전국 시대 연나라 자객 형가(荊軻)를 가리키는데, 연나라가 귀문관처럼 중국 북동쪽에 있으므로 인용한 것이다.

63 초신(楚臣) : 전국 시대 초나라의 굴원(屈原)을 가리키는데, 유계가 굴원처럼 유배객이 되었기에 비유한 것이다.

64 숲 속의……말라 : 유계가 변방으로 유배 가서 도깨비를 막을 것이니, 도깨비들이 좋아할 일이 아니라는 것이다. 《춘추좌씨전》 문공(文公) 18년 기사에 "순이 요 임금의 신하가 된 뒤에, 사방의 문을 열어 현자들을 빈례로 맞이하고, 혼돈(渾敦), 궁기(窮奇), 도올(檮杌), 도찬(饕餮) 등 흉악한 네 사람을 사방의 먼 변방으로 내쳐, 도깨비를 막게 했다."라고 하였다.

영강역에서 현 수성 찰방[65]과 이별하다

永康驛 別輪城玄督郵

귀문관 너머 길은 구불구불	鬼門關外路紆回
귀양객은 가는 길 밤낮으로 재촉하네	遷客征鞭日夜催
산세는 모두 장백산에서 돌아 나오고	山勢盡從長白轉
파도 소리는 늘 바다에서 들려오는구나	波聲常自大洋來
하늘 먼 곳엔 양기 막 동하는 절기인데	天涯節序陽初動
변경 모래바람으로 눈을 뜰 수 없네	塞上風沙眼不開
어떻게 이곳에서 헤어져야 할는지	分手如何更此地
석양에 이별의 술잔 들기 어려워라	未堪殘照把離杯

65 현 수성 찰방(玄輪城察訪) : 현상백(玄尙白, 1609~?)으로, 본관은 창원(昌原), 자는 태소(太素)이다. 독우(督郵)는 본래 한나라 때 처음 설치한 벼슬 이름으로 태수(太守)를 보좌하여 속현(屬縣)을 감찰하던 관원으로, 찰방의 별칭이다. 《승정원일기》 효종 즉위년 11월 10일 기사에 "수성 찰방 현상백이 하직하였다."라는 기록이 있다.

부령 형제암[66]에서

富寧兄弟巖

함경도 사람들은 이 바위 때문에 이곳을 지나는 사람은 반드시 다시 올 것이라고 한다.

크고 작은 바위가 뿌리 이어지니 형제와 비슷하고	長少聯根兄弟然
높고 낮게 쌍으로 솟아 어깨 나란히 한 듯하네	高低雙峙似差肩
당시에 언덕 오른 건 무슨 일 때문인가	陟岡當日緣何事
어느 해에 돌로 변하여 이 변경까지 이르렀나	化石何年到此邊
산천의 새로운 모습이야 매우 좋지만	絶愛溪山新面目
풍속에서 예부터 전하는 말은 싫고말고[67]	生憎氓俗舊流傳
누가 능히 천 길 벼랑 때려 부수어	誰能撞碎千尋壁
행인들 다시 오지 않게 하려나	永斷行人再到緣

66 부령(富寧) 형제암(兄弟巖) : 부령부(富寧府)에서 남쪽으로 20리쯤 되는 곳에 있다. 산기슭에 크고 작은 두 바위가 대치(對峙)하고 있기 때문에 형제암으로 이름하였다고 한다. 《新增東國輿地勝覽 卷49 咸鏡道 利城縣》

67 풍속에서……싫고말고 : 《곤륜집(昆侖集)》 권6 〈북정기(北征記)〉에 "부령의 형제암은 크고 작은 두 바위가 큰길 가에 나란히 서 있는데, 세상에 전해지기를 이곳을 지나는 사람은 두세 번 다시 올 것이라고 하여 사람들로 하여금 기쁘게 들리지 않게 하였다."라고 하였다.

병든 몸 싣고 무산령[68]을 넘다

載病踰茂山嶺

길이 높은 산으로 들어가니 북두성과 가깝고	路轉危峯近斗杓
도성을 돌아보니 정말 까마득히 멀구나	長安回望正迢迢
삼천리 노정에 하늘 동쪽이 끝나고	三千道里天東盡
백이 관방[69] 있는 북쪽 변경 멀기도 해라	百二關防塞北遙
흑수의 외로운 성은 바둑돌 놓은 듯하고	黑水孤城棋似置
황사와 저녁 눈은 자리에 흩날리는 듯하네	黃沙晩雪席如飄
남아의 장한 뜻 곤궁해도 힘써야 하니	男兒壯志窮當厲
성조의 기대 저버린 쇠잔한 몸을 무에 아끼리	肯惜殘軀負聖朝

68 무산령(茂山嶺) : 함경도 회령(會寧)과 부령(富寧) 사이에 있는 고개이다.

69 백이(百二) 관방(關防) : 지형이 험준하여 적을 방어하기 쉬운 요새지를 말한다. 원래 진(秦)나라의 함곡관(函谷關)이 험난하여 두 사람이 백 명을 당할 수 있다는 뜻에서 나온 말이다.

밤에 앉아 우연히 읊다
夜坐偶占

문궁[70]과 운수의 기박함 말하지 말라	莫道文窮與數奇
미천한 몸 한결같이 큰 은혜 입었도다	微軀終始荷鴻私
말이 많음은 한나라 공자를 배우지 않아서이고[71]	多言不學韓公子
세 번 내쫓김은 진실로 노나라 사사와 같네[72]	三黜眞同魯士師
한평생 본성은 오직 망녕되었지만	素性一生惟是妄
만 번 죽어도 충정만은 거짓 없었네	丹忱萬死敢容欺
등잔불 깜박이는 기나긴 추운 밤	靑燈明滅寒宵永
홀로 낡은 책 덮고 그리운 임을 생각하네	獨掩殘編有所思

70 문궁(文窮) : 한유(韓愈)의 〈송궁문(送窮文)〉에 나오는 항상 자기를 곤궁하게 하는 지궁(智窮), 학궁(學窮), 문궁(文窮), 명궁(命窮), 교궁(交窮)의 다섯 궁귀(窮鬼) 중의 하나이다.

71 말이……않아서이고 : 한(韓)나라 공자는 한비(韓非)를 말한다. 말하는 데에 재주가 없고 글 쓰는 데에 능하여 역대 임금의 성공과 실패에 대한 변천 과정을 두루 서술하여 《한비자(韓非子)》를 지었다고 한다. 《史記 卷63 韓非列傳》

72 세 번……같네 : 사사(士師)는 옥사를 관장하는 관리로, 노(魯)나라 사사는 유하혜(柳下惠)를 가리킨다. 《논어》 〈미자(微子)〉에 "유하혜가 옥(獄)의 관리가 되어 세 번이나 쫓겨났다. 그러자 어떤 사람이 묻기를 '그대는 아직 떠날 때가 되지 않았는가?' 하였다."라고 하였다. 유계 또한 유하혜처럼 세 번 유배 갔는데, 1637년(인조15) 봄에 청나라와의 화친을 배척했다는 죄로 임천군(林川郡)에 유배되었으며, 인조(仁祖)의 묘호(廟號)를 정할 때 인(仁) 자를 쓰는 것에 반대하다가 1650년(효종1) 4월 선왕(先王)을 욕되게 하였다는 죄로 온성(穩城)에 유배되었고, 유배지로 가던 도중 풀려나 돌아왔다가 다시 효종의 노여움을 사서 그해 10월 재차 온성으로 유배되었다.

윤효직,[73] 여임,[74] 백분,[75] 여망,[76] 길보,[77] 송명보,[78] 영보,[79] 신군필,[80] 이태지[81] 등 여러 벗에게 부치다
寄尹孝直汝任伯奮汝望吉甫宋明甫英甫申君弼李泰之諸友

머나먼 변경에 유배된 몸 그림자만 따라오니　　絶塞纍形影獨隨
만년에 홀로 지내는[82] 실정 못내 슬프구나　　殘年離索事堪悲

73 윤효직(尹孝直) : 윤순거(尹舜擧, 1596~1668)로, 본관은 파평(坡平), 자는 노직(魯直)・효직, 호는 동토(童土)이다.

74 여임(汝任) : 윤상거(尹商擧, 1603~1668)로, 본관은 파평, 자는 여임이다.

75 백분(伯奮) : 윤원거(尹元擧, 1601~1672)로, 본관은 파평, 자는 백분, 호는 용서(龍西)이다.

76 여망(汝望) : 윤문거(尹文擧, 1606~1672)로, 본관은 파평, 자는 여망, 호는 석호(石湖), 시호는 충경(忠敬)이다.

77 길보(吉甫) : 윤선거(尹宣擧, 1610~1669)로, 본관은 파평, 자는 길보, 호는 미촌(美村)・노서(魯西)・산천재(山泉齋), 시호는 문경(文敬)이다.

78 송명보(宋明甫) : 송준길(宋浚吉, 1606~1672)로, 본관은 은진(恩津), 자는 명보, 호는 동춘당(同春堂), 시호는 문정(文正)이다.

79 영보(英甫) : 송시열(宋時烈, 1607~1689)로, 본관은 은진, 자는 영보, 호는 우암(尤庵)・우재(尤齋), 시호는 문정(文正)이다.

80 신군필(申君弼) : 신익륭(申翊隆, 1602~1657)으로, 본관은 평산(平山), 자는 군필, 호는 호량(濠梁)이다.

81 이태지(李泰之) : 이유태(李惟泰, 1607~1684)로, 본관은 경주(慶州), 자는 태지, 호는 초려(草廬), 시호는 문헌(文憲)이다.

82 홀로 지내는 : 이삭(離索)은 이군삭거(離群索居)의 준말이다. 벗들을 떠나 쓸쓸히 홀로 사는 것으로, 자하(子夏)가 "내가 벗을 떠나 쓸쓸히 홀로 산 지가 오래이다.〔吾離群而索居, 亦已久矣.〕"라고 한 데서 유래하였다. 《禮記 檀弓》

멀리 떨어진 심기 곤궁 속에 보이고　心期契闊窮來見
얽매이지 않는 몸가짐을 움직일 때 알았네　身檢疏狂動處知
서책을 공부하자니 늙음이 한스럽고　黃卷工夫嗟晚暮
늘그막 위기에 처해 경계함이 부끄러워라　白頭顚沛愧箴規
지난밤 강호의 꿈 의연하구나　依然昨夜江湖夢
한 자리에서 맑은 술 마시며 회포 풀었네　一席淸樽話所思

옛사람의 길 어려워도 혼자서 따랐으니　古轍崎嶇獨自隨
잠시 홀로 지냄을 슬퍼할 것 없다네　暫時離索莫相悲
마음은 이미 참동계에서 보았고[83]　心期已向參同見
학문의 힘은 얼굴 모습을 보고 알았지[84]　學力從看氣貌知
뜨거운 국에 놀라 몇 번이나 냉채 불었던가[85]　懲熱幾多翻吹虀
모난 것 싫다고 어찌 다시 둥글게 만들겠나　惡方那忍更成規

83 마음은……보았고 : 채원정(蔡元定, 1135～1198)이 죄에 걸려 유배 갈 때 주희가 문인들과 함께 정안사(淨安寺)에서 채원정을 전별하였는데, 이때 주희가 채원정과 함께 참동계(參同契)의 의문 나는 점에 대해 논하였던 일이 있었다. 《朱子語類 卷107》

84 학문의……알았지 : 유계의 학문이 뛰어나다는 말이다. 이천(伊川) 정이(程頤)가 일찍이 부주(涪州)에 유배되었다가 뒤에 풀려 돌아왔는데, 기모(氣貌)와 수염과 머리털이 모두 평소보다 좋아졌으므로 문인이 어떻게 해서 그렇게 되었느냐고 묻자, 대답하기를 "이것은 학문의 힘이다. 대체로 학자들은 환난과 빈천에 대처하는 것을 배워야 하고, 부귀영달 같은 것은 군이 배울 것이 없다."라고 한 데서 온 말이다. 《二程外書 卷12》

85 뜨거운……불었던가 : 《초사(楚辭)》 〈석송(惜誦)〉에 "뜨거운 국에 데인 뒤엔 냉채도 불어 먹거늘, 어찌하여 이 뜻을 변치 않는고."라고 한 데서 온 말로, 지나치게 두려워하여 경계하는 것을 비유하는 말이다.

그대를 옥으로 만들려는 천심[86] 진실로 기쁘니　天心玉汝眞堪喜
부질없이 시 읊어서 내 마음 어지럽히지 마소　休費幽吟攪我思

채서산(蔡西山)이 귀양 갈 때 회암(晦菴)과 기뻐하며 참동계(參同契)를 논하였다. 얼굴 모습은 부옹(涪翁)의 일을 인용하였다.

○위는 영보(英甫)가 화답한 것이다.

맑은 이름에는 원래 재앙이 따르는지라　淸名自與禍相隨
만 리 먼 곳에 귀양 감을 그대 슬퍼 마오　萬里投荒子莫悲
선배들 대부분 곤궁한 곳에서 얻었고　前輩多從窮處得
늦게 시드는 것 추워진 뒤에야 알지[87]　後凋方到歲寒知
당시의 고 사간[88]을 부끄러워하나니　恥羞當日高司諫
어느 누가 황보규 같은 호걸이던가[89]　豪傑何人皇甫規

86 그대를……천심 : 온갖 역경을 극복해야 장차 더 큰 일을 하게 될 것이라는 의미이다. 송(宋)나라 장재(張載)의 〈서명(西銘)〉에 "그대를 빈궁하게 하고 시름에 잠기게 하는 것은, 장차 그대를 옥으로 만들어 주려 함이다."라고 한 데서 유래하였다.

87 늦게……알지 : 어려움에 처해도 지조를 변치 않는 것을 말한다. 《논어》 〈자한(子罕)〉에 "날이 추워진 다음에야 소나무와 측백나무가 늦게 시드는 것을 안다."라고 하였다.

88 고 사간(高司諫) : 고약눌(高若訥, 997~1055)로, 자는 민지(敏之)이다. 고약눌이 간관(諫官)의 직임을 제대로 수행하지 않고도 조정을 출입하면서 사대부들에게 스스로를 간관이라고 칭하자, 구양수(歐陽脩)가 인간 세상에 수치스러운 일이 있음을 모르는 자라고 비난하였다. 《文忠集 卷67 與高司諫書》

89 어느……호걸이던가 : 황보규(皇甫規, 104~174)는 후한(後漢)의 장수로, 자는 위명(威明)이다. 환제(桓帝) 때 당고(黨錮)의 화가 일어나 진번(陳蕃), 이응(李膺) 등 당대의 명현(名賢)들이 체포되었는데 황보규는 이에 연좌되지 않았다. 그는 이를 수치스럽게 여겨 스스로 상언(上言)하여 자신도 이 당옥에 연좌되어야 한다고 주장하

보내온 시 자세히 읽으매 지극한 뜻 거듭했나니 細讀來詩重致志
〈이소〉도 본래 깊이 생각해 지었다오[90] 楚騷元是作幽思

위는 중초(仲初)[91]가 화답한 것이다.

였다.《後漢書 卷65 皇甫規列傳》

90 이소(離騷)도……지었다오 : 《사기(史記)》 권84 〈굴원열전(屈原列傳)〉에 "그러므로 근심하고 깊이 생각하여 〈이소〉를 지었으니, 이소라는 것은 근심에 걸린 것이다.〔故憂愁幽思而作離騷, 離騷者, 猶離憂也.〕"라고 하였다.

91 중초(仲初) : 조복양(趙復陽, 1609~1671)으로, 본관은 풍양(豐壤), 자는 중초, 호는 송곡(松谷), 시호는 문간(文簡)이다.

권호연[92]과 정안숙[93]에게 부치다

寄權浩然鄭晏叔

먼지 가득한 책상에서 책을 덮으니	凝塵滿案掩殘編
한 해 저무는 관산 더욱 쓸쓸하구나	歲暮關山倍悄然
한줄기 강에 막혀 얼굴 보지 못함도 싫은데	一帶猶嫌江阻面
하늘 닿을 듯한 고개 천 겹을 어이 견딜까	千重可耐嶺磨天
창밖의 차가운 매화 아직 피지 않았고	寒梅窓外還開未
들보 사이의 달은 몇 번이나 차고 기울었나[94]	落月樑間幾缺圓
남쪽 기러기 응당 북쪽 변경으로 돌아올지니	南雁會應歸北塞
봄이 오면 편지 전해주길 기다리노라[95]	春來佇見尺書傳

92 권호연(權浩然) : 권성원(權聖源, 1602~1662)으로, 본관은 안동(安東), 자는 호연이다. 초명은 권기원(權起源)이다. 《魯西遺稿 卷1/ 通訓大大行善山府使權公墓誌銘》

93 정안숙(鄭晏叔) : 정양(鄭瀁, 1600~1668)으로, 본관은 연일(延日), 자는 안숙, 호는 부익자(孚翼子)·포옹(抱翁), 시호는 정절(貞節)·문절(文節)이다.

94 들보……기울었나 : 친구를 몹시 그리워한다는 말이다. 두보가 이백을 그리워하며 "들보 위에 가득히 기우는 저 달빛이여, 그대의 얼굴을 비춰 주는 듯하네.〔落月滿屋樑, 猶疑照顏色.〕"라고 한 데서 유래하였다. 《杜少陵詩集 卷7 夢李白》

95 남쪽……기다리노라 : 기러기는 철새로 가을에는 북에서 남쪽으로, 봄에는 다시 북쪽으로 돌아오므로 이를 이용해 고향에서 편지가 오기를 기다리는 애틋한 마음을 나타내고 있다. 기러기는 잉어와 함께 편지를 전해 주는 동물로 흔히 쓰인다.

태학사 낙정 조윤지 석윤 가 보내준 율시 세 수[96]에 차운하여 부치다

次樂靜趙太學士胤之 錫胤 見贈三律 却寄

맑은 시 멀리 장백산 북쪽에 떨어지니	淸詩遠落白山陰
한 글자도 응당 만금의 값어치라오	隻字猶應抵萬金
평소 풍의가 두터움을 항상 보았는데	風義平生常見厚
궁한 처지에서 사귀는 정 더욱 깊음을 알겠네	交情窮路轉知深
두려워하며 소공의 혀를 얼마나 놀렸던가	兢魂幾吐蘇公舌
뼈에 새긴 곽영의 마음 길이 흠앙하네[97]	銘骨長欽郭令心
허물 징계하며 글짓기마저 폐했다가	懲咎竝將鉛槧廢
그대 위해 다시 한번 길게 읊조린다오	爲君聊復一長吟

96 태학사(太學士)……수 : 조윤지(趙胤之)는 조석윤(趙錫胤, 1606~1655)으로, 본관은 배천(白川), 자는 윤지, 호는 낙정재(樂靜齋), 시호는 문효(文孝)이다. 태학사는 홍문관과 예문관 대제학의 이칭이다. 1650년에 실록 찬수를 위해 대제학에 제수되었다. 《孝宗實錄 1年 6月 18日》 조석윤이 보내준 시는 《낙정집(樂靜集)》 권4 〈유무중의 적소에 부치다〔寄兪武仲謫居〕〉이다.

97 뼈에……흠앙하네 : 곽령(郭令)은 곽자의(郭子儀)로, 곽 분양(郭汾陽), 곽 영공(郭令公)이라고도 한다. 당(唐)나라 숙종(肅宗) 때 안녹산(安祿山)과 사사명(史思明)의 난을 평정하여 왕실 중흥에 큰 공을 세워 분양왕(汾陽王)에 봉해졌다. 《新唐書 卷137 郭子儀列傳》 곽자의가 뒤에 간신의 모함으로 배척받아 자신의 자리를 빼앗겨도 원망하지 않고 오직 국가만 생각하였는데, 유계 또한 유배되었지만 곽자의처럼 국가만을 생각하겠다는 말이다.

몸만 남고 혼이 떠나가니	形留魂去判相分
혼 없는 초객은 애간장 끊어지네[98]	楚客無魂可斷魂
노정을 헤아려보니 절반은 바닷가였고	却算程途半潮海
고개 마루엔 얼마나 구름이 닿았던가	回思關嶺幾磨雲
황사 언덕에는 천 겹의 눈 쌓였고	千堆積雪黃沙岸
흑수의 발원지에는 한 조각 외로운 성이 있네	一片孤城黑水源
성을 지키기엔 근력이 약해 감당할 수 없으니	乘障不堪筋力脆
무예는 익히지 않고 글공부만 했음을 후회하네	悔捐弓馬只攻文

시상은 버려진 연못처럼 말라버렸고	詩情枯涸廢池如
병든 뒤에는 술 마실 일도 없구나	病後仍兼酒事除
나라 근심하는 마음 여전하니 가련하고	憂國自憐心尙在
일신을 위한 계책 전혀 없어 우습구나	謀身長笑計全疏
서쪽 성 잔설에 매화 혼 동하고	西城殘雪梅魂動
남쪽 언덕 가벼운 바람에 버들 눈 피네	南陌輕風柳眼舒
또렷한 전날 밤 꿈을 떠올려보니	記得分明前夜夢
한 동이 술에 둘이서 청담 나누었다오	一樽淸晤兩懷攄

병들어 동쪽 교외에서 작별하지 못했기에	病負東郊摻手分
그대 생각으로 날마다 넋을 잃는구나	憶君無日不銷魂
겨울 눈 오는 장백산을 뚫고 갔으니	路穿長白三冬雪

98 혼……끊어지네 : 초객은 상강(湘江)에 유배되었던 초(楚)나라 굴원(屈原)을 가리키는 말로, 유계가 조정에서 쫓겨난 자신을 굴원에 빗대어 표현한 것이다.

만 리 밖 종남산[99]이 보이지 않으리라　目斷終南萬里雲
진정 막다른 길에서 학문의 힘을 아나니　定向窮途知學力
어찌 바깥일로 마음을 어지럽힐 수 있으랴　寧將外事撓心源
가생은 한스럽게도 우리 도를 듣지 못하였으니　賈生恨未聞吾道
굴원을 조문한 글 천년토록 안타까움을 사네[100]　千載人憐弔屈文

위는 윤지(胤之)의 원운(原韻)이다.

99 종남산(終南山) : 서울 남산(南山)을 가리킨다. 종남산은 원래 주(周)나라 도성인 호경(鎬京)의 남쪽에 있는 산인데, 후세에는 도성의 남산을 종남산이라 칭하였다.

100 가생(賈生)은……사네 : 가생은 한(漢)나라 가의(賈誼)를 가리킨다. 글을 잘 지었는데, 문제(文帝) 때 장사(長沙) 태부(太傅)로 좌천되어 상수(湘水)를 건너다가 〈조굴원부(弔屈原賦)〉를 지어 굴원을 조문하였다. 이 두 구절은 유배 가서 가의처럼 우울증에 걸려 〈조굴원부〉를 짓지 말고 마음을 단단히 먹어 의연하게 대처하라는 말이다.

조중초가 보내준 율시 세 수에 차운하고 아울러 대이와 자회에게 사례하다[101]

次趙仲初見贈三律 兼謝大而子晦

나는 나루 알고 먼 길을 허둥지둥 갔지만	棲棲長道自知津
그대의 수레 헛걸음 시켰으니 부끄럽구나	虛愧車騶枉路塵
일찍이 침체할 운명 알았으니	早識顚沈眞命數
누가 쫓겨난 이유를 논할쏜가	誰論放逐底由因
좋은 시절에 뜻 꺾여 농리에게 부끄럽고[102]	淸時鎩翮羞瀧吏

101 조중초(趙仲初)가……사례하다 : 조중초는 조복양(趙復陽, 1609~1671)으로, 본관은 풍양(豐壤), 자는 중초, 호는 송곡(松谷), 시호는 문간(文簡)이다. 대이(大而)는 홍명하(洪命夏, 1607~1667)로, 본관은 남양(南陽), 자는 대이, 호는 기천(沂川), 시호는 문간(文簡)이다. 자회(子晦)는 홍처량(洪處亮, 1607~1683)으로, 본관은 남양, 자는 자회, 호는 북정(北汀), 시호는 정정(貞靖)이다. 조복양이 보낸 율시 세 수는 《송곡집(松谷集)》 권1에 보이는데, 〈학사 유무중이 적소를 가며 동쪽 길을 지난다는 소리를 듣고……〔聞兪學士武仲謫行過東路……〕〉와 〈유무중의 온성 적소에 부치다〔寄兪武仲穩城謫所〕〉와 〈이함경과 여러 공들이 무중을 회고한 작품에 차운하여 함께 부치다〔次李咸卿諸君懷武仲之作竝寄〕〉이다.

102 농리(瀧吏)에게 부끄럽고 : 농리는 나루에서 배를 지키며 운항을 도와주는 관리이다. 한유(韓愈)가 조주(潮州)로 귀양 갈 때 창락롱(昌樂瀧)이라는 물살이 세찬 여울을 건너며 지은 〈농리〉라는 시에 농리와 문답을 나누다가 관원으로서 신세를 한탄하는 자신을 부끄러워하였다는 고사가 있다. 〈농리〉에 "남행한 지 육십 일 만에 비로소 창락롱을 내려간다. 물살이 형용할 수 없이 험악하여 배와 바위가 서로 부딪치누나. 가서 배를 지키는 농리에게 물었네. 예서 조주까지는 몇 리나 남았는가? 앞으로 언제쯤 당도하겠는가? 고을의 풍속은 또 어떠한가? 농리가 팔짱 끼고 웃으며 하는 말이, 나리는 어찌 그리 질문이 어리석소."라고 하였다. 《東雅堂昌黎集註 卷6》

궁한 처지에 관심 보이는 친구에게 감사하네　　窮路關心荷故人
멀리 생각건대 남쪽 기러기 북으로 왔는지　　遙想南天雁已北
선춘-고개 이름-에 이른 편지를 거듭 보았구려　　再看書信到先春

위는 상수역(常壽驛)까지 뒤따라와서 작별하려 하였으나 만나지 못해 사례한 것이다.

해바라기가 해를 향하는 정성 밝히기 어렵고　　葵藿難明向日誠
거친 말은 스스로 나의 유배길 불러들였네　　狂言吾自速吾行
안도[103]의 가엾고 속상한 뜻 깊이 알았고　　深知安道憐傷意
통평[104]처럼 원망하는 마음 감히 있을까　　敢有通平詒怨情
나그네 꿈 깬 뒤 혼은 끊어지지 않고　　客夢長廻魂不斷
이별의 근심 취한듯한데 도리어 술 깨는구나　　離憂如醉酒還醒
은총 입어 창주의 계획 이루어진다면[105]　　霑恩儻遂滄洲計
늘그막에 함께 돌아가 즐겁게 갓끈 씻어야지[106]　　遲暮同歸好濯纓

103 안도(安道) : 송(宋)나라 여정(余靖)으로, 자는 안도이다. 당시 범중엄(范仲淹)이 언사(言事)로 인하여 귀양을 가자 여정은 범중엄이 옳다고 지지하다가 쫓겨났다.

104 통평(通平) : 한 선제(漢宣帝) 때 곽씨(霍氏)의 모반을 고변하여 지위가 경(卿)에 오르고 통평후(通平侯)에 봉해졌던 양운(楊惲)을 가리키는데, 그는 뒤에 참소를 입어 폐서인이 되었다가 끝내 처형되었다.

105 창주(滄洲)의 계획 이루어진다면 : 은자로 살아가겠다는 말이다. 창주는 삼국시대 위(魏)나라 완적(阮籍)이 지은 〈정충권을 위해 진왕에게 보낸 전〔爲鄭沖勸晉王箋〕〉에 "창주를 굽어보며 지백(支伯)에게 사례하고, 기산(箕山)에 올라가 허유(許由)에게 읍한다."라고 한 데서 유래하여 물가에 사는 은자의 거처를 말한다. 《文選 卷20》

106 즐겁게 갓끈 씻어야지 : "창랑의 물이 맑으면 나의 갓끈을 씻고, 창랑의 물이 흐리면 나의 발을 씻으리라.〔滄浪之水淸兮, 可以濯我纓, 滄浪之水濁兮, 可以濯我足.〕"라고

북방 눈보라 속 머리 위로 해 뜨고	朔雪蕭蕭日上簪
변방의 뜰에는 도깨비 점차 침범하네	邊庭魑魅稍相侵
천 겹의 고개는 고향 꿈도 가로막고	千重嶺阻家鄉夢
만 리에서 보낸 시 친구의 마음 전한다오	萬里詩傳故舊心
뜬세상 무료한 심정 자못 달래노니	浮世閑情頗自遣
늘그막 이별 회포를 가장 금하기 어렵구나	暮年離抱最難禁
차가운 밤 홀로 관산의 달 마주할 뿐	寒宵獨對關山月
맑은 술 있어도 누구와 함께 마시나	縱有淸樽誰與斟

위는 여러 공들이 사국(史局)에서 수창한 시를 차운하였다.

한 데서 온 말로, 강호에서 살고 싶은 한가로운 정취를 표현한 것이다. 《楚辭 卷5 漁父》

중서 사인 김문숙[107]에게 편지와 함께 부치다
簡寄金中書文叔

만 리 밖에서 생사를 묻는 편지 와서	萬里書來問死生
세 번이나 펼쳐 읽으니 눈물이 쏟아질 듯	三過展讀涕堪傾
곤액을 당해 뉘우칠 것을 생각하고	身當困處方思悔
궁한 때라야 교유하는 정을 볼 수 있네	交到窮時始見情
도성의 더러운 먼지에 옷은 반쯤 물들고	京洛緇塵衣半染
눈 오는 관산에서 귀밑머리 온통 하얗구나	關山白雪鬢全明
임천과 서해로 돌아갈 기약 늦었으니	林江瑞海歸期晚
갈매기도 오히려 옛 맹세 비웃겠지[108]	鷗鳥猶應笑舊盟

107 김문숙(金文叔) : 김홍욱(金弘郁, 1602~1654)으로, 본관은 경주(慶州), 자는 문숙, 호는 학주(鶴洲), 시호는 문정(文貞)이다.

108 갈매기도……비웃겠지 : 속세를 빨리 잊지 못하고 있는 마음을 갈매기와의 맹세에 빗대어 표현하고 있다. 옛 맹세는 갈매기와 벗이 되어 자연에 은거하겠다는 맹세를 말하는데, 구맹(鷗盟) 또는 구사(鷗社)라고도 한다. 송(宋)나라 황정견(黃庭堅)의 시에 "만 리 돌아가는 배에 젓대 부니, 이 마음 백구와 맹세하였네.〔萬里歸船弄長笛, 此心吾與白鷗盟.〕"라고 하였다. 《山谷集 外集 卷7 登快閣》

생질 윤후로가 우수한 성적으로 진사시에 합격하였다[109]는 소식을 듣고 편지에 율시 한 수를 지어 격려하다
聞尹甥後老高中庠選 臨書 得一律以勖之

그대가 고선하였음을 들으니 기쁘면서도 슬프네	聞君高選喜兼悲
남은 경사 분명히 후손에게 전해졌구나	餘慶分明後裔垂
사업은 여기에서 그치지 말고 면려해야 하며	事未止斯宜勉勵
마음은 일찌감치 정해서 머뭇거리지 말라	心要早定莫遲疑
시간은 게을리 보내서는 안 되고	光陰不合悠悠送
남아가 어찌 잗달게 행동하리오	男子寧能碌碌爲
평소에 풍모가 뛰어남을 아노니	知爾平生有毛骨
노부는 눈 비비며 앞으로의 발전 기대하노라	老夫揩眼看前期

109 생질……합격하였다 : 윤후로(尹後老)는 윤송(尹松, 1628~?)으로, 본관은 남원(南原), 자는 후자(後者)·후로이다. 유계의 매형인 윤형지(尹衡志)는 유양증(兪養曾)의 둘째 딸과 혼인하여 슬하에 윤매(尹梅), 윤백(尹栢), 윤송을 두었다. 윤송은 1650년(효종1) 증광시(增廣試)에 진사 1등으로 합격하였다. 《庚寅增廣司馬榜目》

청명절 이틀 전에 큰 눈이 내리다
清明前二日大雪

짙은 먹구름 어둡고 북풍은 차갑더니	頑雲墨墨北風寒
하룻밤 사이 숲엔 한 길 눈이 쌓였네	丈雪平林一夕間
용모양 고목은 지탱하기 무거워 꺾이고	擎重老龍摧古樹
눈에 묻힌 주린 호랑이 앞산에서 울부짖네	凍埋飢虎吼前山
청명절은 아름다운 경치 재촉하는 절기인데	清明佳景方催節
북방의 추운 날씨에 시름을 풀 수 없구나	朔漠窮陰不解顔
봄빛이 아직 이르지 않은 걸 보면	料得春光到未及
해동에도 옥문관이 있나 보네[110]	海東還有玉門關

110 해동(海東)에도……보네 : 해동은 우리나라를 지칭할 때 흔히 쓰이는 별칭이다. 옥문관(玉門關)은 한(漢)나라 때 중국의 국경에서 서역(西域) 지방으로 통하던 경계 지역에 있는 관문이다. 당나라 왕지환(王之渙)의 《어정전당시(御定全唐詩)》 권253 〈양주사(凉州詞)〉에 "강적으로 어찌 양류가 피지 않음을 원망하랴, 봄빛은 옥문관을 넘지도 못하는데.〔羌笛何須怨楊柳, 春光不度玉門關.〕"라고 하였다.

형님[111]이 부쳐 온 시에 화답하다

和舍兄見寄

고향에서 보낸 편지 해 넘겨 전해지니	故國音書隔歲傳
황금으로 값을 논하면 글자마다 천금이라오	黃金論價字應千
돌아보니 관북의 고개 천 겹으로 막혀 있고	首回關嶺千重阻
변경의 강은 창자처럼 굽이굽이 둘렀네	腸繞邊江九曲牽
뜰의 나무에 따뜻한 바람 불어 꽃이 피는데	庭樹風暄花定發
변경의 성에는 봄 늦도록 눈이 쌓여 있네	塞垣春晚雪猶塡
하늘 끝 이 이별에 함께 늙어가니	天涯此別同垂老
술 끊고 밥 잘 먹도록 각자 노력해야죠	止酒加飧各勉旃

111 형님 : 유계의 형으로는 유집(兪集)과 유목(兪棨)이 있는데, 여기서의 형님은 두 명 중에 누구를 가리키는지 분명하지 않다.

입암[112]에서

立巖

쌍암은 천 척이나 깎아 놓은 듯하고 雙巖千尺削成然
흑수 앞에는 누런 돌의 외로운 성 있네 黃石孤城黑水前
골짜기를 쪼개 남긴 공적은 거령[113]의 자취이고 劈峽遺功巨靈迹
하늘 깁고 남은 바위조각은 여와[114]의 당시라오 補天餘片女媧年
거센 물결로 오래 밀쳐내 오랑캐 언덕 무너뜨리고 長排激浪崩胡岸
층층이 병풍 세워 변경을 보호하네 鎭作層屛護漢邊
만 리 길에 오르니 차가운 날 저물고 萬里登臨寒日暮
동북쪽 설산에는 봉화 연기 보이는구나 雪山東北見狼煙

112 입암(立巖) : 입암은 온성부(穩城府)의 동쪽에 있는 바위로 돌이 깎아지른 듯한 것이 네모지게 하늘 위로 솟아올랐다고 한다. 《신증동국여지승람(新增東國輿地勝覽)》 권50 〈함경도(咸鏡道) 경성도호부(鏡城都護府)〉에 "입암은 부의 남쪽인 간합리(幹合里)에 있다. 높이가 2백여 길〔丈〕인데, 이 지방 사투리에 돌을 간합이라고 하므로 그대로 땅이름으로 붙였다."라고 하였다.

113 거령(巨靈) : 황하(黃河)의 신으로, 전설에 화산(華山)을 쪼갰다고 한다. 옛날에 산 하나가 하수(河水)를 막고 있어서 하수가 빙 돌아서 흘렀는데, 거령이 이 산을 둘로 쪼개어 하수를 곧게 흐르게 하였다고 한다.

114 여와(女媧) : 상고(上古) 때 공공씨(共工氏)라는 제후가 축융(祝融)과 싸우고 이기지 못하자 노하여 머리로 부주산(不周山)을 들이받아 하늘을 받치는 기둥이 부러지고 땅을 묶어 둔 밧줄이 이지러졌는데, 여선(女仙)인 여와가 오색의 돌을 갈아서 터진 하늘을 깁고 자라의 발을 잘라서 사극(四極)을 세우자 땅이 평정되고 하늘이 완전하게 되었다고 한다. 《淮南子 覽冥訓》

동자와 관자를 데리고 앞에 있는 절을 방문하는 길에 사냥을 구경하다 비가 와서 상봉에 오르지 못하다

攜童冠 訪前寺路觀獵 雨不克登上峯

평평한 들에 어린 풀 가지런한 따스한 날	暖日平郊細草齊
우연히 동자와 관자 데리고 사원을 방문하네	偶携童冠訪招提
비단 날개 가진 새는 매 앞에서 떨어지고	離披錦翼鷹前墜
붉은 숲 만발한 꽃에 말은 길을 헤매누나	爛漫紅林馬首迷
긴 골짜기의 경치 부지런히 구경하다가	長谷風煙勞應接
사찰에 뇌우 일어 부여잡고 오르기 겁나네	上方雷雨怯攀躋
석양에 반쯤 취해 호탕하게 읊으며	斜陽半醉吟魂蕩
오히려 말 타고 푸른 시내 따라간다오	猶自征鞍傍碧溪

조중초[115]와 홍자회[116]가 보내준 시에 차운하다

次趙仲初洪子晦見贈韻

평생 오귀[117]가 나를 궁하게 만들어	平生五鬼祟吾窮
행장 꾸리고 정처 없이 떠도는 신세	蓬斷行裝梗泛蹤
변경의 꿈속에선 오래도록 바쁘고	塞外夢魂長驀地
하늘 끝에서 날마다 쇠약해지네	天涯形貌日龍鍾
잠자리 누우면 일 년을 보내는 듯 시간 더디고	宵憑客枕如經歲
지난겨울에 보낸 고향 편지 봄에야 받았다오	春得鄉書發去冬
친구가 보내준 시축 몇 개 있어	賴有故人詩數軸
창가에서 종일토록 봉한 시 살펴보네	晴窓終日撿題封

115 조중초(趙仲初) : 조복양(趙復陽, 1609~1671)으로, 본관은 풍양(豐壤), 자는 중초, 호는 송곡(松谷), 시호는 문간(文簡)이다.

116 홍자회(洪子晦) : 홍처량(洪處亮, 1607~1683)으로, 본관은 남양(南陽), 자는 자회, 호는 북정(北汀), 시호는 정정(貞靖)이다.

117 오귀(五鬼) : 한유(韓愈)의 〈송궁문(送窮文)〉에 나오는 항상 자기를 곤궁하게 하는 지궁(智窮), 학궁(學窮), 문궁(文窮), 명궁(命窮), 교궁(交窮)의 다섯 궁귀(窮鬼)를 말한다.

중초의 율시 두 수에 차운하여[118] 부치다

次仲初二律却寄

말세에 지음[119]을 찾기 어려우니	難從末路見知音
그대의 시 받을 때마다 무릎 치며 읊조린다오	每得君詩擊節吟
사귄 교분은 원래 취미가 같은데	交契自來同臭味
세상 인정은 도리어 양과 음이 있구나	世情還復有陽陰
몸의 재앙은 희준의 나무에서 경계할 만하고[120]	身災可戒犧樽木
입의 허물은 태묘의 금인을 경계해야 하네[121]	口過宜懲太廟金
다만 우리들이 조금 건재하다면	但使吾曹差健在
응당 궁달에도 이 마음 변치 않아야 하리	未應窮達異茲心

118 중초의……차운하여 : 유계가 차운한 조복양의 시는 《송곡집(松谷集)》 권1의 〈또 무중에게 부치다〔又寄武仲〕〉이다.

119 지음(知音) : 친구 간에 서로 상대방의 포부나 경륜을 알아주는 것을 비유한다. 거문고의 명인 백아(伯牙)가 높은 산에 뜻을 두고 연주하면 종자기(鍾子期)가 "좋구나. 높다란 것이 태산(泰山)과 같다."라고 하고, 흐르는 물에 뜻을 두고 연주하면 "좋구나. 넘실거리는 것이 강하(江河)와 같다."라고 평했다는 고사에서 유래하였다. 《列子 湯問》

120 몸의……만하고 : 희준(犧樽)은 제사용 술그릇인데 희준을 만들기 위해서는 나무의 본성을 잃게 된다. 사람 또한 타고난 본성을 잃지 말 것을 이에 빗대어 경계하는 말이다. 《장자(莊子)》 〈마제(馬蹄)〉에 "나무의 순박함을 해치지 않고서 누가 희준을 만들며, 백옥을 훼손하지 않고서 누가 규장을 만들겠는가.〔純樸不殘, 孰爲犧尊, 白玉不毁, 孰爲珪璋.〕"라고 하였다.

121 입의……하네 : 말을 조심해야 한다는 뜻이다. 주(周)나라 태묘(太廟) 앞에 입을 세 겹으로 봉한 금인(金人)이 있었는데 그 등 뒤에 "옛날에 말을 조심하던 사람이다."라는 명문이 새겨 있다고 한다. 《孔子家語 觀周》

도성은 까마득히 멀어 아름다운 소식 막혔고	迢迢京國阻徽音
병들어 봄을 나면서 고향 생각 간절해라[122]	一病經春奏越吟
집 앞 변경의 산은 온통 눈이고	坏戶塞山渾作雪
창문 여니 뜨락 나무 이미 그늘을 이루었네	開窓庭樹已成陰
중주의 땅은 풍진으로 어둡거니와	風塵晃暗中州土
북사 접대하느라 저축이 비었구나[123]	杼軸聞空北使金
온갖 일이 백발의 몸에 따라다니니	萬事只堪從白首
한평생 기우를 떨치기 어려워라	百年難遣杞人心

122 고향 생각 간절해라 : 월음(越吟)은 월나라의 노래를 말한 것인데 전국 시대 월나라의 장석(莊舃)이 일찍이 초(楚)나라에 가서 높은 벼슬을 하다가 병이 들었을 때, 자기 고향을 그리워하여 월나라의 노래를 불렀던 데서 온 말로, 고향을 몹시 그리워하는 것을 의미한다. 《史記 卷70 張儀列傳》

123 북사(北使)……비었구나 : 《시경》 〈대동(大東)〉에 "대동과 소동에 베틀 북이 다 비었도다.〔大東小東, 杼軸其空.〕"라고 하여, 동쪽에 있는 크고 작은 제후국들이 주(周)나라 왕실을 위한 부역에 시달리는 상황을 풍자한 말이다. 여기서는 청나라 사신을 접대하느라 시달리고 있는 조선의 상황을 빗대어 나타낸 것이다. 북사는 청나라 사신을 가리킨다.

중초가 유배됐다는 소식[124]을 듣고 부쳐 보내다
聞仲初佩玦 寄贈

그대 집안의 충효 세상이 모두 아는데	君家忠孝世爭知
무슨 일로 다시 강담의 죄인[125] 되었나	底事江潭更作纍
인명은 꽃과 같이 바람에 흔들리지만	人命似花風不定
천심은 해와 같아 사사롭게 비추지 않네	天心如日照無私
아홉 번 죽더라도 충심 있으리니	唯應九死丹忱在
어찌 백발에 마음 변할쏜가	肯爲餘生白首移
장추[126]를 바라보는 땅이 부럽나니	堪羨長楸瞻望地
여러 해 삼위에 버려진[127] 내 자신이 가엾어라	獨憐經歲滯三危

124 중초(仲初)가 유배됐다는 소식 : 중초는 조복양(趙復陽, 1609~1671)으로, 본관은 풍양(豐壤), 자는 중초, 호는 송곡(松谷), 시호는 문간(文簡)이다. 패결(佩玦)은 한쪽이 터진 옥고리인 결옥(玦玉)을 차는 것으로, 유배 가는 것을 의미한다. 조복양은 1651년(효종2) 봄에 윤방(尹昉)의 시장(諡狀) 문자를 잘 살펴보지 못한 죄로 동료들과 함께 체포되었는데, 죄를 처단하는 의견을 주달하여 혼자만 장배(杖配)하도록 명하였다고 한다.《明齋遺稿 卷45 吏曹判書松谷趙公行狀》

125 강담(江潭)의 죄인 : 초(楚)나라 굴원(屈原)이 조정에서 쫓겨난 다음에 강가를 거닐며 시를 읊조린 데에서 유배된 사람을 가리키는데, 여기서는 조복양을 말한다.

126 장추(長楸) : 《초사(楚辭)》 권4 〈애영(哀郢)〉에 "장추를 바라보며 크게 탄식함이여, 마치 비가 쏟아지듯 눈물이 흘러내리도다.〔望長楸而太息兮, 涕淫淫其若霰.〕"라고 하였는데, 주희(朱熹)의 주(注)에 "장추는 이른바 고국의 교목이다."라고 하였다.

127 삼위(三危)에 버려진 : 삼위는 순 임금이 삼묘(三苗)를 쫓아낸 장소로, 유배지를 의미한다. 여기서는 유계의 유배지를 가리킨다.

윤여망[128]이 화답해 보여준 율시 세 수에서 다시 한 수를 차운하여 부치다
尹汝望和示三律 復次一首 却寄

교유한 지 이십 년 어느덧 늙고 병드니	廿載交遊老病隨
이번 귀양길에 유독 그대가 슬퍼하였네	此行偏有故人悲
왕랑을 보지 못한 듯 늘 그대 생각하였고[129]	王郎未見長思見
유윤이 알아주듯 나를 더 잘 알아주었지[130]	劉尹相知勝自知
시야 끊긴 변방 산으로 구름 지나가고	眼斷塞山雲正合
꿈이 걸린 창해에는 달이 새로 둥글어지네	夢懸滄海月新規
은근히 만 리 밖에서 아름다운 시문[131]에 답하니	慇懃萬里瓊琚報
모두 나의 시를 말하며 끝없이 그리워하겠지	摠說吾詩不盡思

128 윤여망(尹汝望) : 윤문거(尹文擧, 1606~1672)로, 본관은 파평(坡平), 자는 여망, 호는 석호(石湖), 시호는 충경(忠敬)이다.

129 왕랑(王郎)을……생각하였고 : 유계가 늘 윤문거를 생각하였다는 의미이다. 왕랑은 왕희지(王羲之)의 아들 왕응지(王凝之)로 훌륭한 가문의 자제를 가리키는데, 윤문거를 빗대어 말한 것이다.

130 유윤(劉尹)이……알아주었지 : 유윤이 현도(玄度)를 알아주었듯이 윤문거가 자신을 알아주었다는 말이다. 유윤은 유담(劉惔)으로, 자는 진장(眞長)이다. 단양 윤(丹陽尹)을 지냈기에 유윤이라 부른다. 유윤이 현도에 대해서 "맑은 바람과 밝은 달을 대하노라면, 문득 현도가 생각난다.〔淸風朗月, 輒思玄度.〕"라고 하였다. 《世說新語 言語》

131 아름다운 시문 : 경거(瓊琚)는 아름다운 옥과 패옥(佩玉)으로, 상대방이 준 훌륭한 시문 또는 선물을 뜻한다.

서로 찾고 응하면서 서로 어울렸기에	相求相應自相隨
온 천지 가을이 되자 마음도 슬프구려	天地秋來志共悲
금강에서 귀장[132]을 영원히 맹세했거니와	錦水龜藏期永矢
상담에서 용이 일어남을 어찌 미리 알겠는가[133]	湘潭龍起豈前知
출처는 운명에 달렸으니 고니를 바라보고	行違有命看黃鵠
화복은 단서 없으니 자규새 울음소리 듣네	倚伏無端聽子規
천 리 밖에서 온 답장엔 당부하는 말 있으니	千里書回開警語
남북으로 떨어져 있어도 그리움 막을 수 없네	未應南北隔心思

위는 여망이 화답한 시이다.

132 귀장(龜藏) : 귀장륙(龜藏六)의 준말이다. 거북이가 위험한 상황을 만났을 때 머리·꼬리·네 발 등 여섯 곳을 두꺼운 갑각(甲殼) 안에 감추는 것처럼, 후대에 재주와 덕이 있는 사람이 은거하여 화를 면하는 것을 비유하였다. 《雜阿含經 卷43》

133 상담(湘潭)에서……알겠는가 : 유계가 귀양지에서 조정으로 언제 다시 돌아올지 모른다는 말이다. 상담은 초(楚)나라의 굴원(屈原)이 쫓겨났던 곳으로, 유계가 귀양 간 곳을 비유한 것이다. 송나라 때에 사마광(司馬光)이 쫓겨났다가 다시 조정으로 들어올 때, 정자(程子)가 시를 지어주기를 와룡(臥龍)이 일어난다고 하였다.

윤길보가 심회를 적어 보내준 시에 차운하다.[134] 이때 길보가 죽은 사위 박숙후를 막 장사 지낸 뒤였다[135]

次尹吉甫述懷見贈韻 時吉甫新葬亡壻朴叔厚

객사에서 겨울 지내고 다시 봄을 보내며	旅舍經冬復送春
시름 견디기 어려워 다시 친구를 그리워했네	牢愁叵耐更懷人
빈 산에 옥을 묻으니 애간장 다 녹았을 테고	空山埋玉哀腸盡
변방에 시문 보낼 제 눈물이 새로 흘렀으리	絶塞投瓊淚眼新
그대와 헤어져서 비린한 마음 싹트려 하고	鄙吝欲萌君別日
내가 태어난 날 빈궁과 영달 정해졌다오	窮通已定我生辰
세상의 모든 일 모두 허망하니	世間萬事都悠謬
각자의 몸 노력하여 잘 보살피세나	努力扶將各一身

134 윤길보(尹吉甫)가……차운하다 : 윤길보는 윤선거(尹宣擧, 1610~1669)로, 본관은 파평(坡平), 자는 길보, 호는 미촌(美村)·노서(魯西)·산천재(山泉齋), 시호는 문경(文敬)이다. 윤선거가 보내준 시는 《노서유고(魯西遺稿)》 권1 〈기시남온성배소(寄市南穩城配所)〉이다.

135 이때……뒤였다 : 박숙후(朴叔厚)는 박세후(朴世垕, 1627~1650)로, 본관은 반남(潘南), 자는 숙후이다. 서계(西溪) 박세당(朴世堂)의 형이다. 윤선거와 유계의 문인으로, 스승들이 모두 아끼는 제자였으나 1650년(효종1) 12월에 24세의 나이로 요절하여 이듬해 2월에 지금의 김포(金浦) 지역인 금릉(金陵) 마산(馬山)의 선영에 장사 지냈다. 부인은 파평 윤씨(坡平尹氏)로 명재의 누이이다. 《明齋遺稿 卷36 潘南朴君墓誌銘》

수주 부사 박안제[136]가 화답한 시에 차운하여 부치다
次愁州朴使君見和韻 却寄

귀양 신세에 나를 알아주는 이 적어서가 아니라	不爲窮途少賞音
요즘에 병이 많아 외로이 시 읊기 그만뒀다오	近緣多病廢孤吟
벗을 부르는 숲 속 새 울음소리 시름겹게 듣고	愁聞喚友林禽響
구름 멈춘 고개 위 나무 서글피 바라보네	悵望停雲嶺樹陰
변방의 나그네 양쪽 귀밑머리 하얘지고	塞外羈形雙白鬢
세간의 교제하는 도는 거의 황금 따라 사귀네[137]	世間交道幾黃金
뜬 인생의 영고성쇠 익숙히 보았으니	浮生榮悴嘗來慣
어른께서는 응당 이 마음 아시겠지	長者偏應識此心

136 박안제(朴安悌) : 1590~1663. 본관은 밀양(密陽), 자는 계순(季順)이다. 수주(愁州)는 함경북도 종성(鍾城)의 옛 이름이다. 1650년 종성 부사(鍾城府使)에 제수되었다. 《雪峯遺稿 卷27 承政院同副承旨知製敎朴公墓碣銘》

137 세간의……사귀네 : 마음으로 교분을 맺는 것이 아닌 물질을 추구하는 교분을 말한다. 당나라 때의 시인 장위(張謂)의 시에 "세상 사람들 교분 맺음에 황금을 쓰니, 황금이 많지 않으면 교분도 깊지 않구나.〔世人結交須黃金, 黃金不多交不深.〕"라고 하였다. 《河嶽英靈集 卷上 題長安主人壁》

시골 노인과 함께 버드나무 그늘 짙은 앞 시내에 이르러 돌로 물길을 막고 놀며 시냇가 나무를 깎아서 쓰다

偕野老到前川柳陰 障石戲流 白溪上木而書之

시골 노인이 방문하여 낮잠을 깨웠는데	野老相過喚晝眠
우연히 그윽한 흥취에 끌려 앞 시내에 갔네	偶牽幽興到前川
여울물 소리는 많은 패옥이 울리는 듯하고	傾灘迸響群瓊佩
굽이진 언덕이 에워싼 하늘 좁기도 해라	曲岸圍留小碧天
돌로 물길 막아 통하고 막히는 이치 보고	障石乍觀通塞理
물결 일으켜 격양하는 힘을 시험한다오	搖波聊試激揚權
시내 물고기는 한가로운 심사 이해하지 못했는지	溪魚不解閑心事
놀라 흩어지는 바람에 물결 부서지네	驚散游鱗浪破圓

다시 앞의 운을 써서 종성 부사가 화답한 시에 차운하다 이때에 유정[138]에서 만나자는 약속이 있었다

再用前韻 次愁州見和 時有柳亭之約

석 잔 술에 취하여 이내 잠들었다가	三杯兀然醉仍眠
갈증 심해 잠깐 사이에 온갖 냇물 들이마셨네	渴夢斯須吸百川
잠깐 맑은 시 읊는데 바람이 볼에 가득하고	乍詠清詩風滿頰
다시 아름다운 약속 들으니 안개가 하늘에 걷히네	還聞佳約霧披天
그대는 동각[139]에서 거문고와 술의 흥취 겸했고	君兼東閣琴樽興
나는 변방 뜰에서 수석을 볼 권한을 가졌네	我領邊庭水石權
예상해보건대 즐겁게 모인 자리에	預想溪山拚會處
바퀴 모양 변방의 달 점차 동그래지겠지	一輪關月漸團圓

138 유정(柳亭) : 경성팔영(鏡城八詠) 중의 한 곳이다. 《우천집(牛川集)》 권2 〈경성팔영〉에 경성팔영은 부성(府城), 승암(升巖), 문숙묘(文肅廟), 원수대(元帥臺), 해동대(海東臺), 구미진(龜尾津), 어정(衙井), 유정 여덟 곳을 말한다.

139 동각(東閣) : 지방 수령의 관아나 누각을 뜻한다.

5월 6일에 제생들과 전부[140]에 가다가 고개 위에서 큰 안개를 만나 시를 지어 수주 부사에게 기록하여 드리다

五月六日 與諸生輩赴氈府 嶺上遇大霧 有得 錄呈愁州

변방의 짙은 안개 늦게까지 걷히지 않고	塞霧昏昏晩不收
오랑캐 산 점점이 갈래머리 드러나네	胡山點點露丫頭
온통 형체 나뉘던 날의 원기와 흡사하고	渾如元氣分形日
문득 사막 건너는 날랜 병사 같네	却似輕兵度漠秋
만 리 밖 관하를 두루 다니고자 하나	萬里關河行欲遍
백 년 인생 더욱 덧없음을 알겠구나	百年身世轉知浮
변방 고을의 자사와 만날 약속했는데	邊州刺史前期在
하늘 밖 외로운 성 어디가 수주인가	天外孤城底處愁

140 전부(氈府) : 함경북도 온성(穩城)의 옛 이름으로, 전성(氈城)이라고도 한다.

다시 윤효직,[141] 백분,[142] 여망,[143] 길보[144] 4형제의 수 자 시에 차운하여 부치다

復次尹孝直伯奮汝望吉甫四昆季隨字韻 却寄

만 리 밖에서 온 편지에 율시 열 편도 보내오니	萬里書來十律隨
친구들 나를 슬퍼하나 내 어찌 슬퍼하리오	故人悲我我何悲
허물은 하수를 기울여 씻어도 충분치 않고	愆尤未足傾河洗
길은 지팡이로 더듬어 찾아도[145] 알기 어렵구나	道路難從擿埴知
몸의 재앙은 본래 자후 때문이 아니며[146]	身禍本非緣子厚

141 윤효직(尹孝直) : 윤순거(尹舜擧, 1596~1668)로, 본관은 파평(坡平), 자는 노직(魯直)·효직, 호는 동토(童土)이다.

142 백분(伯奮) : 윤원거(尹元擧, 1601~1672)로, 본관은 파평, 자는 백분, 호는 용서(龍西)이다.

143 여망(汝望) : 윤문거(尹文擧, 1606~1672)로, 본관은 파평, 자는 여망, 호는 석호(石湖), 시호는 충경(忠敬)이다.

144 길보(吉甫) : 윤선거(尹宣擧, 1610~1669)로, 본관은 파평, 자는 길보, 호는 미촌(美村)·노서(魯西)·산천재(山泉齋), 시호는 문경(文敬)이다.

145 지팡이로 더듬어 찾아도 : 대본에는 '摘埴'으로 되어 있는데, 《법언(法言)》 〈수신편(修身篇)〉에 의거하여 '摘'을 '擿'으로 바로잡아 번역하였다. 양웅의 《법언》 〈수신편〉에 "지팡이로 땅을 더듬어 길을 찾아 어둠 속으로 나아갈 따름이다.〔擿埴尋途, 冥行而已矣.〕"라고 하였다.

146 몸의……아니며 : 자후(子厚)는 송나라 철종(哲宗) 때 왕안석(王安石)의 당여인 장돈(章惇)의 자이다. 장돈이 왕안석(王安石)의 신법(新法)을 반대한 문인들을 귀양 보냈는데, 그중에 범순인이 무안군절도부사(無安軍節度副使)로 좌천되어 갈 때 배가 전복되어 옷을 다 적시게 되었는데도 아들들에게 "이것이 어찌 장자후(章子厚)가 한 짓이겠는가."라고 하였던 것을 말한다. 《宋史 卷314 范純仁列傳》

등창이 났다고 누가 다시 원규를 원망할까[147] 背疽誰復恨元規
지금 세상의 일 모두 잊었고 如今世事都忘却
홀로 지내며 병들어 친구만 그리워한다네 離索猶存病後思

반평생 나그네 자취 다섯 궁귀가 따르니 半世羈蹤五鬼隨
퇴지의 시구에는 슬픔이 많이도 담겼지 退之詩句謾多悲
영고성쇠는 언뜻 천심에서 볼 수 있고 榮枯乍向天心見
허물은 때로 주역의 상에서 알 수 있네 尤悔時從易象知
비록 사생에 이르더라도 태연해야 하니 縱到死生宜坦坦
감히 명리에 망녕되이 얽매일쏜가 敢於名利妄規規
좋은 벗의 가르침 간곡하기도 해라 良朋惠教丁寧在
술 생각 끊지 못해 부끄럽구려 只愧杯觴未斷思

옛말에 한퇴지(韓退之)는 슬픈 시가 많고 백낙천(白樂天)은 악사(樂詞)가 많다고 하였다. 길보의 시에 술을 경계하라는 말이 있으므로 마지막 연에서 언급하였다.

그대 황량한 변방에 귀양 가 내 따르지 못하고 子謫窮荒我莫隨
내가 이 슬픔 만남에 그대는 깊이 슬퍼해주었지 我罹斯戚子深悲
일생의 기구한 운명 하늘에 묻고 一生奇命蒼天問
두 곳으로 이별한 근심 백발 되어 알겠네 兩地離憂白髮知

147 등창이……원망할까 : 원규(元規)는 진(晉)나라 유량(庾亮)의 자(字)이다. 진(晉)나라 성제(成帝) 당시에 소준(蘇峻)이 모반을 일으켰을 때 유량이 진압했는데, 이때 변호(卞壺)가 소준에 대항하여 힘껏 싸우다가 등창이 봉합되지 않은 상태로 악전고투 중에 죽었다. 《晉書 卷70 卞壺列傳》

곧은 도리를 어찌 당세에 숨기겠는가 直道奈爲當世諱
좋은 벗은 진실로 고인의 법도 얻었지 良朋實獲故人規
봄날 관새에서 돌아가는 꿈도 없는 건 三春關塞無歸夢
무심해서가 아니라 생각이 어지럽기 때문이라오 不是忘情病亂思

위는 길보가 화답한 시이다.

경성 통판 이경장에게 부치고 화답을 구하다
寄鏡城通判李 慶長 求和

황량한 변방에 함께 왔어도 소식 막히고	同到邊荒却阻音
귀문관 바라보니 다시 일천 봉우리	鬼門回首更千岑
외로운 성은 북쪽으로 멀리 금원과 잇닿았고[148]	孤城北接金源逈
장백산은 동쪽으로 깊고 푸른 바다에 접하였네	長白東連碧海深
죽다 살아나니 집착하는 물건 사라졌고	萬死胸中無物着
일평생 머리 위엔 하늘이 굽어보고 있구나	百年頭上有天臨
각각 구리와 결옥 찼지만[149] 함께 은총 받은 몸	紆銅佩玦俱恩眷
좋은 술 고이 싣고 자주 찾아오시게	好載淸樽數見尋

148 금원(金源)과 잇닿았고 : 금원은 금(金)나라의 별칭이다. 지금의 북간도 지방은 예전에 금나라를 건국하였던 여진족의 근거지였다.

149 각각……찼지만 : 지방의 관리는 구리로 만든 관인(官印)인 구리 인장〔銅章〕을 차고 다니므로 구리를 찼다는 것은 지방의 벼슬아치를 상징한다. 쫓겨난 신하에게 왕이 결옥(玦玉)을 내리면 군신의 관계를 끊는 것으로 간주한 데서 결옥을 찼다는 것은 임금으로부터 버림받았다는 것을 의미한다. 따라서 경성 통판과 유계는 각각 지방의 관리와 유배 온 자로 처지가 다르다는 말이다.

거미를 읊다

詠蜘蛛

배 속의 실 다 뽑아서 그물 만들고	抽盡心腸作網羅
안개와 섞이고 이슬 맺힌 채 처마를 덮었네	和煙綴露覆簷阿
아침 바람에 팔랑팔랑하는 나비 달라붙고	風朝苒苒黏飛蝶
저녁 등불 속에 분분하게 나방이 걸리누나	燈夕紛紛罥撲蛾
게는 광주리 있고 누에는 실 뽑으며[150]	蟹自有匡蠶則績
곤충은 그물을 빨리 짜고 새는 빠르네	蟲能催織鳥如梭
사람에게 보탬 없는 공교로운 잔물이여	於人無補工殘物
괴이해라 형체 작으면서 기교는 많기도 하지	怪爾形微巧太多

150 게는……뽑으며 : 게의 단단한 등 껍데기가 마치 광주리 같다 하여 한 말이다. 《예기(禮記)》 〈단궁(檀弓)〉에 "누에는 실을 뽑아 고치를 만들고, 게는 광주리를 갖고 있다."라고 하였다. 여기서는 하찮은 물건도 나름대로 쓸모가 있다는 의미이다.

무량암에 쓰다

題無量庵

만수산 안에 있는 무량암	萬水山中無量庵
광성[151] 서쪽 공주[152] 남쪽에 있네	匡城西畔孔州南
전각은 먼지 묻어 불상이 흐릿하고	殿埋塵土迷經像
승려가 대동한 시에는 모두가 남자일세	僧帶沙彌盡子男
하늘 끝 다른 풍속을 처음 보고 놀라고	異俗天涯驚始見
상하에서 이전에 했던 후회를 떠올리네[153]	宿緣桑下記前懺
다시 와서 삼료자[154]를 보지 못하고	重來不見參寥子
바람 타고 작은 바위로 물소리 들려오네	風送泉聲落小巖

151 광성(匡城) : 경흥(景興)의 별칭으로, 함경북도 북쪽 끝 두만강 아래에 있다.

152 공주(孔州) : 함경북도 경원(慶源) 일대의 옛 지명이다.

153 상하(桑下)에서……떠올리네 : 세속에서 행동한 이전의 후회스러웠던 점을 떠올린다는 말이다. 《후한서(後漢書)》 권30하 〈양해열전(襄楷列傳)〉에 "승려는 같은 뽕나무 아래에서 사흘을 묵지 않으니, 오래 머물다가 애착이 생기는 것을 원치 않기 때문이다.〔浮屠不三宿桑下, 不欲久生恩愛.〕"라고 하였다.

154 삼료자(參寥子) : 송(宋)나라의 시승(詩僧) 도잠(道潛, 1043~?)의 호로, 속성(俗姓)은 하(何)이다. 소식(蘇軾)과 절친하게 지내면서 많은 시를 주고받았는데, 여기서는 무량암에 머물던 시승을 가리킨 것이다.

거듭 앞의 운을 써서 수주 영장[155]께 드리다

重用前韻 呈愁州令丈

초심이 하나도 처음 같지 못함을 길게 탄식하니	永歎初心百不如
말은 얼마나 망녕되며 계책은 얼마나 엉성했던가	言何狂妄計何疏
하늘 남쪽에서 역사는 오는 사람 드물고	天南驛使稀來者
해 너머 도성은 더욱 멀기도 하구나	日外長安更遠歟
만년에 차마 변방 기러기 소리 듣겠는가	歲晏忍聽沙塞雁
가을 되어 괴롭게 한강의 물고기 추억한다오	秋生苦憶漢江魚
오랫동안 병들어 글 짓는 일 내던졌나니	長時帶病抛鉛槧
곤궁 속에 저술했다는 말 믿지 못하겠네[156]	未信窮愁解著書

155 수주 영장 : 수주(愁州)는 함경북도 종성(鍾城)의 옛 이름이다. 이때의 종성 부사는 박안제(朴安悌, 1590~1663)로, 본관은 밀양(密陽), 자는 계순(季順)이다.

156 곤궁……못하겠네 : 전국 시대 우경(虞卿)이 곤궁하게 지내며 《우씨춘추(虞氏春秋)》라는 책을 저술했는데, 사마천(司馬遷)이 평하기를 "우경은 곤궁한 시름이 없었다면 또한 글을 저술해서 후세에 자신을 나타내지 못했을 것이다.〔虞卿非窮愁, 亦不能著書以自見於後世云.〕"라고 하였다. 《史記 卷76 虞卿列傳》

우연히 복재 선생[157]의 시에 차운하여 수주 부사께 드리다
偶次服齋先生韻 呈愁州

비 온 뒤 바람에 낙엽 지는 가을	雨後風驚一葉秋
푸른 하늘 탁 트이고 화성은 서쪽으로 흐르네[158]	碧天寥廓火西流
관문의 달 뜬 밤중에 나그네는 꿈속을 헤매고	中宵關月懸羈夢
변방의 피리 소리는 어느 수루에서 울리나	何處邊笳動戍樓
서리 소식은 조만간 흰 기러기가 전하겠지만	霜信近將傳白雁
가족 편지는 길 멀어 황우협에서 전하지 않네[159]	家書遠莫報黃牛
강담의 난초 혜초를 보면 유달리 감회가 이니	江潭蘭蕙偏多感
동각의 거문고와 술에도 또한 시름겨워라	東閣琴樽也更愁

157 복재 선생 : 기준(奇遵, 1492~1521)으로, 본관은 행주(幸州), 자는 자경(子敬)·경중(敬仲), 호는 복재·덕양(德陽), 시호는 문민(文愍)이다. 기묘사화 때 온성(穩城)에 유배되었다. 차운한 시는 《덕양유고(德陽遺稿)》 권3 〈조추초야여회(早秋初夜旅懷)〉이다.

158 화성은 서쪽으로 흐르네 : 7월, 즉 가을이 되었음을 말한다. 《시경》 〈칠월(七月)〉에 "칠월에 대화성(大火星)이 서쪽으로 흘러가면 구월에는 옷을 만들어준다.〔七月流火, 九月授衣.〕"라고 하였다.

159 가족……않네 : 가족이 있는 곳에서 유계가 있는 유배지까지 길이 멀어 편지가 오지 않는다는 말이다. 황우협(黃牛峽)은 두보(杜甫)의 〈동생 두관이 남전에 가서 아내와 자식들을 데리고 강릉에 이르렀다기에 기뻐서 부치다〔舍弟觀赴藍田取妻子到江陵喜寄〕〉에 "관복을 차려 입고 곧바로 잘 꾸민 배를 따라서 봄이 되면 알릴 것도 없이 황우협으로 가리라."라고 한 것을 미루어보면, 강릉에 두보 가족이 있는 장소로 여기서는 유계의 가족이 있는 곳을 비유한 것이다.

옥련환체[160]

玉連環體

청해성 곁으로 흰 기러기 비껴 날고	青海城頭白雁橫
누런 모래 끝없이 시야에 평평히 펼쳐지네	黃沙莽莽望中平
십 년 동안 떠도는 신세 바람과 서리 세차고	十年漂轉風霜重
밤새 시 읊노라니 귀밑머리 하얗구나	一夜沈吟鬢髮明
달빛은 가을 들어 점점 차오르고	月色漸從秋後滿
빗소리 때문에 잠자리에서 크게 놀라네	雨聲偏向枕邊驚
사마장경은 병이 많아 늘 문을 닫고 있으니[161]	馬卿多病門長閉
재주 줄어서 마음 쏟을 만한 시 없구나	才退無詩可寫情

160 옥련환체(玉連環體) : 한시체(漢詩體)의 하나로, 고리처럼 연하므로 연환체라 하기도 하고 다음 구의 첫 글자가 위의 구 끝 글자에 감추어져 있으므로 장두체(藏頭體)라고 하기도 한다. 제1구의 끝 자인 횡(橫)에서 황(黃)을 떼어서 제2구의 첫 자로 삼고, 제2구의 끝 자인 평(平)에서 십(十)을 떼어서 제3구의 첫 자로 삼는 방식으로 아래 구도 이와 같다.

161 사마장경(司馬馬卿)은……있으니 : 병치레하고 있는 저자 자신을 사마상여(司馬相如, 기원전 179~기원전 117)에 빗대서 한 말이다. 사마장경은 전한(前漢)의 문인인 사마상여로 자는 장경(長卿)이다. 사마상여는 소갈병이 심해지자 벼슬을 그만두고 고향인 섬서성 무릉으로 돌아가 은거하였다. 《史記 卷117 司馬相如列傳》

회문시[162]

回文詩

오랜 시간 기대했건만 두 눈에 눈물만 흐르고	懸望長時迸淚雙
반평생 부질없이 집과 나라 생각에 매였다오	半生浮念繫家邦
아름다운 달빛 비추는 휘장은 차갑고	娟娟月色寒疏幌
찌르르 풀벌레 우는 소리는 작은 창을 울리네	喞喞蟲聲咽小窓
하늘 밖 북해엔 구름 자욱하고	天外嶺雲迷北海
기러기 있는 남강이 꿈에 선하구나	雁邊愁夢繞南江
세월 흘러 봄 여름 다 보내니	年徂送盡春兼夏
책 읽으며 세상일 잊다가 술병 기울이네	編掩塵來酒倒缸
새 보금자리 숲으로 돌아가고 매미 어지러이 우는데	棲鳥歸林亂噪蟬
이슬에 서리까지 더해 난초와 전초 시들어가네	露添霜處病蘭荃
시냇물 돌 부딪치는 소리 긴 들판에 울리고	溪流激石喧長野
기러기 떼 바람 헤치며 먼 하늘 거슬러 난다오	雁陣排風溯遠天
서쪽 요새 오래된 성에 외로운 햇살 떨어지고	西塞古城孤日落
북쪽 산 차가운 비는 해 저문 강에 드리우네	北山寒雨暮江懸
서글픈 나그네 가을 되어 쓸쓸하여	悽悽客意秋寥寂
취하여 시 짓고는 시름겨운 꿈을 꾼다오	題却醉詩愁夢牽

162 회문시(回文詩) : 한시체(漢詩體)의 하나로 순서대로 읽어도 거꾸로 읽어도 뜻이 모두 통하는 시를 말한다.

수주 부사가 술을 들고 찾아와 지은 시에 차운하다

次愁州使君携酒見訪韻

허연 귀밑머리 외로운 등불 앞에 마주하니	孤燈相對鬢絲垂
백일 뒤에 만나자는 약속 막 이루었네	一握初成百日期
나령 밖에 비단 바위와 차가운 꽃 있고	錦石寒花羅嶺外
두만강 가에는 누런 모래 흰 풀이 있네	黃沙白草豆江涯
오늘 밤 어떻게 마음을 토로할까	如何此夜論心處
달구경하기 좋은 중추로세	正是中秋翫月時
수주 사또를 초대해 천 말 술 마시니	喚進愁州千斛酒
술동이 앞에 취해 쓰러져도 괜찮으리	樽前醉倒卽相宜

수주 부사가 돌아간 뒤 시를 읊어 부치고 화답을 구하다

愁州歸後吟得 却寄求和

수레 타고 멀리 오셔서 초성의 안부 물으니[163]	車蓋遙臨問楚醒
닷새 동안 맑은 정담 나누며 둘 다 형체 잊었지	半旬淸晤兩忘形
술동이 가득 비춘 관산의 달은 일렁이는 옥 같고	盈樽關月波溶玉
문 앞의 가을 산은 화려한 병풍이어라	當戶秋山錦爛屛
취한 뒤 지은 거친 시를 어찌 기억하리오만	醉後狂詩何用記
거문고 이별의 곡조 차마 들을 수 없었네	琴中別曲不堪聽
헤어진 뒤 적막한 시름 곱절이나 더하는데	分携一倍添愁寂
섬돌에는 차가운 꽃 피고 잎은 뜰에 가득하구나	階綻寒花葉滿庭

163 초성(楚醒)의 안부 물으니 : 수주 부사가 유계의 안부를 물었다는 의미이다. 초성은 굴원(屈原)을 가리키는데, 저자가 유배 온 처지의 자신을 굴원에 빗대어 말한 것이다. 굴원의 〈어부사(漁父辭)〉에 "온 세상이 흐린데 나만 홀로 맑고, 뭇사람들은 모두 취했는데 나만 홀로 깨어 있다.〔擧世皆濁, 我獨淸, 衆人皆醉, 我獨醒.〕"라고 한 데서 유래하였다. 《古文眞寶 後集 卷1》

수주 부사가 앞의 운으로 다시 지어준 시에 급히 화답하여 편지를 대신하다

愁州疊贈前韻 走和代柬

근년 이래 괴로이 날개 드리우고선	年來羽翮苦低垂
초심을 망녕되이 기약하고 있음이 우습구나	却笑初心妄自期
발해와 오랑캐 산은 낯선 풍경이고	渤海胡山新眼界
오래된 책과 깨진 벼루는 예전에 쓰던 물건이네	殘書破硯舊生涯
위수가 시 지어 죽통에 보내온 날[164]은	詩成韋守傳筒日
산공이 시름 달래며 술을 마시던 때라오[165]	愁遣山公載酒時
건강하고 관청 한가해 만나는 것이야	身健官閑隨處會
변방 어디서든 마땅하지 않으리오	塞垣何地不相宜

164 위수(韋守)가 ……날 : 위수는 당(唐)나라 시인 위응물(韋應物)을 가리킨다. 위응물이 일찍이 저주 자사(滁州刺史)로 있을 때 지은 시 〈기전초산중도사(寄全椒山中道士)〉에 "오늘 아침 군재가 썰렁하니, 갑자기 산중의 나그네가 생각나네. 계곡 사이에서 땔나무를 해서, 돌아가 백석을 삶아 먹겠지. 한 표주박의 술을 가지고 가서, 멀리 비바람 치는 밤을 위로하고 싶으나, 떨어진 잎새만 빈산에 가득하거니, 그 어디서 종적을 찾는단 말인가."라고 하였는데, 수주 부사도 지방관이므로 위응물에 비유하여 말한 것이다. 《韋蘇州集 卷3》

165 산공이(山公)이……때라오 : 저자가 산공처럼 만취하여 시름을 달랬다는 의미이다. 산공은 진(晉)나라의 산간(山簡)을 가리킨다. 산간이 술을 매우 좋아하여 일찍이 양양 태수(襄陽太守)로 있을 적에 매일 고양지(高陽池)에 나가 온종일 술을 마시고는 만취하여 수레에 실려 왔다는 고사가 있다. 《晉書 卷43 山簡列傳》

용당에 있는 성조의 옛터[166]

龍堂聖祖舊基

두만강은 흘러 하늘 밖으로 휘돌고	萬水江流天外廻
칠암의 산세는 북두 가에서 왔어라	七巖山勢斗邊來
외로운 구름 낀 선춘령을 구분하지 못하겠고	孤雲不辨先春嶺
아름다운 기운 아직 성조의 누대에 전하누나	佳氣猶傳聖祖臺
큰 들판의 질펀한 물결 찬 거울을 쏟은 듯	大野溶溶寒鏡瀉
뭇 봉우리 빽빽하여 비단 병풍 펼친 듯하네	群峯簇簇錦屏開
해 지는 관산에서 잠시 술에 취하여	斜陽乍醉關山酒
남쪽 하늘에서 홀로 돌아오는 기러기를 바라보네	目送南天雁獨回

두만(豆滿)은 일명 만수(萬水)이며, 나단(羅端)은 일명 칠암(七巖)이다.[167]

166 용당(龍堂)에……옛터 : 《영조실록》 11년 2월 8일 기사에 "한여두(韓汝斗) 등이 상소하기를 '성조(聖祖)의 왕업을 일으키신 사적이 경흥(慶興)의 적지도(赤池島)와 경원(慶源)의 용당에 있으니, 마땅히 비석을 세워서 이것을 표시하고 드러내 보여야 합니다.' 하였다."라고 하였다.

167 두만(豆滿)은……칠암(七巖)이다 : 조선 시대 초기 '豆漫' 또는 '豆滿'이라고 표기된 것은 만(萬)이라는 뜻의 여진어이다. 《이강원, 조선 초 기록 중 '豆滿' 및 '土門'의 개념과 국경인식, 문화역사지리, 19권 2호, 2007》 나단(羅端)은 나단산(羅端山)으로, 종성부의 동쪽에 있다. 산 위에 돌 일곱이 벌려 서 있으므로, 호인(胡人)들이 나단산이라 부르는데 나단은 호언(胡言)으로 일곱이라는 뜻이다. 《世宗實錄地理志 咸吉道 鍾城都護府》

용당에서 취하여 원 절도사의 시에 차운하다

龍堂醉 次元節度韻

용왕당 위의 백 층 정자 龍王堂上百層亭
칼 차고 올라 굽어보니 만 리의 심정이라 一劍登臨萬里情
변새의 강물 멀리 긴 거울처럼 흐르고 塞水遠拖長鏡勢
변방의 봉우리 가까이 채색 병풍처럼 에워싸네 邊峯近擁彩屛形
가인은 관산월 곡조[168]를 절창하고 佳人絶唱關山曲
귀양 온 나그네 초택의 노래[169] 외로이 읊조린다 遷客孤吟楚澤聲
술동이 앞에서 많은 술 다 마시니 且盡樽前無算酒
어찌 하늘 밖에 몸과 명예 있는 줄 알겠나 豈知天外有身名

168 관산월 곡조 : 관산곡(關山曲)은 한(漢)나라의 횡취곡(橫吹曲)이라고 하는 악부(樂府) 속의 관산월(關山月) 곡조를 말하는데, 변방을 지키는 군사들이 고향을 떠나 오래도록 가족을 만나지 못하는 슬픔을 노래하고 있다.

169 초택(楚澤)의 노래 : 초택은 전국 시대 초나라 굴원(屈原)이 참소를 받고 쫓겨나 노닐었던 곳으로, 그가 지은 〈어부사(漁父辭)〉에 "강가에서 노닐고 못가를 거닐면서 시를 읊조렸다.〔游於江潭, 行吟澤畔.〕"라고 한 구절이 있다.

동래 부사 윤여망[170]에게 부치다

寄東萊使君尹汝望

유배객은 감정이 많아 처량해지기 쉬워 流人多感易悽悲
그대 남쪽에 갔다는 말 듣고 눈물 흐르려 하네 聽說君南淚欲垂
만나고 헤어짐에 인생은 이미 반이 지나고 聚散百年生已半
만리를 떠다니니 운수가 같이 기구하구나 飄浮萬里數同奇
변경의 봉화 바라보니 어느 곳으로 전송하는가 邊烽送望傳何處
변새의 기러기 편지 갖고 어느 때나 올런지 塞雁將書到幾時
해운대 위에 뜬 달을 멀리서 생각하노니 遙想海雲臺上月
술잔 잡고 응당 나의 시 회상하겠지 把杯應有憶吾詩

남쪽 관성에 큰 고을을 다스리니 炎徼關城控制雄
남아의 처음 뜻 상봉[171]에 걸맞네 男兒初志稱桑蓬
당초 영화 사양하고 복잡한 정무 구하지 않았는데[172] 辭榮未始要劇劇

170 윤여망(尹汝望) : 윤문거(尹文擧, 1606~1672)로, 본관은 파평(坡平), 자는 여망, 호는 석호(石湖), 시호는 충경(忠敬)이다. 《승정원일기》 효종 2년 7월 15일 기사에 윤문거를 동래 부사(東萊府使)로 임명한 기록이 있다.

171 상봉(桑蓬) : 뽕나무로 만든 활과 쑥대로 만든 화살로 천하를 경영하려는 남아의 큰 포부를 뜻한다. 고대에 사내아이가 태어나면 뽕나무 활에 쑥대 화살을 천지에 쏨으로써 장차 천하에 큰 일을 하리라 기대하였던 고사에서 유래하였다. 《禮記 內則》

172 당초……않았는데 : 윤문거가 동래 부사에 제수되기 전, 승지(承旨)에 제수되었는데도 영화로운 자리를 사양한 것을 말한다.

북쪽을 피하고 동쪽을 원할 줄 누가 알겠는가 避北誰知是願東
묘당의 논의는 현재 대적을 가벼이 여기지만 廟議只今輕大敵
유생은 예로부터 뛰어난 공로 갖추었지 儒生從古辦奇功
큰 고래 바다에 횡행하여 분위기가 험악하니 長鯨橫海氛埃惡
예리한 검으로 바람에 이는 물결 부수리라 快劍須憑破浪風

여망이 동래 부사(東萊府使)에 제수된 것은 북쪽을 피해 동쪽에 보임시키려는 논의가 있어서라고 한다.

중양절에 많은 눈이 내리다

重陽日大雪

남쪽 땅은 중양절에 서리 내리는 것도 드문데　南州九日罕逢霜
북쪽 땅에서 지금 요란한 눈 내리는 것 보네　北地今看雪意狂
창 밖 변경의 산은 온통 하얗게 변하고　窓外塞山渾變白
책상머리 화분 속 국화는 아직 누렇지 않구나　案頭盆菊未呈黃
술 가지고 찾아오는 호사가도 없으니[173]　無人好事能携酒
어느 곳에 높이 올라 고향 바라볼 수 있나　何處登高可望鄕
혼자서 질그릇 술독의 보리술 거르고　獨漉瓦尊新麥釀
억지로 푸른 꽃술 띄워 중양일 맞이하네　强浮靑蕊作重陽

173 술……없으니 : 유계에게 배우러 오는 사람이 없다는 말이다. 한(漢)나라 때 양웅(揚雄)은 술을 본래 좋아하였지만 집이 본래 가난하여 마시지를 못했는데, 때때로 호사가들이 술과 안주를 가지고 와서 어울리며 배웠다고 한다. 《漢書 卷87下 揚雄傳下》

행영에서 수주 박 부사[174]에게 시를 주고 이별하다

신묘년(1651, 효종2)

行營 留別愁州朴使君 辛卯

수주 자사는 아직도 관직에 매였고	愁州刺史尙縻官
온성에 귀양 온 죄인은 죽지 않고 돌아가네	氈塞纍人未死還
백성은 구름 밖 신발을 잠시 남겨두길 바라고[175]	民望暫留雲外舃
하늘은 고개 서쪽 산을 실컷 보게 하는구나	天敎盡看嶺西山
한평생 부침 속에서 모였다 헤어지고	百年聚散升沈裏
모든 일은 떠나고 머무는 사이에 애환 있구나	萬事悲懽去住間
변방의 둥근달 언제나 눈에 아른거릴 터	關月一輪長在眼
남북으로 떨어져도 마음과 얼굴 막히지 않으리	不應南北隔心顔

174 수주 박 부사 : 수주 부사는 박안제(朴安悌, 1590~1663)로, 본관은 밀양(密陽), 자는 계순(季順)이다.

175 신발을……바라고 : 신발은 수령을 가리키는 말로, 즉 수주 부사를 지칭한다. 후한 현종(顯宗) 때에 왕교(王喬)가 섭현(葉縣)의 수령이 되었는데 신술(神術)이 있었다. 그가 매달 초하루와 보름에는 반드시 와서 조회하니 명제(明帝)는 그가 자주 오는데도 거마(車馬)를 볼 수 없으므로, 태사(太史)를 시켜 지켜보게 했다. 쌍 오리가 남쪽에서 날아오기에 그물로 잡았는데 한 쌍의 신〔舃〕을 얻었다는 고사가 있다. 《後漢書 卷111》

풍산관[176]에서 뒤따라 온 선비들에게 시를 주고 이별하다

豐山館 留別追到諸士人

가는 말 재촉하지만 다시 더디니	征驂催戒更遲遲
묵묵히 대하는 깊은 정 말하지 않아도 알겠네	脈脈深情不語知
변방 산에 삼척의 눈 쌓인 구월	九月關山三尺雪
해를 넘긴 축객 비로소 돌아가는 때로다	經年逐客始歸時
뜬 인생 어느 곳이든 이별 없을까만	浮生底處無離別
손 잡고 헤어지기 어려워 다시 만날 날 묻네	握手難堪問會期
말을 탔으나 힘 빠지고 술에 취한 몸	鞍馬力疲杯酒困
이별에 앞서 시를 남겨보네	臨分猶自强留詩

176 풍산관(豐山館) : 회령(會寧)에 있었다.

경성에 도착했더니 판관 이경장[177]이 막 파직되었고 병상은 마침 병이 났다[178]

到鏡城 半刺李慶長新罷 兵相適病

백 치의 높은 성벽 바닷가를 끌어당기는	百雉層城控海陬
마천령 이북의 웅장한 고을	摩天以北是雄州
창해 가까워 성가퀴엔 파도 들이치고	滄溟水近波掀堞
장백산 높은 곳 망루엔 눈이 쌓여 있네	長白山高雪壓樓
동악 노인 일찍이 감상했던 곳[179]	東岳老人曾領略
변방의 물색 조금은 남아있도다	邊頭物色少分留
군문은 적막해라 앞선 약속 저버리니	轅門寂寞前期誤
황량한 여관의 하룻밤 시름겨워라	旅館荒涼一夜愁

177 이경장(李慶長) : 이만길(李晩吉, 1607～?)로, 본관은 전주(全州), 자는 경장이다. 1648년 문과에 급제하였고, 1650년 경성 판관에 제수되었다. 《承政院日記 孝宗 1年 11月 12日》

178 병상(兵相)은……났다 : 병상은 병마절도사(兵馬節度使)의 이칭(異稱)이다. 함경남도의 북청(北青)에 둔 병사를 남병사(南兵使), 함경북도의 경성(鏡城)에 둔 병사를 북병사(北兵使)라고 하였다. 《효종실록》 2년 12월 24일 기사에 김일(金逸)과 교대할 북병사를 비변사(備邊司)에서 의천(議薦)하게 할 것을 청하는 병조의 계가 있다. 이 기록으로 보아 유계가 온성으로 귀양 갔던 시기의 북병사가 김일임을 알 수 있다. 김일은 변사기(邊士紀) 사건과 관련해 잡아다 국문하라는 명이 떨어졌는데, 마침 북병영에서 병들어 죽었다.

179 동악(東岳)……곳 : 동악은 이안눌(李安訥, 1571～1637)을 가리킨다. 이안눌이 경성과 관련하여 〈북새록(北塞錄)〉을 남겼다. 《東岳集 卷1》

돌아오면서 귀문관을 지나다가 갈 때 지은 시[180]에 다시 차운하다

回過鬼門關 復次去時韻

세찬 변경의 바람에 자잘한 돌도 굴러가고	颯颯邊風拳石奔
골짜기 그늘진 산에 눈 내리니 낮에도 어둑하네	洞陰山雪晝昏昏
언덕의 나무에는 올빼미 우는 것만 보이고	鵩鵶但見啼原樹
골짜기 문에는 도깨비 울음 들리는 듯	魍魅疑聞嘯谷門
잠시 지나면서 귀밑머리 더욱 하얘졌는데	乍過剩添新素鬢
다시 와서 예전의 놀란 마음 떠올리네	重來收召舊驚魂
구천에서 몸을 빼어 나온 듯	如從九地抽身出
아득한 동해 같은 성주의 은혜로다	東海茫茫聖主恩

180 돌아오면서……시 : 온성으로 귀양 갈 때 지은 시로, 《시남집(市南集)》 권5 〈귀문관(鬼門關)〉을 말한다.

돌아오다가 마천령[181]을 지나다

回過摩天嶺

구불구불 백 번 꺾어 드높은 산길 오르니	盤盤百折上危峨
하늘 문 지척에 있어 손으로 만질 수 있다오	咫尺天門手可摩
해 곁의 도성을 바라보니 여전히 멀고	日外長安瞻尙遠
구름 너머 바다는 시야에 끝이 없어라	雲端渤海望無涯
삼천 리 길에 각혈[182]난 일 굳이 말할 것 있나	三千脚血何須說
팔구 할을 가슴에 삼켜도[183] 자랑할 것 못 되네	八九胸呑不足誇
죽다가 살아 돌아오면서 누리는 훌륭한 경치	萬死生還兼大觀
임금의 은혜 말하려니 눈물이 줄줄 흐르네	君恩欲說淚橫斜

181 마천령(摩天嶺) : 함경북도와 함경남도의 경계에 있는 고개로, 마천령 이북을 북관(北關), 이남을 남관(南關)이라고도 한다.

182 삼천 리 길에 각혈(脚血) : 서산(西山) 채원정(蔡元定)이 도주(道州)로 귀양 갈 때 삼천 리 길을 도보로 갔는데, 유배지에 도착하고 보니 발이 온통 피투성이였다고 한다. 《宋史 卷434 儒林列傳 蔡元定》

183 팔구……삼켜도 : 초(楚)나라 지역에 운몽(雲夢) 등 7개의 연못이 있었는데, 후대에 초택(楚澤)을 초나라의 땅으로 지칭하였다. 이가모(李嘉謀)가 지은 〈원 상서의 무산 12봉 25운에 차운하다〔次袁尙書巫山十二峯二十五韻〕〉에 "가슴은 초택의 팔구 할을 다 삼켰고 기개는 무협 눌러 뭇 산들이 낮아졌지.〔胸呑楚澤八九盡, 氣壓巫峽群山低.〕"라고 하였다. 《宋詩記事 卷25》

고성 도중
高城道中

물색이 사람 마음 움직여 구경하느라 수고로워	物色撩人接應勞
말 타고 가면서 답답한 마음 펴볼 겨를 없구나	吟鞭未暇賦牢騷
비 오지 않는 금강산엔 짙은 구름으로 덮였고	金剛不雨陰雲鎖
바람 없는 은세계엔 흰 물결 높아라	銀界無風雪浪高
생학이 마치 태자 진을 맞이할 듯하니[184]	笙鶴若將邀子晉
양충이 어찌 반드시 노오를 부러워하리오[185]	壤蟲何必羨盧敖
북해에 이어 동해까지 두루 유람하매	周游北海仍東海
곤궁한 시름없어져 기운이 호방하다오	剩破窮愁氣作豪

184 생학(笙鶴)이……듯하니 : 생학은 신선이 탄 학을 말한다. 《열선전(列仙傳)》 〈왕자교(王子喬)〉에 "왕자교는 바로 주(周)나라 영왕(靈王)의 태자 진(晉)인데, 생황(笙簧)을 잘 불어서 봉황새가 우는 소리를 내었다. 이수(伊水)와 낙수(洛水) 사이에서 노닐다가 도사(道士) 부구공(浮丘公)을 숭산(嵩山)에서 만났으며, 30년 뒤에는 학(鶴)을 타고 후씨산(緱氏山)으로 날아가 산꼭대기에서 머물다가 신선이 되어 날아갔다."라고 하였다.

185 양충(壤蟲)이……부러워하리오 : 양충은 작은 벌레이다. 전국 시대 연(燕)나라 사람 노오(魯敖)가 유람하기를 좋아하여 천하에 자기보다 많은 곳을 유람한 자가 없다고 자부하였다. 북쪽의 몽궐산(蒙闕山)에 올라 한 도사(道士)를 만나서 천상천하(天上天下)를 다 돌아다녔다는 도사의 말을 듣자 "이 도사는 한 번 날갯짓에 천 리를 나는 황곡(黃鵠)과 같고, 나는 땅을 기어가는 작은 벌레[壤蟲]와 같다."라고 탄식하였다. 《淮南子 道應訓》 금강산 주변은 신선 세계가 따로 없으니 비록 자신은 천하를 모두 구경하지 못한 양충 같은 존재이지만, 그렇다고 신선 세계를 바로 앞에서 보고 있는 만큼 굳이 노오를 부러워하진 않는다는 말이다.

영월 강에 이른 뒤에 우연히 읊다

到越江後偶吟

이하는 영월(寧越)로 양이된 시기에 지었다.[186]

승려도 도사도 유자도 아닌데	非僧非道亦非儒
얽매이지 않는 내가 가소롭구나	歷落嵚奇可笑吾
떠돌이 생활 어찌 운명에 달관했기 때문이랴마는	浪迹豈緣能達命
막다른 길에 놓여 두루 돌아다니는 건 아니라오	周行殊未是窮途
맑은 강 흐르는 좁은 골짜기는 남으로 뻗었고	淸江東峽南遷越
흰 눈 내린 깊은 관문 온통 북쪽에 늘어섰네	白雪重關北盡胡
죽을죄 용서해주는 성은 입지 않았다면	不有聖恩流宥死
일생에 유람하는 소원 외롭고 말았으리[187]	一生游覽願應孤

186 이하는……지었다 : 유계는 인조(仁祖)의 묘호(廟號)를 정할 때 인(仁) 자를 다시 쓰는 것을 반대하다가 1650년(효종1) 선왕(先王)을 욕되게 하였다는 죄로 온성(穩城)에 유배되었고, 1651년 영월(寧越)로 양이(量移)되었다가 1652년 풀려났다.

187 죽을죄……말았으리 : 《시남집》 권13 〈윤길보에게 답하는 편지〔答尹吉甫書〕〉에 이 내용이 자세하게 보이는데 "나는 다행히 성은을 입고 살아서 내지(內地)로 양이되었네. 이는 실로 처음부터 기대했던 것이 아니니 감격에 겨워 흐느끼는 심정을 어찌 말로 하겠는가. 40일을 달려서 이달 초에야 월강(越江)에 도착하였네."라고 하였다.

윤길보가 북관에 부친 시[188]에 차운하다

次尹吉甫北關見寄韻

가련해라 수염과 모발 반쯤 노인 되어 堪憐髭髮半成翁
남북을 오가면서 변경의 기러기 쫓네 北去南來逐塞鴻
자취는 호관 천리 밖을 두루 다녔고 迹遍胡關千里外
몸은 영월의 첩첩산중에 갇혔구나 身囚越峽萬山中
평소 금란[189]의 교분 맺은 이와 생이별했지만 金蘭素契生還別
호해의 처음 맹세 어쩌면 노년에 이루겠네 湖海初盟老儻終
늘그막에 마음을 함께 권면하여 歲暮心期聊共勖
우리의 도 길이 곤궁하다 말하지 마세 莫言吾道便長窮

188 윤길보가……시 : 윤길보(尹吉甫)는 윤선거(尹宣擧, 1610~1669)로, 본관은 파평(坡平), 자는 길보, 호는 미촌(美村)·노서(魯西)·산천재(山泉齋), 시호는 문경(文敬)이다. 윤선거가 보내온 시는 《노서유고(魯西遺稿)》 권1 〈화사전성(和謝氈城)〉이다. 마천령(摩天嶺) 이북을 북관(北關), 마천령 이남을 남관(南關)이라고 하며 때로는 함경도를 총칭해서 북관이라고 하기도 한다.

189 금란(金蘭) : 《주역》 〈동인괘(同人卦)〉에 대한 공자의 설명에 "두 사람이 마음을 함께 함에 그 예리함이 쇠붙이를 끊고, 마음을 같이 하는 말은 그 향기가 난향과 같다.〔二人同心, 其利斷金, 同心之言, 其臭如蘭.〕"라는 구절이 있다. 《周易 繫辭傳上》

윤경임[190]이 북쪽 변방으로 부친 시에 차운하여 부치다

次尹景任見贈北塞韻 却寄

경임이 당시에 딸을 잃었다.

곤궁한 사람 우울함을 달인은 부끄러워하니	窮人戚戚達人羞
희비를 헤아려보면 모두 부질없기 때문이지	悲喜思量摠謬悠
아무 일 없이 즐거운 날 얼마나 되랴	無事幾時能保樂
살아 있음에 어느 곳에서 근심 잊을 수 있을까	有生何處可忘憂
구슬을 쏘니[191] 더욱 몸과 명예의 허물 깨닫지만	彈珠轉覺身名累
옥이 부서졌다고[192] 피눈물 흘리지 마소	毁璧休將眼血流
한번 아침 창가에서 거울을 보시게	試向朝窓攬明鏡
우리는 반백의 나이 되어 머리 온통 세었다오	吾儕半百雪渾頭

190 윤경임(尹景任) : 윤형성(尹衡聖, 1608~1676)으로, 본관은 남원(南原), 자는 경임, 호는 기기재(棄棄齋)이다.

191 구슬을 쏘니 : 소중한 것을 버린다는 의미이다. 《장자(莊子)》 〈양왕(讓王)〉에 "가령 지금 여기에 사람이 있어서 수후(隨侯)의 구슬로 천 길 벼랑 위에 있는 참새를 쏜다면 세상 사람들은 반드시 그를 비웃을 것이다. 이는 왜냐면 수단으로 쓰이는 물건은 중요한 것인데 바라는 목적물은 하찮은 것이기 때문이다."라고 하였다.

192 옥이 부서졌다고 : 꽃다운 나이에 죽은 것을 표현한 말이다. 황정견(黃庭堅)이 요절한 그의 여동생을 위해 지은 〈훼벽(毁璧)〉에 "옥이 부서졌구나, 구슬이 떨어졌도다.〔毁璧兮隕珠〕"라고 한 데서 온 말이다. 경임의 딸이 어린 나이에 죽었기 때문에 이 말을 인용한 것이다.

태수가 화답하여 부친 유 자 운에 다시 차운하여 부치다
太守和寄儒字韻 復次却寄

예로부터 먼 지방의 늙은 선비 곤궁했거늘	從古窮荒困老儒
영월의 산 겹겹이 쌓여 온전히 나를 가두네	越山重疊盡囚吾
허물을 살피며 지난 일 떠올리면 견딜 수 있을까	追愆可耐思前事
지난 잘못 후회하며 늘그막을 경계해야지	懲咎方將戒晩途
위자의 정성은 공연히 대궐 그리워했지만[193]	魏子有誠空戀闕
제나라 현인이 계책 없어 오랑캐를 평정했겠나[194]	齊賢無策可平胡
층층이 얼음 얼고 눈 쌓인 장강 가에서	層氷積雪長江上
하루 종일 걸으며 읊노라 외로이 그림자만 짝하네	竟日行吟伴影孤
유자의 행실은 없이 유자의 관만 썼으니	身無儒行只冠儒
당세의 뛰어난 사람 누가 나와 어울리겠는가	當世英賢肯齒吾
동서로는 논의를 변별하지 못하지만	不向東西辨論議
다만 남북으로는 길 익숙히 안다오	但從南北慣程途

193 위자(魏子)의……그리워했지만 : 임금을 그리워하는 마음을 나타낸 것이다. 위자는 전국 시대에 활동했던 위 공자(魏公子) 모(牟)이다. 중산(中山) 지방에 봉해졌기 때문에 중산 공자 모라고도 한다. 일찍이 "몸은 강해(江海)에 있지만 마음은 위(魏)나라 대궐에 있다."라고 하였다. 《太平御覽 卷179 居處部7》

194 제나라……평정했겠나 : 관중(管仲)의 공적을 말한 것이다. 《논어》 〈헌문(憲問)〉에 "관중이 없었으면 내가 오랑캐처럼 머리카락을 풀어헤치고 옷깃을 왼쪽으로 여몄을 것이다."라고 하였다.

축 늘어짐은 바로 새가 깃 꺾인 듯하고	低垂政似禽摧翮
위급한 상황은 진실로 이리가 턱을 밟은 듯[195]	顚沛眞同狼疐胡
다행히 정다운 사또 있어	賴有使君風義厚
자주 시편 가지고 외로운 나그네 위문하네	數將篇什問羈孤

195 위급한……듯 : 《시경》 〈낭발(狼跋)〉에 "이리가 앞으로 가다가 제 턱을 밟고, 뒷걸음치다가 제 꼬리 밟아 넘어지네.〔狼跋其胡, 載疐其尾.〕"라고 하였는데, 이것은 이러지도 저러지도 못하는 진퇴양난의 곤궁한 처지를 말한다.

관동백 김중문[196]에게 삼가 시를 올리고 화답을 구하다
奉呈關東伯金仲文 求和

당당한 명성 조정에 으뜸이니 堂堂聲價冠金閨
단혈의 문장[197]이요 월굴의 준마[198]로다 丹穴文章月窟蹄
초이[199]를 벗고 잠시 왕의 좌우에서 떠나 貂珥暫辭王左右
아장[200] 차고 멀리 대관령 동서를 진정시키네 牙璋遠鎭嶺東西
신선 세계의 약물이 요회지에 올라오고 仙區藥物登要會
바다와 산의 연하 시 속에 담기리라 海嶽煙霞入品題
기대하는 건 봄바람에 정절 나부낄 때 佇待春風動旌節
꽃과 달 있는 금강에서 서로 만나는게지[201] 錦江花月許相携

196 김중문(金仲文) : 김익희(金益熙, 1610~1656)로, 본관은 광산(光山), 자는 중문, 호는 창주(滄州), 시호는 문정(文貞)이다. 김익희는 1651년에 강원 감사에 임명되었다. 《承政院日記 孝宗 2年 10月 19日》

197 단혈(丹穴)의 문장 : 김익희를 봉황에 비유하여 재덕의 뛰어남을 말하고 있다. 단혈은 전설상의 산인 단산(丹山)의 굴로 이곳에 봉황이 산다고 한다. 《산해경(山海經)》 〈남산경(南山經)〉에 "단혈의 산에 새가 있다. 그 모양이 닭과 같고 오색의 문채가 있는데, 그 이름을 봉황이라고 한다."라고 하였다.

198 월굴(月窟)의 준마 : 월굴은 전설 속에서 달이 나오고 들어간다는 굴로, 서쪽에 있다고 하는데, 흔히 먼 변경 지역을 뜻하는 말로 쓰인다. 한혈마는 피와 같은 땀을 흘린다는 명마(名馬)로, 말의 산출지로 유명한 대원(大宛)에서 난다고 한다.

199 초이(貂珥) : 담비 꼬리로 장식한 시중(侍中), 상시(常侍) 등이 쓰던 관(冠)인데, 전하여 고관대신(高官大臣)을 가리킨다

200 아장(牙璋) : 동호부(銅虎符)처럼 군대를 출동시킬 수 있는 고대의 병부(兵符) 이름이다. 장의 주위에 어금니의 형상을 아로새겼으므로 아장이라고 한다.

일찍이 들으니 송옹이 〈별곡〉에서	曾聽松翁別曲中
해동의 명승 중에 관동이 으뜸이라 했다지[202]	海東名勝擅關東
수레를 맞이하는 물색은 당시와 비슷하고	迎軺物色當年似
임지로 떠나는 명성 세대를 넘어 같구나	攬轡風聲隔世同
신선 산에서 사람 기다리며 눈썹 얼마나 찌푸렸나	仙嶽待人眉幾斂
영월의 산이 나를 가두니 꿈도 통하기 어렵네	越山囚我夢難通
모두 그대가 먼저 구경하게 되었으니	都將先着輸君手
훗날 공염불이 된 유람 때문에 시름하겠지	他日應愁領略空

201 기대하는……만나는게지 : 봄에 김익희를 만나고 싶다는 말이다. 정절(旌節)은 관찰사를 가리킨다. 금강(錦江)은 사천성(四川城) 민강(岷江)의 지류이다. 두보(杜甫)의 시 〈등루(登樓)〉에 "금강의 봄빛이 천지 사이에 돋아나네.〔錦江春色來天地.〕"라는 구절이 있어서 인용한 것이다. 《杜少陵詩集 卷13》

202 송옹(松翁)이……했다지 : 송옹은 정철(鄭澈, 1536~1593)로, 본관은 연일(延日), 자는 계함(季涵), 호는 송강(松江), 시호는 문청(文淸)이다. 별곡은 정철이 지은 가사로 〈관동별곡(關東別曲)〉을 가리키는데, 강원도 관찰사로 부임하여 관동팔경을 두루 유람하고 뛰어난 경치와 그에 따른 감흥을 표현한 작품이다.

형제들이 와서 만나고 헤어진 뒤에 슬픔을 견디지 못하여 유자후가 강을 건너 동생과 이별한 시[203]에 차운하여 중씨[204]에게 부치고 아울러 국보[205] 아우에게 보이다
兄弟來會 別後不堪悵黯 次柳子厚越江別弟韻 奉寄仲氏 兼示國輔弟

영월 강 무정하게 끊임없이 흐르고	越水無情袞袞然
어지러운 구름 푸른 벼랑 노릉[206] 곁에 있구나	亂雲蒼壁魯陵邊
계령이 이별의 땅이 될 줄 누가 알았으리	誰知桂嶺分携地
난초 핀 물가에서 송별하는 때를 당했도다	卽此蘭洲送別年
시선은 천 봉우리 나무에 거듭 막히고	望眼重遮千嶂樹
돌아오는 배는 강물 가운데 홀로 떠 있네	歸舟獨泛半江天
취한 술 깨려 하는데 석양은 지고	微醺欲醒斜陽盡
객수에 젖은 새는 어두운 연기 속으로 사라지네	鳥帶羈愁入暝煙

203 유자후(柳子厚)가……시 : 유자후는 당나라 유종원(柳宗元, 773~819)으로, 자는 자후이다. 유종원의 시 〈아우 종일과 이별하며〔別舍弟宗一〕〉에 “영락한 잔혼이 갑절이나 암담한데, 두 눈에 이별의 눈물 흘리며 강변을 건넌다.〔零落殘魂倍黯然, 雙垂別淚越江邊.〕”라고 하였다. 《柳河東集註 卷42》

204 중씨 : 유계의 둘째 형 유목(兪棨)으로, 본관은 기계(杞溪), 자는 문숙(文叔)이다.

205 국보(國輔) : 유비(兪棐)로, 본관은 기계, 자는 국보이다. 유계의 아우이다.

206 노릉(魯陵) : 조선 제6대 왕 단종(端宗)의 능이다. 단종은 수양대군(首陽大君)에게 왕위를 물려준 뒤 노산군(魯山君)으로 강봉(降封)되어 강원도 영월(寧越)로 유배되었고, 다시 서인으로 강등된 채로 죽어서 능호가 없었기 때문에 노릉으로 지칭한 것이다. 1681년(숙종7)에 노산대군으로 추봉되었으며, 1698년에 복위(復位)되어 능호를 장릉(莊陵)으로 정하였다.

후로[207]가 보내 온 세 편의 시에 차운하다. 한 편은 자신을 읊고, 한 편은 형제의 정을 말하였고, 한 편은 후로를 권면하였다

次後老見贈三韻 一以自詠 一以道兄弟之情 一以勖後老

평생 동서남북으로 떠도는 인생	東西南北百年中
죽지 않고 어느 때 곤궁함 보낼 수 있을까	未死何時可送窮
변경 성에서 혼은 끊겨 몸만 돌아오고	魂斷塞城身獨返
서울 가는 길 헤매 꿈에서도 통하기 어렵네	路迷京國夢難通
반평생 천 권의 서책도 다 읽지 못하고	半生不盡千黃卷
모든 일 부질없이 한 늙은이 되어만 가네	萬事空成一禿翁
멀리서 고향 숲 생각하니 봄은 또 늦어	遙想故林春又晩
응당 집과 골목에는 쑥대 자랐겠지	定應門巷長蒿蓬

먼 지방에서 송별하니 하염없이 눈물 흘러	窮荒送別涕堪流
차마 이별하지 못하고 물가까지 왔구나	不忍相離到水頭
지금 이 몸은 먼 길 두루 다니느라	見在一身長路遍
지난번에 헤어진 지 이년 되었구나	向來分手二年周
인생의 세월 되돌리기 어렵고	人生日月難回軌
세상의 풍파에 배 잡아매지 못하네	世事風波未繫舟

207 후로(後老) : 윤송(尹松, 1628~?)으로, 본관은 남원(南原), 자는 후자(後者)·후로이다.

진중히 해줄 말은 다른 말 없으니　珍重贈留無別語
우리 집안은 충효가 기구[208]라오　我家忠孝是箕裘

젊은 나이에 재주 뛰어나 좌우에 마땅함을　妙歲高才左右宜
연원은 일찍이 아강에게서 알았지[209]　淵源早向阿康知
장원으로 선발됨을 사양하지 말라　休辭甲第龍頭選
늙으신 부모 흰 머리 드리움을 어이하랴　爭奈高堂鶴髮垂
언행은 벼슬 구하는 계책 기약하지 못하지만　言行不期干祿計
문장은 몸을 일으키는 바탕 될 수 있겠지　文章可作發身資
성현은 사소한 것도 중요시 여기니　聖賢喫緊些兒地
마음공부 하는 데에 다시 의심하지 말게나　方寸工夫更莫疑

208 기구(箕裘) : 가업(家業)을 뜻한다. 《예기》 〈학기(學記)〉에 "훌륭한 대장장이의 아들은 반드시 갖옷 만드는 것을 배우고, 훌륭한 활 만드는 사람의 아들은 반드시 키 만드는 것을 배운다.〔良冶之子, 必學爲裘, 良弓之子, 必學爲箕.〕"라고 하였다.

209 연원(淵源)은……알았지 : 연원은 진(晉)나라 은호(殷浩)의 자(字)이다. 은호가 동양군(東陽郡) 신안현(信安縣)으로 쫓겨났을 때, 평소 사랑하던 생질 한백(韓伯)이 따라와 한 해 동안 같이 지내다가 도성으로 돌아간 적이 있다. 한백의 자는 강백(康伯)이므로 아강(阿康)이라고 한 것이다. 《晉書 卷77 殷浩列傳》

청령포[210]를 지나며 감회가 일다

過淸泠浦有感

노릉(魯陵)이 처음 유배 왔을 때 위리안치 된 곳인데, 지금 옛터가 남아 있어 노릉과 서로 바라보고 있다.

청령포의 강물은 유유히 흐르나니	淸泠江水去悠悠
임금님 언제 이 물가에 내려오셨나	帝子何年降此洲
연파 이는 상수 가엔 얼룩진 대에 원한 맺혔고[211]	湘浦煙波斑竹恨
송백 있는 노릉은 수심 띤 흰 구름 떠 있네[212]	魯陵松柏白雲愁
사람은 빈터 경작하다 남은 옥결을 주웠고	人耕廢址收殘玦
차가운 모래에 큰비가 내려 옛 언덕 잠기네	潦漲寒沙沒古丘
삼월에 봄바람을 어이 다시 견딜까	更耐春風三月暮
두견새 만산의 그윽한 곳에서 슬피 우네	杜鵑啼血萬山幽

노릉의 부인인 송씨(宋氏)[213]의 묘가 양주읍(楊州邑)에 있다. 마을 백성이 청령포의 빈터를 경작하다가 옥결(玉玦)을 주웠다고 전해진다. 그러므로 제3구와 제5구에서 말하였다.

210 청령포(淸泠浦) : 강원도 영월군(寧越郡)에 있는 지명으로, 1456년 단종(端宗)이 노산군(魯山君)으로 강등되어 유배되었던 곳이다.

211 연파……맺혔고 : 요(堯) 임금의 두 딸로 순(舜) 임금의 왕비가 된 아황(娥皇)과 여영(女英)이 순 임금 사후에 소상강(瀟湘江)에서 슬피 울다가 물에 빠져 죽었는데, 이때 흘린 눈물방울이 대나무에 얼룩져서 소상반죽(瀟湘斑竹)이 되었다고 한다.

212 송백(松柏)……있네 : 이백(李白)의 〈조경 형의 죽음을 애도하며〔哭晁卿衡〕〉라는 시에 "수심 띤 흰 구름만 창오산에 가득하네.〔白雲愁色滿蒼梧〕"라는 구절이 있다. 《李太白集 卷24》 순 임금을 뜻하는 '창오'가 여기서는 '노릉'으로 바뀐 것이다.

213 송씨(宋氏) : 단종비 정순왕후(定順王后)로, 송현수(宋玹壽, ?~1457)의 딸이다.

영월 남쪽 별장에서 비로 꼼짝 못할 때 진퇴격[214]으로 짓다
越南別業滯雨 有得進退格

풀 무성한 십 묘의 경작지	草沒菑畬十畝區
나의 생활 이 밖에 남은 것 없구나	生涯只此外無餘
도잠이 수수 심은 마음[215] 되레 불편하고	陶潛種秫心猶累
허정이 밭을 구한 계책 문득 우활하구나	許靖求田計却迂
부여된 분수는 언제 항아리 김치[216]를 소진할까	賦分幾時消虀甕
행하고 숨는 반평생 여관에 붙여 살았다오	行藏半世寄蘧廬
비바람 부는 빈산에 찾는 사람 없으니	空山風雨跫音寂
홀로 띳집에 누워 노복과 짝하네	獨臥茅簷伴僕夫

214 진퇴격(進退格) : 한 수의 시 안에서 두 개의 서로 비슷한 운자(韻字)를 써서 격구(隔句)로 압운(押韻)하며 일진일퇴(一進一退)하는 양상을 보이는 시를 말한다.

215 도잠(陶潛)이……마음 : 씨를 뿌려 가꾼다는 말로, 술을 담가 먹는 것을 뜻한다. 도잠의 시에 "기장 찧어 맛난 술 담았다가, 술 익으면 내 따라 마시리라.〔春秫作美酒, 酒熟吾自斟.〕"라고 하였다. 《陶淵明集 卷2 和郭主簿》

216 항아리 김치 : 대본에는 '齊甕'으로 되어 있는데, 《오서당시화(娛書堂詩話)》에 의거하여 '齊'를 '虀'로 바로잡아 번역하였다.

장맛비가 20일 동안 내리다

霖雨二旬

오랫동안 비 오지 않아 병든 사람 애태우더니	悶雨經時病思焦
장맛비 내린 뒤엔 더욱 무료하구나	雨成霖後轉無聊
청개구리 부엌에서 우는데 밥 짓는 연기 끊기고	青蛙鬧竈炊煙斷
흙탕물 들판에 흘러 보리밭둑 범람하네	黃潦翻郊麥壠漂
벽의 습기에 버섯 자라남 보기 싫고	壁潤看愁菌長耳
뜰은 진창 되어 나막신 허리까지 빠질까 두려워라	庭泥行怕屐齊腰
자상의 거문고 연주하려 해도 화답할 이 없으니[217]	桑琴欲奏無人和
하루 종일 사립문 쓸쓸히 닫혀있구나	盡日柴荊掩寂寥

217 자상(子桑)의……없으니 : 자여(子輿)와 자상(子桑)은 친구로 지내고 있었다. 그런데 장마가 열흘이나 계속되자 자여가 "자상은 가난해 굶주려 병이 났을지도 모르겠군." 하고서는 밥을 싸 가지고 가서 먹이려 했다. 자상의 문 앞에 이르자 거문고를 뜯으며 읊조리는 소리가 들려 그 연유를 묻자 "자신을 가난하게 한 것은 운명일 것이다." 라고 대답한 일화가 있다. 《莊子 大宗師》

상경하는 아들 윤[218]과 조카 석[219]에게 써서 보이다
胤兒錫姪上京書示

가운의 성쇠는 후손에게 달려 있으니	家運興衰繫後生
후손의 생장은 기쁨과 걱정 함께하네	後生生長喜憂并
화주에 마음 미혹되면 신명 실추되고	情迷花酒身名敗
시서가 뱃속에 가득하면[220] 지업 이루네	腹有詩書志業成
천명은 인간사 밖에서 구할 수 없고	天命不求人事外
재앙의 단서는 혀끝에서 싹틈을 경계해야 하네	禍端須戒舌頭萌
정녕 이러한 뜻 부지런히 마음속 깊이 새겨	丁寧此意勤銘佩
이 사람 스스로 행하지 않았다고 말하지 말라	莫道而公自不行

218 아들 윤 : 유명윤(兪命胤, 1629~1669)으로, 본관은 기계(杞溪), 자는 윤보(胤甫)이다. 유계의 맏아들이다.

219 조카 석 : 유명석(兪命錫, 1633~?)으로, 본관은 기계, 자는 우옥(禹玉)이다. 유계의 맏형인 유집(兪集)의 셋째 아들이다.

220 시서(詩書)가 뱃속에 가득하면 : 한유(韓愈)의 시 〈아들 부가 성남에서 독서하다〔符讀書城南〕〉에 "사람이 능히 사람이 될 수 있음은, 뱃속에 시서가 있기 때문인데, 시서는 부지런해야 소유할 수 있고, 부지런하지 못하면 뱃속이 텅 비게 된다.〔人之能爲人, 由腹有詩書, 詩書勤乃有, 不勤腹空虛.〕"라고 하였다. 《韓昌黎集 卷6》

평강 현감 권수부[221]의 수첩에 차운하다

次平康使君權秀夫壽帖韻

청렴결백 전하는 집안에서 가난을 걱정 않으니	淸白傳家貧不憂
하늘이 온갖 복록을 과연 받게 하는구나	天敎百祿果來遒
봄날 자라나는 풀엔 자비로운 비 적시고	三春草長霑慈雨
천년마다 복사꽃 피니 장수 헤아리는 산가지라오	千歲桃開當壽籌
상객은 당에 올라 좋은 찬송 남기고	上客升堂留善頌
평민들은 성곽에 넘치도록 새로운 노래 바치네	齊民溢郭獻新謳
나무 닭이 새벽 알리고 뽕나무 밭 변해	木鷄報曉桑田變
서산으로 석양 넘어감을 보지 못하리	未見西山夕景流

221 권수부(權秀夫) : 권준(權儁, 1610~?)으로, 본관은 안동(安東), 자는 수부, 호는 월천(月川)이다. 1649년에 평강 현감(平康縣監)에 제수되었다. 《孝宗實錄 卽位年 12月 17日》

중양절에 회포를 적어서 고향의 여러 형제에게 보내다
九日有懷 錄呈故鄕諸兄弟

깊은 가을 병석에서 일어났지만 수척해라	病起深秋瘦不禁
애써 마른 지팡이 의지해 올라 굽어보기 겁나네	强扶枯杖怯登臨
언덕의 갈대에 바람 부니 귀밑머리 업신여기는 듯	風飄岸葦如欺鬢
벼랑의 단풍에 서리 물드니 마음 비추는 듯	霜染崖楓欲照心
지난해 변방에선 그림자 하나 뿐이었는데	絶塞去年唯隻影
오늘 고향 가는 길엔 아직도 일천 봉우리 놓였구나	故鄕今日尙千岑
울타리 가에 국화 저버림이 아쉬워	籬邊野菊憐孤負
산 막걸리 불러내어 홀로 마시네	呼取山醪且獨斟

길보의 구일 시[222]에 화답하고 겸하여 용서[223]에게 부치다
和吉甫九日韻 兼寄龍西

삼 년 동안 괴롭게 이별한 심경	心期三載苦離違
하늘 끝에서 그리워 꿈에서나 돌아가네	天末相思有夢歸
바닷가 산에는 소나무 계수나무 눈에 묻히고	海嶽雪埋松桂樹
강담에는 연잎 옷[224] 바람에 찢기네	江潭風裂芰荷衣
축 늘어진 나의 몸 완전히 늙어 부끄럽고	低垂愧我身全老
강건한 그대의 덕 날로 크게 빛나니 훌륭하여라	剛健多君德日輝
듣건대 산재에서 강학하는 자리 열었다 하니	聞說山齋開講席
먼지 낀 책 홀로 덮으며 더욱 한숨을 더하네	塵編獨掩更增欷

222 길보(吉甫)의 구일(九日) 시 : 길보는 윤선거의 자이다. 구일 시는 《노서유고(魯西遺稿)》 권1의 〈포저를 모시고 중양절에 모임을 가졌는데 무중이 생각나서 시를 지어 중초에게 보여주다〔陪浦渚九日會 有懷武仲 吟示仲初〕〉이다.

223 용서(龍西) : 윤원거(尹元擧, 1601～1672)로, 본관은 파평(坡平), 자는 백분(伯奮), 호는 용서이다.

224 연잎 옷 : 지하의(芰荷衣)는 은자의 복장을 의미한다. 《초사(楚辭)》 권1 〈이소(離騷)〉에 "연잎으로 웃옷 만들고, 부용 엮어 바지 만들어 입네.〔製芰荷以爲衣兮, 集芙蓉以爲裳.〕"라고 하였다.

낙정 조 태사가 강계로 유배갔다는 소식을 듣고[225] 감회가 일어 삼가 율시 세 수를 부치다

聞樂靜趙太史謫江界 有感 奉寄三律

한결같은 표상 옛 어진이 같았는데　斷斷標持見昔賢
난초 차고 변방에 이르렀다는 소식 듣고 놀랐네　驚聞蘭佩到窮邊
서쪽 강의 물결 언제나 잔잔해지고　西江波浪平何日
북쪽 길의 가시덤불 언제쯤 열릴까　北路荊榛啓幾年
한 줄기 강물 앞은 한나라 땅이요　一帶水前纔漢土
일만 겹의 산 밖은 모두 오랑캐 하늘이구나　萬重山外盡胡天
누런 모래 날리고 흰 눈 내리는 곳에 있으니　黃沙白雪行吟地
연월처럼[226] 떨어져 그리지만 배나 아득하네　燕越相思倍渺然

전년에 변방에서 죽을 죄인 되었을 때　前歲窮荒作死囚
친구가 나를 불쌍히 여겨 갖옷 벗어주었지　故人憐我解單裘
어리석은 이 몸 뜻밖에 남쪽으로 옮겨왔는데　癡狂不意翻南徙
충직한 그대 북으로 유배 갈지 누가 알았으랴　忠讜誰知更北投

225 낙정(樂靜)……듣고 : 조 태사(趙太史)는 조석윤(趙錫胤, 1606~1655)으로, 본관은 배천(白川), 자는 윤지(胤之), 호는 낙정재(樂靜齋), 시호는 문효(文孝)이다. 국가를 업신여기고 당여(黨與)를 감쌌다는 죄로 강계(江界)로 정배되었다. 《孝宗實錄 3年 10月 6日》

226 연월처럼 : 연(燕)과 월(越)은 모두 춘추 시대의 나라 이름으로, 연나라는 북쪽 끝에 있고 월나라는 남쪽 끝에 있어서 거리가 아주 먼 사이를 일컫는 말이다.

적유령이 어찌 마천령처럼 높지 않겠나	狄嶺何如天嶺峻
압록강은 응당 두만강처럼 흐르리라	鴨江應似豆江流
변방의 물색 나도 말할 수 있지만	邊庭物色吾能說
시인의 혼 괴롭힐까 두려워 말하지 않으려네	恐惱吟魂說却休

남쪽에서 돌아오자 다시 서쪽으로 떠나니[227]	南環纔賜復西行
성상께서 그대를 옥으로 만들어 주려 함이지[228]	洪造應將玉汝成
충신으로 죄를 얻었다고 예전에 들었는데	忠信舊聞曾得罪
오늘날의 유배에서는 영화를 사양함을 본다오	遷流今見爲辭榮
인생은 운명 있어 부침이 정해졌고	人生有命升沈定
천도는 사심 없어 일월처럼 밝도다	天道無私日月明
훗날 밤 선실[229]에서 정직함을 생각하시리니	宣室他宵思正直
그대 아니면 누구와 민생을 논하시겠나	非君誰與問蒼生

227 남쪽에서……떠나니 : 조석윤이 처음에 강계로 정배되었다가 여러 대신들의 구명으로 의금부에서 조석윤을 철원(鐵原)에 정배할 것을 청하였으나, 임금이 철원은 편하고 가깝다 하여 간성(杆城)으로 정배하라고 하였다.

228 옥으로……함이지 : 옥을 쪼고 갈아 단련시키듯 역경을 극복하게 하여 장차 훌륭한 인물이 되게 만든다는 의미이다.

229 선실(宣室) : 한(漢)나라 미앙궁(未央宮) 안에 있던 선실전(宣室殿)으로 황제가 재계하던 곳인데, 한 문제(漢文帝)가 이곳에서 가의(賈誼)를 접견하고 귀신에 관한 일을 물은 적이 있다. 《史記 卷84 賈生列傳》

죽주산성[230]을 지나며 감회가 일다

過竹州山城有感

외로운 성 차가운 해는 서쪽으로 저물려 하고	孤城寒日欲西曛
무너진 성가퀴와 이어진 산은 형세가 분명치 않네	殘堞連山勢不分
고려 시대엔 예봉을 당하여 오랑캐 섬멸하였고[231]	麗代嬰鋒殲醜虜
정년에는 갑옷 버리고 와르르 무너졌네[232]	丁年棄甲望塵氛
산천은 애당초 전후로 다르지 않았는데	山川未始殊前後
성패는 어찌해서 달라졌나	成敗如何異見聞
경기지역은 오늘날 방비할 필요 있으니	圻輔卽今須保障
사람들로 하여금 늘 송 장군[233] 기억하게 하네	令人長憶宋將軍

230 죽주산성(竹州山城) : 경기도 안성시 죽산면에 있는 산성으로, 삼국 시대 신라의 북진 과정에서 서울 지역으로 진출하기 위한 거점으로 사용하기 위해 축조되었다. 유계는 영월에서 풀려나 수원으로 가는 도중 이 산성을 지났다.

231 고려……섬멸하였고 : 대몽 항쟁기 3차 침입 당시의 죽주성 전투를 말한다. 1236년 9월에 몽골군이 죽주성을 포위하였는데, 송문주(宋文胄)의 지휘 하에 고려군이 성문을 열고 이를 격퇴하여 결국 포위한 지 15일 만에 물러갔다.

232 정년(丁年)에는……무너졌네 : 정년은 1637년 정축년으로, 병자호란이 일어났던 당시를 말한다. 허목의 《기언(記言)》 별집 권17 〈증좌찬성김공신도비명(贈左贊成金公神道碑銘)〉에 "공의 부대가 직산(稷山)에 이르렀을 때 죽산(竹山)에 주둔하고 있던 호서(湖西)의 병력을 오랑캐들이 아주 드세게 공격하고 있었다."라고 한 것으로 보아 병자호란 당시 죽주산성에서 청나라 군사와 전투가 벌어졌지만, 조선군이 패퇴하였다.

233 송 장군(宋將軍) : 송문주로, 1231년(고종18) 몽골의 제1차 침입 때 귀주성(龜州城)에서 몽골군을 물리치는 공을 세워 낭장(郎將)에 임명되었고, 1236년에 죽주 방호별감(防護別監)이 되었다.

수성[234]에 이르러 형제자매가 모두 모였기에 밤에 앉아 감회를 쓰다

到隋城 兄弟姊妹俱會 夜坐書懷

삼 년 동안 세 번 옮기고 마침내 고향 돌아오니	三歲三移竟返鄉
임금의 은혜 더욱 아득히 넓은 바다 같구나	聖恩如海轉茫茫
산을 나와 다시 넓고 큰 하늘 보았고	出山復見天寬大
위험한 일 겪으면서 길이 멀고도 험함을 알았네	歷險方知路阻長
곧은 도 유하혜 같지 않아[235] 스스로 부끄럽고	直道自慙非下惠
머리털이 중랑장 같음을[236] 사람들 의아해하네	顚毛人訝似中郎
형제들 마주 대하고는 꿈인지 생시인지	弟兄相對猶疑夢
밤 되어 등불 심지 돋우고 다시 책상 가까이 앉네	入夜挑燈更近牀

234 수성(隋城) : 경기도 수원(水原) 지역을 말한다.

235 곧은……않아 : 《맹자》 〈공손추 상(公孫丑上)〉에 "유하혜(柳下惠)는 더러운 군주도 수치로 여기지 않고 작은 벼슬도 낮게 여기지 않아서, 나아가서는 재능을 다 발휘하여 일하면서 반드시 그 올바른 도리를 다하였다."라고 하였고, 또 《맹자》 〈진심 상(盡心上)〉에 "유하혜는 삼공(三公)의 자리를 주어도 그 절개를 바꾸지 않는다."라고 하여, 화(和)하면서도 절개가 매우 굳었음을 알 수 있다.

236 머리털이 중랑장(中郎將) 같음을 : 중랑장은 진(晉)나라 반악(潘岳)을 말하는데, 반악처럼 머리털이 희끗희끗하다는 것이다. 반악의 〈추흥부서(秋興賦序)〉에 "진나라 14년 내 나이 32세에 처음 반백을 보았다. 태위연 겸 호분중랑장으로서 산기성에서 숙직한다."라고 하였다.

유방숙[237] 철 이 연경으로 간다는 소식을 듣고 편지 대신 시를 주어 이별하다

聞兪方叔 徹 赴燕 替簡贈別

아득한 풍진이 변방에 가득하니	莽莽風塵滿塞陲
조정의 사신 선발함은 예전과 다르네	朝廷遴介異前時
인간 세상은 필경 갈림길 많으니	人間到底多岐路
천하에 상심할 일은 이별뿐이라오	天下傷心只別離
잠시라도 이별하는 마음 이미 괴롭고	造次分携情已苦
관하에서 만나지 못하니 눈물만 흐르네	關河阻握涕堪垂
깊이 알겠구려 언국[238]의 재능 훌륭하여	深知彥國才猷壯
대궐 뜰에서 신속히 복명할 것을	成命遄看報玉墀

237 유방숙(兪方叔) : 유철(兪徹, 1606～1671)로, 본관은 기계(杞溪), 자는 방숙, 호는 취옹(醉翁)이다.

238 언국(彥國) : 송나라 때의 명신인 부필(富弼)로, 자는 언국, 시호는 문충(文忠)이다. 인종(仁宗) 초에 지제고(知制誥)가 되어 거란(契丹)에 두 차례 사신으로 가서 공로가 있었다. 《宋史 卷313 富弼列傳》

수성에서 형제와 백련암에서 함께 자다가 옛 일에 대한 감회가 일어 벽에 쓰다

隋城 與舍兄弟同宿白蓮菴 感舊題壁上

암자에서의 지난일 마치 새벽일처럼 생생한데	菴中往事若晨興
이십 년 동안 고생하다가[239] 불등을 짝했네	廿載辛勤伴佛燈
여름철 공부하며 함께 하엽주 마셨고	夏課共傾荷葉酒
겨울에 생활하며 옥병 속 얼음물 다투어 마셨었지	冬棲爭吸玉壺氷
시내와 산은 옛 모습 그대로인데	溪山有舊依俙是
생사는 어쩔 수 없어 감개함만 더하네	存沒無端感慨增
동서남북으로 이 몸 만 리를 떠돌다가	南北東西身萬里
돌아오니 늙은 스님에게 더욱 부끄럽구나	歸來重愧白頭僧

239 이십……고생하다가 : 유계가 1633년(인조11) 과거에 급제하고 난 뒤로 1653년 현재까지 벼슬살이한 20년 동안 고생만 했다는 말이다. 《市南集 附錄 卷2 神道碑銘》

생질 윤후로[240]가 보내온 시에 차운하다 계사년(1653, 효종4)

次尹甥後老見贈韻 癸巳

이하는 석방되어 임천(林川)으로 돌아온 뒤이다.

동산의 새들은 벌써 봄 소리 내고	園林禽鳥已春聲
사람 맞이하는 매화 꽃 반쯤 피어나는구나	梅蕊迎人半破明
마른 못에 물이 불어나니 빗물의 은혜를 보고	水活枯池看霈澤
빈 골짜기에 해가 길어지니 원형을 징험하네[241]	日長空谷驗元亨
만년에 병 있음은 진실로 당연한 이치요	殘年抱病眞常理
죽을죄에도 고향 돌아오니 큰 영화로세	死罪歸田卽大榮
강호에서 만년을 보낼 너의 계획 알았으니	知爾江湖存晩計
백발인 나와 책 보며 여생을 함께하세	白頭黃卷共餘生

검주의 나귀 큰소리치던 것 늘 이상했는데	常怪黔驢只大聲
관하를 떠돌다가 귀밑머리 완전히 세었네[242]	關河漂轉鬢全明

240 윤후로(尹後老) : 윤송(尹松, 1628~?)으로, 본관은 남원(南原), 자는 후자(後者)·후로이다. 유계의 둘째 누님의 셋째 아들이다.

241 원형을 징험하네 : 원(元)은 개시(開始)의 뜻으로 사시(四時)에 있어서는 봄이 되며, 형(亨)은 형통(亨通)의 뜻으로 사시에 있어서는 여름이 된다. 곧 만물을 내는 봄의 기운이 만물에 두루 미쳐서 만물이 무성하게 자라고 변화하는 자연의 법칙을 징험한다는 말이다.

242 검주(黔州)의……세었네 : 검주의 나귀는 졸렬한 재능을 비유한 말이다. 검주 땅에는 원래 나귀가 없었는데 어떤 사람이 나귀를 배에 싣고 오자 범이 나귀를 보고 처음에는 두려워하였는데, 나귀의 발길에 한 번 채여 보고 나서는 나귀에게 그 밖의

죄인 명부에서 제명됨은 진실로 천행이며　除名丹籍良天幸
청운의 꿈 펼침은 어찌 운수 형통해서리오　展步青雲豈運亨
나무를 심음은 내일 사용하기를 기대해서이고[243]　種木方期來日用
꽃을 심음은 만년의 영화 누리기 위함인데　蒔花欲當晚年榮
만년에 포부와 사업 모조리 사라졌으니　殘生志業消磨盡
팔짱만 끼고 있는 전철 후생은 피하게나[244]　拱手前途避後生

다른 재능이 없음을 알고 마침내 나귀를 붙어 죽였다는 고사에서 유래하였다. 《柳河東集 卷19 三戒 黔之驢》 예전에 유종원(柳宗元)의 〈검지려(黔之驢)〉를 읽었을 때는 큰소리만 치고 이렇다 할 능력이 없는 검주의 나귀가 참으로 이상했는데, 지금 와서 보니 유계 자신도 별 볼 일 없이 귀양살이만 하다가 백발이 되었다는 말이다.

243 나무를……기대해서이고 : 《시경》 〈정지방중(定之方中)〉의 주희(朱熹)의 주(注)에 "나무를 심는 자는 10년 뒤에 사용하려고 하니, 가까운 효과를 구하지 않음이 모두 이와 같다."라고 하였다.

244 팔짱만……피하게나 : 팔짱만 낀 채 아무것도 하지 못하는 외삼촌 같은 인생은 살지 말라는 소리이다.

후로가 성현의 글을 초록한 책표지에 쓰다
書後老抄書聖賢冊面

만 마디 천 마디 말 진실로 넉넉하니	萬語千言儘有餘
정식 부절 허리에 차고 입문하는 초기로다	眞符要佩入門初
공자의 가르침은 높은 하늘 두터운 땅 같고	高天厚地宣尼教
《소학》은 비 갠 날의 달과 맑은 바람 같네	霽月光風小學書
사마씨의 〈잡의〉[245]는 실천할 만하고	司馬雜儀堪實踐
문청의 《소록》[246]은 또한 지남거이네	文淸小錄亦南車
그대가 베껴 쓴 고생스런 뜻 아니	知君手寫辛勤意
구슬 돌려주고 빈 상자 지키는 일 하지 말라[247]	莫遣珠還守櫝虛

245 사마씨(司馬氏)의 잡의(雜儀) : 집안에서의 각종 의례(儀禮)에 관하여 사마광(司馬光)이 쓴 글인데, 《주자가례(朱子家禮)》에 실려 있는 〈사마씨거가잡의(司馬氏居家雜儀)〉를 말한다.

246 문청(文淸)의 소록(小錄) : 문청은 명(明)나라 성리학자 설선(薛瑄, 1389~1464)으로, 자는 덕온(德溫), 호는 경선(敬瑄), 시호는 문청이다. 소록은 설선이 지은 《독서록(讀書錄)》을 가리킨다.

247 구슬……말라 : 근본을 모르고 말단만을 좇는 행위를 하지 말라는 의미이다. 초(楚)나라 사람이 옥으로 꾸미고 향기를 쐰 목란(木蘭) 상자에 보배 구슬을 담아 정(鄭)나라에 가서 팔자, 어떤 사람이 상자만 사고 구슬을 돌려주었다는 고사에서 유래하였다. 《韓非子 外儲說》

민 상서의 정자에서 매화를 감상하고 이석이[248]의 시에 차운하다

閔尙書亭賞梅 次李錫爾韻

화려한 정원에 백 그루 매화꽃	灼灼名園百樹梅
빽빽하게 우거진 측백나무 황량한 누대 감싸네	森森蒼柏護荒臺
서주의 눈물은 응당 사람 그리워 흘리고[249]	西州淚應思人墜
동쪽 합문은 도리어 나를 맞이하여 열렸구나[250]	東閤門猶待我開
가지 위 물총새 지저귀며 떠나지 않고	枝上翠禽啼不去
자리의 매화 쓸어도 다시 떨어진다오	坐間香雪掃還來
강변의 봄 술은 옷을 전당잡힐 만하니	江城春酒衣堪典
근심 걱정 대적하려 백잔 술 마시노라	爲敵牢愁嗅白杯

248 이석이(李錫爾) : 이경억(李慶億, 1620~1673)으로, 본관은 경주(慶州), 자는 석이, 호는 화곡(華谷), 시호는 문익(文翼)이다.

249 서주(西州)의……흘리고 : 진(晉)나라 명사 양현(羊縣)이 평소에 자기를 아껴주던 외삼촌 사안(謝安)이 죽기 직전에 서주(西州) 길을 경유하였다고 하여 사안이 죽은 뒤로 다시는 그 길로 다니지 않았다. 한번은 술을 마시고 취하여 자신도 모르게 서주로 통하는 문에 이르렀는데, 나중에서야 알고는 조식(曹植)의 〈공후인(箜篌引)〉을 읊으며 통곡 하고는 자리를 떴다 한다. 《晉書 卷79 謝安列傳》

250 동쪽……열렸구나 : 빈객을 예우하여 초치(招致)하는 것을 비유한 말이다. 한(漢)나라 공손홍(公孫弘)이 재상이 된 뒤에 "객관을 세우고 동쪽 합문을 열어서 현인을 맞이하였다."라고 하였다. 《漢書 卷58 公孫弘傳》

석이의 〈삼짓날〉 시에 화답하다

和錫爾三三韻

세월 흘러 봄 경치는 삼월이라 冉冉韶光月正三
물가의 꽃과 버들 함께 그림자 드리웠네 汀花交柳影毿毿
춘정이 잠깐 동하니 우레에 놀란 벌레 같은데 春情乍動驚雷蟄
기쁜 마음 자아내지 못하니 고치 속 누에로다 歡緖難抽入繭蠶
병든 몸 시 주머니 버리고 야외로 나와 病廢奚囊來野外
한가로이 동자를 대동하고 강남을 지나네 閑從童丱過江南
날랜 배 다시금 풍파 이는 곳을 운행하자니 輕舟更試風波地
얼근한 취기를 빌려 시를 읊조린다오 猶自吟詩倚半酣

넷 중에 셋은 헛된 명성 실상보다 더하니 空名浮實四居三
양호의 학 무능하여 깃털만 늘어뜨렸네[251] 羊鶴無能毛羽毿
젊은 날 사공은 장상도 가볍게 여겼는데 少日事功輕將相
노년의 생활 농사와 양잠에 붙이네 暮年生理寄農蠶
불안한 자취 북방과 남방을 다 돌았고 棲遑蹤跡窮燕越
풍진의 소용돌이 남에서 북 온통 어둡구나 澒洞風塵暗北南
봉문에 왕래하는 이 끊겨도 그런대로 좋으니 差喜蓬門來往斷

251 양호(羊祜)의……늘어뜨렸네 : 양호의 학처럼 헛된 명성만 가지고 있다는 말이다. 옛날에 양호에게 춤을 잘 추는 학이 있어서 손님들에게 자랑하자, 손님들이 시험해 보기 위해 몰려가니 학이 깃털만 늘어트리고 춤추려 하지 않았다고 한다. 《世說新語 排調》

한낮에 아담한 집에서 봄 잠 실컷 잔다오 小齋春睡午方酣

치아는 두 개 빠지고 또 세 개가 흔들리며 車牙落二又搖三
두 눈은 침침하고 머리카락 늘어졌네 眼盡昏花髮盡毿
명분에서 진위를 혼동하는 서박[252]을 비웃고 名眩僞眞嗤朴鼠
마음속에 씨줄 날줄 숨긴 빙잠이 슬퍼라[253] 心藏經緯咤氷蠶
풍류는 진나라 강좌 지방을 취하지 않고[254] 風流不取晉江左
자신을 숨기는 건 초나라 시남자[255]를 스승 삼네 冥晦方師楚市南
괴롭게도 친구가 잡아 끌어내기에 苦被親朋相挽强
근래에 한 달 동안 술에 취해 있다오 邇來經月在沈酣

252 서박(鼠朴) : 말린 쥐고기로, 보잘것없고 유명무실한 사람이나 물건을 이른다.

253 마음속에……슬퍼라 : 빙잠(氷蠶)은 전설상의 누에 이름으로, 누에가 실을 뽑지 않고 몸속에 보관만 하고 있음을 개탄하는 말이다. 여기서는 유계가 세상을 다스리는 포부를 펴지 못하고 마음속에 뜻을 간직한 채 답답하게 살아가고 있다는 자조적인 의미로 쓰였다.

254 풍류는……않고 : 두목(杜牧)의 시에 "대체로 남조가 모두 광달하였지만, 동진의 풍류가 가장 사랑스럽네.〔大抵南朝皆曠達, 可憐東晉最風流.〕"라고 했듯이 동진의 풍류는 유명하다. 여기서는 이러한 풍류가 결국 기강의 해이를 초래하였기 때문에 동진의 풍류를 부정적으로 인식하고 서술한 것이다. 《杜樊川詩集 卷3 潤州》

255 초(楚)나라 시남자(市南子) : 초나라의 현인인 시남의료(市南宜僚)이다. 《장자주(莊子註)》 권7 〈달생(達生)〉에 "시남의료는 웅의료이다. 저잣거리 남쪽에 살았기 때문에 인하여 호칭으로 삼은 것이다.〔市南宜僚, 熊宜僚也. 居市南, 因爲號也.〕"라고 하였다.

다시 매 자 운을 사용하다

復用梅字韻

아침에 창밖의 매화가지 하나를 보니	朝看窓外一枝梅
흰 꽃 막 피어나 푸른 누대에 비치네	雪萼初披映綠臺
울타리 틈새 외진 곳에서 마르지 않고	籬隙地偏纔免槁
대나무 그늘 냉기 속에서 뒤늦게 피었네	竹陰寒重晚方開
남포에서 지난밤 감상했던 그 꽃인가[256]	還疑南浦前宵賞
남몰래 서호 처사를 오라고 부르는구나[257]	暗喚西湖處士來
고상한 풍치가 삭막해짐을 견디지 못하고	不忍風情便索莫
그대의 아름다운 구절 읊으며 술잔 채우네	詠君佳句酹吾杯

새롭게 단장한 어여쁜 한 그루 매화	新粧嬌艶一株梅
처음에는 온가의 옥경대[258] 아래에 있었지	初下溫家玉鏡臺

256 남포(南浦)에서……꽃인가 : 남포의 매화를 사랑했던 양(梁)나라 하손(何遜)의 고사를 말한다. 하손이 양주 지사(揚州知事)가 되었는데, 관사(官舍)에 매화 한 그루가 있어 그 매화를 매우 사랑하였는데, 임기를 마치고 돌아와서도 늘 그 매화를 생각하다가, 다시 양주를 자청해서 부임한 뒤 종일토록 나무 밑을 서성이며 시를 읊었던 고사가 있다. 《梁書 卷49 何遜列傳》

257 서호 처사(西湖處士)를……부르는구나 : 서호의 고산(孤山)에 은거한 북송(北宋)의 처사(處士) 임포(林逋)가 평생토록 매화를 심고 학을 기르며 숨어 살았으므로, 당시 사람들이 서호 처사 혹은 매처학자(梅妻鶴子)라고 불렀다. 《宋史 卷457 林逋列傳》

258 온가(溫家)의 옥경대(玉鏡臺) : 진(晉)나라 온교(溫嶠)가 결혼할 때에 옥경대(玉鏡臺)로 예물을 삼았다는 고사가 있다. 《世說新語 假譎》

나그네 떠날 때 비로소 심었는데	游子去時方始種
시인 돌아온 뒤에 마침 피었구나	騷人歸後恰纔開
너무도 어여쁜 흰 꽃 바람에 떨어지고	偏憐雪蕊風中落
몹시 사랑스런 맑은 향기 달 아래 퍼져오네	絶愛淸香月下來
내일 아침에 다 시들어 떨어질까 두려워	却恐明朝衰謝盡
평상으로 옮겨 가까이하고서 밤에 술 따르네	移床故近夜斟杯

연기 현감 유동발[259]에 대한 만사

挽柳燕岐 東發

기량이 보통 사람보다 뛰어남 깊이 알았고	深知器宇異凡儕
자유분방한 풍류는 나와 잘 맞았지	款洽風流放浪懷
남은 은택 호서 고을에서 처량해지고	遺澤凄涼湖外縣
관직은 전중이니[260] 불우하였네	官名落拓殿中階
위가 나무의 꽃송이 서리에 시들고[261]	霜凋花萼韋家樹
자경의 집 거문고 줄에 먼지 가득하구나[262]	塵滿琴徽子敬齋
애달파라 몇 걸음 떨어진 곳 황량한 들에	怊悵荒原數步地
쌍벽 같은 두 분 동시에 묻힘을 차마 견딜 손가	忍堪雙璧一時埋

이때 연기 현감과 큰형님을 같은 날 같은 산에 장사 지냈다.

259 유동발(柳東發) : 1609~? 본관은 문화(文化), 자는 진백(震伯)이다.

260 관직은 전중(殿中)이니 : 전중은 조선 시대 사헌부 감찰(司憲府監察)을 가리킨다. 유동발은 1642년 사헌부 감찰에 제수되었다. 《承政院日記 仁祖 20年 7月 5日》

261 위가(韋家)……시들고 : 당나라 위씨(韋氏) 집안의 가족들이 화수회(花樹會)를 결성하고 화수 아래에서 친족을 모아 놓고 술을 마셨다. 《근사록(近思錄)》 권9 〈치법(治法)〉에 "무릇 사람의 가법은 한 달에 한 번 모여 족인을 화합해야 한다. 옛사람에게 화수라는 위씨 집안의 종회법이 있었으니 취할 만하다."라고 하였다.

262 자경(子敬)의……가득하구나 : 자경은 왕헌지(王獻之, 344~386)로, 왕휘지(王徽之, 338~386)의 아우이다. 왕헌지가 죽자 왕휘지가 아우의 죽음을 애통해하여 아우가 생전에 연주하던 거문고를 던지면서 "자경아, 자경아, 너와 거문고가 함께 죽었구나."라고 하였는데, 이 고사를 인용하여 유동발의 죽음을 슬퍼한 것이다. 《世說新語 傷逝》

북쪽으로 돌아가는 이석이를 전송하다

送李錫爾北歸

세상살이 산과 같아 갈수록 더욱 무겁지만	世路如山去益重
사귀는 정 물과 같아 옅다 짙어지네	交情若水淡還濃
해 질 녘 눈 내리는 관하에서 두 사람 떠돌다가	關河暮雪雙蓬轉
봄바람 부는 호해에서 만나 한바탕 웃는다오	湖海春風一笑逢
모이고 나면 응당 헤어진다는 것 아니	聚後固知當有散
이별 뒤 어느 곳에서 다시 만날 수 있을까	別來何處更相從
왕손초[263] 푸르고 강변의 꽃 늦게 피었는데	王孫草綠江花晚
저 너머 먼 산에 멈춘 구름 쓸쓸히 바라보네[264]	悵望停雲隔遠峯

263 왕손초(王孫草) : 왕손초는 먼 곳으로 떠나 돌아오지 않는 사람을 그리워하는 마음을 나타낸다. 《초사(楚辭)》 회남소산(淮南小山)의 〈초은사(招隱士)〉에 "왕손이 집을 나가서 돌아오지 않으니, 봄풀이 돋아나 무성하게 자랐다.〔王孫遊兮不歸, 春草生兮萋萋.〕"라고 하였다.

264 멈춘……바라보네 : 벗을 그리워하는 마음을 형용하는 말이다. 도연명(陶淵明)의 시 〈정운(停雲)〉 서문에 "멈춰 있는 구름은 친구를 그리워하는 것이다."라고 하였다. 《陶淵明集 卷1 停雲》

윤백분, 길보와 함께 보광사 임천에 있다. 의 남대에 머물러 술을 마시며 운자를 부르다

與尹伯奮吉甫 棲普光 在林川 南臺 對酒呼韻

만인대에 연꽃 우뚝 솟고	參削芙蓉萬仞臺
선창에 높이 기대니 반쪽 하늘 펼쳐지네	禪窓高倚半天開
꽃 앞엔 고운 햇살 따라 그늘 옮겨가고	花前麗日移陰去
대숲 밖 긴 강물이 눈에 들어오는구나	竹外長江入望來
세상만사 오늘 같은 저녁 모임 기약하기 어려우니	萬事難期今夕會
평생 친구가 주는 술잔에 취하누나	百年還醉故人杯
봄빛은 돌아가는 나그네 머물게 하려는 듯	春光似欲留歸客
신록과 붉은 단장이 갈 길 재촉하지 못하게 하네	新綠粧紅未放催

남대에서 분운[265]하여 각각 율시 한 수를 짓고 이어서 각자 서로 화답하다

南臺分韻 各賦一律 仍各相和

먼 변방에서 돌아와 사 년 만에 만나	絶塞歸來四載逢
서림의 산속에서 함께 지팡이 짚고 시 읊네	西林山裏竝吟筇
마음을 터놓고 석 잔 술 따르니	襟期倒瀉三杯酒
멀리 만인봉이 시야에 들어온다	眼界遙開萬仞峯
역경으로 마음 씻기 때문에[266] 의문점 쌓이고	易爲洗心疑膜膜
시로 기분을 달래려고 생각을 거듭한다오	詩要遣興思重重
선창에서 조용히 마주하자 도리어 말 없는데	禪窓靜對還無語
빈 뜰에 꽃 떨어지고 소나무 위로 달 떠오르네	花落庭空月上松

봄바람 부는 호상에서 친구 만나	湖上春風逢故人
산 위로 데려와 함께 봄 경치 즐기네	携來山上共尋春
조수 밀려드는 먼 포구에 구름 빛 깨끗하고	潮生遠浦雲光淨
비에 씻긴 앞산은 경치가 새로워라	雨洗前峯景色新
경물은 때에 따라 정채를 희롱하고	物態隨時弄精彩

265 분운(分韻) : 임의로 몇 글자의 운(韻)자를 정한 다음에 추첨을 하여 각자가 운자를 나누어 가진 뒤 그 운자에 의거하여 시를 짓는 방법이다.

266 역경(易經)으로……때문에 : 《주역》 〈계사전 상(繫辭傳上)〉에 "성인은 이로써 마음을 씻어 아무도 모르게 은밀한 곳에다 감추어 둔다.〔聖人以此洗心, 退藏於密.〕"라고 하였다.

천심은 닿는 곳마다 균평하게 보여주네	天心觸處見平均
가련하구나 분주함 속에 늙어가는 이 몸	堪憐衰朽奔忙裏
십 년 만에 다시 찾아오니 이미 묵은 자취구나	十載重遊迹已陳

위는 백분(伯奮)에게 화답한 것이다.

마른 나무 같은 형체에 귀밑머리 희끗희끗	形如枯木鬢蒼然
늘그막에 서로 만나 마음 더욱 가련해지네	晩景相看意更憐
봄옷 입고 방초 길을 시 읊조리며 와서	春服吟來芳草路
구름 덮인 암자에서 꽃 지는 시절 함께한다오	雲庵棲竝落花天
우정을 논하면 모두 정을 잊는 밖에 있고	論交盡在忘情外
주역 연구하며 때때로 괘를 긋기 전을 탐색하네[267]	玩易時探有畫前
냉담한 데에서[268] 참된 의미 영원함을 아니	冷淡漸知眞味永
백년 인생에 어리석은 인연 다하기 어려워라	百年難了此癡緣

위는 길보(吉甫)에게 화답한 것이다.[269]

267 괘를……탐색하네 : 복희씨(伏羲氏)가 괘획을 긋기 이전에 이미 존재한 역의 원리인 태극(太極)에 대해 연구하는 것을 말한다.

268 냉담한 데에서 : 경서 공부하는 것을 말한다. 주희(朱熹)가 친구인 여조겸(呂祖謙)에게 답한 편지에 "역사서는 혼잡하고 경서는 냉담하네.〔史書鬧熱, 經書冷淡.〕"라고 하였다. 《朱子大全 卷33 答呂伯恭》

269 위는……것이다 : 윤선거의 원래 시는 《노서유고(魯西遺稿)》 권1의 〈용서를 모시고 시남이 머무는 보광사 남대를 방문했다가 열흘 뒤에 돌아오다〔陪龍西 訪市南棲普光寺南臺一旬而歸〕〉이다.

백분과 함께 황산에 갔는데 호산 군수 권호연[270]이 술을 가지고 왔다. 서원에서 비에 막혀 자리에서 운자를 불러 율시 두 수를 짓다
與伯奮赴黃山 壺山倅權浩然載酒至 滯雨書院 坐上呼韻 得二律

강가의 보슬비 안개와 섞이니	霏微江雨雜江煙
향기로운 풀과 꽃이 있는 사월일세	芳草汀花四月天
단청 누각 숲 끝에 솟아있고	丹閣聳浮林木抄
흰 갈매기 물과 구름 곁으로 날아가네	白鷗飛盡水雲邊
멋진 풍경 한가로이 감상하니 도리어 흐뭇하고	閑來勝境逢還笑
맑은 술 급히 구해서 취하고는 함께 잠든다오	催喚清樽醉共眠
죽을 고비 넘기고 삼 년 뒤 다시 찾아오니	萬死重遊三載後
풍광은 그대로인데 귀밑머리 성글구나	風光依舊鬢蕭然

어렴풋이 보이는 섬 반쯤 안개에 쌓이고	依依島嶼半籠煙
탁 트인 강 황산은 한쪽 하늘 닿아 있네	江闊黃山一面天
시절의 풍광 감상하고 책상 아래 앉아	領略時光來案下
손님 초대하여 술자리에 이르네	招邀佳客到樽邊
물가의 꽃은 비 맞아 붉은 빛 바래고	汀花過雨紅全褪

270 권호연(權浩然) : 권성원(權聖源, 1602~1662)으로, 본관은 안동(安東), 자는 호연이다. 호산(壺山)은 여산(礪山)이라고도 하는데 지금의 전라북도 익산 지역의 옛 이름이다. 1649년(인조27)에 여산 군수에 임명되었다. 《宋子大全 卷178 善山府使權公墓碣銘》

나루의 버들은 바람 없는데 푸르름 잠긴 듯	津柳無風翠欲眠
흥이 나 다시 작은 배에 올라	乘興更將登小艇
푸른 물결 타고 백 리를 유유히 가리라	滄波百里去悠然

삼송정에서 용안 박자이,[271] 은진 이일경[272] 두 학사와 함께 모여 술을 마시다

三松亭 與龍安朴子以恩津李一卿兩學士會飮

현감이 탄 수레 연이어 좋은 모임에 오니	皁蓋聯翩好會來
삼송정은 옛 이름난 누대라오	三松亭子舊名臺
호산에서 좋은 날 흉금을 터놓고	湖山勝日開襟地
하삭의 청담 나누며 술잔들 가득하네[273]	河朔淸談滿眼杯
먼 물가의 오리 나니 신선의 신발 빠르고[274]	遠浦鳧飛仙舃迅

271 박자이(朴子以) : 박승건(朴承健, 1609~1667)으로, 본관은 밀양(密陽), 자는 자이이다. 용안(龍安)은 지금의 전라북도 익산시 용안면 지역이다. 1653년 용안 현감(龍安縣監)에 임명되었다. 《承政院日記 孝宗 4年 1月 22日》

272 이일경(李一卿) : 이정기(李廷夔, 1612~1671)로, 본관은 한산(韓山), 자는 일경, 호는 귀천(歸川)이다. 은산(恩山)은 조선 인조(仁祖) 때 충청도의 이산현(尼山縣), 연산현(連山縣), 은진현(恩津縣)을 합병하여 고친 이름인데, 이정기는 1653년(효종4) 봄에 부모 봉양을 위해 은산 현감을 제수받았다. 《滄溪集 卷17 故嘉善大夫吏曹參判李公行狀》

273 하삭(河朔)의……가득하네 : 후한(後漢) 말에 유송(劉松)이 원소(袁紹)의 자제와 하삭에서 밤낮으로 술을 마셨다는 고사가 있다.

274 오리……빠르고 : 후한(後漢) 때 하동(河東) 사람 왕교(王喬)가 신선술(神仙術)을 익혔는데, 매월 초하루와 보름이면 조정으로 날아가 명제(明帝)를 알현하였다. 명제가 그가 자주 오는데도 타고 온 수레가 보이지 않자, 몰래 태사(太史)를 시켜 엿보게 하였더니 "그가 올 때마다 한 쌍의 오리가 동남쪽에서 날아왔습니다. 그래서 다시 날기를 엿보아 그물로 잡았는데, 한 쌍의 신발만 얻었을 뿐입니다."라고 하였다. 《後漢書 卷82上 方術列傳 王喬》

긴 모래톱에 재촉하여 조서가 내려왔네　　長洲沙露鳳綸催
누가 알았을까 자유로운 창랑객[275]이　　誰知天放滄浪客
홀로 작은 배 노 저어 저물녘에 돌아올 줄을　　獨棹扁舟入暮廻

275 창랑객(滄浪客) : 강호를 물결처럼 떠도는 나그네라는 뜻으로, 은거하여 사는 사람을 뜻한다.

권사성[276] 시 의 팔영시에 차운하다
次權思誠 諰 八詠韻

최상의 성인은 생이지지로 성품이 신령하여	上聖生知性測靈
어린 시절 장난도 언제나 법도에 맞았네[277]	稚年嬉戲動如經
선천의 조화는 풀무와 같았고	先天造化方爐鞴
사물을 열어주는 신공 모범을 보였네	開物神功見典刑
예악은 이로부터 모두 기술할 만한데	禮樂自玆皆可述
냄새와 소리는 어디에서 다시 형용할까[278]	臭聲何處更能形
하늘에 해와 달 늘 밝게 떠오르니	穹霄日月長昭揭
우러르매 어렴풋이 덕의 향기를 뵙는 듯	瞻望依然覲德馨

위는 조두(俎豆)를 가지고 논 것을 읊었다.

요와 순이 서로 계승하여 신공이 지극하니	勛華相繼極神功
화우와 인풍[279]이 온 세상에 퍼졌네	化雨仁風浹四封

276 권사성(權思誠) : 권시(權諰, 1604~1672)로, 본관은 인동(安東), 자는 사성, 호는 탄옹(炭翁)이다.

277 어린……맞았네 : 공자가 어린 시절에 제사 지내는 놀이를 할 때마다 법도에 맞았다는 의미이다. 《논어》 〈서설(序說)〉에 공자가 "어린 시절 장난할 때 항상 조두(俎豆)를 진설하며 예를 행하는 용모를 행하였다."라고 하였다.

278 냄새와……형용할까 : 《시경》 〈문왕(文王)〉에 "상천의 일은 소리도 없고 냄새도 없다.〔上天之載, 無聲無臭.〕"라고 하였는데, 성인이신 공자의 도덕은 하늘과 같아서 말로 형용할 수 없다는 의미이다.

279 화우(化雨)와 인풍(仁風) : 화우는 만물을 화육(化育)시키는 제때에 내리는 비

천지와 산천 비로소 자리를 정하고　天地山川位始定
성신과 일월 모두 궤도를 따라갔지　星辰日月軌咸從
섬돌에서 한 번 춤추어 완악한 이들 품으니　階間一舞懷頑梗
바다 밖 군생들 조화로운 솜씨에 모여드네　海外群生囿化工
화락함이 모두 조심하는 속에 이루어지니　熙皥儘從兢業致
명성이 중천에 뜬 해처럼 높구나　聲名政似日方中

위는 간우무(干羽舞)[280]를 읊었다.

용맹한 백만 대군 진나라에서 들끓으니　貔貅百萬沸秦中
참담한 풍운 한 자리에 함께 하였도다　慘惔風雲一座同
유방은 심원한 지혜로 신출귀몰하고　隆準深機神沒地
항우는 내려다보는 기세 무지개를 침범하였네　重瞳高視氣干虹
기둥 사이에서 서슬 퍼런 칼날 난무하더니　楹間劍掣淸霜亂
패상의 용이 날아 채색 구름과 섞이었네　灞上龍飛彩矞融
세 번의 옥결 신호에 쌍벽 보내 사례하니[281]　三玦竟輪雙璧謝

를 말한다. 《맹자》〈진심 상(盡心上)〉에 "때맞춰 오는 비가 변화시키듯이 하는 경우가 있다.〔有如時雨化之者〕"라고 하였다. 인풍은 은택이 바람같이 퍼져나가는 모습으로 주로 제왕이나 지방 수령들의 어진 정치를 칭송하는 말이다.

280 간우무(干羽舞) : 간(干)은 무무(武舞), 우(羽)는 문무(文舞)이다. 옛날에 묘족(苗族)이 명을 거역하여 우(禹) 임금이 간우무를 추자 묘족이 70일 만에 감동하여 복종하였다고 한다. 《書經 大禹謨》

281 세 번의……사례하니 : 홍문(鴻門)의 연회에서 항우(項羽)의 모사 범증(范增)이 차고 있던 옥결을 세 번 들어 올려 항우에게 유방(劉邦)을 죽일 것을 신호하였으나 항우가 그 신호를 따르지 않았다. 그 뒤 장량(張良)의 도움으로 유방이 무사히 도망쳐 나와 항우에게는 백벽(白璧) 한 쌍을 주고, 범증에게는 옥두(玉斗) 한 쌍을 선물로

해로운 기운 다 사라지고 둥근 해 붉었네　　害氛銷盡日輪紅

위는 홍문(鴻門)의 연회[282]를 읊었다.

고양에서 순숙과 진식이 모일 당시[283]　　高陽當日會荀陳
명덕 있는 이들 그윽이 만나자 별자리 움직였네　　名德幽期動象辰
마음은 즐겁고 음식은 검소하며　　樂在中心觴豆儉
예는 선배들 따르니[284] 바탕과 형식 조화로웠네　　禮從先進質文彬
용과 봉황 같은 풍채 모두 자식으로 적합하고　　龍章鳳彩俱宜子
윤기나는 옥 정련한 금 같은 손자 각각 안았네　　玉潤金精各抱孫
뛰어난 자손 가장 많이 모여 있는 곳　　最是桂蘭叢萃地
화산과 대산 우뚝 솟아 쌍으로 높구나　　巍然華岱峙雙尊

위는 고양(高陽)에서의 모임을 읊었다.

보냈다. 《史記 卷7 項羽本紀》

282 홍문(鴻門)의 연회 : 진 시황(秦始皇)이 죽고 항우(項羽)와 유방(劉邦)이 함양(咸陽)을 차지하기 위해 서로 경쟁하였는데, 유방이 먼저 함양을 차지하고 함곡관(函谷關)에서 항우를 막았다. 이에 화가 난 항우가 유방을 공격하려 하자 유방이 항우에게 사과하기 위해 홍문으로 가 연회에 참석하였는데, 이때 항우의 사촌인 항장이 유방을 죽이려 한 일이 있었다.

283 고양(高陽)에서……당시 : 후한의 순숙(荀淑)에게는 팔룡(八龍)이라고 불리는 여덟 아들이 있었고, 동시대에 진식(陳寔)도 진기(陳紀)와 진심(陳諶)의 두 아들을 두었는데, 당시 사람들이 난형난제(難兄難弟)라고 칭하였다. 어느 날 진식이 아들들을 데리고 고양리(高陽里)의 순숙을 찾아갔는데, 그날 태사(太史)가 천문을 살피더니 덕성(德星)이 한곳에 모였다고 황제에게 보고하였다. 《世說新語 德行》

284 예는 선배들 따르니 : 《논어》 〈선진(先進)〉에 "만약 예악을 쓴다면 나는 선배들을 따르겠다.〔如用之則吾從先進〕"라고 하였다.

돌아와 황량한 정원에 세 오솔길 열자　歸來三逕闢荒園
고상한 정취 드디어 세속과 멀어졌구나　高趣居然遠俗論
마음은 복희 신농에 있으니 꿈에도 생각하고　心在羲農懸夢想
눈으로는 범초가 교대로 존하고 망함을 보았지[285]　眼看凡楚遞亡存
국화 피면 이따금 지팡이 짚고 거닐고　黃花開後時携杖
성긴 다섯 버드나무 옆으로 항상 문 닫혀 있구나[286]　五柳疏邊鎭掩門
무하유에서 길이 취할 마음 있건만　唯有無何長醉意
수작할 사람 없으니 누구와 함께 말할까　沒人酬酢共誰言

위는 도연명(陶淵明)이 술에 취함을 읊었다.

훌륭한 운대관 풍진을 벗어났으니　雲臺高絶出風塵
천 일 동안 몇 번이나 자주 달게 잤나　千日眠甘幾度頻
자리 너머에 어찌 코골며 자는 사람 미워하겠나[287]　榻外寧嫌鼾睡衆

285 눈으로는……보았지 : 범초(凡楚)는 춘추 시대 강대국인 초나라와 그 속국인 범나라를 합칭한 말이다. 《장자(莊子)》 〈전자방(田子方)〉에 "범나라가 애초에 망한 것이 아니요, 초나라도 애당초 존재한 것이 아니다."라는 범나라 군주의 말이 있는데, 존망(存亡)의 진리를 판단하기 어렵다는 뜻이다.

286 다섯……있구나 : 찾아오는 사람이 없음을 나타낸 것이다. 도연명(陶淵明)의 〈오류선생전(五柳先生傳)〉에 "집 옆에 버드나무 다섯 그루가 있어 인하여 나 자신의 호로 삼았다.〔宅邊有五柳樹, 因以爲號焉.〕"라는 말을 인용한 것이다.

287 자리……미워하겠나 : 송나라 태조가 강남(江南)에 웅거하고 있던 남당(南唐)의 이욱(李煜)이 복종하지 않자 공격을 하였는데, 남당에서는 서현(徐鉉)을 보내 공격을 늦추어 줄 것을 누차 청하였다. 그러자 태조는 "강남이 무슨 죄가 있겠는가. 다만 천하가 일가(一家)인데 잠을 자는 옆자리에서 어찌 다른 사람이 코를 골고 자는 것을 용납하겠는가."라고 하였다. 《桯史 卷1 徐鉉入聘》

호리병 속엔 애당초 가난을 저장하지 않았네[288] 壺中未始蓋藏貧
온갖 경치 망라하여 한가한 나그네 되고 籠羅物色爲閑客
온 세상일 팽개치고 주인에게 맡긴다오 拋擲乾坤付主人
아마도 희이는 참된 정취 얻었겠지만 料得希夷眞趣味
쓰르라미가 당시에 어찌 봄을 알겠는가[289] 蟪蛄當世孰知春

위는 희이(希夷)가 자는 것[290]을 읊었다.

그윽한 강가 사립문은 적막하고 柴扉岑寂傍江幽
먼 길 떠나는 나그네 난리 뒤의 근심 달래네 遠客聊寬亂後愁
젊은 날의 마음은 모두 깨진 시루 같고 少日心期都破甑
노년의 신세는 한 척의 외로운 배 같구나 暮年身世一孤舟
만국의 백성들 도탄에 빠짐을 슬퍼하고 蒼生萬國悲塗炭
중흥의 태평성대 한나라 주나라를 바라네 昭代中興望漢周
도성에서 좋은 소식 들리지 않으니 京國未聞消息好

288 호리병……않았네 : 호중천지(壺中天地)의 고사에서 온 말로 신선세계를 가리킨다. 중국 한(漢)나라 때의 호공(壺公)이라는 노인이 항아리 안에서 살았는데, 비장방(費長房)이 이 사실을 알고는 호공을 따라 그 속에 들어가 보니 옥당(玉堂)이 화려하고 술과 안주가 가득하여 함께 술을 실컷 마시고 돌아왔다고 한다. 《神仙傳》

289 쓰르라미가……알겠는가 : 《장자》 〈소요유(逍遙遊)〉에 "쓰르라미는 여름 한 철에만 생겼다가 없어지기 때문에 봄과 가을을 모르니 저 8천 년이나 오래 묵은 춘나무를 어찌 알겠느냐."라고 하였는데, 이는 얕은 식견으로는 그 이상의 세계를 알지 못함을 비유한 것이다.

290 희이(希夷)가 자는 것 : 송(宋)나라 진단(陳摶)이 오대(五代) 시절에 화산(華山)에 살면서 도를 닦았는데 한번 잠이 들면 천 일을 깨지 않았다. 후에 송의 태조(太祖)가 그에게 희이선생(希夷先生)이라는 호를 내렸다고 한다. 《宋史 卷457 陳摶列傳》

언제 호피로 싸서 무기를 수레에 실을까[291] 幾時包虎載戈矛

위는 금리(錦里)의 거처[292]를 읊었다.

하나의 선천역[293]으로 전하지 못한 뜻을 一箇先天不傳意
무명공[294]이 진실로 조물주의 마음 알았네 無名眞得化工心
바람과 꽃 눈과 달을 아침 저녁으로 감상하고 風花雪月供朝暮
황제와 패왕의 고금 역사를 완상하네 帝霸皇王玩古今
안락와[295]에 좋은 손님 찾아오면 安樂窩中來好客
태화탕[296] 마신 뒤에 큰소리로 시를 읊네 太和湯後放高吟

291 언제……실을까 : 난리가 평정되어 무기를 거두어들이는 것을 말한다. 《예기(禮記)》 권18 〈악기(樂記)〉에 "무기를 거꾸로 뒤집어 수레에 싣고 호피로 감싸 두었다.…… 이렇게 한 뒤에 천하의 사람들이 무왕(武王)이 더이상 무력을 사용하지 않을 것을 알았다."라고 하였다.

292 금리(錦里)의 거처 : 두보가 성도(成都)의 금리에 살면서 자칭 금리 선생(錦里先生)이라 하였는데, 그의 〈남린(南鄰)〉 시에 "금리 선생 오각건을 쓰고 동산에서 토란과 밤을 거두니 아주 가난하지만은 않구나."라고 하였다.

293 선천역(先天易) : 복희(伏羲)가 하도(河圖)를 보고 역(易)의 팔괘(八卦)를 만들었는데 이것을 선천역이라 하고, 주 문왕(周文王)이 만든 역을 후천역(後天易)이라 한다.

294 무명공(無名公) : 여기서의 무명공은 소옹(邵雍)을 가리킨다. 소옹은 자신의 집을 안락와(安樂窩)라 하고 평생 벼슬에 나가지 않으면서 소박한 삶을 살았는데, 자신의 이러한 삶의 지향을 자서전격인 〈무명공전(無名公傳)〉을 지어 남긴 바 있다.

295 안락와 : 《송사(宋史)》 권427 〈소옹열전(邵雍列傳)〉에 "소옹이 세시마다 농사를 지어 겨우 옷과 음식을 해결하고는 거처하는 곳을 안락와라고 이름 짓고는 인하여 안락선생(安樂先生)이라고 자호하였다."라고 하였다.

296 태화탕(太和湯) : 술을 가리킨다. 소옹의 〈무명공전〉에 "천성적으로 술을 좋아했는데 일찍이 술을 명명하여 태화탕이라 했다."라고 하였다.

천근 월굴의 경지 깊고 깊은데[297] 天根月窟深深地
스스로 경서를 탐색함이 문득 깊지 않구나 自被經探便不深

위는 안락와(安樂窩)를 읊었다.

297 천근(天根)……깊은데 : 천근은 양의 뿌리이고 월굴(月窟)은 음의 뿌리로, 음양이 순환하는 자연의 이치를 말하는 것으로 곧 《주역》 64괘를 의미한다. 소옹의 〈관물음(觀物吟)〉에 "천근 월굴이 한가로이 왕래하는 가운데 삼십육궁이 온통 봄이로구나.〔天根月窟閒往來, 三十六宮都是春.〕"라고 하였다.

시남집

제6권

詩시

조중초가 은산 현감으로 나가는 이일경을 전송하는 시[1]에 차운하여 두 벗에게 부치다

次趙仲初送恩山宰李一卿韻 却寄二友

우리의 도 언제 다름이 있었는가	此道何嘗更有他
지난날 영욕을 각각 거쳤었지	向來榮瘁各曾過
붉은 수레[2]는 좌천 아니라 부모 봉양 위함이니	朱幡便養遷非左
상서성에서 얻은 뛰어난 인재 어찌 많으랴	晝省翹英得豈多
이조의 일은 구속받지 말아야 하지만	吏役可應無局束
혼자서 전담하려는 욕심 벗어나야지	宦情能免有周羅
바람 탄 날랜 배 돌아옴을 잊지 말게	乘風利楫休忘返

1 조중초(趙仲初)가……시 : 조중초는 조복양(趙復陽, 1609~1671)으로, 본관은 풍양(豐壤), 자는 중초, 호는 송곡(松谷), 시호는 문간(文簡)이다. 조복양의 원시는 《송곡집(松谷集)》 권1 〈송별이학사일경정기……윤징군길보선거(送別李學士一卿廷夔……尹徵君吉甫宣擧)〉이다. 이일경(李一卿)은 이정기(李廷夔, 1612~1671)로, 본관은 한산(韓山), 자는 일경, 호는 귀천(歸川)이다. 이정기는 1653년(효종4) 봄에 부모 봉양을 위해 은산 현감을 제수받았다. 《滄溪集 卷17 故嘉善大夫吏曹參判李公行狀》

2 붉은 수레 : 지방관의 수레를 붉은 휘장으로 장식하였던 데서 나온 말로 지방으로 부임하는 것을 가리킨다.

서강의 해 질 녘 다시금 기다리네　更待西江日暮波

당시에 중초가 막 이조(吏曹)에 들어갔다.

우리의 우정 무슨 말이 필요할까　交誼何須着話言
인정세태는 도리어 춥고 따뜻함 있네　物情還復有涼暄
강가로 멀리 떠난 궁한 자취 부끄럽고　江波遠引慙窮轍
임금 은혜 새로 받아 떠돌이 신세 감읍하네　天雨新霑泣斷根
일찍이 선영 지키려 작은 집 지었고　曾護松楸營小築
해바라기 사랑하여 빈 동산에 심는다오　更憐葵藿種空園
마음 쓸쓸한데 세월은 저물어가니　心期寥落時將晚
가을바람에 시름 깊어라 맑은 이슬 흠뻑 내렸네　愁絶金風玉露繁

황산에서 길보의 시에 차운하다[3]

黃山 次吉甫韻

황강에 어젯밤 풍파 지나가니	黃江昨夜度風波
변함없는 청산 눈에 가득 들어오네	依舊靑山入眼多
별미 쟁반에 올리니 물고기 펄쩍 뛰고	異味登盤跳玉尺
신선 술 술잔에 가득하니 연꽃 향 진동하네	仙醪滿酌動香荷
푸른 솔의 예스러운 빛은 징군[4]의 얼굴이요	蒼松古色徵君面
훌륭한 시가 새롭게 부르니 처사의 노래 소리네	白雪新聲處士歌
서로 마주하고 아득히 너와 나를 잊으니	相對杳然遺物我
출처가 어떠한지 묻지 마세나	莫將行止問如何

3 황산(黃山)에서……차운하다 : 길보(吉甫)는 윤선거(尹宣擧, 1610~1669)로, 본관은 파평(坡平), 자는 길보, 호는 미촌(美村)·노서(魯西)·산천재(山泉齋), 시호는 문경(文敬)이다. 황산은 여기서는 황산서원을 가리킨다. 황산서원은 1626년에 사계 김장생(金長生)이 여산(礪山)에 세운 서원인데, 1665년에 죽림(竹林)이라는 편액을 하사받아 죽림서원으로 불렸다. 윤선거의 원시는 《노서유고(魯西遺稿)》 권1 〈황산서원……초연우음(黃山書院……悄然偶吟)〉이다.

4 징군(徵君) : 임금의 부름을 받은 덕행과 학문이 겸비된 훌륭한 선비를 가리키는 말로, 여기서는 임금의 부름이 있어도 나아가지 않은 윤선거를 가리킨다. 후한(後漢) 때의 황헌(黃憲)이 집이 아주 가난하였으나 본분을 지키고 계속되는 조정의 초빙에 응하지 않자, 당시 사람들이 그 풍모를 존숭하여 징군이라 부르며 존경한 데서 유래되었다. 《後漢書 卷53 黃憲列傳》

의령 현감 윤효직[5]이 노성에 이르러 시를 보내 길가에서 만나자고 하니 그 시에 차운하였다

宜春使君尹孝直到魯城送詩相邀路上 就次

저물녘 강가에서 그리워 회상하노라니　相思回首暮江濆
솔솔 부는 가을바람에 낙엽 분분히 지는구나　嫋嫋秋風落木紛
뜬세상 어느 때에 잠시 모일 수 있을까　浮世幾時能暫聚
짧은 인생 무슨 일로 괴롭게 오래 이별하나　短生何事苦長分
드넓은 동쪽 언덕에서 휘파람 불기 제격이고　東皐壙埌宜舒嘯
잡초 무성한 남쪽 이랑 일찍 김매야 하리　南畝榛荒合早耘
이런 생각 가지고 오늘 밤 대화하리니　此意要將今夕話
서둘러 가면서 자주 지는 해 두려워하네　催鞭頻怯日西曛

생선 삶듯이 치료함[6] 나라의 의사이니　治似烹鮮是國醫
완릉[7]의 그칠 줄 아는 삶 또한 바보같구나　宛陵知止亦全癡
청고함에 거친 백성 교화됨을 보았으니　淸高已見頑氓化

5 윤효직(尹孝直) : 윤순거(尹舜擧, 1596~1668)로, 본관은 파평(坡平), 자는 노직(魯直)·효직, 호는 동토(童土)이다. 윤순거는 1652년 의령 현감(宜寧縣監)을 제수받았다. 《承政院日記 孝宗 3年 9月 16日》

6 생선 삶듯이 치료함 : 무위(無爲)의 선치(善治)를 비유한 말이다. 나라 다스리는 것을 마치 작은 생선을 삶듯이 하여 번거롭게 해서는 안 된다는 의미이다. 《老子 河上公註》

7 완릉(宛陵) : 북송(北宋) 때의 시인 매요신(梅堯臣, 1002~1060)으로, 자는 성유(聖兪), 호는 완릉이다. 매요신은 하남 주부(河南主簿), 도관 원외랑(都官員外郞) 등 말직(末職)만 조금 지냈을 뿐, 일생을 몹시 빈궁하게 살았다.

참된 마음을 속된 관리가 비웃거나 말거나　　悃愊從他俗吏嗤
산음에 가까운 곳이라 거위로 글 바꾸고[8]　　地近山陰鵝換筆
강은 추포와 같아 달빛은 시의 재료가 되리[9]　　江如秋浦月供詩
옆 사람 한가히 쉬려는 뜻 이해하지 못하고　　旁人未解棲遲意
부질없이 도연명의 출처와 비교하여 의심한다오　　枉較淵明出處疑

8 산음(山陰)에……바꾸고 : 왕희지가 본래 거위를 매우 좋아했는데, 산음현(山陰縣)의 한 도사(道士)가 거위를 많이 기르고 있었으므로 왕희지가 한 번 가서 구경을 하고는 거위를 사려고 하였다. 도사가 《도덕경(道德經)》을 써주면 거위를 주겠다고 하자, 왕희지가 흔연히 써주고는 거위를 가지고 왔다는 고사에서 나온 말이다. 《太平御覽 卷238 晉中興書》

9 강은……되리 : 당나라의 시선(詩仙) 이백(李白)이 추포(秋浦)에서 달을 소재로 하여 〈추포가(秋浦歌)〉라는 시를 지었는데, 이백처럼 윤순거도 의령(宜寧)에 부임하면 강가에서 시를 지을 것이라는 말이다.

경인년(1650, 효종1) 가을에 내가 여러 친구들과 계룡산에 놀러갔는데 돌이켜보니 4년 전 일이다. 일경이 제현들이 수창한 시 한 축을 보여주니 여기에 있는 용 자 운을 차운하여 그 말미에 써서 돌려주다

庚寅秋 余與諸友遊鷄山 回思今四載矣 一卿示以諸賢酬唱一軸 就次龍字韻 書其末而歸之

천만 겹의 계룡산에 들어가니	曾入鷄山千萬重
푸른 시내 깊은 곳 붉은 봉우리 모여 있네	碧溪深處簇丹峯
돌계단에서 옷깃 헤치며 학 쫓기를 생각하고	披襟風磴思追鶴
연못에 돌 굴리며 용을 일으키려 했지	轉石雲潭欲起龍
지난 일 여러 해 흘러 꿈만 같은데	往事多年成夢境
친구가 오늘 저녁 동봉한 시 부쳐 왔네	故人今夕寄詩封
봉함 열자 완연히 여러 신선과 대화 하는 듯하니	開緘宛對群仙話
명승지에서 한 번 웃으며 만나는 것 못지않구나	不減名區一笑逢

조윤지가 종성으로 출보되었다는 소식[10]을 듣고 편지를 대신하여 받들어 보내다

聞趙胤之黜補鍾城 替簡奉贈

수주 가는 길 마천령 지나는데[11]	愁州去路度摩天
마천령 지나 천리나 더 가야 되네	天嶺前頭路更千
옥당과 예문관에 얼마나 있었던가	玉署金鑾曾幾日
남쪽 서쪽으로 유배다니며 해를 넘겼네[12]	南遷西徙已經年
외로운 충심 하늘이 알아주리라 스스로 믿고	孤忠自信皇穹照
세 번 쫓겨나 곧은 도 버려짐[13] 사람들 애석해하네	三黜人憐直道捐

10 조윤지(趙胤之)가……소식 : 조윤지는 조석윤(趙錫胤, 1606~1655)으로, 본관은 배천(白川), 자는 윤지, 호는 낙정재(樂靜齋), 시호는 문효(文孝)이다. 《효종실록》 4년 9월 5일 기사에 조석윤을 종성 부사(鍾城府使)로 삼았다는 기록이 있다.

11 수주(愁州)……지나는데 : 함경북도와 함경남도의 경계에 있는 고개 이름이다. 수주는 종성의 옛 이름으로, 한양에서 수주를 갈 때 마천령을 지나가게 된다.

12 남쪽……넘겼네 : 조석윤은 1651년에 호가(扈駕)를 제대로 하지 못한 경기 감사 유철(兪撤)에 대한 논죄를 가벼이 한 죄로 파직되어 전라도 부안(扶安)으로 유배되었다가 석방되었다. 1652년에는 정세규(鄭世規)를 논척한 일로 다시 강계(江界)로 유배되었고, 강원도 간성(杆城)으로 이배(移配)되었다가 그해 12월에 석방되어 서울 금천(衿川)으로 돌아왔다. 《孝宗實錄 2年 10月 29日, 3年 10月 6日, 3年 11月 2日, 3年 12月 2日》

13 세……버려짐 : 유하혜(柳下惠)가 옥사(獄事)를 판결하는 사사(士師)가 되었다가 세 번 쫓겨나자 어떤 이가 이 나라를 떠날 만하지 않느냐고 묻자 "도를 바로 세워 사람을 섬기게 되면 어디로 간들 세 번 쫓겨나지 않겠으며, 도를 굽혀 사람을 섬기기로 하면 어찌 굳이 고국(故國)을 떠날 필요가 있겠는가?"라고 한 말에서 인용하였다. 《論

요충지 지키기 위해서라고 조정에서 해명하지만　解說朝廷重鎖鑰
어찌하여 현철한 이를 변경에 버려두는가　奈如賢哲委窮邊

오랑캐 땅과 인접한 멀고 먼 수주　愁州迢遞接狼煙
그대의 집은 두 대에 걸쳐 수령 되었네[14]　五馬君家兩世緣
많은 이들 청조에 간쟁하는 이 적음 애석해하지만　衆惜淸朝疏諫諍
하늘이 황폐한 고을에 현가 소리 울리게 하네[15]　天教荒邑遍歌絃
뜻밖의 재앙에도 그저 편안해야 하고　禍災只合安無妄
먼 길 감에 어찌 혼자 수고한다 탄식하겠나　行役何須歎獨賢
변방 백성들이 지난해 했던 말 기억나니　記得邊氓前歲語
범공의 융막에서 충선(忠宣)을 알아본 것과 같구나[16]　范公戎幕識忠宣

윤지가 예전에 이조 좌랑으로서 수주(愁州)로 돌아가 부친을 뵈었는데, 변방 사람들이 지금까지도 봉황을 본 것 같다고 칭찬하였다.

수주의 강물 온성 앞에서 돌아 흐르나니　愁州水轉穩城前
지난해 온성 강가로 귀양 갔었지　前歲羈囚穩水邊

語 微子》

14 그대의……되었네 : 조석윤의 부친인 조정호(趙廷虎)가 1631년에 종성 부사(鍾城府使)로 부임하였었는데, 지금 또 조석윤이 종성 부사가 되었기에 한 말이다. 《승정원일기》 인조 9년 6월 2일 기사에 조정호를 종성 부사로 삼았다는 기록이 있다.

15 하늘이……하네 : 하늘이 수주를 예악으로 다스리게 했다는 말이다. 《논어》 〈양화(陽貨)〉에 "공자가 무성에 가서 거문고와 노래 소리를 들었다.〔子之武城, 聞弦歌之聲.〕"라고 한 데서 온 말이다.

16 범공(范公)의……같구나 : 범공은 송(宋)나라 범중엄(范仲淹)을 가리키고, 충선(忠宣)은 범중엄의 아들 범순인(范純仁)의 시호이다.

북해가 겨우 보여야 중간쯤 간 것이고　北海纔看半道盡
남쪽의 구름 하늘에 이어져 분간할 수 없네　南雲未辨一天連
수령 부임이 유배와 다르다고 말할 수 없으니[17]　分符莫說殊捐佩
관청이 어찌 초야보다 낫다고 하겠는가　官舍何嘗勝野田
늘그막에 관새로 가는 이별도 직접 못하니　白首坐違關塞別
가을바람 부는 강가에서 홀로 눈물 흘리네　秋風江上獨潸然

17 수령……없으니 : 조석윤이 비록 지방의 수령으로 임명되어 가는 것이지만 실상은 변경 지역으로 유배되어 가는 것이나 같다는 말이다.

승지 박중구 장원 가 삼수로 귀양 갔다는 소식[18]을 듣고 편지를 대신하여 받들어 보내다

聞朴承宣仲久 長遠 謫三水 替簡奉贈

그대 북으로 갔다는 소식 듣고 눈물이 줄줄	聞君北去淚堪傾
충신한 사람이 어찌 또 이 귀양길 올랐는가	忠信如何又此行
나라에 허락한 외로운 신하 죽을 각오했지만	許國孤臣能分死
마을 문에 기댄 어머니는 어찌 마음 견디나	倚閭慈母若爲情
흠렴[19]을 말하려면 마음이 여전히 두렵고	欽廉說着心猶怕
관새를 생각하면 꿈에서도 놀란다오	關塞思來夢亦驚
믿는 것은 성조에서 효로 다스림을 중시하니	所恃聖朝敦孝理
까마귀를 차마 홀로 날며 울게 하리오	哺烏忍使獨飛鳴

중구가 일찍이 월과(月課)로 〈반포오(反哺烏)〉 시를 지어 선대 조정에서 포상을 받았다.[20]

18 승지……소식 : 박중구(朴仲久)는 박장원(朴長遠, 1612~1671)으로, 본관은 고령(高靈), 자는 중구, 호는 구당(久堂)·습천(隰川), 시호는 문효(文孝)이다. 《효종실록》 4년 9월 5일 기사에 박장원을 삼수(三水)에 귀양 보내라는 기록이 있다.

19 흠렴(欽廉) : 흠주(欽州)와 염주(廉州)로, 여기서는 유배지를 뜻한다.

20 중구가……받았다 : 1640년에 인조(仁祖)가 박장원이 월과(月課)로 지은 〈반포오(反哺烏)〉 시를 보고는 "이 시를 보니 말 속에 정이 나타나 있다. 한 가문의 충효가 사람으로 하여금 감탄하게 한다. 부모를 봉양하지 못하는 슬픔을 고인은 가슴 아파하였다. 해조로 하여금 쌀과 베를 넉넉히 보내게 하라."라고 하였다. 《仁祖實錄 18年 10月 28日》

대사헌 홍대이가 연경으로 가는 것을 전송하다[21]

送洪都憲大而赴燕

조정의 사신 선발 유능한 신하를 중시하니	淸朝遴介重才臣
하나의 상소 역린을 건드려서가 아니네[22]	一疏非關是批鱗
고초 겪은 십 년 동안 교우 적었고	霜雪十年交友少
풍진 가득한 사해에 이별 잦구나	風塵四海別離頻
수주의 태수는 음산 너머에 있고	愁州太守陰山外
차가운 골짜기의 유배객은 흑수 가에 있네	寒谷流人黑水濱
사신들 연경 가는 길 편안하기를 바라니	應羡燕雲金節穩
돌아올 때면 서울은 한창 봄이겠지	歸期好趁洛城春

대이가 나라 일을 말한 것으로 인하여 특명을 받아 사행(使行)에 충원되었다.[23] 이때에 윤지(胤之)는 수주(愁州)에 부임하였고 중구(仲久)는 삼수(三水)에 유배되었다.

21 대사헌……전송하다 : 대이(大而)는 홍명하(洪命夏, 1607~1667)로, 본관은 남양(南陽), 자는 대이, 호는 기천(沂川), 시호는 문간(文簡)이다. 도헌(都憲)은 대사헌(大司憲)의 이칭이다. 《효종실록》 4년 11월 3일 기사에 정조사(正朝使) 심지원(沈之源), 부사 홍명하, 서장관 김수항(金壽恒)이 북경으로 사신 가기 위해 임금에게 하직 인사를 하였다는 기록이 있다.

22 하나의……아니네 : 당시에 사은사(謝恩使)가 북경에 갔을 때 역관들이 삼화(蔘貨) 같은 금지 물품을 사사로이 교역하였다는 풍문이 있었는데, 홍명하가 유사(攸司)를 시켜 적발하여 죄주기를 청하여 처음으로 이 문제를 공론화시켰다. 그러나 효종은 이것이 사실과 다르다고 생각하여 탐탁지 않게 여겼다. 《孝宗實錄 4年 7月 27日, 28日》

23 대이가……충원되었다 : 이때에 사은 부사(謝恩副使) 윤강(尹絳) 대신에 전 대사간 홍명하를 특명을 내려 사은 부사로 삼았다. 《孝宗實錄 4年 閏7月 3日》

천조 김중문이 바닷가에서 보내 온 시에 차운하다[24]

次金天曹仲文海上見寄韻

세밑에 그리워하니 갑절이나 더 아득한데	歲暮相望倍渺然
이별한 뒤로 강가의 달 몇 번이나 둥글었나	別來江月幾回圓
쇠하여 붉은 빛 없는 얼굴 완전히 야위었고	衰丹謝面形全槁
술로 창자 채우니 속이 편하지 않구나	大白澆腸腹未便
서리 맞은 풀 감히 만년의 절조를 슬퍼할까	霜草敢悲當晩節
바람에 지는 꽃 전에 맺은 인연 믿지 못하네	風花不信有前緣
관하 곳곳 서려있는 외로운 생각	關河處處懸孤念
눈 내린 뒤 가장 금하기 어렵구나	最是難禁雪後天

한밤중 홀로 앉아 삼성과 신성 바라보니[25]	中宵獨坐望參辰
많은 관심사가 코끝 찡하게 하네	多少關心鼻欲辛
지금의 일 제현에게 역경이 많았지만	卽事諸賢多逆境
옛날부터 우리의 도 통달한 사람 몇인가	古來吾道幾通人

24 천조(天曹)……차운하다 : 김중문(金仲文)은 김익희(金益熙, 1610~1656)로, 본관은 광산(光山), 자는 중문, 호는 창주(滄州), 시호는 문정(文貞)이다. 천조는 이조(吏曹)의 별칭으로, 1653년 이조 참의(吏曹參議)에 임명되었다. 《孝宗實錄 4年 7月 13日》 김익희의 원시는 《창주유고(滄洲遺稿)》 권5의 〈술회기유학사무중(述懷 寄兪學士武仲)〉과 〈유감근사우기일수(有感近事 又寄一首)〉이다.

25 삼성(參星)과 신성(辰星) 바라보니 : 삼성과 신성은 별 하나가 나오면 다른 별이 져서 한꺼번에 볼 수 없으므로, 서로 마주 볼 수 없는 두 별처럼 두 사람이 만나지 못함을 비유한다.

물이 말라 서로 적셔줌이 불쌍하니[26]	且從涸水憐濡沫
감히 좋은 시절에 버려짐을 원망하겠는가	敢向淸時怨滯淪
이번 길에 그대에게 뜻 펼치기를 기대하니	此路付君期展拓
시운이 오랫동안 막히지 않게 하시게	莫敎天步久艱屯

26 물이……불쌍하니 : 곤경에 처한 사람끼리 서로 돕는 것을 의미한다. 《장자(莊子)》 〈대종사(大宗師)〉에 "물이 바짝 말라 물고기들이 땅에 있게 되면 서로 입김을 불어 축축하게 해 주고 거품으로 몸을 적셔 주지만, 강과 호수에서 서로 잊고 사느니만 못하다."라고 하였다.

수성[27]에 이르러 함경[28]이 여망[29]의 집에 와서 모인다는 소식을 듣고 술을 가지고 갔는데 이날 밤 큰 눈이 내렸다

到隋城 聞咸卿將來會汝望家 佩酒往赴 是夜大雪

방 안이 조금 밝아올 때 숙취 깨어	房戶微明宿醉醒
일어나 보니 뜰 가운데 가득 눈보라 치네	起看風雪滿中庭
진경 찾아 목란 노 저어 돌아오지 않는데	尋眞定不廻蘭槳
손님 기다리며 되레 초정을 청소하겠지	候客猶應掃草亭
서울 소식 천 리의 아득한 꿈이고	京國音塵千里夢
관하에서 십 년을 떠돌았다오	關河蹤迹十年萍
오늘 저녁 맑은 즐거움 이루기 위해	淸歡準擬拚今夕
작은 술병 차고 시내 다리 지나며 시 읊네	吟過溪橋佩小甁

27 수성(隋城) : 지금의 경기도 수원(水原) 지역을 말한다.

28 함경(咸卿) : 이일상(李一相, 1612~1666)으로, 본관은 연안(延安), 자는 함경, 호는 청호(靑湖), 시호는 문숙(文肅)이다.

29 여망(汝望) : 윤문거(尹文擧, 1606~1672)로, 본관은 파평(坡平), 자는 여망, 호는 석호(石湖), 시호는 충경(忠敬)이다.

이상로[30]와 함께 북두문[31]을 구경하고 무량사에서 숙박하며 각성 장로[32]를 방문하다

與李祥老觀北斗門 同宿無量寺 訪覺性長老

높이 솟은 두 벼랑 북두문을 감싸고	矗矗雙厓擁斗門
골짝 하늘 남과 북으로 여기에서 나뉘네	洞天南北此橫分
사람 돌아가는 굽은 돌 비탈엔 눈만 겨우 통과하고	人歸回磴纔通雪
용이 잠긴 차가운 연못에는 구름 일어나지 않네	龍蟄寒潭不起雲
오랫동안 전원생활 했지만[33] 떠돌이 생활 부끄럽고	問舍長年慙梗泛
훗날 이웃에 살면서 난초 향기 사랑하리[34]	卜隣他日愛蘭薰
손 맞잡고 다시 절에 가서 숙박하며	相携更向招提宿
고승의 불경 소리 조용히 듣네	靜聽高僧貝葉文

30 이상로(李祥老) : 이준성(李畯成)으로, 본관은 한산(韓山), 자는 상로이다.

31 북두문(北斗門) : 지금의 경기도 죽산(竹山)에 있다.

32 각성 장로(覺性長老) : 1575~1660. 속성은 김(金), 자는 징원(澄圓), 호는 벽암(碧巖)이다. 보은 출신으로 임진왜란과 병자호란 때 승군(僧軍)을 이끌었으며, 사고(史庫)를 보호하였다.

33 전원생활 했지만 : 문사(問舍)는 구전문사(求田問舍)로, 시골에서 논밭과 집을 마련하여 전원생활을 하는 것을 말한다.

34 난초 향기 사랑하리 : 이상로에게 동화되고 싶은 바람을 나타낸 말이다. 《공자가어(孔子家語)》에 "선(善)한 사람과 함께 지내면 마치 지란(芝蘭)의 방에 들어간 것과 같아 그 향기는 못 맡더라도 오래 지나면 동화된다."라고 하였다.

학사 이일경의 바닷가 유배지에 부치다
寄李學士一卿海上謫居

누런 구름 아득하고 바다 하늘 서늘한데　黃雲漠漠海天寒
변방의 객을 그리워하며 한 해가 저무네　戍客相思歲正闌
옥당과 금란에서 일찍이 두터운 총애 받았고　玉署金鑾曾寵渥
귀신형과 성단형[35] 또한 관대한 은총이리라　鬼薪城旦亦恩寬
슬픔과 기쁨을 마음속에 두지 말고　悲歡遮莫心頭着
영화와 쇠퇴를 도외시해야 할 것이네　榮瘁要從膜外看
요사이 경연에 박아한 인물 필요하다 하니　經幄近聞須博雅
붕새가 조서 받아 조정으로 돌아가리라　溟鵬會逐鳳綸搏

35 귀신형(鬼薪刑)과 성단형(城旦刑) : 귀신형은 궁중이나 관부의 잡역 등을 시키는 형벌로, 당초에 종묘의 땔나무를 공급하게 한 데서 생긴 이름이다. 성단형은 성을 쌓는 노역에 동원되는 형벌이다.

생질 윤송[36]이 남쪽에서 옴을 기뻐하여 밤에 술 마시며 운자를 부르다

喜尹甥松至自南中 夜飲呼韻

늙어갈수록 빠른 세월에 놀라고	老去偏驚歲月催
타향에서 반가운 눈길 누구를 향해 바라보나	客鄕靑眼對誰開
봄은 달리는 말처럼 시름 속에 가는데	春如走馬愁邊去
사람은 기러기처럼 바닷가에서 오는구나	人似歸鴻海上來
이별의 정 위로하며 종일토록 기다리니	却慰離情終日待
나그네 깃발 가엾구나 해를 넘겨 돌아오네	仍憐征旆隔年廻
상봉함에 갈 길 멀다고 말하지 말라	相逢莫說前途遠
오늘 밤 다하도록 한잔 술 하리라	且盡今宵酒一杯

36 윤송(尹松) : 1628~? 유계의 셋째 생질로, 본관은 남원(南原), 자는 후자(後者)·후로(後老)이다. 유계의 누님은 윤형지(尹衡志)와 혼인하여 슬하에 윤매(尹梅), 윤백(尹栢), 윤송을 두었다. 《恬軒集 卷31 承文博士尹公墓碑銘》

길보의 화수회 시에 차운하다[37]

次吉甫花樹會韻

많고 많은 훌륭한 인재 높은 가문에 가득하니	叢叢蘭玉滿高門
위씨 집안의 옛 화수 모임 남아 있네	花樹韋家舊事存
덕에 감동한 별빛이 하늘에서 움직이고	感德星光天上動
봄을 맞아 좌중에 화창한 기운 따뜻하구나	挾春和氣座間暄
이날 손님 자리에 오름이 부끄럽고	叨慙此日登賓席
지난 가을 상준[38]에 취했던 일 다시 기억하네	重憶前秋醉象樽
해마다 해후하여 성대한 모임에 참여하니	邂逅年年參盛會
사귀는 정과 친족의 정이 어찌 다르다 하리요	交情親誼豈殊論

37 길보(吉甫)의……차운하다 : 길보는 윤선거(尹宣擧, 1610~1669)로, 본관은 파평(坡平), 자는 길보, 호는 미촌(美村)·노서(魯西)·산천재(山泉齋), 시호는 문경(文敬)이다. 화수회(花樹會)는 친족 간의 모임을 말한다. 당나라 위씨(韋氏) 집안의 가족들이 화수회를 결성하고 화수 아래에서 친족을 모아 놓고 술을 마신 고사에서 유래하였다. 윤선거의 원 시는 《노서유고(魯西遺稿)》 권1의 〈갑오이월십오일 종회병사 시남우적지 시이사지(甲午二月十五日 宗會丙舍 市南又適至 詩以謝之)〉이다.

38 상준(象樽) : 코끼리나 봉황(鳳凰)의 모양으로 꾸며 만든 술그릇이다. 일설에는 상아(象牙)로 꾸며 만든 술그릇이라고 한다.

윤경선[39]이 보내준 시에 차운하다

次尹景先見贈韻

모든 일 생각해보면 열에 아홉은 헛되니	萬事思來十九虛
계책 경영함이 우스워라 처음과 끝 다르구나	營謀堪笑異終初
가을 서리 같은 귀밑털 제거하기 어렵고	秋霜欺鬢消難去
봄 풀 같은 시름 베어도 사라지지 않네	春草縈愁翦不除
지금의 신세 지나가는 나그네인데	身世只今猶過客
예전 그대로의 풍광 나를 끌어당기네	風光依舊更撩余
맑은 시 반복해 읊고 화답하니	淸詩三復仍成和
잠에서 깨어 소나무 창에서 홀로 쓴다오	睡起松窓獨自書

39 윤경선(尹景先) : 윤형각(尹衡覺, 1601~1664)으로, 본관은 남원(南原), 자는 경선이다. 유계의 매형인 윤형성(尹衡聖)의 형이다.

참봉 이준성 부자에 대한 만사

挽李參奉畯成父子

소슬한 빈 산 바람에 낙엽 지는데	蕭瑟空山落木風
쌍벽을 초야에 묻음을 차마 견딜 수 있는가	忍堪雙璧瘞蒿蓬
상서의 남은 은택 어찌 끊어질까마는[40]	尙書遺澤何曾斬
재자의 아름다운 명성 갑자기 모두 끝났구나	才子傳芳奄倂終
천도의 경사와 재앙 모두 캄캄하고	天道慶殃都昧昧
인생의 삶과 죽음 매우 빠르게 지나가네	人生存沒劇悤悤
흡족히 알지도 못하고 영결을 하는데	新知未洽成長別
병들어 제수를 올리지 못해 갑절로 슬프구나	病負綿醪倍愴中

40 상서(尙書)의……끊어질까마는 : 상서는 이조 판서 이산보(李山甫, 1539~1594)를 가리킨다. 이산보의 아들은 이경탁(李慶倬, 1572~?)이고, 이경탁의 아들은 이준성(李畯成)으로, 이경탁·이준성 부자가 이산보의 가르침과 덕을 이어받았다는 말이다.

편지를 대신하여 용담 현령으로 부임하는 윤여임에게 주다[41]

遞簡贈尹汝任龍潭之行

주줄산[42] 앞 수옥루에는	珠崒山前嗽玉樓
만 겹의 푸른 절벽이 차가운 시내를 보호하네	萬重蒼壁護寒流
갈홍은 스스로 신선의 분수 있었고[43]	葛洪自有神仙分
중숙은 구복의 계책 관심 두지 않았네[44]	仲叔非關口腹謀
병이 들어 남강에서 전별하지도 못하였고	一病南江違奉餞
십 년 전 동협에서 함께 놀던 일 추억하네	十年東峽憶同遊
깊은 가을에 지팡이 짚고 떠나려 하니	深秋準擬携笻去
풍경은 도리어 나를 기다리겠지	物色還能待我留

41 용담……주다 : 윤여임(尹汝任)은 윤상거(尹商擧, 1603~1668)로, 본관은 파평(坡平), 자는 여임이다. 1655년 용담 현령(龍潭縣令)에 임명되었다. 《承政院日記 孝宗 6年 1月 3日》

42 주줄산(珠崒山) : 대본에는 '珠窣山'으로 되어 있는데, 《신증동국여지승람(新增東國輿地勝覽)》 권39 〈전라도 용담현(龍潭縣)〉에 의거하여 '窣'을 '崒'로 바로잡아 번역하였다.

43 갈홍(葛洪)은……있었고 : 갈홍은 진대(晉代)의 선인(仙人)으로, 일찍이 구루 영(句漏令)을 지내다가 그만두고 나부산(羅浮山)에 들어가 도술을 성취했다.

44 중숙(仲叔)은……않았네 : 중숙은 한(漢)의 고사(高士) 민공(閔貢)이다. 안읍현(安邑縣)에 있을 때 늙고 병든 데다 집이 가난하여 고기를 사먹을 수 없었는데, 안읍 영(安邑令)이 그 사실을 듣고 하리(下吏)를 시켜 항상 돼지 간을 공급하게 하였다. 민공이 이상하게 여겨 아들에게 물으니 아들이 사실대로 고하자, 안읍 영에게 폐를 끼칠 수 없다 하고는 마침내 다른 곳으로 떠나버렸다. 《後漢書 卷83 周黃徐姜申屠列傳》

가을의 감회

感秋

조용히 살며 근심스레 가는 세월 보내니	端居悄悄送徂年
쌀쌀한 구월 하늘을 어찌하나	憀慄其如九月天
바람 부는 원림에 매미는 울지 않고	風擺園林蟬寂寞
구름 짙은 관새에는 기러기 줄지어 나네	雲重關塞雁聯翩
시름 속에 뜰 앞 국화를 반갑게 바라보고	愁中青眼庭前菊
병든 뒤 책상 위 서책에는 마음 식었네	病後灰心案上編
경물을 살핌에 계절의 변화 서글퍼라	觀物不堪時物改
머리 가득 백발로 난간 가에 기대 있구나	滿頭霜雪倚欄邊

편지를 대신하여 연경으로 가는 이함경을 전송하다[45]

遞簡送李咸卿赴燕

세상일 끝없고 갈 길은 멀구려	世故無涯道路長
사는 동안 바쁜 몸 누군들 면하리요	有生誰免此身忙
흙먼지 날리는 학야[46]는 푸른 바다 아득하고	風塵鶴野迷滄海
서리와 눈 내린 연경의 관문 큰 황무지에 접하네	霜雪燕關接大荒
고난과 위험 있다고 바쁜 일 감히 사양할까	敢向艱危辭鞅掌
단지 충신을 가지고 행장 꾸린다오	只憑忠信作行裝
백이 숙제의 옛 사당 지금도 남아 있으니	夷齊古廟今猶在
가는 말 멈추고 한 잔 술 올리시게[47]	爲駐征驂奠一觴
우리들 늙어감에 슬픈 감정 생기기 쉬운데	吾人垂老易生悲
하물며 관하로 멀리 이별할 때이랴	況此關河遠別時

45 편지를……전송하다 : 이함경(李咸卿)은 이일상(李一相, 1612~1666)으로, 본관은 연안(延安), 자는 함경, 호는 청호(青湖), 시호는 문숙(文肅)이다. 1654년 부사(副使) 이일상은 진하사(進賀使) 인평대군(麟坪大君) 이요(李㴭)·서장관(書狀官) 심세정(沈世鼎)과 함께 청나라로 갔다.《孝宗實錄 5年 10月 29日》

46 학야(鶴野) : 요동(遼東)을 가리킨다. 한(漢)나라 때 요동 사람 정령위(丁令威)가 일찍이 영허산(靈虛山)에 들어가 신선술을 배우고서 뒤에 학(鶴)으로 변하여 고향 땅을 찾아온 고사에서 유래하였다.

47 백이(伯夷)……올리시게 : 백이와 숙제(叔齊)의 위패를 모신 이제묘(夷齊廟)가 요동의 난하(灤河)에 있었기 때문에 사신들이 사행길에 이곳을 지나가므로 이렇게 말한 것이다

조도[48]에서 만나 이야기도 못하고	祖道未成拚袂話
우체통으로 송별시만 보내도다	郵筒獨送贈行詩
주남과 한북으로 떨어져도 한스러운데[49]	周南漢北猶離恨
초수와 연산을 꿈속에서 그리워하니 어이할까	楚水燕山奈夢思
창밖의 차가운 매화 이른 봄에 피거든	窓外寒梅春早動
그대 돌아오기를 기다려 꽃가지 부쳐야지	遲君東渡寄芳枝

그대의 기색 절로 초연함을 아니	知君意色自超然
슬퍼하는 모습을 어찌 본 적이 있겠나	惘惘何嘗見可憐
모든 일 가슴 속엔 불타는 충심뿐이고	萬事胸中徒赤膽
일평생 머리 위엔 푸른 하늘 있다오	百年頭上有蒼天
서로 만나면 시름 잊게 술 조금 마시고	逢場細酌忘憂酒
마주하여 감흥시 길게 읊으리라	對境長吟感興篇
대궐로 부절 갖고 돌아오는 날에	會待玉墀還節後
급히 행록을 가지고 강변에서 소식 전해주게	急將行錄報江邊

48 조도(祖道) : 여행을 떠나는 사람을 위하여 길의 신에게 제사를 지낸 다음 잔치를 베풀어 송별하는 일이다.

49 주남과……한스러운데 : 같은 나라에 있어도 남북으로 떨어져 있으면 오히려 한스럽다는 뜻이다.

섣달 2일에 큰 눈이 내리다

臘月二日大雪

이 해에 작은 눈이 매우 자주 내렸고 큰 눈이 내린 것은 세 번이었다. 이날 바람이 매우 세게 불었다.

남쪽에서 한 자 깊이의 눈도 보지 못했는데	南鄉尺雪未曾看
석 자나 내리는 눈 두 달 동안 세 번 만났네	三尺三遭兩月間
수은 녹여 부어 평평한 바다 만들고	鎔瀉汞銀平作海
송백을 뒤덮어 산이 다 묻혔구나	壓殘松柏盡埋山
사나운 바람이 골짝 흔드는 소리 대단하고	獰飆撼壑聲交殷
찬 안개 허공에 자욱하여 짙기도 해라	凍靄迷空色正頑
홀로 썰렁한 집 닫고서 건강에 유의하는데	獨掩寒齋加意護
화분의 매화꽃은 옛 모습이구나	小盆梅萼舊心顏

이튿날 또 큰 눈이 내리고 몹시 추웠다
翌日 又大雪寒甚

석 자의 눈에 석 자가 더 쌓이니	三尺添來三尺深
좋은 상서가 지나친 음기로 변함에 놀란다오	還驚嘉瑞變愆陰
산하의 모습 온통 얼음 빛이고	山河體面渾氷色
천지의 원화 또한 얼음장일세	天地元和亦凍心
동산 대숲의 옥 깨지는 소리 시름겹게 듣고	愁聽園篁摧亂玉
뜰 나무에서 떨어진 새를 딱하게 바라보네	憫看庭樹墜寒禽
〈양춘곡〉[50] 연주하려 해도 곡조 이루기 어려워	陽春欲奏難成調
병든 몸은 열흘 동안 찢어진 이불만 안고 있네	一病經旬擁破衾

50 양춘곡(陽春曲) : 전국 시대 초(楚)나라의 가곡 이름으로, 곡조가 매우 고상하여 예부터 창화(唱和)하는 사람이 아주 드물었다고 한다. 일반적으로 아주 고상한 시가를 비유한다.

윤여망[51]이 풍병으로 말을 하지 못했기 때문에 달려가 방문하여 남겨 주다

尹汝望以風病不能語 馳往訪之 留贈

한 번 이별하고 해 넘기니 시름이 만 겹인데	一別經年萬疊心
서로 만나 밤새도록 조용할 뿐이네	相逢竟夕只愔愔
저공은 일찌감치 번잡하게 말하지 않을 줄 알았고	褚公早識無煩語
중조는 덕이 부족한 말을 어찌 용납했으랴[52]	仲祖那容欠德音
인간 세상의 시비는 침묵할 수 있어도	人世是非從可默
강산풍월 속에서 어찌 읊조림을 그치겠는가	江山風月奈休吟
가련해라 동병상련의 임호 사는 객이여	堪憐同病林湖客
두 귀에 이명 심하고 눈에는 백태 꼈구나	雙耳雷鳴眼瞖侵

51 윤여망(尹汝望) : 윤문거(尹文擧, 1606~1672)로, 본관은 파평(坡平), 자는 여망, 호는 석호(石湖), 시호는 충경(忠敬)이다.

52 저공(褚公)은……용납했으랴 : 저공은 진(晉)나라의 저부(褚裒)로, 자는 계야(季野)이다. 중조(仲祖)는 진(晉)나라의 왕몽(王濛, 309~347)으로, 자는 중조이다. 《진서(晉書)》 권63 〈저부열전(褚裒列傳)〉에 "사안(謝安)이 말하기를 '저부는 비록 말하지 않더라도 사시(四時)의 기후를 모두 갖추었다.' 하였다."라고 하였다. 《진서》 권93 〈왕몽열전(王濛列傳)〉에 "사안이 또한 항상 왕몽을 칭찬하면서 '왕몽은 말이 매우 적지만 영음(令音)이라고 할 만하다.'하였다."라고 하였다. 여기서는 두 사람을 윤문거에게 비유하여 윤문거가 저부처럼 번잡한 말을 하지 않았으며, 왕몽처럼 덕음이 있었음을 의미한다.

윤효직의 막내아들 지에 대한 만사[53]

尹孝直少子搘挽

아름다운 옥수[54]는 그 가정에 걸맞는 인재라	英英玉樹稱階庭
소나무 아래 불어오는 바람 절로 시원하였지	松下來風自在淸
장작은 일찌감치 찬란한 문장 발휘하였고[55]	張鷟早能生彩翰
양오는 이미 현경 편찬에 참여하였네[56]	楊烏近已與玄經
난새 타고 갑자기 신선의 무리 쫓으니[57]	鸞驂遽逐神仙侶

53 윤효직(尹孝直)의……만사 : 윤효직은 윤순거(尹舜擧, 1596~1668)로, 본관은 파평(坡平), 자는 노직(魯直)·효직, 호는 동토(童土)이다. 윤순거는 이춘원(李春元)의 딸 함평 이씨(咸平李氏)와의 사이에서 윤절(尹晢), 윤진(尹搢), 윤지(尹搘) 3남을 두었는데, 윤지는 겨우 관례를 치르고 요절하였다. 《童土集 附錄 司憲府掌令童土先生尹公行狀》

54 아름다운 옥수 : 남의 집안의 훌륭한 자제를 의미한다. 진(晉)나라 사안(謝安)이 여러 자제들에게 어떤 자제가 되고 싶냐고 묻자, 그의 조카인 사현(謝玄)이 대답하기를 "비유하자면 지란(芝蘭)과 옥수(玉樹)가 뜰 안에 자라게 하고 싶은 것과 같습니다."라고 하였다. 《世說新語 言語》

55 장작은……발휘하였고 : 장작(張鷟, 660~740)은 당(唐)나라 육택(陸澤) 사람으로, 자는 문성(文成), 호는 부휴자(浮休子)이다. 그는 문장의 재주가 뛰어나 여덟 번의 과거에 모두 갑과(甲科)로 합격하여 청전학사(靑錢學士)로 불리며 문명을 떨쳤다. 《新唐書 卷161 張薦列傳》

56 양오(揚烏)는……참여하였네 : 양오는 한(漢)나라 양웅(揚雄)의 아들로, 무척 총명하여 일곱 살에 양웅이 논한 《태현경(太玄經)》의 〈현문(玄文)〉 편찬에 참여하였는데, 불행히도 아홉 살에 요절하였다. 《華陽國誌 先賢揚雄傳》 대본에는 '楊烏'로 되어 있는데, 《양자법언(揚子法言)》에 의거하여 '楊'을 '揚'으로 바로잡아 번역하였다.

57 난새……쫓으니 : 아들 윤지의 죽음을 의미한다. 난참(鸞驂)은 난새가 끄는 수레

인간 세상에 부자의 정 남다른 법	人世偏鍾父子情
동야의 눈물 지하에 닿건만[58]	東野淚流堪徹地
하늘은 말없이 그저 푸르구나	老天無語但蒼靑

로 신선들이 타는 것이다.

58 동야(東野)의……닿건만 : 동야는 당(唐)나라 시인 맹교(孟郊, 751~814)로 자는 동야인데, 여기서는 윤순거를 가리킨다. 한유(韓愈)가 아들을 잃은 맹교를 위해 지은 〈맹동야실자(孟東野失子)〉에 "위로 하늘에 소리쳐도 들리지 않고, 땅에 떨어진 눈물이 샘까지 흐르네.〔上呼無時聞, 滴地淚到泉.〕"라는 구절이 있다. 《五百家注昌黎文集 卷4》

이태지[59]가 방문하였는데 이별할 때에 받들어 보내다
李泰之見訪 臨別奉贈

짙게 깔린 멈춘 구름 시름겹게 바라보았는데	靄靄停雲入望愁
높은 수레 숲 언덕 찾아옴에 홀연 놀라네	忽驚高駕稅林丘
손님 맞아 아름다운 나무의 향이 막 진동하고	迎賓佳樹香初動
벗 부르는 그윽한 새 울음소리 그치지 않네	喚友幽禽語不休
산중에서 나란히 걷던 일 부질없이 생각나고	謾憶山中聯謝屐
강가에서 신선 배 함께 타기 어렵구나[60]	難成河上竝仙舟
황강의 경물도 봄에 울적하니	黃江物色春無賴
다시 제현들 기다려 좋은 유람 할까나	更待諸賢辦勝遊

59 이태지(李泰之) : 이유태(李惟泰, 1607~1684)로, 본관은 경주(慶州), 자는 태지, 호는 초려(草廬), 시호는 문헌(文憲)이다.

60 강가에서……어렵구나 : 이곽선주(李郭仙舟)의 고사에 빗대어 이유태와 함께 가지 못하는 아쉬움을 표현하고 있다. 동한(東漢)의 명사(名士)인 이응(李膺)이 낙양(洛陽)에서 고향으로 떠나는 곽태(郭泰)를 전송하면서 둘이 함께 배를 타고 강을 건너갔는데, 사람들이 이를 바라보고 신선 같다고 찬탄하며 부러워했다는 고사가 전한다. 《後漢書 卷68 郭泰列傳》

청라동[61]에서 비 때문에 갇혔는데 이날 봄이 다 지나감에 감회가 일다

滯雨靑蘿洞 是日春盡有感

거친 바람 세차게 불고 비가 지리하게 내리니	狂風顚劇雨成霖
봄의 흔적 다 씻어내어 찾을 곳 없네	洗盡春痕沒處尋
짙은 녹음 겹쳐 산은 더욱 외지고	濃綠合來山更僻
붉은 꽃 떠내려가는 물의 수심 깊구나	落紅漂去水仍深
세월은 사람의 일 재촉하려는 듯	年華似欲催人事
시절의 경물 이유 없이 나그네 마음 괴롭히네	時物無端惱客心
그윽한 새 응당 이별의 한을 아는지	幽鳥也應知別恨
숲 너머에서 종일토록 맑은소리 보내오네	隔林終日送淸音

61 청라동(靑蘿洞) : 지금의 충청남도 보령(保寧) 지역을 말한다.

박주경에 대한 만사

朴周卿挽

청산의 한 줌 흙으로 지하에 묻히니	青山抔土掩重泉
영원한 이 이별에 슬픔 어이 견딜까	此別堪悲隔萬年
어찌 인생을 삼십여 년으로 마치고	何等人生三紀盡
죽고 난 뒤 이름 하나 전하지 않는 것인가	曾無身後一名傳
바람 부는 나무의 원숭이 애간장 끊어지고	風纏猿樹腸全斷
눈물 뿌리는 규방의 난새 홀로 가엾구나[62]	血灑鸞閨影獨憐
무엇보다도 사가의 옥수 심었던 땅에	最是謝家蒔玉地
쌍 가지 옛 뜰에 매몰되었구려[63]	雙枝蕪沒舊庭前

62 눈물……가엾구나 : 난새는 박주경의 부인을 비유하는 말로, 부인이 홀로 남아 슬퍼하고 있음을 의미한다.

63 사가(謝家)의……매몰되었구려 : 사가는 진(晉)나라 때 사안(謝安)의 집안을 이른다. 사가에 옥수(玉樹)를 심었다는 것은 훌륭한 자제가 있다는 뜻인데, 사안의 조카 사현(謝玄)이 "비유하면 마치 지란(芝蘭)과 옥수(玉樹)가 집안의 뜰에 자라기를 바라는 것과 같습니다."라고 하였다. 《晉書 卷79 謝安列傳》 여기서는 박주경 형제가 죽었다는 말이다.

병으로 누워 있는데 비가 몹시 내려 윤여망에게 써서 부치다

病伏雨甚 書寄尹汝望

늘그막에 농사일 배우니 초심이 부끄럽고	殘年學稼愧初心
백묘의 밭 사사로운 근심[64] 어찌 더욱 깊어지나	百畝私憂奈更深
하인 시켜 억지로 아침저녁으로 나가게 하고	課僕强令侵早夜
약재 찾으며 항상 날씨를 살핀다오	撿方常自候晴陰
뜨거운 햇살 여름 가뭄에 새싹 말라가고	驕陽夏亢原苗槁
괴로운 가을장마에 들판의 이삭 잠기네	苦雨秋霔野穗沈
병들어 누워 홀연 동병상련의 객을 생각하니	病伏忽思同病客
자상은 응당 다시 외로이 시 읊으리라[65]	子桑應復費孤吟

64 백묘의……근심 : 《맹자》 〈등문공 상(滕文公上)〉에 "100묘의 농토가 제대로 경작되지 못하는 것을 자신의 근심으로 삼는 자는 농부이다."라고 한 데서 온 말이다.

65 자상(子桑)은……읊으리라 : 자상에 빗대어 친구 간의 깊은 우정을 나타내었다. 《장자(莊子)》 〈대종사(大宗師)〉에 "자여(子輿)와 자상은 친구 사이였는데, 장맛비가 내리자 자여가 말하기를 '자상이 병이 나 있겠다.'라고 하고 밥을 싸서 가지고 가 먹였다."라고 하였다.

9월 10일

九月十日

술잔도 들지 못하고 중양절 보내니　送了重陽不擧巵
나의 늙음을 여기에서 문득 알겠구나　吾衰於此便堪知
뜰 앞 오동잎 떨어지니 먼저 시듦 가엾고　庭梧早脫憐先瘁
섬돌의 국화 더디 피니 늦게 옮겨 심어 한스럽네　砌菊遲開恨晩移
친구들 지금 병든 사람이 많고　交友卽今多抱病
형제들 어느 곳에서 서로를 그리워하나　弟兄何處各相思
빈집에 달 밝고 송죽은 고요한데　空齋月白松篁靜
시름 속에 귀뚜라미 짝해 홀로 시를 읊네　愁伴寒蛩獨詠詩

아이 불러 술잔에 막걸리 가득 채우고　呼兒滿酌濁醪巵
국화에게 묻노니 이 뜻을 알겠는가　問爾黃花此意知
처음에는 국화를 좋아해서 채취했는데　初服憐渠曾採綴
늘그막엔 괴롭게 떠돌아다님을 탄식한다오　晩途嗟我苦流移
동쪽 울타리에서 지금 시름 속에 마주하고　東籬今日愁邊對
북쪽 변새의 지난 가을 꿈속에서 그리네　北塞前秋夢裏思
바람과 서리에도 아직 시들지 않음이 기쁘니　差喜風霜未凋折
차마 화도시[66]를 저버릴 수 있겠는가　忍能孤負和陶詩

66 화도시(和陶詩) : 도잠(陶潛)의 시에 화운한 시를 말하는데, 송(宋)나라 소식(蘇軾)이 도잠의 〈의고(擬古)〉시에 화운한 〈화도연명의고(和陶淵明擬古)〉가 처음 시도된

위는 국화를 읊었다.

커다란 덩치에 경솔한 말 홀로 비웃나니　　自笑形厖言更巵
한 세상 길이 곤궁함을 일찍이 알았노라　　長窮一世早能知
태양이 떠오르니 끝내 쫓기 어렵고　　羲輪輾上終難逐
태산이 앞에 있으니 어찌 옮길 수 있으랴　　太嶽當前詎可移
죽기 전에 고향에 막 돌아오니　　未死丘園初返骨
강해에서 여생 보내노니 이별의 그리움 있구나　　餘生江海尙離思
가을바람에 병든 몸 일어나도 즐겁지 않으니　　秋風病起無悰緖
밝은 창가에서 묵은 시편 게을리 점검하네　　蠹簡晴窓懶點詩

위는 경임(景任)[67]에게 화답한 것이다.

술잔 위에 국화를 가득 띄워 주니　　贈以盈盈泛菊巵
늙은이의 심사를 젊은이가 알았는가　　老翁心事少年知
섬돌 가의 경치는 지난 가을과 유사하고　　階邊物色前秋似
귀밑털 희어짐은 해마다 바뀌는구나　　鬢上霜華逐歲移
이곳의 이웃과 다소 즐거우니　　是處比隣差足樂
훗날 이 모임 다시 생각나리　　他時此會更應思
우리들 그대에게 힘입어 자랑할 만하니　　吾軍賴爾能張大
시를 배우지 못한 아매에게 부끄럽구나[68]　　阿買堪羞不學詩

형식이다.

67 경임(景任) : 윤형성(尹衡聖, 1608~1676)으로, 본관은 남원(南原), 자는 경임, 호는 기기재(棄棄齋)이다.

위는 윤뢰(尹耒)에게 화답한 것이다.

68 우리들……부끄럽구나 : 아매(阿買)는 한유(韓愈)의 조카로, 여기서는 윤형성(尹衡聖)의 장남 윤뢰(尹耒)를 가리킨다. 한유의 시에 "아매가 글자를 알지 못해도 제법 팔분서를 쓸 줄 아는지라, 시가 완성되면 그에게 쓰게 하니 우리 군대를 자랑할 만하네."라고 하였다. 《韓昌黎集 卷2 醉贈張祕書》

동백정[69]

冬柏亭

비인(庇仁)[70]에 있다.

희미한 높은 누대에 만리풍 불어오고	縹緲層臺萬里風
저녁나절 은빛 바다 바라봄에 끝없구나	夕陽銀海望無窮
진시황과 한 무제 돛배 떠다니고	秦皇漢武帆檣外
방장산과 봉래산 시야에 들어오네	方丈蓬萊指顧中
신기루 구름 연이어 멀리 다채롭고	蜃氣連雲遙辨彩
구슬 꽃 눈 속에서 붉은빛 드러냈네	琪花待雪近呈紅
시의 정취 도처에서 수습하기 어렵고	詩情到處難收拾
취흥 아득한 곳 도리어 텅 비었구나	醉興蒼茫境轉空

69 동백정(冬栢亭) : 충청남도 서천군 서면 마량리의 동백나무 숲에 있는 정자이다. 천연기념물 제169호로 지정되어 있다.

70 비인(庇仁) : 충청남도 서천 비인면 지역이다.

수성에서 윤길보를 만나다

隋城逢尹吉甫

이때 길보가 임금의 부름을 받아 도성에 올라가던 길이었는데, 이날 큰 눈이 내려 길보와 내가 모두 젖었다.

바닷가에 눈보라 어지럽게 흩날리는 날	海天風雪亂霏霏
나그네 길에서 상봉하니 기약 있었던 듯하네	客路相逢似有期
젖은 몸에도 조금 취하기엔 무방하지만	沾濕不妨成小醉
이별함에 어찌 많은 말을 하리오	別離何用贈多辭
구름 날고 용 칩거하지만 마음은 끝내 합하고	雲飛龍蟄情終合
북으로 가고 남으로 오는 길은 갈라지지 않네	北去南來道未岐
산재로 돌아가 청소하고 좋은 약속 기다릴테니	歸掃山齋待佳約
옛 숲의 원숭이와 학이 먼저 알아 알려주겠지	故林猿鶴報先知

남포 유생의 바닷가 정자에서 유숙하며 취하여 짓다
過宿藍浦柳生海亭醉題

취한 뒤 바닷가 정자에 올라 굽어보니　醉後登臨海上亭
석양에 서쪽 바다 끝까지 바라본다오　斜陽縱眺極西溟
구름 가의 고래 뛰어오르니 흰 파도 일고　雲邊鯨立波濤白
하늘 밖 소라처럼 늘어선 섬들은 푸르구나　天外螺排島嶼青
허공에 봄 신기루 떠오르다 별안간 사라지고　春蜃浮空光乍滅
평평한 언덕 저녁 조수는 온통 비리네　暮潮平岸氣全腥
머물러 옥마봉[71] 위 달을 바라보니　留看玉馬峯頭月
반평생의 비루한 마음 술과 함께 깨는구나　半世塵襟和酒醒

모래톱으로 휘휘 감긴 소석정　繚繞沙洲小石亭
멀리 보이는 형세 큰 바다를 누르는 듯　居然遠勢壓滄溟
약목[72]에 잇닿은 하늘 깨끗하고　方連若木天如素
전횡[73]이 들어간 것으로 보이는 가까운 섬 푸르네　島認田横地近青

71 옥마봉(玉馬峯) : 남포면 동쪽에 있는 봉우리이다.

72 약목(若木) : 서해의 해가 지는 곳에 있다는 신목(神木)이다. 《명의고(名義考)》 권2 〈부상약목(扶桑若木)〉에 "회야의 산에 나무가 있는데, 잎은 푸르고 꽃은 붉다. 약목이라고 부르니 해가 지는 곳이다.〔灰野之山有樹, 青葉赤華, 名曰若木, 日所入處.〕"라고 하였다.

73 전횡(田横) : 전국 시대 제(齊)나라 왕의 후예로, 진(秦)나라 말기에 형세가 불리해지자 부하 5백여 명과 함께 섬으로 피해 들어갔는데, 왕후(王侯)로 봉해 주겠다는

나그네 우연히 와서 같이 냄새를 좇나니[74]	饞客偶來同逐臭
제철 생선 막 올리자 이미 비린내 진동하네	時魚初上已聞腥
봄바람 부는 어촌 술에 한 번 취했는데	春風一醉漁村酒
베개 흔드는 밤 파도소리에 잠을 깨네	撼枕波濤入夜醒

한 고조(漢高祖)의 부름을 받고서 낙양(洛陽)으로 가던 도중에 머리를 굽혀 신하가 되는 일은 차마 할 수 없다며 자결하였다. 이 소식을 들은 섬 안의 5백여 명도 모두 자결하여 그의 뒤를 따랐다. 《史記 卷94 田橫列傳》

74 냄새를 좇나니 : 축취(逐臭)는 냄새를 쫓는다는 말로, 기호(嗜好)가 아주 괴벽(怪僻)함을 비유한다. 옛날 몸에서 대단한 악취가 나는 사람이 있어, 친척, 형제, 아내, 친지 등 그 누구도 그와 함께 거처할 수 없게 되자, 스스로 고민 끝에 홀로 바닷가에 가서 살았는데, 그 바닷가에 사는 한 사람이 유독 그 냄새를 좋아하여 밤낮으로 그를 따라다녀서, 그의 곁을 떠나지 않았다는 고사가 있다. 《呂氏春秋 卷14 偶合》

영흥사에서 우연히 읊다

永興寺偶占

야외에서 바라보니 푸른 산봉우리뿐　野外相望但碧岑
어느 곳이 사찰인지 알지 못하겠네　不知何處是叢林
세 겹의 큰 고개 천 번이나 굽이지고　三重大嶺千回折
한 줄기 맑은 시내 아홉 번 건너 깊이 왔네　一道淸溪九渡深
장엄한 보계[75]에는 하늘의 빛 반쯤 보이고　寶界莊嚴天半色
종과 풍경 상방에서 울리니 달 속의 소리로다　上方鍾磬月中音
승려는 안락하게 사는 즐거움 있어　雲僧却有安棲樂
이십여 년 분주한 나그네 마음 부끄럽네　廿載奔忙愧客心

75 보계(寶界) : 원래는 청정한 불국토(佛國土)인 정토(淨土)를 뜻하는 말인데, 절을 가리키는 말로 쓰인다.

고부 군수 박계연[76]에 대한 만사
挽朴古阜季淵

봉황의 채색 용의 무늬 일찍이 기이하였고	鳳彩龍章早見奇
담박한 마음 중년에 하늘의 굴레 벗어났네	沖襟中歲擺天羈
과거 급제한 청전선을 어찌 따지겠나[77]	科名肯數靑錢選
이은[78]으로 수령의 낮은 직책 기꺼이 부임하였지	吏隱甘從墨綬卑
중조가 얼마 못 사니 유윤이 통곡하였고[79]	仲祖無年劉尹慟
마강[80]이 병 많으니 행인들도 슬퍼하였네	馬康多病路人悲

76 박계연(朴季淵) : 박정(朴渟, 1603~1656)으로, 본관은 반남(潘南), 자는 계연이다. 1652년에 고부 군수(古阜郡守)에 임명되었다. 《承政院日記 孝宗 3年 5月 11日》

77 과거……따지겠나 : 청전선(靑錢選)은 과거 시험에 급제함을 의미한다. 당(唐)나라 장작(張鷟)이 여러 차례 과거 시험에서 급제하자 사람들이 "장작의 문장이 청동전 같아서 만선 만중(萬選萬中)한다."라고 하며 그를 청전학사(靑錢學士)라고 하였다. 《新唐書 卷161 張薦列傳》 여기서는 박정이 과거 급제에 마음을 두지 않았다는 의미이다.

78 이은(吏隱) : 낮은 관직에서 은자처럼 사는 것으로, 실권이 없는 하급 관직에서 녹봉을 받으며 살아가는 것을 말한다.

79 중조(仲祖)가……통곡하였고 : 중조는 왕몽(王濛, 309~347)으로, 자는 중조이다. 39세에 병으로 죽었다. 유윤(劉尹)은 유담(劉惔)으로, 자는 장진(長眞)이다. 단양윤(丹楊尹)을 지냈으므로 유윤이라고 불렸다. 왕몽과 유윤은 모두 진(晉)나라 때 청담(淸談)에 뛰어난 명사였다.

80 마강(馬康) : 사마강(司馬康, 1050~1090)으로, 자는 공휴(公休)이다. 사마광(司馬光)의 아들로, 병이 들자 연향(兗鄕)에서 의원 이적(李積)을 불러오게 하였는데 백성들이 그 소식을 듣고 이적에게 말하기를 "백성들이 사마공(司馬公)께 깊은 은혜를 입었는데 지금 그의 아들이 병이 났다고 하니 빨리 가기를 바랍니다."라고 하여 이적이

매우 가여워라 강굉의 집이 쓸쓸해짐이여[81] 偏憐寂寞姜肱宅
자형나무는 봄이 와도 가지가 붙어있지 않네[82] 荊樹春來不着枝

상여가 천리 길 호남으로 돌아가나니[83] 輀車千里返湖鄕
붉은 깃발 펄럭이며 월출산 옆으로 가누나 丹旐翩翩月出傍
영원히 황천으로 보내며 옥수를 묻으니[84] 永遣黃壚埋玉樹
누가 녹주를 현당에 부을까 誰將綠酒酹玄堂
인간 세상 취한 꿈속에서 살고 죽는 법 人間醉夢還生死
저승에서 만날 기약이 있는지 없는지 泉下交期儻在亡
가장 간곡한 신후의 부탁[85] 最是丁寧身後托
손자와 마주보며 더욱 슬퍼하네 阿孫相對重悲傷

도착해 사마강의 병을 치료하였다. 《宋史 卷336 司馬光列傳》

81 매우……쓸쓸해짐이여 : 박정이 형제간에 우애가 매우 좋았는데, 지금은 박정과 그의 형제가 죽고 없어 집안이 쓸쓸해졌음을 말한다. 강굉(姜肱, 97~173)은 후한(後漢) 사람으로, 자는 백회(伯淮)이다. 형제간에 우애가 지극하여 혼인한 뒤에도 늘 동생들과 이불을 함께 덮고 잤다고 한다. 《後漢書 卷53 姜肱列傳》

82 자형나무는……않네 : 형수(荊樹)는 자형나무로, 박태기나무라고도 하는데 주로 형제간의 우애를 의미한다. 우애가 지극한 박정 형제의 죽음을 의미한다.

83 상여가……돌아가나니 : 박정은 1603년(선조36)에 태어나 1656년(효종7)에 졸하였는데, 이해 3월에 지금의 전라남도 영암(靈巖) 독현(纛縣)의 남곽공(南郭公) 묘 왼쪽에 귀장(歸葬)하였다고 한다. 《文谷集 卷18 南陽府使朴公墓碣銘》

84 옥수(玉樹)를 묻으니 : 옥수는 뛰어난 인재를 비유한다. 진(晉)나라 때의 유량(庾亮)이 죽자, 하충(何充)이 장례에 참석하여 "옥수를 땅속에 묻는다.〔埋玉樹〕"라고 하면서 슬퍼한 고사가 전한다. 《晉書 卷73 庾亮列傳》

85 가장……부탁 : 박정이 죽기 며칠 전에 유계(兪棨)에게 편지를 보내 어린 손자를 부탁하였다고 한다. 《文谷集 卷18 南陽府使朴公墓碣銘》

가야금 소리를 듣다
聽伽倻琴

맑은 밤 오동의 달 섬돌에 그늘 드리우고　清宵梧月轉階陰
한 곡조 연주할수록 한 구절 깊어지네　一曲彈來一節深
애걸하는 아녀자의 태도 전혀 없고　妮妮都無兒女態
청량하여 문득 옛사람의 소리 있구나　冷冷却有古人音
푸른 적삼 입고 심강의 울음 배울소냐[86]　青衫肯學潯江泣
흰머리로 초택의 읊조림 이루노라[87]　皓首聊成楚澤吟
천 년 전 가야금의 참된 흥취　千載伽倻眞趣味
고운의 현학도 같은 마음이었겠지[88]　孤雲玄鶴卽同心

86 푸른……배울소냐 : 푸른 적삼은 서생의 옷이다. 당(唐)나라 때 시인 백거이(白居易)가 강주 사마(江州司馬)로 좌천되어 있을 때, 하루는 젊을 적에 장안(長安)의 창녀(娼女)였던 여자의 비파 소리를 듣고 감동을 받아 〈비파행(琵琶行)〉을 지었는데, 그중에 "심양강(潯陽江) 가에서 밤에 손님을 전송하노라니……뒤에 탄 곡은 먼저 탄 곡보다 더더욱 처량해, 온 좌중이 거듭 듣고 다 얼굴 가리고 우는데, 그중에서 눈물을 누가 가장 많이 흘렸던가, 이 강주 사마의 푸른 적삼 흠뻑 젖었네."라고 한 데서 온 말이다.

87 흰머리로……이루노라 : 굴원이 쫓겨나 강가에서 노닐며 시를 읊조렸던 것처럼 유계도 백발이 되어 시를 읊고 있다는 말이다.

88 고운(孤雲)의……마음이었겠지 : 고운은 통일신라 말기의 최치원(崔致遠)을 가리키는데, 그가 가야산에 있는 학사대(學士臺)에서 가야금을 타면 선학(仙鶴)이 날아와 그 소리를 들었다는 전설이 있다.

신독재 김 선생[89]에 대한 만장

慎獨齋金先生挽章

노선생[90]의 아들인 우리 선생	老先生後我先生
유학의 도를 가정에서 서로 전하였네[91]	斯道相傳在鯉庭
사숙하여 정암과 퇴계 공경하고[92]	私淑有來尊靜退
정통은 변함없이 문성공[93]을 존중하셨지	正宗無替祖文成
우리 동방에서 요즈음 스승으로 우러르기를	東韓近日瞻師席
남송에서 당시에 주자를 우러르듯 하네	南宋當年仰考亭
이제부터 유림은 길이 적막하리니	從此儒林長寂寞
행단의 바람과 달빛만이 청명하구나	杏壇風月獨清明

89 김 선생 : 김집(金集, 1574~1656)으로, 본관은 광산(光山), 자는 사강(士剛), 호는 신독재(慎獨齋), 시호는 문경(文敬)이다.

90 노선생 : 김장생(金長生, 1548~1631)으로, 본관은 광산, 자는 희원(希元), 호는 사계(沙溪), 시호는 문원(文元)이다. 김집의 아버지이다.

91 유학의……전하였네 : 이정(鯉庭)은 아들이 아버지에게서 가르침을 받는 것을 말한다. 이(鯉)는 공자의 아들로 자가 백어(伯魚)인데, 백어가 뜰에 계신 공자의 앞을 지나다가 시(詩)와 예(禮)에 관한 가르침을 받은 고사에서 온 말이다. 《論語 季氏》

92 사숙(私淑)하여……공경하고 : 사숙은 경모(敬慕)하는 사람에게 직접 배우지 못하고 단지 그 사람을 본받아 도(道)나 학문을 닦는 것을 말한다. 정암은 조광조(趙光祖, 1482~1519)로, 본관은 한양, 자는 효직(孝直), 호는 정암(靜菴), 시호는 문정(文正)이다. 퇴계는 이황(李滉, 1501~1570)으로, 본관은 진보(眞寶), 자는 경호(景浩), 호는 퇴계(退溪)·퇴도(退陶), 시호는 문순(文純)이다.

93 문성공(文成公) : 이이(李珥, 1536~1584)로, 본관은 덕수(德水), 자는 숙헌(叔獻), 호는 율곡(栗谷)·석담(石潭)·우재(愚齋), 시호는 문성이다.

뭇 성인들의 공부 한 글자로 전해오니　千聖工夫一字傳
선생께선 천성으로 타고나셨지　先生因性得之天
조용히 거처하며 맑은 정신으로 근독하고　惺惺謹獨端居日
팔십의 나이에도 독실히 공력 쏟으셨네　慥慥加功大耋年
경 공부는 화정을 좇아 정밀해지고[94]　敬學儘從和靖密
예서는 면재를 기다려 완전해졌네[95]　禮書終待勉齋全
조화를 타고 떠나시니 남은 미련 없겠지만　悠然乘化應無憾
나라가 병들고 초췌해짐을 어찌할까[96]　可耐邦家殄瘁篇

사람들이 천하의 삼달존[97]으로 공경하고　人欽天下三尊達
하늘이 인간 세상에 준 오복을 갖추셨네　天與人間五福俱
성군 만나 뜻을 펼치리라 여겼더니　際聖謂言當展布

94 경……정밀해지고 : 화정(和靖)은 송유(宋儒)인 윤돈(尹焞)으로, 자(字)는 언명(彦明), 호는 화정이다. 정이(程頤)의 문인으로 정이・사양좌(謝良佐)와 함께 경(敬)을 행하는 방법에 대하여 논하며 "그 마음을 수렴해서 한 가지 일도 마음에 두지 않는 것이다."라고 하였다. 《大學或問》

95 예서는……완전해졌네 : 면재(勉齋)는 황간(黃榦, 1152~1221)으로, 자는 직경(直卿), 호는 면재(勉齋), 시호는 문숙(文肅)이다. 황간은 주자(朱子)의 문인이자, 사위로 주자의 적통을 계승하여 주자가 완성하지 못한 예학을 밝혀 주자의 《의례경전통해(儀禮經傳通解)》를 완성하였다.

96 나라가……어찌할까 : 진췌편(殄瘁篇)은 《시경》 〈첨앙(瞻卬)〉을 가리킨다. 현인의 죽음을 슬퍼하며 국정(國政)의 어지러움을 한탄하고 국가의 앞날을 걱정하는 시로서 "조정에 현인이 없으니 나라가 병들고 초췌하네.〔人之云亡, 邦國殄瘁.〕"라고 하였다.

97 삼달존(三達尊) : 천하에 두루 통하는 존귀한 세 가지를 말한다. 《맹자》 〈공손추하(公孫丑下)〉에 "천하에서 공통적으로 존중하는 것이 세 가지가 있는데, 관작(官爵)이 그 하나요, 나이〔齒〕가 그 하나요, 덕(德)이 그 하나이다."라고 하였다.

현인을 존숭해 마침내 경고에 오르셨네[98] 崇賢終得位卿孤
하늘이 공자에 대해 불은의 탄식[99]하지만 皇穹不慭嗟尼父
경박한 풍속은 큰 선비를 이유 없이 희롱하네 薄俗無端戲大儒
청산에 옛 도가 모두 묻히니 盡向青山埋古道
누가 이 세상을 다시 요순 시대로 회복할까 誰回此世更唐虞

뒤늦게 선생을 좇아 비로소 배우니 晩從函丈始摳衣
크신 도로 못난 이 몸 포용하셨지 道大還容薄劣資
다행히 한마디 군자의 가르침 받았는데 一語幸承君子敎
마침내 소인이 되어 대단히 부끄럽구나 多慙終作小人歸
칠 일간 신가[100] 부르셨는데 임종도 못하고 晨歌七日違觀化
묘 곁에서 삼년을 곡하는 보답도 못하였네 墓哭三年未報私
다만 고운사 있는 산 아래 길에서[101] 只有孤雲山下路
흰머리에 남은 눈물 그칠 줄 모르네 白頭殘涕不勝揮

98 경고(卿孤)에 오르셨네 : 경고는 삼공(三公)에 버금가는 높은 벼슬로, 김집은 1652년(효종3) 이조 판서에 임명되었다.

99 불은(不慭)의 탄식 : 하늘이 국가를 위해서 원로를 이 세상에 남겨 두려 하지 않는다고 한탄하는 것을 말한다. 《시경》 〈시월지교(十月之交)〉에 "원로 한 분을 아껴 남겨 두어서 우리 임금을 지키게 하지 않는구나.〔不慭遺一老, 俾守我王.〕"라고 하였다.

100 신가(晨歌) : 새벽에 부른 노래라는 뜻인데, 공자가 자신의 죽음을 암시한 꿈을 꾼 이튿날 새벽에 일어나 문밖에서 서성거리며 자신이 죽을 것이라는 의미를 담아 노래를 불렀다고 한다.

101 다만……길에서 : 김집의 장지(葬地)는 충남 논산시 벌곡면 옛 고운사(孤雲寺) 북쪽에 있다. 《同春堂集 卷17 祭愼獨齋金先生文》

수원으로 가면서 석강을 지나다가 여망에게 남겨 주다
將向水原 過石江 留贈汝望

한밤중 강가 매화에서 봄이 옴을 보니	江梅一夜見春心
흥취 일어 진경 찾아 푸른 강 건너네	乘興尋眞渡碧潯
백발의 짧은 귀밑털 더 희어짐에 함께 놀라고	霜雪共驚添短鬢
난초 향기 속마음 씻어냄에 홀로 기쁘구나	蘭薰獨喜灑幽襟
오십 세[102] 넘도록 여전히 잘못 있고	知非歲過非仍在
같은 병 앓는 요즘 누구의 병이 더 심한가	同病年來病孰深
귀머거리 소경이 절름발이 부러워함 우스워라	堪笑聾盲羨跛躄
먼 길에 서두르지 않고 다시 거닐며 시 읊조리네	倦鞭長路復行吟

102 오십 세 : 지비(知非)는 50세가 되었다는 말이다. 춘추 시대 위(衛)나라 대부(大夫) 거백옥(蘧伯玉)이 "나이 50세에 49년 동안의 잘못을 알았다.〔年五十而知四十九年非.〕"라고 말한 데에서 유래하였다. 《淮南子 原道訓》

용안 현감 심중미[103] 유 와 강가에서 만나기로 약속하다

與龍安使君沈仲美 攸 約會江上

용성의 어진 사군과 약속하노니	要約龍城賢使君
맑은 가을에 큰 강가에서 좋은 모임 가지세	淸秋高會大江濆
붉은빛 푸른빛 반씩 섞여 일천 숲 수놓고	丹靑半錯千林繡
황색과 백색 고루 나뉘니 만 이랑 구름이라오	黃白平分萬頃雲
오정주[104] 술잔에 보내니 향기 일어나고	杯送烏程香瀲瀲
칼로 생선 손질하니 눈이 흩날리는 듯	刀飛玉尺雪紛紛
해 질 녘 넓은 강에 배 가는 대로 맡기고	斜陽更縱滄溟棹
물결을 한 번 바라보면 눈이 몽롱해지겠지	一望空明眼纈紋

103 심중미(沈仲美) : 심동귀(沈東龜)의 아들 심유(沈攸, 1620~1688)로, 본관은 청송(靑松), 자는 중미, 호는 오탄(梧灘)이다. 《효종실록》 7년 2월 11일 기사에 심유를 용안 현감(龍安縣監)으로 삼았다는 기록이 있다.

104 오정주(烏程酒) : 맛이 매우 좋은 술이다. 중국의 강락현(康樂縣) 오정향(烏程鄕)에 맑은 물이 나는데 이 물을 가지고 빚은 술을 오정주라고 한다.

앞의 운을 써서 중미에게 화답하다
用前韻和仲美

가시나무의 봉황 잠깐 동안 그대의 액운이라[105]	枳棘鸞凰暫屈君
물가에 있는 무너진 성곽 쓸쓸하구나	蕭條殘郭傍河濆
강남의 외로운 푸른 산을 늘 마주하고	孤青長對江南岫
한강 북쪽에 떠가는 흰 구름 멀리 보이네	飛白遙瞻漢北雲
달이 금당에 가득하니 적막함 달래고	月滿琴堂聊遣寂
심판하는 붓에 바람 부니 어지러움 머물겠는가	風生判筆肯留紛
오리로 변한 신[106] 공중으로 솟는 것 보리니	行看鳧舄騰空去
수금과 내의는 모두 채색 무늬 있구나[107]	獸錦萊衣竝綵紋

105 가시나무의……액운이라 : 현사(賢士)가 낮은 지위에 있음을 탄식하는 말이다. 후한(後漢) 때 고성 영(考城令) 왕환(王渙)이 그 고을 포(蒲)의 정장(亭長)인 구람(仇覽)이 덕(德)으로 사람을 교화시킨다는 말을 듣고, 그를 주부(主簿)로 삼은 다음 말하기를 "가시나무는 난봉이 깃들 곳이 아니니, 백 리 고을이 어찌 대현이 있을 곳이리오.〔枳棘非鸞鳳所棲, 百里豈大賢之路.〕"라고 하였다. 《後漢書 卷106 循吏列傳 仇覽》

106 오리로 변한 신 : 후한 명제(後漢明帝) 때 선인(仙人) 왕교(王喬)가 신술(神術)이 있었는데, 그가 일찍이 섭현 영(葉縣令)으로 있으면서 매월 삭망(朔望) 때마다 거기(車騎)도 없이 머나먼 길을 와서 조회에 참여하였다. 임금이 괴이하게 여겨 그 내막을 알아보게 하자, 그가 올 때마다 오리 두 마리가 동남쪽에서 날아오므로, 그물을 쳐서 그 오리를 잡으니 바로 왕교의 신이었다는 고사에서 온 말로, 전하여 지방관을 의미한다. 《後漢書 卷82 方術列傳 王喬》

107 수금(獸錦)과……있구나 : 수금은 짐승 모양의 무늬를 수놓은 비단을 말하고, 내의(萊衣)는 노래자(老萊子)의 옷을 말한다. 노래자는 춘추 시대 초(楚)나라의 효자로, 나이 70세에도 채의(彩衣)를 입고 부모 앞에서 춤을 추며 어린애처럼 재롱을 피웠다

중루와 장성[108]을 문득 그대에게서 보니　中壘長城便見君
노부는 끝내 그대의 한계 엿보지 못하네　老夫終未闖涯濆
정신은 가을 물에 비친 맑은 달 같고　精神秋水澄澄月
태도는 봄 하늘의 짙은 구름이어라　態度春空靄靄雲
천하의 인재는 항상 불우한 법　天下高才常拓落
세간의 나머지 사람들 모두 어지럽네　世間餘子摠繽紛
보여준 시에 감탄하며 종이 펼치니　詩來擊節隨伸紙
책상의 쥐 발자국 놀라 흩어지네　驚散牀頭鼠印紋

고 한다.《小學 稽古》이 말은 중미의 부모가 아직 생존해 있음을 의미한다. 이 시가 지어진 때는 중미가 용안 현감으로 재직한 1656년경인데, 중미의 아버지는 심동귀로 1660년에 졸하였으며, 어머니는 1680년에 86세로 생을 마쳤다.《宋子大全 卷177 晴峯沈公墓碣銘》

108 중루(中壘)와 장성(長城) : 중루는 중루 교위(中壘校尉)를 지낸 전한(前漢)의 유향(劉向)을 가리키고, 장성은 믿고 의지할 만한 사람을 비유한다.

다시 앞의 운을 써서 광문 도화숙[109]에게 화답하다
復用前韻 和都廣文和叔

조수 잔잔한 언덕 북쪽에서 그대를 바라보는데	岸北潮平正望君
이윽고 남쪽 물가에서 편지 와서 놀랐다오	俄驚雙鯉自南濆
오늘날 환백[110]의 좋은 일을 누가 알까	誰知好事今歡伯
예전에 현묘함 즐긴 자운[111] 너무도 사랑스럽네	偏愛耽玄舊子雲
업은 경전 전하려 함이 아니니 축하받기 부끄럽고	業匪傳經慙見賀
시는 뜻을 말하려 함이니 어찌 많은 말 사양하리	詩容言志詎辭紛
마른 창자에서 토해내려 해도 새로운 시어 없으니	枯腸欲吐無新語
강엄의 비단을 모두 잘라 주었다오[112]	割盡江淹尺錦紋

109 광문(廣文) 도화숙(都和叔) : 도거원(都擧元, 1605~1677)으로, 본관은 성주(星州), 자는 화숙이다. 성균관 박사를 지냈다. 광문관(廣文館)은 본래 당(唐)나라 때 국자감(國子監)에 속한 학관(學館)으로, 우리나라의 성균관에 해당한다.

110 환백(歡伯) : 술의 별칭이다. 대본에는 '桓伯'으로 되어 있는데, 한(漢)나라 초공(焦贛)의 《역림(易林)》 〈감지태(坎之兌)〉에 의거하여 '桓'을 '歡'으로 바로잡아 번역하였다.

111 현묘함 즐긴 자운(子雲) : 자운은 전한(前漢) 사람 양웅(揚雄, 기원전 58~18)으로, 자는 자운이다. 현묘한 이치를 탐색했다는 것은 양웅이 공리(功利)에는 관심을 갖지 않고 오로지 잠심하여 《태현경(太玄經)》 저술에 몰두한 것을 가리킨다.

112 강엄(江淹)의……주었다오 : 나이가 들면서 시를 짓는 능력이 감퇴했다는 의미이다. 남조(南朝) 때의 문장가 강엄이 만년에 꿈속에서 장경양(張景陽)이라는 사람에게 비단폭을 돌려준 뒤부터 갑자기 문장이 퇴보하였다고 한다. 《南史 卷59 江淹列傳》

강성에 가을 빛 아직 끝나지 않았으니　江城秋色未全央
서리 내린 뒤 국화는 절로 향기 발하네　霜後黃花自發香
어찌 반드시 좋은 날이 본디 정해져 있을까　何必佳辰元一定
연이어 중양절이어도 해로울 것 없으리　不妨連日作重陽
한가히 이웃 노인 맞이하여 진솔회[113] 만들고　閒邀隣叟成眞率
늙을수록 부끄러우니 주변에서 거친 행동 비웃네　老愧傍人笑放狂
남은 책 수습하여 다시 홀로 앉아　收拾殘書還獨坐
소나무 문 굳게 닫고 안부 인사도 사양하네　松關牢閉謝暄涼

113 진솔회(眞率會) : 송(宋)나라 때 사마광(司馬光)이 벼슬에서 물러나 낙양(洛陽)에 은거할 때 고로(故老)들과 만들었던 모임의 이름이다.

길보가 보내준 시에 차운하고 겸하여 석증 여망의 거처 의 책상 아래에 올리다[114]

次吉甫惠示韻 兼呈石甑 汝望居 案下

훌륭한 형제는 내가 흠모하는 분이니	難弟難兄我所欽
골짜기 난초 바위 계수와 예전에 한 마음이네	谷蘭巖桂舊同心
이날 맑은 감상하기로 한 약속 어긋났고[115]	佳期此日違淸賞
멈춘 구름이 석증과 노성의 봉우리에 떠 있네[116]	石岫停雲竝魯岑
학의 조서 사람을 얽어매 시름에 잠기고	鶴詔絆人愁進退
벌레 소리 베갯머리에 들려오는데 병이 깊구나	蟲吟入枕病淹沈
강가 절에서 만나기로 한 이전 약속 따지지 말라	無論江寺前期在
쓸쓸히 홀로 지내는 가을이 어찌 지금 뿐이리오	離索三秋奈卽今

위는 회암(晦庵)의 아호(鵝湖) 시에 차운하였다.[117]

114 길보(吉甫)가……올리다 : 길보는 윤선거(尹宣擧, 1610~1669)로, 본관은 파평(坡平), 자는 길보, 호는 미촌(美村)·노서(魯西)·산천재(山泉齋), 시호는 문경(文敬)이다. 윤선거가 보내준 원시는 《노서유고(魯西遺稿)》 권2 〈여시남숙유성림지약……이우감탄지의(與市南宿有聖林之約……以寓感歎之意)〉이다. 여망(汝望)은 윤문거(尹文擧, 1606~1672)로, 본관은 파평, 자는 여망, 호는 석호(石湖)·충경(忠敬)이다.

115 이날……어긋났고 : 윤선거가 보내준 원 시의 제목을 보면 이때에 유계는 윤선거와 성림사(聖林寺)에서 만나기로 약속을 하였는데 약속이 어긋남이 두세 번에 이르렀다고 한다.

116 석증(石甑)과……있네 : 이때에 윤선거는 노성에 살았고, 윤문거는 석증에 살았기 때문에 한 말이다.

중추에 달도 없이 외로이 시 읊었는데	中秋無月費孤吟
중양절에 또 날씨 음산하니 견디기 어려워라	叵耐重陽日又陰
천하에 좋은 경치 만나기 어려운데	天下苦難逢好景
세간에 마음 알아주는 친구 막히기 쉽구나	世間容易阻知心
거울에 비친 새로운 흰머리 가득함 부끄럽고	羞看淸鏡新霜滿
국화 마주하니 묵은 병 깊어짐이 근심스럽다오	愁對黃花舊病深
나는 이때 간절히 보고 싶은 마음을 인하여	因我此時瞻望切
그대도 지난밤의 생각 지금과 같음을 알겠네	知君前夜思同今

위는 강절(康節)의 중추(中秋) 시를 차운하였다.[118]

117 위는……차운하였다 : 회암(晦庵)은 주희(朱熹)의 호이다. 아호(鵝湖)는 중국 강서성(江西省) 연산현(鉛山縣)의 명승지로, 이곳에서 주희가 육구연(陸九淵)·육구령(陸九齡) 형제들과 흠(欽) 자 운을 써서 시를 주고받았다. 아호시(鵝湖詩)는 주희의 〈아호사에서 육자수에게 화답하다〔鵝湖寺和陸子壽〕〉를 가리킨다.

118 위는……차운하였다 : 강절(康節)은 소옹(邵雍, 1011～1077)으로, 자는 요부(堯夫), 호는 안락선생(安樂先生), 시호는 강절이다. 중추시(中秋詩)는 소옹의 〈중추월(中秋月)〉을 가리킨다.

윤씨 가문의 화수회 자리에서 짓다[119]

尹家花樹會席上有得

높은 가문의 복덕 성대했던 당시	高門福德盛當年
성 남쪽의 척오천에 뒤지지 않았네[120]	不減城南尺五天
임금의 조서 모두 은혜로우니 진씨의 골목이요	丹綍竝恩陳巷外
청전[121]의 거듭된 경사 사씨의 뜰이라	青錢疊慶謝庭邊
보이는 사람마다 뛰어나 사람마다 옳으니	琳琅觸目人人是
앞으로 규범이 대대로 전해지겠지	軌範前頭世世傳
오늘 밤 모임에 참여한 뒤로	一自忝觀今夕會
쇠한 가문의 습속 배나 부끄럽구나	衰宗習俗倍慙憐

119 윤씨……짓다 : 화수회(花樹會)는 친족 간의 모임을 말한다. 유계는 1654년 2월 15일에 윤선거(尹宣擧) 집안의 종회(宗會)에 참여하였었다.

120 성……않았네 : 척오천(尺五天)은 하늘과의 거리가 한 자 다섯 치밖에 안 된다는 뜻으로 가까운 거리임을 말한다. 《신씨삼진기(辛氏三秦記)》에 "성 남쪽의 위씨와 두씨는 하늘과의 거리가 한 자 다섯 치이네.〔城南韋杜, 去天尺五.〕"라고 한 데에서 온 것인데, 당나라 때 위씨와 두씨 집안이 모두 임금을 가까이에서 모시며 영화를 누렸으므로 이런 말을 한 것이다. 여기서는 윤선거의 집안이 위씨와 두씨 집안에 뒤지지 않는 명문가이며 임금의 은혜를 많이 받았다는 의미이다.

121 청전(青錢) : 당(唐)나라 때 장작(張鷟)이 문장에 뛰어나서 여덟 번의 과거에 모두 갑과(甲科)로 합격하였다. 당시 원외랑(員外郎) 원반천(員半千)이 장작을 칭찬하여 말하기를 "장작의 문사는 마치 청동전(青銅錢) 같아서 만 번을 뽑아도 만 번을 다 적중한다."라고 하여, 당시에 그를 청전학사(青錢學士)라고 일컬었다.

노성에서 눈을 무릅쓰고 증산에 이르러 여망에게 주고는 저물녘에 강을 건너다
自魯城冒雪 到甑山贈汝望 日暮渡江

노성에서 돌아오면서 석촌을 방문하니	魯巷歸來訪石村
파교에서 시 읊는 흥 양원에 동하네[122]	灞橋吟興動梁園
숲 속의 높은 대나무 꺾일까 근심스럽고	林中高竹愁摧骨
창밖의 차가운 매화 혼이 돌아오기를[123] 생각하네	窓外寒梅想返魂
계룡산을 돌아보니 구름은 북쪽으로 가고	鷄嶽回瞻雲北去
백마강 건너기를 재촉하니 해는 서쪽으로 진다오	馬江催渡日西昏
상봉하여 끝없이 말하려고 했으나	相逢欲說無窮事
한번 술잔 들으매 다시 말이 없어졌네	一把深杯更不言

122 파교(灞橋)에서……동하네 : 이때에 눈이 왔기 때문에 말한 것이다. 파교는 장안(長安) 동쪽의 파수(灞水)에 있는 다리이다. 당(唐)나라 시인 맹호연(孟浩然)이 나귀 등에 타고서 눈발이 휘날리는 파교를 지날 때에야 시상이 떠올랐다고 한다. 양원(梁園)은 서한(西漢)의 양효왕(梁孝王)이 세운 동원(東園)이다. 양효왕이 이곳에서 사마상여(司馬相如)·매승(枚乘)·추양(鄒陽) 등과 함께 주연을 베풀고 놀다가, 눈이 오자 흥에 겨워 시를 주고받았던 고사가 있다.《史記 卷58 梁孝王世家》

123 혼이 돌아오기를 : 매화를 반혼향(返魂香)이라고 하는 데서 나온 표현이다. 소식(蘇軾)의 〈기정도상견매화희증계상(岐亭道上見梅花戲贈季常)〉에 "반혼향이 영남의 매화로 들어갔네.〔返魂香入嶺南梅〕"라고 하였다.

진사 김제이[124]에 대한 만사

金進士際而挽

인간 세상의 모든 행실 효보다 앞서는 것 없는데	百行人間孝莫先
그대의 풍골 바라보면 신선 같아 더더욱 사랑했네	更憐風骨望如仙
청전의 업 이루어 세상에 이름나기를 기대했는데	青錢業就期名世
백옥루 완성되어 갑자기 요절하였구나[125]	白玉樓成奄早年
동야의 눈물 흘러 지하에 통하고	東野淚流堪徹地
봄의 규방 피눈물 뿌리며 하늘만 울부짖네	春閨血灑但號天
이에 알겠네 난초 자라 남은 향기 퍼져	從知蘭茁餘香播
하늘이 끝내 내버려 두지 않을 줄을	未必穹蒼竟漠然

124 김제이(金際而) : 김성우(金盛遇, 1630~1657)로, 본관은 안동(安東), 자는 제이이다. 《農巖集 卷28 成均進士金君行狀》

125 백옥루(白玉樓)……요절하였구나 : 김성우가 젊은 나이로 죽은 것을 의미한다. 당나라 시인 이하(李賀)가 병이 위독하였는데 붉은 용을 타고 붉은 옷을 입은 어떤 사람이 옥판(玉板)을 잡고 있는 것을 보았다. 거기에 "상제(上帝)가 백옥루를 새로 지었기에 그대를 불러 기문을 지으려 한다."라고 쓰여 있었다고 한다. 《唐才子傳 卷3 李賀》

길보가 태지에게 준 시에 차운하여 소명을 받고 떠나는 길보에게 주다[126]

次吉甫贈泰之韻 贈吉甫承召之行

그대가 정중히 산문 나섬을 알겠으니	知君鄭重出山門
이런 의리 간략히 논의하기 어렵구나	此義難將草草論
몸을 깨끗이 하려면 윤리를 혹 어지럽히며	身欲潔時倫或亂
권도로 처리하는 일에도 도가 존재한다오	事當權處道猶存
원칙을 지킴에 생각을 깊이 해야 하고	扶經更合思深慮
대사를 도모함에 쉽게 말함을 경계해야 하네	圖大尤應戒易言
지체하지 않고 가서 서둘러 돌아오지 않으면	行矣勿遲還勿亟
사람들이 길이 노봉을 우러러 높이리라	長令人仰魯峯尊

126 길보(吉甫)가……주다 : 윤선거가 이유태에게 준 원시는 《노서유고(魯西遺稿)》 권2의 〈증초려(贈草廬)〉이다. 1657년 6월에 윤선거에게 진선(進善)의 관직을 제수하여 서울로 불러들였는데, 윤선거가 8월, 10월, 11월에 소문(疏文)을 올려 거듭 사양하였으나 임금은 비답(批答)을 내려 허락하지 않았다. 임금의 비답이 간절하여 윤선거는 마지못해 대궐로 가서 진정(陳情)하기로 계획을 세워 1658년 정월 기유(己酉)일에 대궐로 향해 길을 떠났다. 《魯西遺稿 附錄上 年譜》

진잠현 관아에서 벌어진 이태지 형제의 수연에서[127] 술에 취해 시를 짓고 받들어 올리다
鎭岑縣衙 李泰之兄弟壽席 醉占奉呈

인간의 삼락 중 하늘에 매인 걸 얻기 어려우니[128]	人間三樂得天難
덕을 쌓아 경사가 끝나지 않음을 보네	積德方看慶未闌
정월 대보름 명절에 성대한 연회 베풀어	佳節上元張盛會
밤새 축수의 술잔 올리니 매우 기쁘다오	壽樽終夕罄深懽
봄에 왕모의 복사꽃[129]에 돌아와 따사롭고	春回王母桃花暖
이슬이 마고[130]의 옥가루와 섞여 차갑구나	露和麻姑玉屑寒

127 진잠현(鎭岑縣)……수연에서 : 이유태의 다섯째 아우 이유겸(李惟謙, 1613~1674)이 진잠 현감(鎭岑縣監)으로 재직 중에 이유태 형제의 어머니 청풍 김씨(淸風金氏)의 77세 수연(壽宴)이 있었다. 이유겸의 본관은 경주(慶州), 자는 퇴지(退之), 호는 동가(東嘉)이다. 1657년에 진잠 현감에 제수되었다. 《承政院日記 孝宗 8年 1月 9日》

128 인간의……어려우니 : 맹자가 "군자가 세 가지 즐거움이 있으니, 천하에 왕 노릇 하는 것은 여기에 끼지 않는다. 부모가 다 생존하고 형제가 무고한 것이 첫 번째 즐거움이요, 위로는 하늘에 부끄럽지 않고 아래로는 사람에게 부끄럽지 않은 것이 두 번째 즐거움이요, 천하의 영재를 얻어서 교육하는 것이 세 번째 즐거움이다."라고 하였는데, 그 주석에 부모가 모두 생존하고 형제가 무고한 것은 하늘에 매인 것으로서 얻기 어렵다고 하였다. 《孟子 盡心上》

129 왕모(王母)의 복사꽃 : 왕모는 선녀(仙女) 서왕모(西王母)로, 한 무제(漢武帝)에게 천도(天桃)를 가져다 바친 일이 있다고 한다. 이 복숭아는 3천 년에 한 번 꽃이 피고 3천 년에 한 번 열매를 맺는데, 이것을 먹으면 불로장생(不老長生)한다고 한다. 《太平廣記 卷3》

130 마고(麻姑) : 전설 속의 여자 신선으로, 불로장생한다고 한다.

여러 손님들 남아서 색동옷 춤을 구경하는데	諸客且留看綵舞
푸른 하늘이 둥근 보름달을 보내주네	碧空新月送團團

호서 관찰사 이석이[131]에게 주다

贈湖西伯李錫爾

젊은 풍채로 남방을 다스리니	少年風彩殿南邦
용 모양 부절에 표미기 겸하였네	龍節仍兼豹尾雙
천리에 명 펼치는 지방관 임무[132] 중하니	千里旬宣重嶽牧
한 지방 강하처럼 윤택하게 만들기를 바란다오	一方霑潤望河江
깃발 세운 정자 연한 빛깔이 금빛 버들에 더하고	旗亭嫩色添金柳
감당나무[133]의 새 그늘이 봉우리 비추네	棠茇新陰映玉幢
잠송으로 낙직의 시를 도와야 하는데	箴頌庶將裨樂職
늙은이 솜씨 장강이 부족해 매우 부끄럽네[134]	全慙老筆欠長杠

131 이석이(李錫爾) : 이경억(李慶億, 1620~1673)으로, 본관은 경주(慶州), 자는 석이, 호는 화곡(華谷), 시호는 문익(文翼)이다. 1657년 충청 감사에 제수되었다. 《孝宗實錄 8年 8月 4日》

132 지방관 임무 : 원문의 악목(嶽牧)은 4악과 12목의 합칭으로 요순 시대에 정무와 지방 각국의 제후를 나누어 관장하였다 한다. 후대에 지방관을 의미하게 되었다.

133 감당나무 : 낭발(棠茇)은 삼낭나무 밑에서 머물렀다는 뜻으로, 《시경》 〈감당(甘棠)〉에 "무성한 저 감당나무 가지를, 자르지 말고 베지도 말라, 소백이 머무시던 곳이니라."라고 한 데서 온 말인데, 흔히 관찰사의 어진 정사를 표현할 때 쓰인다.

134 잠송(箴頌)으로……부끄럽네 : 유계가 왕포(王褒)가 했던 것처럼 잠송을 지어 이경억을 격려해야 하는데 글 짓는 재주가 없어 부끄럽다는 말이다. 한 선제(漢宣帝) 때 익주 자사(益州刺史) 왕양(王襄)이 천자의 풍화(風化)를 천하에 알리기 위하여 왕포로 하여금 〈중화(中和)〉, 〈낙직(樂職)〉, 〈선포(宣布)〉 등의 시를 짓게 한 다음, 이를 〈녹명(鹿鳴)〉 시의 가락에 맞춰서 노래하게 했던 고사가 전한다. 《漢書 卷64 王褒傳》 장강(長杠)은 긴 장대 같은 큰 붓〔巨筆如長杠〕이라고 하여 뛰어난 문장을 말한다.

신군필[135]에 대한 만사

挽申君弼

명문가의 영재 일찌감치 문단에 이름 날렸고	華胄英才早擅場
빙호처럼 맑고[136] 계수와 난초처럼 향기로웠네	氷壺淸澈桂蘭香
노중련처럼 강개하여 세상을 피하였고[137]	魯連忼慨逃當世
정백처럼 떠돌아다녀 타향의 나그네 되었네[138]	亭伯流離客異鄕
산에서 나온 외로운 구름 끝내 돌아오지 않고	出岫孤雲終不返
바다로 흘러가는 물은 어찌 그리 바쁜가	奔溟逝水亦何忙
황량한 언덕에 옥수를 깊이 장사 지내니	荒原玉樹深深葬
천고의 명성 뇌양[139]에서 죽음이 원망스럽네	千古風聲怨耒陽

135 신군필(申君弼) : 신익륭(申翊隆, 1602~1657)으로, 본관은 평산(平山), 자는 군필, 호는 호량(濠梁)이다.

136 빙호(氷壺)처럼 맑고 : 빙호는 얼음을 넣은 항아리라는 뜻으로, 옥호(玉壺) 속의 얼음처럼 맑고 고결한 인품을 비유하는 말이다.

137 노중련(魯仲連)처럼……피하였고 : 노중련은 제(齊)나라 고사(高士)이다. 전국시대에 신원연(新垣衍)이 노중련에게 진(秦)나라를 제국(帝國)으로 받들자고 하자 "나는 동해를 밟고 죽을지언정 그렇게 할 수는 없다."라고 하였다. 후에 전단(田單)의 추천으로 봉작을 내리려 하였으나 끝내 거절하고 바닷가에 은거하였다. 《史記 卷83 魯仲連列傳》

138 정백(亭伯)처럼……되었네 : 신익륭의 곤궁함을 최인(崔駰)에게 비유한 것이다. 정백은 후한(後漢) 사람 최인의 자로, 대장군(大將軍) 두헌(竇憲)에게 밉보여 요동(遼東) 장잠현(長岑縣)으로 쫓겨났다. 《後漢書 卷82 崔駰列傳》

139 뇌양(耒陽) : 두보가 벼슬을 버리고 악양을 떠나 방랑하다가 술에 취하여 죽은 곳인데, 여기서는 1657년 신익륭이 죽은 진잠(鎭岑)을 가리킨다. 《宋子大全 卷179 侍直

뜬 인생 갖은 고생하고 노년에 이르니 浮生萬死迫殘年
물가에서 속절없는 세월 탄식하고 싶지 않네 不欲臨流歎逝川
그대 같은 이와 교분 영원히 사라지니 交道似君長已矣
오늘날 한 번 슬퍼함에 거듭 눈물 흐르네 一哀今日重潸然
장원백에게 조문가는 흰 수레에 슬픔 맺히고[140] 悲纒素蓋張元伯
고언선의 거문고 줄 끊어져 원망한다오[141] 怨斷朱絃顧彦先
병든 몸 변변찮은 제물 가지고 장지로 전별하는데 鷄酒病孤蒿里餞
목이 메어 만사 제대로 이루지 못하네 薤歌凄咽不成篇

申公墓碣銘》

140 장원백(張元伯)에게……맺히고 : 장원백은 후한(後漢) 때의 장소(張劭)로, 원백은 자이다. 장소가 범식(范式)과 친하였는데, 서로 멀리 떨어져 있던 중에 장소가 중병이 들어 죽으려 할 때에 범식의 꿈에 나타나서는 "내가 죽게 되어 아무 날에 장사를 지낼 것인데, 그대가 나를 잊지 않았다면 나에게 와 줄 수 없겠는가?" 하였다. 범식은 이 꿈을 꾸고 곧바로 상복을 차려 입고 하얀 휘장의 수레를 타고 장소의 집으로 달려가 장소를 장사 지냈다. 《後漢書 卷81 范式列傳》

141 고언선(顧彦先)의……원망한다오 : 신익륭의 죽음을 거문고 줄에 빗대어 표현한 말이다. 《세설신어(世說新語)》 〈상서(傷逝)〉에 "고언선이 평소에 거문고를 좋아하였는데, 죽고 나자 집안사람들이 항상 거문고를 영상(靈牀) 위에 올려놓았다."라고 하였다.

이사오[142] 경에 대한 만사

挽李士悟 憬

집안에 전해오는 충효 이 세상에 다시 없고	家傳忠孝世應無
공손한 큰 덕을 가진 군자다운 유자였다오	長德逡逡君子儒
병산에서 일찍이 상중에 거처하던 때	當日屛山苫枕早
몇 년이나 왕씨 묘소의 나무 말랐던가[143]	幾年王氏墓林枯
어진 사람에의 보답 인색해 하늘을 믿기 어렵고	仁人報嗇天難必
옥수가 옮겨 무성함은 그 이치 진실이구나	玉樹移繁理不誣
슬프다 음성과 얼굴 긴 밤에 묻혔으니	怊悵音容埋永夜
백발로 교분 두터웠는데 생추도 못 올리네[144]	白頭襟契負生蒭

142 이사오(李士悟) : 이경(李憬, ?~1658)으로, 본관은 연안(延安), 자는 사오이다.

143 왕씨(王氏)……말랐던가 : 진(晉)나라 사람 왕부(王裒)의 아버지 왕의(王儀)가 사마소(司馬昭)에게 억울하게 죽음을 당하였는데, 그 뒤 왕부가 항상 아버지의 무덤을 찾아가 절을 하고 무덤가의 측백나무를 부여잡고 울자 그 눈물에 의해 나무가 말라 죽었다고 한다. 《晉書 卷88 王裒列傳》

144 생추(生蒭)도 못 올리네 : 죽은 이에게 제물(祭物)을 올리지 못했다는 말이다. 생추는 상제(喪祭)에 부조로 보내는 물품을 이른다. 후한(後漢) 때 서치(徐穉)가 곽임종(郭林宗)의 모친이 죽자 조문하러 갔다가 생추 한 다발을 두고 떠났던 고사에서 유래하였다. 《後漢書 卷83 徐穉列傳》

길보가 서울에서 돌아온 뒤 우계 선생의 시를 차운한 시에 차운하다[145]

次吉甫自京還後 次牛溪先生韻

성군은 어진 신하를 얻고자 하지만	聖君思欲得賢臣
산림에서 은자를 찾기 어렵구나	林下殆難見逸人
묻노니 이 한 몸 혼자 즐거움 누리기보다	借問一身聊獨樂
만물과 함께 봄을 즐기는 것이 어떠한가	何如萬彙與同春
고상한 지조로 소매 떨치나 운산은 멀고	高風拂袖雲山遠
과부는 병들어 문을 닫으니 흰머리 새롭구나	嫠病關門雪鬢新
시절의 경물 적막함을 비웃으려는 듯	時物似將嘲寂寞
뜰의 꽃 다투어 웃고 버들은 찡그리네	庭花爭笑柳眉顰

145 길보가……차운하다 : 우계(牛溪) 선생은 성혼(成渾, 1535~1598)으로, 본관은 창녕(昌寧), 자는 호원(浩原), 호는 묵암(默庵)·우계, 시호는 문간(文簡)이다. 성혼의 시는 《우계집(牛溪集)》 권1의 〈산중으로 돌아오다〔還山〕〉이고, 윤선거가 차운한 시는 《노서유고(魯西遺稿)》 권2의 〈상소를 남겨놓고 강을 건너는 길 위에서 감히 파산 시고 속 환산의 운을 따라 짓다〔留疏渡江道上 敢步坡山詩稿中還山韻〕〉이다.

길보가 차례로 방문하고 남겨준 시에 차운하다

次吉甫歷訪留贈韻

쓸쓸히 바라보니 넓은 들 풀빛 무성하고	悵望長郊草色萋
석양에 돌아오는 새 높이 날다 낮게 나네	夕陽歸鳥乍高低
강과 잇닿은 바다 높은 파도 솟구치고	江連碧海層波涌
구름 사이로 드러난 금빛 산 멀리서 가지런하네	雲露金山遠岫齊
어느 곳 흥국사에서 마음을 논하고	何處論心興國寺
어느 때 월파제를 손잡고 거닐까	幾時携手月陂堤
담담히 떠나고자 하는데 몸이 병드니	悠然欲去身仍病
안개 낀 나무 맑은 아지랑이에 꿈도 흐릿하네	煙樹晴嵐夢亦迷

진사 유후익[146]에 대한 만사
挽柳進士 後益

성균관 유생 시절 일찌감치 알려져	芹泮靑衿早見知
임강에서 흰머리로 서로 어울렸다오	林江白首更追隨
자식 잃고 원숭이처럼 창자 끊어져[147] 가련했는데	曾憐哭子猿腸斷
백발 노모와 어찌 이별하리오	忍訣慈顏鶴髮垂
한 곡조 해로가[148]에 아침 이슬 원망스럽고	一曲薤歌朝露怨
몇 소절 이웃집 피리 소리 석양에 슬프구나[149]	數聲隣笛夕陽悲
반평생 교유한 친구 유명을 달리하니	交情半世看存沒
다만 한 잔 술을 흰 장막에 올리네	獨把單杯奠素帷

146 유후익(柳後益) : 1598~? 본관은 문화(文化), 자는 여우(汝虞)이다. 1633년(인조11) 진사시에 합격하였다.

147 원숭이처럼 창자 끊어져 : 원장단(猿腸斷)은 자식의 죽음을 몹시 슬퍼하는 것을 말한다. 환온(桓溫, 312~373)이 촉(蜀)을 공격하러 가는 길에 삼협(三峽)을 지나게 되었는데, 부하 중 한 사람이 원숭이 새끼를 잡아왔다. 어미 원숭이가 강 언덕을 따라오며 떠나가지 않더니, 드디어 배 위로 뛰어올라 곧 숨을 거두었다. 그 원숭이의 배를 갈라 보니, 창자가 마디마디 끊어져 있었다는 고사가 있다. 《世說新語 黜免》

148 해로가(薤露歌) : 해가(薤歌)는 부추 위에 맺힌 이슬처럼 덧없이 지는 인생을 슬퍼하는 노래로, 초상 때 부르던 만가이다.

149 몇……슬프구나 : 죽은 벗을 그리워한다는 뜻이다. 진(晉)나라 상수(向秀)가 전에 살던 산양(山陽) 땅을 지나다 이웃 사람이 부는 피리 소리를 듣고 죽은 벗 혜강(嵇康)과 여안(呂安)을 그리워하는 마음을 금할 수 없어 〈옛 벗을 그리며〔思舊賦〕〉를 지었다는 고사가 있다. 《晉書 卷49 向秀列傳》

길보의 〈석호 가는 도중에 가뭄을 걱정하다〉[150]에 차운하다
次吉甫石湖道上憂旱韻

오랫동안 비 오지 않아 저녁 무지개 바라보니	悶雨經時見夕虹
천문은 심원하여 불러도 통하기 어렵다오	天門窅窱籲難通
백성 소생시키는 세찬 비 전혀 내리지 않고	都無滂霈蘇民澤
가뭄을 퍼뜨리는 회오리바람만 부는구나	只有焚輪駕魃風
상제의 뜻 천하를 잊지 않으셨을 텐데	帝意未應忘宇內
재앙의 기운 온 세상을 가득 메우니 어이할까	兵氛其奈塞寰中
상림의 정성과 감동[151]을 오늘날 다시 보니	桑林精感還今日
천고에 아름다운 징조 어찌 다르리	千載休徵詎異同

150 길보의……걱정하다 : 윤선거의 원시는 《노서유고(魯西遺稿)》 속권1의 〈석호도중우한(石湖道中憂旱)〉이다.

151 상림(桑林)의 정성과 감동 : 은(殷)나라 탕왕(湯王) 때 7년 동안 계속 큰 가뭄이 들었는데, 탕왕이 상림에서 비를 빌면서 여섯 가지 일을 가지고 자책하자 비가 내렸다는 고사가 있다. 《呂氏春秋 順民》

참봉 윤명거[152]에 대한 만사

挽尹參奉溟擧

내상(內喪)을 먼저 당하여 동시에 인장(引葬)하였다.[153]

우열을 가릴 수 없는 종형제들과 교유할 때	群從交游伯仲間
옥가락지같이 빛나는 풍채 가장 사랑스러웠네[154]	最憐風彩映瑤環
젊은 나이에 모두 난새와 봉황처럼 떠나	鸞飛鳳逝俱青鬢
푸른 산에 함께 옥과 구슬처럼 묻히도다	玉瘞珠藏共碧山
빈소에서 울부짖는 아이를 차마 볼 수 있으랴	苫凷忍堪看孺慕
노래자의 옷 입고 누가 다시 어머니 위로하리[155]	萊衣誰復慰慈顏
강호에서 만나자고 약속 한 시 아직 남아있는데	江湖舊約詩猶在
병들어 조문하지 못하고 늙은이 눈물짓네	病負生蒭老淚潸

152 윤명거(尹溟擧) : 1612~1658. 본관은 파평(坡平), 자는 자우(子羽)·우경(羽卿)이다. 1657년(효종8) 제용감 참봉(濟用監參奉)에 임명되었다.

153 내상(內喪)을……인장(引葬)하였다 : 윤명거는 1658년 6월 15일에 별세하였고, 부인 성주 이씨(星州李氏)는 윤명거와 같은 해에 병에 걸려 5월 28일 별세하였다. 《明齋遺稿 卷38 堂叔父參奉府君墓碣銘》

154 옥가락지같이……사랑스러웠네 : 옥환(瑤環)은 훌륭한 자제를 비유한 말로, 윤명거의 풍도를 받아 자제들이 훌륭하다는 말이다. 한유(韓愈)의 〈전중소감마군묘지(殿中少監馬君墓志)〉에 "어린아이가 아름답고 빼어나 옥가락지와 같으며 난초 싹이 돋아난 것 같으니 그 집안에 걸맞는 아이이다."라고 하였다.

155 노래자(老萊子)의……위로하리 : 윤명거가 어머니보다 먼저 죽어서 다시는 효도할 수 없음을 의미한다. 노래자가 70세의 나이에도 색동옷을 입고 부모 앞에서 장난을 하여 부모를 즐겁게 해드렸다. 《小學 稽古》 윤명거의 어머니 남원 윤씨(南原尹氏)는 1663년 80세의 나이로 졸하였다. 《宋子大全 卷195 漢城庶尹尹公墓表》

윤경임[156]의 시에 화운하다

和尹景任韻

같은 곳 살며 도가 같은데 또 같은 병 앓아	同居同道又同痾
소나무 창에서 고요히 마주하니 두 귀밑털 희구나	靜對松窓兩鬢皤
박복한 나는 불우한 인생 달게 여기지만	薄相如吾甘拓落
먼 길 떠나는 그대 때를 잃음이 애석하구려	長途之子惜蹉跎
시절 근심 초조하나 전혀 쓸모없어라	時憂耿耿渾無賴
하늘의 뜻 아득한데 무엇을 하려 하는가	天意茫茫竟欲何
동산의 해바라기 모두 꺾여 가을이 삭막한데	摘盡園葵秋索莫
귀뚜라미 매미가 슬픈 탄식에 화답하네	蛬吟蟬嘒和悲嗟

156 윤경임(尹景任) : 윤형성(尹衡聖, 1608~1676)으로, 본관은 남원(南原), 자는 경임, 호는 기기재(棄棄齋)이다.

세자궁에 올리는 영상시 기해년(1659, 효종10)

世子宮迎祥詩 己亥

이하는 조정으로 돌아온 뒤에 지은 것이다.

새벽종 막 울리면 세자궁에서 문안 인사 올리고　龍樓問寢曉鍾初
세자의 수레 돌아올 때는 고운 햇살 펼쳐지네　鶴駕迴時麗景舒
난초의 옥 같은 싹 온 궁전에 자라고　蘭茁玉芽生合殿
버들의 늘어진 금빛 줄 뜰에 비치도다　柳拖金線映周除
부지런함 우러러 받드니 천심이 절실하고　勤勞仰體天心切
분촌도 항상 아끼니 하루의 시간 여유롭네　分寸常慳日力餘
내시를 불러 계관[157]을 청소시키니　中使宣呼淸桂觀
강관이 일찌감치 서연에 재촉하여 나아가네　講官催進早筵書

157 계관(桂觀) : 한나라 무제(武帝)가 장안(長安)에 지은 궁관(宮觀)의 이름으로, 여기서는 서연(書筵) 장소를 뜻한다.

잠곡 김 상국[158]에 대한 만사

潛谷金相國挽

한 시대의 명신으로 정성이 한결같았으니　一代宗臣斷斷誠
명성 한나라 조정의 고평후[159]와 나란했네　漢廷聲望數高平
어둡고 밝은 세상에서 몸의 궁달 점쳤고　昏明世卜身窮達
출처는 국운에 관계되었네　進退時關國重輕
재상으로 국정 관장함은 백관의 모범이었고　端揆調元儀百辟
나라 안 부세를 고르게 하여 백성들 살렸다오　中邦均賦活群氓
가업 계승해 아름다움 떨침이 창대하니　承家趾美方昌大
왕실에 상서 쌓여 훌륭한 인물 태어나길[160]　京室儲祥望篤生

158 김 상국(金相國) : 김육(金堉, 1580~1658)으로, 본관은 청풍(淸風), 자는 백후(伯厚), 호는 잠곡(潛谷)・회정당(晦靜堂), 시호는 문정(文貞)이다.

159 한(漢)나라 조정의 고평후(高平侯) : 위상(魏相)으로, 자는 약옹(弱翁)이다. 고평후에 봉해졌다. 《漢書 卷74 魏相傳》

160 왕실에……태어나길 : 김육의 손녀가 세자빈에 책봉되었기에 한 말이다. 1651년에 영의정 김육의 손녀이자 세마(洗馬) 김우명(金佑明)의 딸이 세자빈(世子嬪)으로 책봉되었다. 《孝宗實錄 2年 11月 21日》

윤 양양 부사[161]의 부인에 대한 만사

尹襄陽夫人挽

누님이 동서의 덕이 높다고 늘 칭송하였고[162]	家姊常稱姒德尊
나 역시 영공을 친형처럼 섬겼다오	令公吾亦事猶昆
금슬 타듯 화목하게 집안 다스림 익히 알았고	慣知琴瑟眞宜室
뛰어난 인재[163] 집안에 가득함을 기쁘게 보았네	喜見琳琅正滿門
북당에 백발 노모 계시니 차마 견딜 수 있으랴	可忍北堂留鶴髮
남쪽 고을에서 어헌[164] 거두니 길이 슬퍼라	長悲南郡輟魚軒
무덤이 한 번 닫히면 봄빛 엷어지니	佳城一閉春輝薄
무덤가 나무에 까마귀 울어 피눈물 자국 남겠지	墓樹烏啼血着痕

161 윤 양양 부사(襄陽府使) : 윤형각(尹衡覺, 1601~1664)으로, 본관은 남원(南原), 자는 경선(景先)이다. 1655년에 양양 부사(襄陽府使)에 제수되었다. 《承政院日記 孝宗 6年 11月 4日》

162 누님이……칭송하였고 : 유계의 누나가 윤형지(尹衡志)에게 시집갔고 윤형각은 윤형성의 형이다. 그러므로 유계의 누나와 윤형각의 부인은 서로 동서간이다.

163 뛰어난 인재 : 임랑(琳琅)은 미옥(美玉)을 가리키는데, 뛰어난 인재나 진귀한 서적을 비유하는 말로 쓰인다.

164 어헌(魚軒) : 어피(魚皮)로 장식한 부인(夫人)의 수레를 말한다.

이함경의 시에 차운하다

次李咸卿韻

인조[165]께서 승하하시던 당시에 통곡하였는데	金堆當日哭崩天
여러 해 동안 소나무와 측백나무 울창하구나	松柏多年望鬱然
궁궐은 붉은 아지랑이 속에서 의연하고	雙闕依俙丹靄裏
온갖 신령 푸른 산 주변을 둘러싸고 있네	百靈環擁翠微邊
용이 날아간 정수[166]에는 구름 흔적 없고	龍飛鼎水雲無迹
봉황 떠난 주구[167]의 고사만이 전하네	鳳逝珠丘事獨傳
헤아려 보건대 천추토록 산 아래의 길	料得千秋山下路
행인들 패릉[168] 앞에 길이 절하리라	行人長拜霸陵前

위는 〈장릉(長陵)〉에 화운하였다.

백운봉 아래 푸른 시냇가에	白雲峯下碧溪濱
단청한 옛 사당 유달리 새롭구나	遺廟丹靑特地新

165 인조(仁祖) : 금퇴(金堆)는 제왕의 능묘를 뜻하는 금속퇴(金粟堆)의 준말로, 여기서는 인조의 능인 장릉(長陵)을 가리킨다.

166 용이 날아간 정수(鼎水) : 정수는 정호(鼎湖)이다. 상고 시대에 황제(黃帝)가 형산(荊山)의 정호에서 솥을 주조하여 완성하자 하늘에서 용이 내려와 황제를 태우고 승천하였다고 한다. 《史記 卷28 封禪書》

167 봉황 떠난 주구(珠丘) : 주구는 구슬처럼 솟아오른 언덕이란 뜻으로 순(舜) 임금의 묘소를 형용한 말인데, 곧 왕이나 후비(后妃)의 능묘를 뜻한다.

168 패릉(霸陵) : 한(漢)나라 문제(文帝)의 능으로, 여기서는 장릉을 가리킨다.

구곡의 경치가 깨끗한 세계를 꾸미고	九曲風煙裝淨界
백 년 된 향초와 여지로 밝은 신 받드네	百年椒荔奉明神
인심은 본디 선악이 나뉘지만	人心固爾分邪正
이 도는 어찌 굽히고 펴짐이 있으리오	此道何嘗有屈伸
배견와 위에 뜬 달 바라보나니	怊悵拜鵑窩上月
산새도 절로 군신의 의리 알았네[169]	山禽也自識君臣

위는 〈옥병(玉屛)〉에 화운하였다.

169 배견와(拜鵑窩)……알았네 : 배견와는 사암(思菴) 박순(朴淳, 1523~1589)이 관직에서 물러나 경기도 영평(永平) 백운산(白雲山)의 창옥병(蒼玉屛) 위에 지은 집의 이름이다. 배견은 두견새에게 절한다는 뜻으로, 흔히 임금을 그리워하는 마음을 뜻한다. 두보(杜甫)가 촉(蜀)에서 지은 〈두견(杜鵑)〉에 "두견새가 늦은 봄 날아와서, 슬프게 내 집 곁에서 울었지. 내가 보고 항상 재배했나니, 옛 망제의 넋임을 존중해서였네."라고 하였다.

능천군 구 상국[170]에 대한 만사

綾川具相國挽

문무의 명가로 우리나라에 으뜸이고	文武名家冠海東
상공의 풍모와 기개는 영웅호걸이라네	相公風槩更豪雄
병법[171]은 일찍이 조정의 중망 독차지하였고	韜鈐早擅當朝望
이정에 욕일의 공 길이 드리웠다오[172]	彝鼎長垂浴日功
태위가 군대를 맡으니 유씨가 안정되었고[173]	太尉掌兵劉氏定
장군이 머리 조아리니 한나라 조정 비었구나	將軍叩首漢庭空
많은 사람들 고취시켰던 용양 장군[174] 장례 치르매	千群鼓吹龍驤葬

170 구 상국(具相國) : 구인후(具仁垕, 1578~1658)로, 본관은 능성(綾城), 자는 중재(仲載), 호는 유포(柳浦), 시호는 충무(忠武)이다. 인조반정에 가담하여 정사 공신(靖社功臣) 2등으로 능천군(綾川君)에 봉해지고 뒤에 좌의정에 올랐다.

171 병법 : 도검(韜鈐)은 《육도(六韜)》와 《옥검편(玉鈐篇)》을 합칭하여 말한 것인데, 이 둘은 병서의 대명사로 불린다.

172 이정(彝鼎)에……드리웠다오 : 이정은 종묘 제기의 하나인 술그릇과 솥으로, 큰 공이 있으면 이정에 그 사실을 새겨 두었다고 한다. 욕일(浴日)은 중국의 고대 신화에 희화(羲和)가 감연(甘淵)에서 해를 목욕시켜 가뭄을 막았다는 전설에서 유래하였는데, 국가에 큰 공이 있음을 말한다.

173 태위(太尉)가……안정되었고 : 구인후를 태위 주발(周勃)에 비유하여 나라를 안정시켰음을 나타낸 말이다. 한 고조(漢高祖) 유방(劉邦)이 "우리 유씨(劉氏)를 안정시킬 자는 필시 주발일 것이니, 그를 태위로 삼아라."라고 유언하였는데, 그 말대로 나중에 주발이 여씨(呂氏)의 모반을 평정하여 유씨의 천하를 안정시켰다. 《史記 卷8 高祖本紀》

174 용양 장군 : 왕준(王濬, 206~285)으로, 자는 사치(士治)이다. 서진(西晉) 홍농

임금이 시종 애영의 은혜 갖추었네[175] 聖主哀榮備始終

(弘農) 사람으로 익주 자사(益州刺史)를 지냈다. 오(吳)나라를 치자고 무제(武帝)에게 건의하여 미리 누선(樓船)을 제조해 두었다가 오왕(吳王) 손호(孫皓)를 사로잡고 오나라를 멸하였다. 《晉書 卷42 王濬列傳》

175 임금이……갖추었네 : 임금이 신하에 대해서 생전과 사후 모두 영광스럽게 되도록 해 주었다는 말인데, 《논어》 자장(子張)의 "살아서는 사람들이 모두 존경하고 죽어서는 사람들이 모두 애통하게 여긴다.〔其生也榮, 其死也哀.〕"라고 한 데에서 유래하였다.

북관 절도사 권자명[176] 우 을 전송하다

送北關節度權子明 堣

성명께서 밤낮으로 변경의 일 마음 쓰시니	聖明宵旰軫邊封
파목이 뜻밖에 대궐에서 나왔구나[177]	頗牧居然出禁中
처음 소사마에서 품계 승진하여	進秩初從小司馬
새로이 큰 교룡기 앞세우네	前旂新換大交龍
흰 눈 내린 하늘 잇닿은 산은 무거움 더하고	連天白雪山增重
바다로 둘러쌓인 번진은 더욱 웅장하네	遶郭滄溟鎭更雄
관새에 전란의 위험 영원히 사라질 테니	關塞永無傳箭警
전쟁을 그치고 봄 농사를 권면하리라	且休戈甲勸春農

176 권자명(權子明) : 권우(權堣, 1610~1675)로, 본관은 안동(安東), 자는 자명(子明), 호는 동곡(東谷)이다. 1659년 북병사(北兵使)에 제수되었다. 《孝宗實錄 10年 3月 25日》

177 파목(頗牧)이……나왔구나 : 파목은 전국 시대 조(趙)나라의 뛰어난 명장인 염파(廉頗)와 이목(李牧)으로, 문무(文武)를 겸비한 조정의 시종신(侍從臣)을 뜻한다. 여기서는 권우가 염파와 이목처럼 뛰어난 신하라는 의미이다.

영릉[178]에 대한 만장 기해년(1659, 효종10)
寧陵挽章 己亥

천년 역사 동방에서 성군과 성군이 계승하니[179] 千載東韓聖聖承
두 조정의 융성한 국운 중흥을 이룩하셨네 兩朝熙運屬中興
요순의 도 귀하게 여겨 거듭 빛남에 합치되니[180] 唐虞道貴重華協
주와 한의 정치로 칭송되며 대대로 이어졌지요[181] 周漢治稱奕葉仍
만물이 밝아지려다 도리어 해가 지고 品物將明還日沒
여러 형태 막 변화되는데 갑자기 하늘 무너졌지요 群形初化奄天崩
생민들 부여잡고 통곡하는 마음 절절하여 含生普切攀號痛
교산[182]의 만세릉에 곡하며 전송합니다 哭送喬山萬歲陵

지극한 효는 황왕인 순 임금과 문왕 받드니 至孝皇王推舜文

178 영릉(寧陵) : 조선 제17대 왕 효종(孝宗, 1619~1659)의 능호이다.

179 성군과 성군이 계승하니 : 효종이 인조를 계승하였음을 말한다.

180 요순(堯舜)의……합치되니 : 두 왕조가 요와 순처럼 앞 임금의 광명한 정치를 뒤 임금이 잘 계승하였다는 의미이다. 《서경》 〈순전(舜典)〉에 "옛날 순 임금을 상고하건대, 거듭 빛남이 제요에게 합치되었다.〔曰若稽古帝舜, 重華協于帝.〕"라고 하였다.

181 주(周)와……이어졌지요 : 선대를 이어 어진 정치를 베푸는 것을 비유한 말이다. 혁엽(奕葉)은 누세(累世)의 뜻으로, 왕실이 대대로 어진 인재를 배출했음을 말한다. 위나라 조식(曹植)의 〈왕중선뢰(王仲宣誄)〉에 "그대의 부친은 대를 이어 시대를 보좌했네.〔伊君顯考, 奕葉佐時.〕"라고 하였다.

182 교산(喬山) : 옛날에 황제(黃帝)를 장사 지낸 곳으로, 전하여 임금의 능이 있는 산을 이른다.

동일한 선후의 도리 여기에 있습니다	後先同揆道斯存
높은 명예 뛰어나 삼종[183]의 위이셨고	高名軼駕三宗上
묘호를 올리니 모든 행실의 근원이었지요	大號尊崇百行源
우애 깊어 어느 해에 베개와 이불 함께 덮으셨나[184]	花蕚何年聯枕被
왕대비께 얼마나 아침저녁으로 봉양하셨던가[185]	春暉幾日奉晨昏
만세의 인륜에 모범을 드리우시니	人倫萬世垂模範
영원히 남아 후손의 법도가 되나이다	留與無窮式後昆

성학의 연원 한 계통으로 전하였고	聖學淵源一統傳
생이지지의 명철함 홀로 천리를 보존하셨네	生知睿哲獨全天
공을 더함은 우선 마음 보존함에 치밀하셨고	加功最向存心密
힘을 씀은 먼저 마음을 바르게 함에 전념하셨지	着力先於直內專
경 공부는 계속하여 밝히기를 항상 독실히 하셨고	敬到緝熙恒慥慥

183 삼종(三宗) : 《서경》 〈무일(無逸)〉에 나오는 은(殷)나라의 중종(中宗) · 고종(高宗) · 조갑(祖甲)을 이른다. 이들은 정치를 잘하여 나라의 운수를 누린 것이 각각 75년, 59년, 33년이었다.

184 우애……덮으셨나 : 효종이 형제간에 화목하여 베개와 이불을 함께 베고 덮었다는 말이다. 《시경》 〈상체(常棣)〉에 "아가위 꽃송이 활짝 피어 울긋불긋, 지금 어떤 사람들도 형제만 한 이 없구나.〔常棣之華, 鄂不韡韡, 凡今之人, 莫如兄弟.〕"라고 한 데에서 유래하였다.

185 왕대비께……봉양하셨던가 : 원문의 춘휘(春暉)는 부모의 은혜를 비유하는 말이다. 당(唐)나라 시인 맹교(孟郊)의 시에 "어느 누가 한 치의 풀 같은 마음이 있더라도 봄별의 따스함을 갚을 수 있겠습니까.〔誰言寸草心, 報得三春暉.〕"라는 말이 나오는데, 주희(朱熹)의 주에 "봄별〔春暉〕은 온화한 기운이니 초목(草木)을 길러내므로 자모(慈母)에 비한 것이다."라고 하였다. 《唐音 卷12 遊子吟》

정성은 끊어짐 없이 부지런히 힘쓰셨네　誠無間斷尙乾乾
금화전에서 영구를 옮기니　金華講殿移靈殯
삼시에 다시는 법연을 열 수 없겠네요[186]　無復三時敞法筵

황천을 대하여 자식처럼 공손히 섬기고　對越皇天子事恭
백성을 품어줌은 어머니 사랑처럼 높으셨네　懷綏黎庶母慈隆
상림에서 마른 곡식 소생시킬 비 즉시 내렸고[187]　桑林捷應蘇枯雨
서민들에게 더위 식히는 바람 고루 부쳐 주셨네[188]　蔀屋均覃扇暍風
때가 순조로워 경사와 태평 회복하기를 기약하고　時若方期回慶泰
화합하여 장차 편안과 풍요를 누릴 것 같았는데　人和將見享安豐
하늘이 보우하지 않으니 끝내 호소하기 어려워라　蒼穹不弔終難籲
먼 산골짜기 사는 백성은 끝없이 통곡할 뿐입니다　山谷遐氓痛未窮

정무에 늘 마음 쓰는 어려움 다하시어　萬幾恒軫寸心艱
십 년 동안 하루도 한가한 날 없으셨지[189]　十載曾無一日閑

186 삼시(三時)에……없겠네요 : 삼시에 법연을 연다는 것은 조강(朝講)·주강(晝講)·석강(夕講)을 말한다.

187 상림(桑林)에서……내렸고 : 은(殷)나라 탕왕(湯王) 때 7년 동안 계속 큰 가뭄이 들었는데, 탕왕이 상림에서 비를 빌자 비가 내렸다는 고사(故事)가 있다. 《呂氏春秋 順民》

188 서민들에게……주셨네 : 옛날 주 무왕(周武王)이 더위에 지친 사람을 나무 그늘에 뉘어 놓고 부채로 부쳐 더위를 식혀 주었다. 《淮南子 人間訓》

189 십 년……없으셨지 : 효종이 재위기간(1649~1659) 10년 동안 늘 정무에 바빴다는 말이다.

몇 번이나 아침밥 거르고 고단히 생각하셨나　幾輟朝飡勞睿想
늘 밤잠 못 이루니 용안은 수척하시었지　長抛丙枕瘦威顔
드날리어 임금의 위령 실추시키지 않고　張皇不遺王靈替
신중한 형벌[190]로 은택을 반포하게 하셨다오　欽恤常敎霈澤頒
마지막 유명 곡진한 뜻 다 말하지 못하시어　玉几丁寧未盡意
다시 병풍에 빈아의 노래 남겨 놓으셨네[191]　更留豳雅在屛間

하늘이 깊은 근심 성상께 주었는데　天遣殷憂啓聖躬
처음부터 끝까지 당당히 뜻을 한결같이 하셨네　堂堂一志始仍終
강약에 스스로 흥폐를 관련짓지 않으시고　强羸自不關興廢
도와 의리에 어찌 공리를 따지셨겠는가　道義何嘗計利功
원영에서 대려를 가져옴을 거의 보았으니[192]　庶見元英回大呂
성대한 왕업이 동방에서 으뜸임을 우러르네　爭瞻盛業冠吾東

190 신중한 형벌 : 흠휼(欽恤)은 형벌을 신중하게 씀을 말한 것으로, 《서경》 〈순전(舜典)〉의 "공경하고 또 공경하여 신중하게 형벌을 행한다.〔欽哉欽哉, 惟刑之恤哉.〕"라고 한 데서 나왔다.

191 병풍에……놓으셨네 : 훌륭했던 교화와 왕업의 어려움에 대해 남겨 놓아서 후대 임금을 경계시켰다는 의미이다. 빈아(豳雅)는 《시경》 〈빈풍(豳風) 칠월(七月)〉을 말하는데, 서두 부분에 "주공(周公)이 섭정할 때에, 마침내 후직(后稷)과 공류(公劉)의 교화를 서술하여 시 한 편을 지어 성왕(成王)을 경계시켰다."라고 하였다.

192 원영(元英)에서……보았으니 : 병자호란으로 청나라에게 굴복했던 치욕을 효종의 북벌 노력으로 거의 씻을 수 있었다는 말이다. 원영은 춘추 시대 연(燕)나라의 궁전 이름이고, 대려(大呂)는 제(齊)나라의 대종(大鐘) 이름이다. 연 소왕(燕昭王)이 악의(樂毅)를 시켜서 제나라 성을 함락시키고 제나라의 대려를 가져와 원영궁에 설치하였다. 《史記 卷80 樂毅列傳》

청색 상자 속 좋은 시 주아[193]와 나란하니　　青箱袞筆參周雅
〈상무〉의 공 비궁에 올려야 합니다[194]　　常武端宜薦閟宮

자나 깨나 당시의 제일류 명사를 갈망하여　　寤寐當時第一流
예를 다해 산림을 빛내셨지　　弓旌玉帛賁林丘
원로를 높이 등용하여 큰 업을 열으시고　　登崇元老開鴻業
명유를 중용하여 큰 계책 빛내셨네　　密勿名儒煥大猷
옛 도에 눈을 떠 지금 세상에 보이고　　古道刮眸今世見
초심을 손바닥 보듯 만년에 거두셨지　　初心指掌晚年收
경륜을 반도 못 이루시고 중도에 떠나셨지만　　經綸未半中途恨
계책을 남겨 공경하는 아들을 편하게 하셨네[195]　　豐芑猶貽燕翼謨

보잘것없는 소신의 죄 죽어 마땅한데　　小臣無狀罪當誅
죽은 목숨 다시 살려 주셨습니다　　肉骨回生萬死餘

193 주아(周雅) : 주나라 아악(雅樂)이라는 뜻으로, 《시경》의 소아(小雅)와 대아(大雅)를 말한다.

194 상무(常武)의……합니다 : 효종의 공이 수 선왕(周宣王)에게 비견될 정도로 크다는 의미로, 효종이 북벌을 계획했기 때문에 한 말이다. 〈상무〉는 《시경》의 편명으로, 주 선왕이 군대를 거느리고 회수 북쪽의 오랑캐를 정벌한 것을 소목공(召穆公)이 찬미하는 내용이다. 비궁(閟宮)은 원래 주대(周代) 노(魯)나라에 있던 사당 이름으로 종묘의 별칭이다.

195 계책을……하셨네 : 자손에게 많은 복록을 전하고 자손의 미래를 위해 계책을 잘 세우는 것을 의미한다. 《시경》 〈문왕유성(文王有聲)〉에 "풍수(豐水)에 기(芑)라는 풀이 있으니, 무왕이 어찌 이곳에서 일하지 않으시리오. 후손에게 계책을 남겨 두어 공경하는 아들을 편안케 하셨다."라고 한 데서 나온 말이다.

경연에서 외람되이 고문의 자리 오르고	經幄猥叨承顧問
조정에서 훌륭한 계책 보좌했지요	廟廊仍忝贊訏謨
하늘을 우러러 탄식하지만 미치기 어려워라	雲天仰望嗟難及
견마의 충성 앞장서 바치지 못해 한스럽습니다	狗馬先驅恨不如
번쩍번쩍 의장대 새벽에 이동하니	羽衛煌煌侵曉動
백발의 이 몸 울부짖으며 눈물 흘립니다	白頭號絶血沾濡

연양군 이 상국[196]에 대한 만사

延陽李相國挽

대의와 충성 부자가 모두 갖추니	大義精忠父子俱
몸소 어가 모시고 서울로 올라가셨네	親扶日轂上天衢
병법과 유자의 행실 지금 어디에 있는가	戎韜儒行今何有
공업과 맑은 명성 옛날에도 없었다오	勳業淸名古亦無
곽령은 오랫동안 당의 무략 넓혔고[197]	郭令久恢唐武略
강후는 끝까지 한의 문치를 도왔네[198]	絳侯終贊漢文謨
세 조정 섬기면서 슬픔과 영화 지극했는데	三朝存沒哀榮極
만세토록 웅대한 포부 무덤에 묻히누나	萬世佳城閉壯圖
남한산성에서 당시의 난리 시끄러웠는데	南漢當年亂卒讙
서영에서 동요하지 않고 산처럼 근엄했네[199]	西營不動儼如山

196 이 상국(李相國) : 이시백(李時白, 1581～1660)으로, 본관은 연안(延安), 자는 돈시(敦詩), 호는 조암(釣巖), 시호는 충익(忠翼)이다. 연평부원군(延平府院君) 이귀(李貴, 1557～1633)의 아들이다. 연양군(延陽君)은 이시백의 봉호(封號)로 정사 공신(靖社功臣) 2등에 녹훈되어 1624년에 추봉되었다. 《仁祖實錄 2年 6月 11日》 이시백은 1654년에 영의정에 제수되었다. 《孝宗實錄 5年 9月 6日》

197 곽령(郭令)은……넓혔고 : 곽령은 당(唐)나라 곽자의(郭子儀, 697～781)로, 숙종(肅宗) 때 안녹산(安祿山)과 사사명(史思明)의 난을 평정하여 왕실 중흥에 큰 공을 세워 분양왕(汾陽王)에 봉해졌다. 곽 분양(郭汾陽)・곽 영공(郭令公)이라고 불린다.

198 강후(絳侯)는……도왔네 : 강후는 한(漢)나라 주발(周勃, ?～기원전 169)의 봉호로, 여씨(呂氏)들이 모반하였을 때 이들을 평정하여 한실(漢室)을 안정시켰다.

얼음성에서 삽을 잡아 온몸이 초췌했고	氷城杖鍤身全瘁
밤 성가퀴에서 예봉 꺾어 나라가 다시 평안해졌네	夜堞摧鋒國再安
시종 완전한 명성은 장상을 겸했으며	終始完名兼將相
평생 청백한 지조로 이험을 하나로 여기셨지	平生素節一夷艱
임금에게 충성하는 생각 다하지 못하여	拳拳未盡忠君念
반쯤 남긴 소장에 충성심 가득하셨다오	半稿遺章斗血丹

199 서영(西營)에서……근엄했네 : 이시백은 병자호란 당시 남한산성 서쪽 성〔西城〕의 장수가 되어 방어하였다. 《宋子大全 卷160 延陽府院君李公神道碑銘》

연경으로 가는 익평 홍 도위를 전송하다[200]

送益平洪都尉赴燕

아득히 이는 모래먼지 큰 황야에 접하고	莽莽塵沙接大荒
계문[201]엔 이른 봄에도 바람서리 매섭다오	薊門春早尙風霜
연경 관문은 남으로 통하는 길 막히지 않아	燕關未隔通南路
공보가 북쪽으로 사신 가는 행장 차렸네[202]	共父猶治使北裝
젊은 날의 멋진 유람 진실로 나쁘지 않지만	少日壯遊眞不惡
먼 길에 좋은 경치 얼마나 마음 아프게 할까	長途好景幾添傷
만일 개백정으로 슬픈 노래하는 객을 만나거든	如逢屠狗悲歌客
천금을 풀어서라도 한 잔 술 받들게나[203]	爲破千金奉一觴

200 연경(燕京)으로……전송하다 : 홍 도위(洪都尉)는 홍득기(洪得箕, 1635~1673)로, 본관은 남양(南陽), 자는 자범(子範), 호는 월호(月湖), 시호는 효간(孝簡)이다. 1649년(인조27)에 당시 세자이던 효종의 둘째 딸 숙안군주(淑安郡主)와 혼인하여 익평 부위(益平副尉)에 봉해졌다가 효종이 왕위를 이어받은 뒤에 품계가 올라 도위(都尉)가 되었다. 《西溪集 卷12 益平尉洪公神道碑銘》 홍득기는 1659년 사은사(謝恩使)에 제수되었다. 《承政院日記 顯宗 卽位年 11月 15日》

201 계문(薊門) : 계구(薊丘)라고도 하며 북경(北京) 덕승문(德勝門)의 서북쪽 지역으로, 춘추전국 시대 연(燕)나라 땅이다.

202 공보(共父)가……차렸네 : 공보는 송(宋)나라의 유공(劉珙, 1122~1178)으로, 자는 공보, 시호는 충숙(忠肅)이다. 유공의 조부인 유겹(劉韐)이 금나라에 맞서 싸우다가 전사하였는데, 유공은 조부를 죽게 한 금(金)나라에 사신 가는 일을 회피하지 않았으며 죽을 때 나라의 치욕을 갚지 못해 한이 된다고 하였다. 여기서는 병자호란의 치욕을 풀고자 하는 심정을 유공에게 빗대어 말한 것이다.

203 만일……받들게나 : 조선의 많은 사신들이 청나라에 사신으로 갈 때 연(燕)나라

태자 단(丹)・형가(荊軻)・고점리(高漸離)의 고사를 인용하여 병자호란의 치욕을 풀어내고자 하는 강개한 마음을 나타내었는데, 유계 또한 이 구절을 통해 이러한 심정을 드러내는 동시에 명나라의 패망을 안타까워한 것이다. 전국 시대에 자객 형가가 축(筑)을 잘 연주하던 개백정 고점리와 절친하여 날마다 어울리며 술을 마시고 비장한 노래 부르기를 즐겼는데, 태자 단의 부탁을 받고 형가와 고점리가 진왕(秦王)을 죽이려고 진(秦)으로 갔다가 뜻을 이루지 못하고 죽임을 당하였다. 《史記 卷86 荊軻》

정 박승휴[204]에 대한 만사

挽朴正 承休

한 살 터울로 같은 해에 함께 합격하였고[205]	生差一歲榜同年
인척으로 교제한 정은 형제 같았다오	戚誼交情兄弟然
큰 덕 있으면서 단명하여 돌아갈 줄 누가 알았으랴	長德誰知還短世
맑은 조정에서 당대의 현인 잃어 애석해하네	清朝共惜失時賢
호운은 아득한데 새로운 명정 돌아가고	湖雲迢遞新旌返
산기슭 황량한데 옛 자취 옮기었네	嶽麓荒涼舊迹遷
쓸쓸한 이 천지에 나도 이미 늙었으니	牢落乾坤吾已老
차마 눈물 흘리며 애도의 글 짓는다오	忍和殘淚寫哀篇

204 박승휴(朴承休) : 1606~1659. 본관은 밀양(密陽), 자는 자미(子美)이다. 1656년 제용감 정(濟用監正)에 제수되었다. 《承政院日記 孝宗 7年 2月 4日》

205 한……합격하였고 : 박승휴는 1606년생이고 유계는 1607년생으로 한 살 터울이다. 박승휴와 유계는 1630년 진사시에 함께 합격하였다.

생원 조위에 대한 만사

挽趙生員 暐

보통 사람과 다른 그대의 기개 장하여라　多君氣槩異凡曹
젊어서 교분 맺은 뒤로 반백이 되었구나　結髮論交到二毛
반평생 부침을 겪으면서도 정리가 유독 두터워　半世顚沈情獨厚
노년에 호해에서 지내자던 약속 굳게 했었지　暮年湖海約曾牢
변화하는 뜬구름처럼 모이고 흩어짐을 늘 근심하고　常愁聚散浮雲變
도도히 흐르는 물처럼 존망을 차마 견딜 수 있으랴　可耐存亡逝水滔
훗날 돌아가 만년을 보낼 임천에서　他日林鄕歸老地
누구와 함께 다정한 눈길로 막걸리 마실까　共誰靑眼醉村醪

청주 목사 한덕급[206]에 대한 만사

挽韓淸州 德及

상국[207]은 높은 공훈과 성대한 덕 모두 갖췄고	相國崇勳盛德俱
집안 이은 맏아들은 모범 보이셨네	承家冑子見型模
사람들 부친 이어 습봉된 높은 벼슬 흠모하였고	人欽尊爵重茅襲
하늘이 팔순 넘는 많은 수명 주셨다오	天與高年八袠踰
회혼의 경사 돌아오니 부부의 귀밑털 하얗고	牢巹慶回雙鶴髮
집안의 광영 오동나무에 난새 몇이던가[208]	門闌光映幾鸞梧
멋스러운 풍치 갑자기 천고의 객 되시니	風流奄忽成千古
재배하고 만사 지으매 눈물 절로 흐르네	再拜哀章涕自濡

206 한덕급(韓德及) : 1577~1660. 본관은 청주(淸州), 자는 득지(得之)이다. 문음으로 벼슬하여 청주 목사 등을 지냈다. 《宋子大全 卷166 淸寧君韓公神道碑銘》

207 상국(相國) : 한덕급의 부친 한응인(韓應寅, 1554~1614)으로, 본관은 청주, 자는 춘경(春卿), 호는 백졸재(百拙齋)·유촌(柳村)이다.

208 집안의……몇이던가 : 뛰어난 자제들이 많다는 말이다. 한유(韓愈)의 글에 "푸른 대나무와 푸른 오동나무에 난새와 고니가 우뚝 멈추어 서 있는 듯하니, 능히 그 가업을 지킬 만한 분이었다."라고 하였다. 《古文眞寶 後集 卷4 殿中少監馬君墓銘》

감사 홍위[209]에 대한 만사

挽洪監司 葳

사우들 모두 낙정[210]의 어짊을 칭송했는데 師友兼推樂靜賢
그대도 낙정과 매우 비슷하여 배나 사랑스러웠지 看君酷似倍相憐
상서로운 기린과 봉황 원래 세상에 드물고 祥麟瑞鷟元希世
홍문관과 승정원을 모두 젊은 나이에 거쳤지 玉署銀臺摠妙年
연하가 감싼 독서당은 물색이 새로웠고 煙鎖湖堂新物色
풍도 남긴 영남에서 예전에 감사 지냈네 風留嶺服舊巡宣
준걸이 모두 황천에 묻힘을 상심하여 傷心俊彦俱泉壤
세상에 남겨진 백발 늙은이 홀로 눈물 흘리누나 白首人間淚獨懸

209 홍위(洪葳) : 1620~1660. 본관은 남양(南陽), 자는 군실(君實), 호는 청계(淸溪)·창람(蒼嵐)이다.《宋子大全 卷184 慶尙監司贈判書洪公墓誌銘》 1658년 경상 감사(慶尙監司)에 제수되었다.《孝宗實錄 9年 5月 25日》

210 낙정(樂靜) : 조석윤(趙錫胤, 1606~1655)으로, 본관은 배천(白川), 자는 윤지(胤之), 호는 낙정, 시호는 문효(文孝)이다. 홍위의 스승이자 외삼촌이다.

좌윤 조흡[211]에 대한 만사

挽趙左尹 潝

훌륭한 덕 공손하여 명예 구하지 않았는데	長德逡逡不要名
포의 시절 도리어 공신으로 책훈되었네	布衣還自策勳盟
여덟 성 은택 남기어 백성들 칭송의 노래 부르고	八城遺澤民歌詠
이품으로 승진하여 나라의 노성한 신하 되었지	貳秩增封國老成
괴나무 가득한 집에 후손의 경사 이어지고[212]	槐滿家庭延後慶
버들 푸른 서울에서 가는 명정 전송하네[213]	柳靑京兆送歸旌
쓸쓸한 집엔 친척과 손님들 흩어지니	凄涼門館親賓散
누가 좋은 술 한 잔 가득 채워 올릴까	誰盡單觴綠酒盈

211 조흡(趙潝) : 1591～1661. 본관은 풍양(豐壤), 사는 흡여(潝如), 시호는 경목(景穆)이다. 《宋子大全 卷161 豐安君趙公神道碑銘》 1655년 한성부 좌윤(漢城府左尹)에 제수되었다. 《承政院日記 孝宗 6年 9月 19日》

212 괴(槐)나무가……이어지고 : 송(宋)나라 초기의 명신(名臣) 왕호(王祜)가 일찍이 자기 집 뜰에 삼공(三公)을 상징하는 세 그루의 괴나무를 심고는 "내 자손 중에 삼공이 되는 자가 반드시 나올 것이다."라고 예언했는데, 그 후 과연 그의 아들 왕단(王旦)이 진종(眞宗) 때에 18년 동안이나 명상(名相)을 했던 고사에서 온 말로, 전하여 훌륭한 자손이 나왔다는 의미이다.

213 버들……전송하네 : 조흡이 한성에서 고향으로 반장(返葬)하는 것을 말한다.

사간 심동귀[214]에 대한 만사

挽沈司諫 東龜

백번 단련한 강직이요 만 번 급제할 글이니	百鍊之剛萬中文
맑은 조정에서의 명성 외로이 나는 봉황 같았네	淸朝聲望鳳孤騫
바람에 꽃이 날려 떨어지니 어찌 자리를 용납하랴	風花飄落那容席
하늘에 해 높이 걸렸는데 동이를 뒤집어썼네[215]	天日高懸獨戴盆
두 세대 죄인의 명부에 오른 한 씻지 못하고[216]	兩世未湔丹籍恨
지하에 원통한 기운 영원히 묻히는구나	重泉長掩紫氛冤
평소 송옥의 슬픈 정서 있으나[217]	平生宋玉哀情在
사부 지어 초수의 혼 부르기 어려워라	詞賦難招楚水魂

214 심동귀(沈東龜) : 1594~1660. 본관은 청송(靑松), 자는 문징(文徵), 호는 청봉(晴峰)이다. 《宋子大全 卷161 豐安君趙公神道碑銘》 1637년 사간(司諫)에 제수되었다. 《仁祖實錄 15年 9月 17日》

215 하늘에……뒤집어썼네 : 심동귀가 당한 억울한 상황을 피력할 수 없음을 말한 것이다.

216 두……못하고 : 《효종실록》 6년 6월 5일 기사에 "나라를 판 죄인 심즙(沈諿)은 관작을 추탈하여 그 악을 징계하고, 전 사간 심동귀는 심즙의 아들로서 벼슬아치의 열에 끼어 둘 수 없으니 사판에서 삭제하여, 나라를 파는 자에 대한 경계로 삼으라."라는 기록이 실려 있다.

217 평소……있으나 : 송옥(宋玉)은 전국 시대 초(楚)나라의 시인으로, 자는 자연(子淵)이며, 굴원(屈原)의 제자이다. 〈구변(九辯)〉, 〈초혼(招魂)〉, 〈비추부(悲秋賦)〉 등 슬픈 정서를 띈 사부(辭賦)를 잘 지었다.

참판 신익전[218]에 대한 만사

挽申參判 翊全

집안에 전해 온 시와 예는 청전[219]이고	傳家詩禮卽靑氈
위두의 높은 문은 하늘과의 거리 가깝네[220]	韋杜門高尺五天
시문은 겸손한 가운데 오묘함 간직하였고	詞翰妙藏沖晦裏
명성은 여러 관직 거치기 전부터 대단했지	聲名重在歷敭前
풍파에도 빈 배 전복됨을 보지 못했고	風波不見虛舟覆
고난에 지조 온전히 지켰음을 알겠네	艱險方知素履全
어찌해야 이 사람과 다시 한 시대를 같이 할까	安得斯人更竝世
백년 인생 늘그막에 눈물만 줄줄 흘리네	百年衰涕一潸然

218 신익전(申翊全) : 1605~1660. 본관은 평산(平山), 자는 여만(汝萬), 호는 동강(東江)·화천(花川)이다. 신익전은 1650년 46세 때 호조 참판에 제수되었고, 그 뒤로 예조·병조·형조의 참판을 두루 거쳤다.

219 청전(靑氈) : 선대(先代)로부터 전해진 가문의 유업이나 유물을 가리킨다. 진(晉)나라 왕헌지(王獻之)의 집에 도둑이 들어 물건을 훔치려 할 적에 "도둑아, 그 청전은 우리 집안의 오래된 물건이니 그것만은 놔 두어라."라고 한 고사에서 유래하였다. 《晉書 卷80 王獻之列傳》

220 위두의……가깝네 : 척오천(尺五天)은 문이 하늘에 닿을 만큼 높이 솟아 하늘과 가깝다는 의미인데, 여기서는 신익전의 집안이 위씨와 두씨처럼 높은 문벌이라는 말이다. 당(唐)나라 때 위씨(韋氏)와 두씨(杜氏)가 대대로 귀족이어서 당시 사람들이 "성남쪽의 위씨와 두씨는 하늘과의 거리가 한 자 다섯 치일 뿐이다.〔城南韋杜, 去天尺五.〕"라고 한 데서 온 말이다. 《山堂肆考 卷26 城南韋杜》

옥당에서 숙직할 때 야대가 끝난 뒤 술을 하사해 주셨기에 동료들과 각각 율시 한 수를 지었다
直玉堂 夜對罷後 仍有賜酒之擧 與同僚各成一律

외람되이 편전에서 하루 세 번 모시는데	叨陪便殿日三筵
한밤중에 황봉주 베푸시어 거듭 절하였네	重拜黃封半夜宣
시간이 빨리 흘러 술잔 이어지고	銀箭催籌仍散爵
금련촉[221] 다 타니 새로운 초로 바꾸네	金蓮藏跋遞新燃
총애와 은총 주시어 노둔한 저를 놀라게 하시고	淪肥寵渥驚駑下
영재와 현인 많으니 앞자리에 있기 부끄럽구나[222]	接武英賢愧粃前
온실성 안의 일은 일찍이 비밀스러웠으나[223]	溫室省中曾祕事
자랑하기 위하여 다른 사람에게 전한다오	爲緣誇耀向人傳

221 금련촉(金蓮燭) : 연꽃 모양의 초를 말한다. 당나라 영호도(令狐綯)가 대궐에서 야대(夜對)하다가 밤이 깊어 돌아갈 때, 천자가 황금 장식을 한 연꽃 모양〔金蓮〕의 등촉(燈燭)과 승여(乘輿)를 주어 전송하였다 한다. 《新唐書 卷166 令狐綯列傳》

222 앞자리에 있기 부끄럽구나 : 비전(粃前)은 키질을 할 때에 곡식의 알맹이는 뒤에 있고 겨와 쭉정이는 앞에 있는 것을 가리키는데, 유계가 못난 자신이 재주도 없으면서 앞자리에 있는 것이 부끄럽다고 빗대어 말한 것이다.

223 온실성(溫室省)……비밀스러웠으나 : 온실성은 한(漢)나라 때의 전각(殿閣) 이름으로, 즉 온실전(溫室殿)을 말한다. 한나라 때 사람 공광(孔光)이 퇴궐하여 집에 있을 적에 조정과 관계된 일을 일체 말하지 않았는데, 어떤 사람이 온실전 안에 있는 나무들의 종류가 무엇이냐고 묻자 전혀 대답하지 않았다고 한다. 《漢書 卷81 孔光傳》

박 풍덕 부사[224]에 대한 만사
挽朴豐德

선배들 중에 법도를 우러렀나니	先輩人中仰表儀
지초와 난초의 향기요 설빙의 자태였네	芝蘭臭味雪氷姿
세 조정 섬긴 변씨의 옥은 빛이 묻혔고[225]	光埋卞氏三朝玉
양공의 타루비 몇 군데에 세워졌던가[226]	淚墮羊公幾處碑
고귀한 집에서 청혼했으나 거절하였고[227]	袖拂朱門要媾日
흰머리 아직 쇠하지 않은 때에 치사하였네[228]	車懸蒼鬢未凋時

224 박 풍덕 부사(朴豐德府使) : 박대화(朴大華, 1590～1660)로, 본관은 나주(羅州), 자는 여실(汝實)이다.

225 세……묻혔고 : 변씨는 초(楚)나라 사람 변화(卞和)를 말한다. 변화가 형산(荊山)에서 박옥(璞玉)을 얻어 여왕(厲王)에게 올렸는데 거짓이라 하여 왼쪽 발을 베였고, 무왕(武王)이 즉위한 후 올렸는데 또 거짓이라 하여 오른쪽 발을 베였다. 문왕(文王)이 즉위하여 또 올리자 마침내 왕이 옥공을 시켜 쪼개어 아름다운 옥을 얻었다고 하니 훌륭한 인재가 빛을 보지 못함을 비유한다. 《韓非子 和氏》

226 양공(羊公)의……세워졌던가 : 박대화가 선정을 많이 베풀어 백성들이 사모한다는 뜻이다. 양공은 진(晉)나라 무제(武帝) 때의 양호(羊祜)를 말한다. 양호가 양양(襄陽)에 있을 때 현산(峴山)에 올라가 쉬곤 하였는데, 그가 죽은 뒤에 백성들이 그 자리에 비(碑)를 세우고는 그 비를 보면 모두 눈물을 흘렸다고 하여 타루비(墮淚碑)라고 불렀다 한다. 《晉書 卷34 羊祜列傳》

227 고귀한……거절하였고 : 당시의 권귀(權貴)인 김자점이 청혼을 요청하였으나, 거절한 일을 말한다. 《송자대전(宋子大全)》 권177 〈풍덕부사박공묘갈명(豐德府使朴公墓碣銘)〉에 "적신(賊臣) 김자점이 공의 아들이 재주 있다는 소리를 듣고 혼인하기를 요구하였으나, 공이 정색하고 중매인을 꾸짖었다."라고 하였다.

228 치사(致仕)하였네 : 거현(車懸)은 치사를 이르는 말이다. 전한(前漢)의 설광덕

수촌[229]에서의 좋은 모임 어제 같은데	隋村勝會思如昨
차마 가을바람에 만사를 쓸 수 있으리오	忍寫秋風薤露詞

(薛廣德)이 치사할 때 천자가 안거(安車)를 하사하자 이를 영예로 여겨 집에 매달아 놓고 후손들에게 전했던 고사에서 온 말이다. 《漢書 卷71 薛廣德傳》

229 수촌(隋村) : 수성(隋城)으로, 지금의 경기도 수원(水原)을 말한다.

태학 채유후[230]에 대한 만사

挽蔡太學 裕後

화려한 봉황 기이한 무늬의 옥거울 맑은데	彩鸞奇章玉鏡淸
이조에서 경월 맡았고 문형을 빛냈다오[231]	天官卿月耀文衡
운가[232]는 속세 초월하였으나 세상을 잊지 않았고	雲柯拔俗非遺物
빙벽[233]은 사람 놀래키나 명성 가까이하지 않았네	氷蘗驚人不近名
모든 풍파를 겪고서야 평소의 지조 알겠고	盡閱風波知素操
시와 술 즐길 때마다 진정을 보게 되었네	每當詩酒見眞情
부끄럽게도 교분 나누며 댁을 찾아갔던 몸	叨慙末契登門館
쓸쓸히 만사 지음에 눈물 절로 흐르네	蕭挽題來涕自傾

230 채유후(蔡裕後) : 1599~1660. 본관은 평강(平康), 자는 백창(伯昌), 호는 호주(湖洲), 시호는 문혜(文惠)이다.

231 이조(吏曹)에서……빛냈다오 : 천관(天官)은 이조의 별칭이다. 경월(卿月)을 맡는다는 것은 《서경》 〈홍범(洪範)〉에 "왕이 살필 것은 해이고 경사(卿士)는 오직 월(月)을 살핀다."라고 한 것에서 나온 말로, 경상(卿相)의 소임(所任)을 맡았음을 나타내는 말이다. 여기서는 채유후가 이조 판서를 역임한 것을 말한다. 문형을 빛냄은 대제학이 되었음을 말한다.

232 운가(雲柯) : 구름을 찌를 듯이 높이 걸린 나뭇가지로 인품과 품격이 고상함을 비유한다.

233 빙벽(氷蘗) : 맑은 얼음물을 마시고 쓰디쓴 황벽(黃蘗)나무 껍질을 씹는다는 뜻으로, 굳게 절조를 지키면서 청렴하게 사는 것을 비유한다.

양양 부사 한진[234]에 대한 만사

挽韓襄陽 縝

세가 후손으로 과거급제하고 실덕 더해져	世胄科名望實增
형통한 길에서 일찍이 훨훨 날기를 모두 기약했지	共期亨路早騫騰
붕새의 날개 악목에 깃들어 가여웠나니	堪憐惡木棲雲翼
누가 중도를 보내 상승을 국한시켰나[235]	誰遣中都局上乘
금옥의 자질 당시에 현달함을 보지 못해	金玉未看當世顯
높은 벼슬 후손이 일으키기를 기다린다오	簪纓留待後人興
평소 인척의 정의에 교제의 도 겸했으니	平生戚誼兼交道
백발로 만사 지음에 눈물 고이는구려	白首哀章涕淚凝

234 한진(韓縝) : 1607~1659. 본관은 청주(淸州), 자는 경홍(景弘), 호는 해천(蟹川)이다. 양양 부사(襄陽府使)로 부임하고 나서 질병이 악화되어 관직에서 해임되어 돌아오던 중 대관령을 넘어 인제(麟蹄)에서 쉬다가 사망하였다.《久堂集 卷12 司憲府掌令韓公墓誌銘》

235 누가……국한시켰나 : 중도(中都)는 중도관종사(中都官從事)의 줄임말로, 관리의 비리를 규찰하는 일을 맡은 벼슬이다. 한진이 양양 부사로 부임하기 전에 사간원 정언 등을 지냈기 때문에 이렇게 말한 것이다. 상승(上乘)은 상등의 좋은 말로, 한진의 재능을 비유한다.

우윤 신천익[236]에 대한 만사

挽愼右尹 天翊

남쪽 고을의 뛰어난 선비 옥당의 호걸일세	南州奇士玉堂豪
이른 나이에 벼슬살이에서 몸을 빠져나왔네	早歲超身宦海濤
큰소리치는 장한은 마음 절로 초연하고[237]	張翰放言心自遠
술을 사랑한 도연명은 취향 고상하구나	淵明愛酒趣仍高
옛날부터 진정한 은자는 흔히 볼 수 없었으니	古來眞逸無多見
오늘날 이 분을 어찌 쉽게 만나겠는가	今世斯人豈易遭
쓸쓸히 황천에 청백한 이 묻으니	悁悵黃壚埋素節
가을바람에 눈물 흘려 옷자락 적시네	秋風灑涕一沾袍

236 신천익(愼天翊) : 1592~1661. 본관은 거창(居昌), 자는 백거(伯擧), 호는 소은(素隱)이다. 신천익은 1658년(효종9) 겨울에 한성부 우윤(漢城府右尹)에 제수되었다. 《性潭集 卷17 參判愼公神道碑銘》

237 큰소리치는……초연하고 : 진(晉)나라 장한(張翰)이 어느 날 갑자기 가을바람이 일어나는 것을 보고는 고향의 순챗국과 농어회가 생각나서 말하기를 "인생은 뜻에 맞게 사는 것이 귀중한데, 어찌 벼슬에 얽매여 수천 리 밖을 떠돌면서 명예와 관작을 노리겠는가."라고 하고는 수레를 타고 고향으로 돌아갔다고 한다. 《晉書 卷92 張翰列傳》

사간 이수인[238]에 대한 만사

挽李司諫 壽仁

학사가 막 예전에 차던 은어를 불사르고[239]　學士初焚舊帶銀
맑고 깨끗한 암혈에 살며 속세를 벗어났다오　巖居瀟灑隔風塵
급류에서 용퇴함을[240] 지금 어디에서 보겠으며　急流勇退今何見
말년에 온전한 명성 예부터 몇이나 되던가　末路完名古幾人
반평생 부침 겪는 속에 모두가 백발 되었고　半世浮沈俱白首
백 년 인생 죽고 삶에 홀로 마음 아파하네　百年存沒獨傷神
저 멀리 가엾어라 월출산 앞 땅에　遙憐月出山前土
옥수 영원히 묻혀 다시는 새벽 오지 않네　玉樹長埋更不晨

238 이수인(李壽仁) : 1601～1661. 본관은 연안(延安), 자는 유안(幼安), 호는 성암(惺菴)이다. 1653년 사간(司諫)에 처음 제수된 이래로 1656년, 1660년 등 여러 차례 제수되었다. 《孝宗實錄 4年 閏7月 25日, 7年 8月 14日》《顯宗實錄 1年 9月 1日》

239 학사가……불사르고 : 벼슬을 그만두고 은거하였다는 말이다. 은어(銀魚)는 은으로 만든 물고기 모양의 부신(符信)으로 높은 신분을 표시하는데, 은어를 태운다는 것은 벼슬을 버리고 은거하는 것을 의미한다.

240 급류에서 용퇴함을 : 벼슬자리에서 과감하게 물러나는 것을 말한다. 송나라 전약수(錢若水)에 대해서 어떤 도승(道僧)이 "급류 속에서 용감하게 물러날 수 있는 사람이다."라고 평하였는데, 과연 40세도 안 된 나이로 추밀 부사(樞密副使)에서 물러났다고 한다. 《聞見錄 卷7》

감사 이만웅[241]에 대한 만사

挽李監司 萬雄

뛰어난 행실 높은 재주 갖춘 이 세상에 드문데　至行高才世罕俱
젊은 나이에 조정에서 붕새의 날개 펼쳤도다　早年鵬翼展雲衢
관직은 부모 봉양 위해 외직을 많이 하였고　官因奉檄多居外
병으로 상을 붙들었는데 끝내 소생하지 못했네　病爲扶牀竟未蘇
홍문관에서 벼슬한 건 꿈만 같고　玉署金閨如夢寐
관찰사로 재직한 것도 짧은 시간이었네　虎符龍節亦斯須
모친의 처소에 노래자의 옷 그림자 사라지니[242]　萊衣影斷萱闈閴
뜰 나무에 바람 불고 저녁 까마귀 통곡하네　庭樹風纏哭暮烏

241 이만웅(李萬雄) : 1620~1661. 본관은 선의(全義), 자는 심보(心甫), 호는 몽탄(夢灘)이다. 1661년에 황해 감사(黃海監司)에 제수되었다. 《顯宗實錄 2年 1月 25日》

242 모친의……사라지니 : 이만웅이 어머니보다 먼저 운명했다는 말이다. 《문곡집(文谷集)》 권21 〈관찰사이공행장(觀察使李公行狀)〉에 "다음 해 2월에 본도 관찰사로 승진하여 임명되었는데……7월에 대부인의 병이 위중하다는 소식을 듣고는 심정을 토로하여 돌아가 병간호를 할 수 있게 해 달라고 청하니, 임금이 즉시 허락하였다. 공이 허락을 받은 뒤 이틀 길을 하루에 달려 돌아가니 어머니의 병이 나았다. 사람들이 효성에 감응한 것이라고 말했는데, 오래지 않아 공이 병에 걸린 지 겨우 하루 만에 갑자기 졸하니 바로 윤월 1일이었다."라고 하였다.

사부 송시형[243]의 개장에 올리는 만사

宋師傅 時瑩 改葬挽

옥수가 이십여 년 전에 묻혔으니	玉樹曾埋二紀前
사림들의 애통함 지금까지 심하다오	士林遺痛到今偏
쇠한 세상에 맑은 풍도 지금은 보기 어려우니	淸風衰世今難見
낮은 관직에서 높은 행실 옛적에 있었던가	危行卑官古豈然
왕씨 집안의 명성을 기대할 텐데[244]	王氏家聲方佇待
유랑 가문의 화를 차마 전하겠는가	庾郎門禍忍堪傳
초상과 개장에 아들 며느리 모였으니	新喪舊柩兼兒婦
응당 구천에서 즐겁게 만나리라	歡會猶應在九泉

243 송시형(宋時瑩) : 1592~1638. 본관은 은진(恩津), 자는 유휘(幼輝)이다. 1637년 대군 사부(大君師傅)에 제수되었다. 《承政院日記 仁祖 15年 6月 22日》

244 왕씨……텐데 : 왕씨 집안은 동진 때 서예가로 유명한 왕희지(王羲之, 307~365)의 가문으로, 왕씨 가문에 인재가 많았으므로 송시형의 가문도 왕씨 가문처럼 인재가 많았음을 비유한 것이다.

이 영흥 부사[245]에 대한 만사

挽李永興

통달한 재주 어느 곳에도 걸맞음을 알았나니	早識通才左右宜
일찍이 선배들 따르며 공을 뵈었지	曾從先輩獲瞻儀
수명이 인에 걸맞지 않으니 끝내 인색함 한스럽고	壽莫稱仁終恨嗇
관직은 덕에 견주면 되려 낮으니 가엾구나	官如比德却憐卑
경림에 빼어난 기운 모이니 남은 경사 많고	瓊林鍾秀繁餘慶
가래나무에 바람 부니 영원히 슬픔 맺히네	梓樹纏風結永悲
무엇보다도 정원 가의 자형 나무	最是紫荊庭畔樹
봄이 와 꽃 피었는데 반이나 가지 없구나	春來花着半無枝

245 이 영흥 부사(李永興府使) : 이후천(李後天, 1588~1661)으로, 본관은 용인(龍仁), 자는 유야(悠也), 호는 백치(白痴)이다. 1656년에 영흥 부사에 제수되었다. 《承政院日記 孝宗 7年 閏5月 30日》

청풍 부사 이유능의 시에 차운하여 부치다[246]

次淸風使君李幼能韻 却寄

떠나가는 행색에 학 실은 배 타고 가니	行色飄然載鶴舟
갈대꽃 피고 단풍 진 강 가을이로세	荻花楓葉一江秋
고요한 마음 적적한 침소에 향내음 어리고	齋心寂寂香凝寢
시 읊는 흥취 드높은 누대에 달빛 가득하네	吟興迢迢月滿樓
맑은 경치 모두 위수[247]에게 보내고	淸景盡輸韋守去
단사를 마침내 갈선에게 구하겠지[248]	丹砂會向葛仙求
시 짓고서 동남으로 가는 새 바라보니	詩成目送東南鳥
구름과 물 끝없고 생각은 더욱 아득하네	雲水蒼茫思轉悠

246 청풍……부치다 : 이유능(李幼能)은 이단상(李端相, 1628~1669)으로, 본관은 연안(延安), 자는 유능, 호는 정관재(靜觀齋)·서호(西湖), 시호는 문정(文貞)이다. 이단상은 1661년에 청풍 부사(淸風府使)에 제수되었다. 《承政院日記 顯宗 2年 6月 5日》 이단상의 원시는 《정관재집(靜觀齋集)》 권3의 〈서울에 있는 형들에게 부치다〔寄洛中諸兄〕〉이다.

247 위수(韋守) : 당(唐)나라의 위응물(韋應物, 737~804)로, 여기서는 이단상을 비유한다.

248 단사(丹沙)를……구하겠지 : 진(晉)나라 도사 갈선(葛仙)은 갈홍(葛洪, 281~341)으로, 자는 치천(稚川), 호는 포박자(抱朴子)이다. 갈홍이 교지(交趾)에 단사가 난다는 말을 듣고, 구루 영(句漏令)을 자청하여 나부산(羅浮山)에 들어가 연단(煉丹)하여 먹고는 신선이 되었다고 한다. 《晉書 卷72 葛洪列傳》

이 내한[249]의 〈강화도에서의 감회〉에 차운하다

次李內翰江都有感韻

금릉의 석두성[250] 나루	金陵渡口石頭城
고금에 전쟁 분분하니 몇 번이나 있었나	今古紛紛幾戰爭
고려 시대에 요해지 설치했다고 들었는데	麗代曾聞猶設險
정축년에 누가 끝내 병화 입게 하였는가[251]	丁年誰使竟罹兵
난리 겪은 누대와 해자 반쯤 고쳤지만	臺隍半改經離亂
태평을 말하는 노인 만나기 어렵구나	耆老稀逢說太平
단지 산 앞에 충렬사[252] 있어	只有山前忠烈廟
오래도록 과객을 눈물짓게 하누나	長令過客淚交橫

249 이 내한(李內翰) : 이광직(李光稷, 1632~1664)으로, 본관은 한산(韓山), 자는 자휘(子輝), 호는 희암(希菴)이다. 내한(內翰)은 한림(翰林)의 다른 이름으로, 검열(檢閱)과 대교(待敎)를 지칭하는데, 바로 다음 〈이사일유득 정제공(移史日有得呈諸公)〉 시의 주석을 참조해 보면, 1660년 대교 이광직이 유계와 함께 실록을 이안(移安)했다는 기록으로 보아 이 내한은 이광직으로 보인다.

250 석두성(石頭城) : 지금의 강소성(江蘇省) 남경(南京)을 가리킨다. 본래는 초(楚)나라의 금릉성(金陵城)이었는데, 후한(後漢) 건안(建安) 17년(212)에 손권(孫權)이 증축하고 석두로 이름을 바꿨다. 여기서는 강화도를 석두성에 비유한 것이다.

251 정축년에……하였는가 : 병자호란이 한창 진행 중이던 1637년 1월 22일 청나라 군에게 강화도가 함락된 사실을 가리킨다.

252 충렬사(忠烈祠) : 병자호란 당시 강화도가 함락될 때 순절하였던 김상용(金尙容), 이상길(李尙吉), 심현(沈俔), 이시직(李時稷), 송시영(宋時榮)을 제향한 사당이다.

실록을 옮긴 날[253]에 시를 지어 여러 공에게 보내다
移史日有得 呈諸公

세 봉우리 아득한 바다 가운데 산[254]에 三峯縹緲海中山
운향각[255]에서 처음으로 옮겨 이곳에 보관하네 雲閣初移閟此間
성루와 성가퀴는 인력으로 만든 것이 아닌 듯하고 樓堞似非人力就
안개와 노을은 땅의 신령에게 아껴줌 입었구나 煙霞曾被地靈慳
예정과 우개[256] 앞 의장에 배열하고 霓旌羽蓋排前仗
옥당과 예문관의 학사 뒤 반열을 따르네 玉署金鑾奉後班
오색구름 펼쳐진 도성을 돌아보니 回望神京五雲裏
오히려 지척에서 임금을 모신 듯하구나 猶疑咫尺侍天顔

253 실록을 옮긴 날 : 실록을 옮긴 날이 언제인지는 정확히 알 수 없지만, 《승정원일기》 현종 1년 12월 6일 기사에 "부제학 유계와 대교(待敎) 이광직(李光稷)이 실록을 이안(移安)한 뒤에 들어왔다."라고 한 것으로 보아 1660년 경으로 추정할 수 있다.

254 세……산 : 정족산(鼎足山)을 가리키는데, 이곳 정족산성 안 전등사(傳燈寺) 서쪽에 사고(史庫)가 있다. 정족산은 세 봉우리가 높이 솟아서 마치 솥발 모양과 같으므로 이렇게 이름한 것이라 한다.

255 운향각(雲香閣) : 서적 간행을 담당하는 교서관(校書館)의 별칭이다.

256 예정(霓旌)과 우개(羽蓋) : 예정은 오색의 깃털로 만든 깃발로 고대 제왕의 의장(儀仗) 가운데 하나이고, 우개는 새 깃으로 장식한 수레 덮개로 신선의 수레를 말한다.

실록을 옮긴 뒤 유수와 경력과 내한에게 시를 올리고 화답을 구하다

移史後 呈留相經歷內翰 求和

외람되이 실록을 갖고 이곳에 올라 굽어보니	叨陪祕史此登臨
바닷가 산봉우리에 외로운 성 가파르네	陡絶孤城海上岑
먼 길에 얼음물 마시니[257] 시상은 마르고	長路飮氷詩正涸
명승지에 해 저물어 술잔을 기울인다오	名區淹日酒還斟
북극을 돌아보니 천문이 가깝고	頭回北極天門近
남쪽 바다 끝까지 바라보매 지세 깊구나	眼盡南溟地勢深
타향에서 만난 손님과 주인 모두가 구면일세	賓主他鄉渾舊面
나의 서툰 시에 화답하기를 아까워하지 마소	郢歌休惜和巴吟

257 얼음물 마시니 : 사신의 임무를 수행하는 것을 말한다. 《장자(莊子)》 〈인간세(人間世)〉에 "내가 오늘 아침에 사신으로 가라는 명을 받고는 저녁에 얼음물을 마셨다."라고 하였다.

남쪽 누대에서 읊어 여러 공에게 올리다

南樓口占 呈諸公

저물녘 가장 높은 누대에 올라 굽어보니	薄晩登臨最上臺
바다 여기저기의 섬들 눈앞에 펼쳐져 있구나	重溟列嶼眼前開
노을 아스라이 중천에 피어나고	霞譙縹緲中天出
어둠이 드넓게 바다 건너오네	暝色蒼茫渡海來
경물을 망라하여 웅건한 시문에 담고	景物籠羅輸健筆
관문 지키는 온전한 재주에 감복하네	關防籌畫服全才
흥망성쇠와 모였다 헤어지는 무궁한 뜻	興亡聚散無窮意
남쪽 누대의 한밤중 술에 사라진다오	消了南樓半夜杯

은대에서 숙직할 때 야대가 끝난 뒤 술을 하사해 주셨기에 동료 관원들과 함께 각각 율시 한 수를 짓다

直銀臺 夜對後 有賜酒之擧 與僚員各成一律

금련[258] 들고 한밤중에 오문으로 돌아오니	金蓮子夜午門歸
어탑의 향 한들거리는 옷에 가득 배었다네	冉冉天香尙滿衣
간언 올리는 은대는 사람 출입을 엄금하는 곳이며	獻納銀臺偏地禁
옥당에서 선양하는데 미천한 사람 어이하리오	揄揚玉署奈人微
깊은 잔속의 술 출렁이니 봄빛 동하고	深杯瀲灩春光動
시는 훌륭해서 비단 글자 빛나는구나	大筆淋漓錦字輝
취한 뒤 서로 거듭 절하니	醉後相將重拜手
화축의 만수무강 영원히 어긋남 없기를	萬年華祝永無違

258 금련(金蓮) : 황제가 쓰는 횃불인 금련화거(金蓮華炬)의 준말로 임금이 신하에 대해서 특별하게 예우(禮遇)하는 것을 말한다. 당나라 때 영호도(令狐綯)가 대궐에서 야대(夜對)를 하고 돌아갈 적에 촛불이 없자, 황제가 승여(乘輿)와 금련화거를 내주어 돌아가게 하였다고 한다. 《新唐書 卷166 令狐楚列傳》

상국 심지원[259]에 대한 만사

沈相國挽 之源

한결된 덕과 맑은 명예 세상이 모두 추앙하니 一德淸名世共推
황비의 신분[260]에도 포의 시절 변치 않았다오 黃扉無變布衣時
등용되어 공적 드러나니 세 조정에서 기대하였고 登庸績著三朝望
진정시킨 공이 깊어 백관의 모범이었네 坐鎭功深百辟儀
정승 자리에서 궤장 받은 경사 막 들었는데 台席方聞頒几慶
오두막에서 방아 소리 끊긴 슬픔[261] 갑자기 보았네 廛廬奄見輟舂悲
낭묘에서 여러 해 직접 모셨으니 多年廊廟趨陪地
주나라 사람 진췌시[262]에 눈물 흐르네 淚迸周人殄瘁詩

259 심지원(沈之源) : 1593~1662. 본관은 청송(靑松), 자는 원지(源之), 호는 만사(晩沙)이다.

260 황비(黃扉)의 신분 : 한(漢)나라 때 승상(丞相)이 집무하는 청사의 문을 황색으로 칠했던 데에서 유래하여 재상이나 정승의 지위를 뜻한다.

261 방아 소리 끊긴 슬픔 : 심지원의 죽음을 빗대어 말한 것이다. 《사기(史記)》 권68 〈상군열전(商君列傳)〉에 진(秦)나라의 오고대부(五羖大夫) 백리해(百里奚)가 세상을 떠나자 "남녀가 모두 눈물을 흘리며, 동자는 노래를 부르지 않고 방아 찧는 사람들은 서로 절구질을 멈추었다."라고 하였다.

262 진췌시(殄瘁詩) : 임금을 보좌하는 현인의 죽음을 말할 때 쓰는 표현으로, 《시경》 〈첨앙(瞻卬)〉에 "선인이 없으니, 나라가 끊기고 병들리로다.〔人之云亡, 邦國殄瘁.〕"라고 하였다.

나생에 대한 만사

挽羅生

그대 젊은 나이로 이에 그쳤으니 君今妙歲止於斯
천도는 어찌하여 차마 이러한가 天道胡然忍此爲
제사 받들 어린 자식 없고 捧奠曾無三尺嗣
명정에 쓸 하나의 벼슬도 없네 題旌未有一名資
남편 잃은 아내는 피눈물 흘리고 鸞奩血灑仝沈影
바람에 얽힌 자형나무는 가지 반절 꺾였네[263] 荊樹風纏半折枝
평소 내 아우처럼 여겼으니 迺伯平生視吾弟
백발로 애사 지음에 견딜 수 없구나 不堪頭白寫哀詞

263 바람에……꺾였네 : 원문의 형수(荊樹)는 자형나무를 말하는데, 박태기나무라고도 하며 주로 형제간의 우애를 의미한다. 가지가 반절뿐이라는 것은 형제 중에 나생이 죽고 없다는 의미이다.

정 사예에 대한 만사

挽鄭司藝

명현의 아들로 일찍이 명성 날리니	名賢胄子早聲馳
먼 길을 평탄하게 가리라 여기었지	將謂長途脚下夷
옥당과 예문관을 꿈꾸지 않고	玉署金鑾休夢想
청산녹수에 마음을 의탁하였지	青山綠水托心期
칠순의 수를 누렸으니 하늘은 인색하지 않지만	稀齡添算天非嗇
보배 나무의 가지 꺾이니 이 무슨 이치인가	寶樹摧枝理却疑
서글퍼라 명망 있는 사람의 한 맺힌 땅에	怊悵龍門埋恨地
묵은 풀 나고 즐비한 무덤 사이 새 무덤 있구나	新阡宿草塚纍纍

수 이성연[264]에 대한 만사

挽李守聖淵

명문가의 맑은 덕 세상에서 최고라 떠받들고	名門淸德世推先
흰머리에 아이 같은 얼굴 신선 보듯 하였네	皓首童顔望似仙
사적은 〈순리전〉에 영원히 남을 만하고[265]	事迹長留循吏傳
집안 명성 교아편을 실추시키지 않았다오	家聲不墜敎兒篇
누가 알았으랴 보배 나무에 꽃 피는 날	誰知寶樹花開日
문득 영춘의 잎이 시들 줄을[266]	便是靈椿葉謝年
슬프다 자오새 처절하게 우는 곳	怊悵慈烏啼血處
무덤가 나무에 저녁 바람 불어 낙엽 떨어지네	墓林搖落晩風纏

264 이성연(李聖淵) : 1586~1662. 본관은 한산(韓山), 자는 중원(仲遠)이다. 《동춘당집(同春堂集)》 권18 〈원주목사이공묘표(原州牧使李公墓表)〉에 이성연이 광흥창 수(廣興倉守)를 역임한 이력이 보인다.

265 사적은……만하고 : 순리(循吏)는 법을 잘 지키며 청렴결백한 관리를 말하는데, 《한서(漢書)》 등에 순리의 열전(列傳)이 있다. 이성연의 관직 생활이 청렴결백하여 역사책에 남을 만하다는 의미이다.

266 문득……줄을 : 이성연의 죽음을 빗대어 말한 것이다. 영춘(靈椿)은 본래 대춘(大椿)이라는 나무로, 장수를 상징한다. 《장자》 〈소요유(逍遙遊)〉에 "태고에 대춘이 있었는데, 이 나무는 봄이 8천 년이요, 가을이 8천 년이다."라고 하였다.

금구 현령 성숙에 대한 만사

挽成金溝 琡

한나라 순리의 명성 일찍이 얻어서	漢廷循吏早聲稱
명문가 대대로 품행과 능력 드러냈구나	奕世名家著行能
경내에 유랑민 없앤 치적 최고이고	境絶流亡治獨最
마음은 백성 사랑하기를 다했는데 병만 남았구나	心殫撫字病還仍
낮은 관직에 구속됨은 생전에 쌓은 것이나	卑官局束生前蘊
포상의 은전 영광되어 죽은 뒤에 더해지네	褒典哀榮沒後增
천고토록 동향의 한 조각 비석에	千古桐鄕一片石
유민들 참배하며 얼마나 가슴 적실까[267]	遺民瞻拜幾沾膺

267 천고토록……적실까 : 동향(桐鄕)은 생전에 수령으로 나가 다스렸던 고을이라는 뜻으로, 여기서는 성숙이 은혜로운 정사를 펼쳤던 고을을 가리킨다. 한(漢)나라의 주읍(朱邑)이 젊었을 때 동향의 관리로 있었는데, 동향 사람들이 주읍을 잊지 못하고 사모하여 그가 죽자 동향에 사당을 세우고 제사 지냈다는 고사가 있다. 《漢書 卷89 循吏傳 朱邑》

족숙 생원 유낙증에 대한 만사
挽族叔兪生員 樂曾

용취라는 당 이름 이미 절로 기이해라	用醉名堂已自奇
평소의 뜻 묻혔으니 누가 다시 알아줄까	沈淪素志更誰知
생전에 천 잔 술 마음껏 마시지 못하였고	生前不盡千杯酒
사후에 낮은 벼슬도 받지 못하셨네	身後無關一命資
집안엔 훌륭한 자손 있어 오랜 가업 전하고	家有好孫傳舊業
고을에서 좋은 선비라 칭송하니 큰 비석 마땅하네	鄕稱善士當豐碑
강호에서의 풍류 오늘날 적막한데	風流江海今寥寂
만장 지어 전송하며 눈물 흘립니다	拜送哀章涕淚垂

감사 김여옥[268]에 대한 만사

挽金監司 汝鈺

백 번 단련한 남금 광산에서 남김없이 나온 듯[269]	南金百鍊礦無留
세 조정에서 벼슬하매 명망과 실제 뛰어났네	玉立三朝望實優
서법 길게 드리우니 청사에 실릴 만하고	書法長垂靑簡載
명성 독차지하니 조낭에서 수습한 거라오[270]	風聲獨擅皁囊收
이품의 반열에서 승진이 머지않았는데	方看貳棘班聯逼
감당의 은혜로운 교화 갑자기 그쳤구나[271]	奄輟甘棠惠化流
황천에 국가의 동량 묻어 슬프고	怊悵黃壚埋國器
병들어 면주도 올리지 못하는[272] 사귐 부끄럽네	病孤綿酒愧交遊

268 김여옥(金汝鈺) : 1596~1662. 본관은 광산(光山), 자는 군수(君粹), 호는 미산(薇山)이다. 황해도와 평안도의 감사를 역임하였다.

269 남금(南金)……듯 : 남금은 중국 형주(荊州)와 양주(揚州) 지방에서 생산되는 품질이 좋은 구리를 가리키는데, 여기서는 김여옥의 훌륭한 자질을 가리킨다.

270 명성……거라오 : 조낭(皁囊)은 검은 베로 만든 전대인데, 여기에 글을 싸서 임금에게 올렸으므로 곧 상소(上疏)를 가리킨다.

271 감당(甘棠)의……그쳤구나 : 김여옥의 죽음을 의미한다. 감당은 《시경》의 편명으로 주(周)나라 소공(召公)이 교화(敎化)를 펼 때에 감당 나무 아래에서 쉬어간 적이 있는데, 그 후 사람들이 그의 선정을 기리어 읊은 노래이다.

272 병들어……못하는 : 문상(問喪)을 가지 못하는 상황을 말한다. 면주(綿酒)는 솜에 적신 술로 소박한 제수(祭需)를 뜻하는데, 옛날 후한(後漢)의 서치(徐稚)가 먼 곳으로 문상 갈 때 간편하게 휴대하기 위하여 평소에 솜을 술에 담갔다 말려 두고서 지인(知人)의 상사(喪事)가 있을 때마다 가지고 가서 다시 물에 적셔 제사를 올렸다는 고사에서 온 말이다. 《後漢書 卷53 徐稚列傳》

강원 감사 홍자회[273]에게 받들어 보내다

奉贈關東伯洪子晦

아득한 길 옥절 받들고 두 깃발 앞세우니[274]	迢迢玉節擁雙旌
무엇보다 맑은 가을날 득의한 행차로다	最是淸秋得意行
비단 무늬 일천 봉우리 말 앞에 나타나고	錦繡千峯迎馬出
푸른 바다 만리 물결 하늘에 닿아 평평하네	滄溟萬里接天平
걸출한 시구로 영원히 자취 남기고	須將傑句長留迹
신선 서책에 명성 독차지하려 마소	莫遣仙書獨擅名
대약과 영단을 마침내 가져올 수 있다면	大藥靈丹終可致
자루에서 나누어주어 창생들 장수하게 하게나	更分囊底壽蒼生

273 홍자회(洪子晦) : 홍처량(洪處亮, 1607~1683)으로, 본관은 남양(南陽), 자는 자회, 호는 북정(北汀), 시호는 정정(貞靖)이다. 1662년 강원 감사(江原監司)에 제수되었다. 《顯宗實錄 3年 6月 21日》

274 아득한……앞세우니 : 지방관이 되어 부임하는 것을 말한다. 당(唐)나라 때에 절도사나 관찰사에게 조정을 하직하는 날 쌍정(雙旌)과 쌍절(雙節)을 하사하였다. 《新唐書 卷49 百官志》

판서 민응형[275] 어른에 대한 만사

挽閔判書 應亨 丈

조정에서 빼어나게 벼슬한 지 사십여 년	王立朝端四紀贏
임금 사랑하고 나라 걱정하며 평생을 보내셨지	愛君憂國是平生
급암[276]의 충직함뿐 다른 기예 없었고	汲黯忠直無他技
사마의 공부는 단지 일관된 성이었다오[277]	司馬工夫只一誠
영원히 청사에 상소문 남겼고	永向青編留奏牘
다시 누가 노인들의 기영회[278]에 모일까	更誰黃髮會耆英
양담은 부질없이 서주에서 통곡하였으니[279]	羊曇謾有西州痛
재배하고 만사 지음에 눈물 흐릅니다	再拜哀章涕淚傾

275 민응형(閔應亨) : 1578~1662. 본관은 여흥(驪興), 자는 가백(嘉伯)이다. 1659년 공조 판서(工曹判書)에 제수되었다. 《承政院日記 顯宗 卽位年 12月 19日》

276 급암(汲黯) : 한 무제(漢武帝) 때의 직신(直臣)으로, 자는 장유(長孺)이다. 황제의 면전에서 자주 직간하였으므로 무제가 그를 사직지신(社稷之臣)이라 일컬었다.

277 사마(司馬)의……성(誠)이었다오 : 사마는 송(宋)나라의 사마광(司馬光, 1019~1086)으로, 자는 군실(君實), 호는 우부(迂夫), 시호는 문정공(文正公)이다. 유안세(劉安世)가 사마광을 뵙고는 마음을 다하고 몸을 행하는 요점 중에 종신토록 행할 만한 것을 묻자, 사마광이 성일 것이라고 대답한 일이 있다. 《心經附註 卷2 大學》

278 기영회(耆英會) : 송나라 문언박(文彦博)이 부필(富弼), 사마광 등 낙양의 원로 13명을 모아 결성한 모임을 말다. 《宋史 卷313 文彦博列傳》

279 양담(羊曇)은……통곡하였으니 : 양담은 사안(謝安)의 조카로 사안이 서주의 성문을 나서다 죽자 양담이 다시는 성문을 지나지 않았다. 어느 날 술에 취하여 자신도 모르게 서주의 성문에 이르니, 양담이 슬픈 감회를 이기지 못하여 말채찍으로 문을 두드리고 통곡한 다음 돌아왔다. 《晉書 卷72 謝安列傳》

수찬 윤절[280]에 대한 만사
挽尹修撰 哲

한림원의 명성에 더욱 인재들 모였는데	翰苑聲華轉集賢
명문가의 아들을 신선처럼 바라보았네	名家胄子望如仙
백옥루 완성되었나 어찌 그리 재촉하였는고[281]	樓成白玉期何促
남쪽 변방 객관에서 돌아온 일 차마 전할까[282]	館復炎荒事忍傳
동야의 흐르는 눈물 지하에 닿고[283]	東野淚流堪徹地

280 윤절(尹哲) : 1625~1662. 본관은 파평(坡平), 자는 자장(子章), 호는 한송(寒松)으로, 윤순거(尹舜擧)의 아들이다.

281 백옥루(白玉樓)……재촉하였는고 : 윤절의 죽음을 말한다. 백옥루는 옥황상제가 사는 천상의 누각을 말한다. 이상은(李商隱)의 《이의산문집전주(李義山文集箋註)》 권10 〈이하소전(李賀小傳)〉에 의하면, 어느 날 낮에 붉은 옷을 입은 사람이 이하에게 "상제께서 백옥루를 지었는데 그대를 불러 기문(記文)을 짓게 하려 한다."라고 적힌 판자를 보여주었는데, 이하가 이것을 보고 죽었다고 한다.

282 남쪽……전할까 : 윤절이 동래 왜관(東萊倭館)에 접위관(接慰官)으로 부임한 것을 말한다. 1661년에 동래 부사(東萊府使) 이원정(李元禎)이 왜차(倭差)가 나왔으니 접위관을 내려 보내달라고 요청하였는데, 조성에서는 윤절을 접위관으로 보냈다. 《顯宗實錄 2年 10月 29日》 윤절은 왜관에 도착하자 풍토가 맞지 않아 그 병이 마침내 발작하였는데, 죽음에 임박하여 주변 사람들에게 말하기를 "왕명을 받고도 이를 완수하지 못하고 늙으신 부친이 계신데도 마지막 인사를 드리지 못하는 것이 한스러울 뿐이다."라고 하였다. 《明齋遺稿 卷35 從兄修撰公墓表》

283 동야(東野)의……닿고 : 동야는 당(唐)나라 시인 맹교(孟郊, 751~814)의 자로, 여기서는 윤순거를 비유하여 가리킨다. 한유(韓愈)가 아들을 잃은 맹교를 위해 지은 〈맹동야실자(孟東野失子)〉에 "위로 하늘에 소리쳐도 들리지 않고, 땅에 떨어진 눈물이 샘까지 흐르네."라고 한 데에서 인용한 것이다. 《五百家注昌黎文集 卷4》

봄 규방에선 피 토하며 하늘에 울부짖네　春閨血灑但號天
훗날 봉황의 새끼 깃털 가지런히 하면　他年雛鳳齊毛羽
비로소 하늘이 아득하지 않음을 믿겠지　始信穹蒼不窅然

참의 박안제[284]에 대한 만사

挽朴參議 安悌

장원 급제의 명성 일찍이 드날렸는데[285]	壯元聲價早飛騰
옥당과 은대에 늦게서야 오르셨네	玉署銀臺晚始升
삼명의 높은 관직 도리어 꿈만 같고	三命官階還夢境
칠순의 수명 또한 바람 앞 등불이어라	七旬光景亦風燈
성 남쪽 못가의 객관에서 예전에 만났었고	城南池館逢迎舊
북쪽 변방의 얼음 서리 속에 더욱 아껴주셨지[286]	塞北氷霜眷厚增
궁궐에서 숙직하느라 면주 올리지 못하니	禁直坐孤綿酒餞
가슴을 적시는 슬픈 눈물 견딜 수 없구나	不堪衰涕一霑膺

284 박안제(朴安悌) : 1590～1663. 본관은 밀양(密陽), 자는 계순(季順)이다. 박안제는 1660년 형조 참의(刑曹參議)에 제수되었다. 《承政院日記 顯宗 1年 7月 8日》

285 장원(壯元)……드날렸는데 : 박안제는 1621년(광해군13) 정시(庭試) 갑과(甲科)에서 1위를 하였다.

286 북쪽……아껴주셨지 : 유계가 종성(鍾城)에 귀양 갔을 때 박안제가 종성 부사(鍾城府使)로서 유계를 두터이 대해 주었던 일을 말한다.

부제학 이목[287]의 개장에 대한 만사
李副提學 楘 改葬挽

선배의 법도 노성하여 우러렀나니	前輩儀刑仰老成
당대 조정의 훌륭한 명망 당시의 영재셨지	當朝雅望屬時英
고상한 지조는 한결같아 거문고 줄같이 곧고	標持斷斷朱絃直
글의 식견 깊고 깊어 옥거울처럼 맑았지	藻識淵淵玉鏡淸
높은 자리에서 법도를 보이며[288] 처음 뜻을 펼치니	鴻陸羽儀初展刷
용문에 오른 풍모 명성을 독차지 하였네	龍門風裁獨聲名
중년에 낭패를 당해 어두운 시기 만났으나	中身顚躓丁昏曀
만년엔 훨훨 날아올라 성군을 만나셨지	晩路騫騰際聖明
임금 곁에서 계책을 부지런히 힘쓰고	帷幄訏謨曾密勿

287 이목(李楘) : 1572~1646. 본관은 전주(全州), 자는 문백(文伯), 호는 송교(松郊), 시호는 충정(忠正)이다. 1631년 부제학(副提學)에 제수되었다. 《承政院日記 仁祖 9年 2月 20日》

288 높은……보이며 : 《주역》 〈점괘(漸卦) 상구(上九)〉에 "기러기가 육지로 나아가는데 그 깃이 의법이 될 만하니 길하다.〔鴻漸于陸, 其羽可用爲儀, 吉.〕"라고 한 데에서 온 것으로, 높은 경지에 도달했음을 비유한 말이다.

양사에서 곧은 말로 정성 다하셨지　省臺謇諤儘精誠
급암이 자주 나갔어도 말이 어찌 망녕되었겠나[289]　汲黯屢出言何妄
풍연은 끝내 소원해졌지만 뜻은 더욱 강직했네[290]　馮衍終疏志益貞
닭을 꿈꿔[291] 홀연 국가의 동량 묻음에 놀라고　鷄夢忽驚埋國寶
어진 자손 집안 명성 계승함에 조금 위로받네　鳳毛差慰繼家聲
나이 적고 덕은 두터우니 중수[292]도 애석하고　年低德厚嗟中壽
지위 낮고 명성 드높으니 참판도 한스럽네[293]　位啬名高恨貳卿
묵은 풀로 뒤덮인 삼년 된 무덤을 열고　三載楸原開宿草
황천의 용검을 새 무덤에 합하네[294]　重泉龍劍合新塋

289 급암(汲黯)이……망녕되었겠나 : 급암이 한 무제 때 구경(九卿)으로 있으면서 직언을 잘하였다. 무제가 이를 겉으로는 경외(敬畏)하면서 마음속으로는 꺼려하여 급암은 자주 외직으로 나갔는데, 결국 쫓겨나 회양 태수(淮陽太守)로 있다가 죽었다. 《史記 卷120 汲黯列傳》

290 풍연(馮衍)은……강직했네 : 풍연은 후한(後漢) 사람으로, 자는 경통(敬通)이다. 광무제가 황실의 외척들을 다스릴 때에 풍연 또한 외척들과 친근히 지낸 일로 죄를 얻어 자진하여 하옥되었는데, 용서를 받고 풀려나자 더 이상 도성에 머물지 않고 고향으로 돌아가 문을 굳게 닫고는 다시는 친구들과 서로 소통하지 않고 조용히 지냈다고 한다. 《後漢書 卷28 馮衍傳》

291 닭을 꿈꿔 : 죽을 조짐을 말한다. 《진서(晉書)》 권79 〈사안열전(謝安列傳)〉에 "사안이 병이 위독해지자 부모에게 말하기를 '홀연히 꿈에 환온(桓溫)의 가마를 타고 16리를 가다가 흰 닭 한 마리를 보고는 꿈을 깨었습니다. 환온의 가마를 탄 것은 그의 자리를 대신한 것이고, 16리를 간 것은 병이 난 지 지금 16년째입니다. 흰 닭은 유(酉)를 주관하는데, 지금의 태세(太歲)가 유이니 저의 병은 아마도 낫지 않을 듯합니다.' 하였다."라고 하였다.

292 중수(中壽) : 80세를 가리킨다.

293 참판도 한스럽네 : 이목은 1645년 병조 참판(兵曹參判)에 제수되었다. 《承政院日記 仁祖 23年 4月 10日》

양담은 부질없이 평소의 아픔이 있어[295] 羊曇謾有平生痛

재배하고 만사 지음에 갓끈 가득 눈물 흐르네 再拜哀章淚滿纓

294 황천의……합하네 : 부부를 합장(合葬)하는 것을 가리킨다. 진(晉)나라 뇌환(雷煥)이 용천(龍泉)과 태아(太阿) 두 명검을 얻어 하나는 자기가 차고 하나는 장화(張華)에게 주었는데, 그 뒤에 장화가 주살되면서 그 칼도 없어졌다. 그런데 뇌환의 칼을 아들이 차고 다니다가 복건성(福建省) 연평진(延平津)에 이르렀을 때, 차고 있던 칼이 갑자기 물속에 떨어져 없어졌던 장화의 칼과 합하여 두 마리의 용으로 변한 뒤 사라졌다고 한다. 《晉書 卷36 張華列傳》

295 양담(羊曇)은……있어 : 양담은 사안(謝安)의 조카인데, 양담이 사안을 회상하며 통곡한 일을 말한다.

청음 대로[296]께서 돌아가셨다는 소식을 듣고 나라를 걱정하는 애통한 심정을 오래도록 금할 수 없었다. 장삿날이 다가왔음을 삼가 듣고 평소 우러르는 마음을 대략 펼쳐 여러 구의 시편을 지으니 글은 다하였으나 감정을 다 묘사하지는 못하였다

聞淸陰大老觀化 殄瘁之痛 久不能禁 恭聞幽堂之日又迫 略抒平生景仰之懷 累句作篇 文盡而情未寫

상서로운 시대 명현이 세상에 드물게 나오니	瑞世名賢曠代生
천 리에 뻗친 산하 영특한 인물 길러내네	山河千里毓精英
지초와 난초의 기풍에 송죽같은 절개이고	芝蘭氣味松篁節
포폄하는 문장 물과 거울처럼 맑구나	衮鉞文章水鏡淸
치란에 매양 영욕의 우두머리 되고	治亂每爲榮辱首
행장[297]에 늘 태산북두 같은 이름 매이네	行藏長繫斗山名
높은 풍도 사물을 엄숙히 하여 완부도 서게 하고	高風肅物頑夫立
바른 논의는 조정에서 세속의 무리 놀라게 하였네	正論當朝俗輩驚
도가 굽혀져 은둔하면 유약한 듯하지만	道屈幽潛如退弱
때가 이르면 높이 날아 홀로 충성스럽고 굳세었네	時來騫翥獨忠貞

296 청음 대로(淸陰大老) : 김상헌(金尙憲, 1570~1652)으로, 본관은 안동(安東), 자는 숙도(叔度), 호는 청음·석실산인(石室山人), 시호는 문정(文正)이다.

297 행장(行藏) : 용사행장(用舍行藏)의 준말로, 조정에 나아가거나 물러나 은거하는 것을 말한다. 《논어》 〈술이(述而)〉에 "등용되면 나아가 도를 행하고, 써주지 않으면 물러나 은거한다.〔用之則行, 舍之則藏.〕"라고 하였다.

음기가 북쪽에서 섞이니 외로운 성 흐릿하고　陰氛北雜孤城暈
하늘 기둥 남쪽에서 꺾이니 한 손으로 받드셨지　天柱南摧隻手擎
서면하여 따르기를 부끄러워했던 양객의 계획이요　西面恥從梁客計
동해에 기꺼이 빠지려 했던 노련의 마음이로다[298]　東溟甘蹈魯連情
천균처럼 무겁게 절의를 지탱하고　撐扶節義千勻重
한 깃털처럼 가볍게 몸을 던지셨네　抛擲身軀一羽輕
외로운 울분은 다만 국가를 걱정하기 때문이니　孤憤秪緣憂大國
갇힌 신세 어찌 요동성에서 곤액을 면하리오[299]　羈囚那免厄遼城
삼 년 동안 연옥에 갇혀 풍상고초 겪으매　三年燕獄風霜苦
만고에 떳떳한 도리 일월처럼 밝구나　萬古民彝日月明
참정이 어찌 사노를 알겠는가[300]　參政何能知謝老

298 동해에……마음이로다 : 노련(魯連)은 노중련(魯仲連)으로, 전국 시대 제(齊)나라 사람이다. 노중련이 조(趙)나라에 머무를 적에 위(衛)나라의 신원연(辛垣衍)이 조나라로 하여금 진나라 왕을 황제로 추대하게 하려고 하자 신원연에게 진나라가 무도한 나라임을 역설한 뒤 "만일 진나라를 황제로 추대한다면, 나는 동해에 빠져 죽을지언정 진나라 백성이 되지는 않을 것이다."라고 하여 중지시켰다. 《史記 卷83 魯仲連列傳》

299 갇힌……면하리오 : 김상헌은 1640년(인조18)에 청의 관작을 받지 않고 청의 연호도 쓰지 않는다는 이유로 심양(瀋陽)으로 압송되었다. 1642년 1월에 부인 이씨(李氏)의 부음(訃音)이 도착하자 의주(義州)로 보내졌다가, 1643년 1월에 이계(李烓)가 자신의 화를 면하기 위해 청에게 조정의 기밀과 선생에 대한 것을 보고하여 청이 다시 선생을 심양으로 데려가 최명길과 함께 북관(北館)에 유폐하였다. 《宋子大全 卷182 石室金先生墓誌銘》

300 참정(參政)이……알겠는가 : 참정은 관직 이름으로 아마도 참지정사(參知政事)를 지낸 어떤 인물인 듯하다. 사노(謝老)는 남송(南宋)의 학자인 사방득(謝枋得, 1226~1289)으로, 자는 군직(君直), 호는 첩산(疊山)이다. 여기서는 김상헌을 비유하여 가리킨다. 송나라가 망한 뒤 원나라 조정에서 누차 출사를 권했으나 굳게 사양하고

흉노는 오히려 소경을 중시할 줄 알았다오[301] 凶奴猶解重蘇卿
정제된 금을 불에 넣으니 단단함 더욱 단련되고 精金入火剛尤鍊
좋은 옥 다듬으니 광채 한층 선명하네 良玉經磨彩轉晶
흰 기러기 편지 전하니[302] 옛 절조 온전하고 白雁傳書完舊節
조서 내려 임금의 명 알리니 새 영화 빛나도다 黃麻宣命煥新榮
세자께서 선왕을 계승하여 즉위하자 明离政屬重華繼
조정의 체통은 백기의 성공을 기다렸네[303] 朝體方須伯紀成
사마가 막 나오자 백성들 우러렀는데[304] 司馬初來民聳望

나아가지 않았다. 원나라 지방관이 억지로 호송하여 북경에 억류해 두었으나 굴복하지 않고 단식하다가 죽었다. 《宋史 卷425 謝枋得列傳》

301 흉노는……알았다오 : 청나라가 김상헌을 중시한 것을 소경(蘇卿)에 빗대어 말한 것이다. 소경은 한 무제(漢武帝) 때의 소무(蘇武)로, 자는 자경(子卿)이다. 소무가 무제 때 흉노(匈奴)에 사신으로 갔다가 선우(單于)로부터 항복하라는 회유와 협박을 받고도 끝내 굴하지 않고 억류되어 있다가 소제(昭帝) 때 흉노와 화친하면서 비로소 19년 만에 한나라로 돌아왔다. 《漢書 卷54 蘇武傳》

302 흰……전하니 : 백안(白鴈)은 흰 기러기로, 편지를 의미한다. 소무가 흉노에 억류되어 있었는데, 한나라 사신이 흉노의 선우에게 소무가 기러기의 발에다 편지를 매어 한나라로 부쳤다고 속여 말하자 소무를 돌려보냈다는 고사가 있다. 《漢書 卷54 蘇武傳》

303 조정의……기다렸네 : 백기(伯紀)는 북송의 명신인 이상(李綱)의 자이다. 북송의 대표적인 주전론자인데, 그의 정책들로 인하여 송나라는 한때 금(金)나라에 대해 항전의 의지를 불태웠으나, 주화론자의 견제를 받아 결국에는 건염(建炎) 1년(1127) 재상에 임명된 지 75일 만에 해임되었다. 《宋史 卷358 李綱傳》 여기서는 당시 조정에서 김상헌을 이강처럼 기대하였다는 말이다.

304 사마(司馬)가……우러렀는데 : 사마는 송(宋)나라 사마광(司馬光)을 가리키는데, 김상헌이 효종 즉위 초기에 조정에 나온 것을 사마광에 비유한 것이다. 사마광이 신종(神宗) 때 왕안석(王安石)의 신법(新法)을 반대하다가 뜻을 이루지 못해 벼슬에서 물러나 낙양(洛陽)에서 살았는데, 15년 만에 신종이 세상을 떠나자 모든 백성이 사마광

푸른 소 급히 돌아가니 누가 갈 길 막으리오[305]	靑牛遄返孰留行
백 년의 수명 교송의 장수[306]를 바랐건만	期頤佇見喬松壽
나라가 쇠하려고 태산이 무너지는 비보 들었네	殄瘁俄聞泰岱傾
뜻을 품은 채 지하에 묻히니 제갈량의 한이요	齎志窮泉諸葛恨
충심을 쏟아 소장 남기니 사어의 정성이로다[307]	遺章瀝血史魚誠
큰 집 들보 무너지니 사람들 어디를 우러를까	樑摧大廈人安仰
깊은 산에 범 떠나니 토끼가 날뛰려 하네	虎逝深山兎欲橫
용문에 올라 모시게 되어 감격스러웠는데	感激龍門曾執御
소박한 제물도 무덤에 바치지 못해 슬픕니다	慙悲鷄酒阻封塋
초객은 가을바람 부는 강가에서[308]	秋風楚客江潭淚
공사간을 생각하며 눈물 가득 흘리나이다	摠爲公私自滿纓

의 정계 복귀를 염원하였다고 한다.

305 푸른……막으리오 : 노자(老子)가 서쪽으로 떠날 때 함곡관(函谷關)의 관령(關令)인 윤희(尹喜)가 동쪽에서 서쪽으로 옮겨 오는 자줏빛 기운을 보고 성인이 오실 것이라고 기대하였는데, 과연 노자가 푸른 소〔靑牛〕를 타고 왔다고 한다.《騈志 卷16 辛部下》 여기서는 노자가 함곡관을 지나 서쪽으로 떠났듯이 김상헌이 도성을 떠나 시골로 돌아감을 말하였다.

306 교송(喬松)의 장수 : 교송은 고대의 신선인 왕자교(王子喬)와 적송자(赤松子)의 병칭으로, 장수하는 신선을 뜻한다.

307 사어(史魚)의 정성이로다 : 사어는 춘추 시대 위(衛)나라 대부 사추(史鰌)이다. 사어가 미자하를 물리치지 못하고 거백옥(蘧伯玉)을 진출시키지 못한 것을 잘못으로 여겨 죽어서도 시체로 간하였다고 한다.《孔子家語 困誓》

308 초객(楚客)은……강가에서 : 초객은 초나라의 굴원으로, 여기서는 유계를 비유하여 가리킨다. 당시 유계가 영월에 유배된 상태였으므로 굴원에 빗댄 것이고, 김상헌의 장삿날이 8월이었기에 가을바람을 언급한 것이다.

내종제 감사 남백도[309]에 대한 만사

挽內從南監司伯圖

출중한 인물들이 경사 쌓은 가문이라	矯矯英賢積慶門
명주가 바다에서 나오고 옥이 곤산에서 생산되었네	明珠産海玉生崑
정신은 달 도끼처럼 맑고 상쾌하며	精神月斧淸兼爽
기운은 하늘빛 구슬처럼 순수하고 온화하네	氣韻天球粹更溫
걸음걸이 스스로 서극마[310]와 다르고	步趣自殊西極馬
날아오름은 북명의 곤어가 변한 것이라[311]	飛騰早化北溟鵾
붉은 주머니와 탄핵 상소로 명성 떨치고	緹囊白簡聲名振
옥당과 은대에서 지위와 명망 높았네	玉署銀臺地望尊
높은 관직 두루 거치며 문장으로 추앙받고	華貫遍來推雅藻
통달한 재주 가는 곳마다 어려운 일 잘 처리했지	通才隨處驗盤根
동향의 남은 은택 세 고을에서 노래 부르고[312]	桐鄕遺澤歌三郡

309 남백도(南伯圖) : 남훤(南翧, 1609~1656)으로, 본관은 의령(宜寧), 자는 백도, 호는 창명(滄溟)이다. 1650년 황해 감사(黃海監司)에 제수되었다. 《孝宗實錄 1年 4月 10日》

310 서극마(西極馬) : 서쪽 변방의 말로, 천리마의 일종인 한혈마(汗血馬)이다. 《한서(漢書)》 권6 〈무제기(武帝紀)〉에 "태초(太初) 4년에 이사장군(貳師將軍) 이광리(李廣利)가 대완왕(大宛王)의 머리를 베고 한혈마를 획득하여 돌아오니, 〈서극천마가(西極天馬歌)〉를 지었다."라고 하였다.

311 날아오름은……것이라 : 《장자(莊子)》 〈소요유(逍遙遊)〉에 "북명(北溟)에 사는 곤(鯤)이라는 물고기는 길이가 몇천 리나 되는지 알 수 없는데, 그 물고기가 붕새로 변화하면 길이가 몇천 리나 되고 날개가 하늘에 드리운 구름과 같다."라고 하였다.

당발의 남은 풍속도 이번에서 칭송하네[313] 棠茇餘風頌二藩
왕씨가 꽃다움 전하니 겹친 잎들 무성하고 王氏傳芳重葉盛
사씨의 뜰에 보배 심으니 일곱 가지 우거지네[314] 謝庭莳寶七枝繁
가문의 영화 온 세상이 바야흐로 칭찬했는데 榮輝擧世方稱道
초상을 당한 당시 차마 말할 수 있으랴 喪禍當年可忍言
저물녘 슬픈 바람이 가래나무에 불고 日暮悲風纚梓樹
추운 날씨에 쌓인 눈은 난초를 가리우니 天寒積雪掩蘭蓀
오랫동안 어버이 상 치르느라 야윈 몸 쓰러지고 經時巨創柴容頓
사십팔 년 세월 전광석화처럼 지나갔구나[315] 四紀流光石火翻
어찌 이 사람이 갑자기 여기에 그쳤단 말인가 豈有斯人遽止此
이러한 이치 끝내 근원을 알기 어렵구나 從知是理竟難原

312 동향(桐鄕)의……부르고 : 남휜이 지방을 다스릴 때 선정을 베풀어 백성들이 잊지 못하고 그를 기리고 있음을 말한 것이다. 동향은 한(漢)나라의 주읍(朱邑)이 동향의 관리로 정사를 잘하여 그가 죽자 사람들이 사당을 세우고 제사 지냈던 곳으로, 대개 지방관이 선정한 곳을 뜻한다. 《漢書 卷89 循吏傳 朱邑》

313 당발(棠茇)의……칭송하네 : 당발은 주나라 소공(召公)이 순행할 때 감당나무 밑에서 쉬던 곳으로, 흔히 관찰사의 어진 정사를 표현할 때 쓰인다. 이번(二藩)은 황해도와 경상도로, 남휜은 1650년 황해 감사(黃海監司)와 1655년 경상 감사(慶尙監司)를 역임하였다.

314 사씨의……우거지네 : 사씨의 뜰은 진(晉)나라 사안(謝安)의 집안을 말하는데, 이 집안에는 우수한 자제들이 많았다고 한다. 여기서는 남휜이 훌륭한 아들 일곱을 두었다는 말이다.

315 오랫동안……지나갔구나 : 거창(巨創)은 부모상을 말한다. 남휜의 부친 남두첨이 1656년(효종7) 5월 21일 67세의 나이에 병으로 죽었는데, 남휜은 부친의 삼년상을 치르며 지나친 슬픔에 몸을 상하여 같은 해 11월 4일 48세의 나이로 죽었다. 《竹堂集 卷14 通政大夫 守慶尙道觀察使 兼兵馬水軍節度使巡察使南公墓誌銘》

황천으로 돌아가 효도하니 유감 없을테지만　泉塗歸孝應無憾
조정에 쓸 만한 인재 누가 남아 있는가　朝著需才定孰存
청산에 준걸을 묻으니 슬프고　怊悵青山埋俊傑
가업을 자손에게 맡기니 처량하구나　凄涼素業托兒孫
어린 나이에 용향에서 장려를 외람되이 입으니　髫齡謬被龍鄕奬
안아주고 쓰다듬는 위국공[316]의 은혜 같이 받았네　提抱同霑衛國恩
십년 동안 문장 공부하며 잠자리 함께하였고　十載攻文聯枕席
백편의 시 화답하여 읊으니 형제간 화목했네　百篇和詠叶箎塤
서이를 아우로 삼기 어려움을 알고　徐摛早識難爲弟
주사는 항상 형 노릇하기 부끄러웠네[317]　周捨常慙忝作昆
모였다 흩어지면 긴 시간 견디기 어려우니　聚散長時元不耐
존망을 노년에 다시 논할 수 있을까　存亡垂老更堪論
예전에 지은 글 뭉텅이 부질없이 남았고　空留疇昔書成帙
평생 좋아하던 술 영원히 저버렸네　永負平生酒滿樽
들보 위 달은 분명하게 밤 빛 비추고　樑月分明懸夜色
창가의 매화엔 변함없이 봄 빛 돌아오누나　窓梅依舊返春魂
백발로 하늘 끝에서 천 줄기 눈물 흘리니　天涯頭白千行淚
보내는 만장 절반이 눈물로 얼룩졌네　寫寄哀章半着痕

316 위국공(衛國公) : 당시에 높은 지위에 있던 인물 같은데 누구를 지칭하는지는 미상이다.

317 서이(徐摛)를……부끄러웠네 : 서이는 남조 양(梁)나라 사람으로 자는 사수(士秀)이고, 주사(周捨)는 남조 양나라 사람으로 자는 승일(昇逸)이다. 서이는 주사의 외제(外弟)로, 뛰어난 인물이다. 여기서는 서이를 남훤에 주사를 유계 자신에 비유하여, 서이가 동생이지만 뛰어나서 유계가 형 노릇하는 것이 부끄럽다는 의미이다.

송영보[318]의 대부인에 대한 만사

宋英甫大夫人挽

부자[319]의 맑은 바람 설난에 불어오고	夫子淸風灑雪蘭
안인[320]의 아름다운 덕 유순하고 고요하셨네	安人淑德稱幽閑
녹거 타던 당시 유자의 소박함 흠모하였고[321]	鹿車當世欽儒素
남편 잃은 중년엔 피눈물 흘리며 슬퍼하셨지	鸞鏡中年痛血斑
처사는 일찌감치 정이의 도 기약하였고[322]	處士早期程叔道
대부인께선 처음에 장군을 따라 막 돌아오셨네[323]	大家初逐長君還
봄볕에 꽃이 열매가 됨을 보지 못했는데	春暉未見花成實

318 송영보(宋英甫) : 송시열(宋時烈, 1607~1689)로, 본관은 은진(恩津), 자는 영보, 호는 우암(尤庵)·우재(尤齋), 시호는 문정(文正)이다.

319 부자(夫子) : 대부인의 남편인 송갑조(宋甲祚, 1574~1628)로, 본관은 은진, 자는 원유(元裕), 호는 수옹(睡翁), 시호는 경헌(景獻)이다.

320 안인(安人) : 조선 시대 7품 문무관의 아내에 대한 품계이다.

321 녹거(鹿車)……흠모하였고 : 녹거는 사슴이 끄는 작은 수레를 말한다. 후한(後漢) 포선(鮑宣)의 아내 환소군(桓少君)이 청고(淸高)하게 살려는 남편의 뜻을 따라 시집올 때 데리고 왔던 종들과 사치한 복식을 다 돌려보내고, 녹거를 끌고 향리로 와서 몸소 동이를 들고 물을 길어 부도(婦道)를 실천했다고 한다. 《小學 善行》

322 처사는……기약하였고 : 처사는 송시열을 가리키고, 정이(程頤)는 송나라 사람으로 자는 정숙(正叔), 호는 이천(伊川)이다. 형인 정호(程顥)와 함께 이정(二程)으로 불리는데, 구별할 때는 형을 정백(程伯) 동생을 정숙(程叔)이라고도 한다.

323 대부인께선……돌아오셨네 : 장군(長君)은 한(漢)나라의 노온서(路溫舒)로, 자는 장군인데, 여기서는 대부인의 둘째 아들 송시묵(宋時默)을 가리킨다. 대부인이 당시 부여 현감으로 있던 송시묵을 따라갔다 돌아온 것을 말한다.

저물녘 서산으로 지는 해를 되돌리기 어렵구나	暮景難回日下山
북당에서 처량히 백발의 어머니 떠나시니	萱背凄涼違鶴髮
황폐한 쑥대집 자애로운 얼굴 뵐 수 없도다	蒿封蕪翳隔慈顏
바람에 흔들리는 가지에서 반포조는 울음 다하고	哺禽啼盡風枝撼
무덤 앞 측백나무 잡고 눈물 쏟으니 잎 시드네[324]	淚葉枯殘墓柏攀
저는 여러 아드님과 교유한 정이 있어	事契忝從諸子後
댁에서 대부인께 인사드렸었지요	母儀榮拜一堂間
한평생 어버이 여윈 몸 유달리 감회 많아	平生孤露偏多感
머리 숙여 만장 지음에 갑절이나 슬픕니다	稽首哀章倍愴潸

324 무덤……시드네 : 진(晉)나라 무제(武帝) 때 왕부(王裒)가 아버지 왕의(王儀)의 억울한 죽음을 슬퍼하여 여막에서 지내며 아침저녁으로 무덤 곁의 측백나무를 잡고 우니 흐르는 눈물에 젖어 나무가 죽었다고 한다. 《晉書 卷88 王裒列傳》

족숙 청도 군수 유선증[325]에 대한 만사

挽族叔兪淸道 善會

명문가의 훌륭한 덕 우리 유씨를 손꼽으니	名門長德數吾兪
겸손한 부자께선 품행과 도의 모두 갖추셨네	夫子逡逡行義俱
과거에 급제하려던 계획 어긋나고	萬中靑錢違夙計
세 고을의 수령되어 중도에 고달프셨지	三城墨綬困中途
남긴 풍류 학 한 마리 동죽부[326]와 나란하고	遺風一鶴聯銅竹
남은 경사 한 쌍의 난새 벽오동에 우뚝 선 듯[327]	餘慶雙鸞峙碧梧
성대한 업적 예가 갖춰짐을 앞다퉈 우러르고	盛業爭將瞻禮備
한가한 생활 더욱 신령의 도움 증험하셨네	閑居益可驗神扶
전년 매화 앞에서 술 마신 정 기뻤는데	梅樽前歲情歡洽
오늘 아침 쓸쓸히 만사 지음에 눈물 젖네	蕭挽今朝淚濕濡
친족들 평생 우러르는 땅으로 돌아가시는데	宗黨百年歸仰地
쇠하고 병들어 조문 가지 못하니 어이할까	忍堪衰病負生芻

325 유선증(兪善曾) : 1583~1658. 본관은 기계(杞溪), 자는 계성(季省)이다. 1645년 청도 군수(淸道郡守)에 제수되었다. 《承政院日記 仁祖 23年 8月 2日》

326 동죽부(銅竹符) : 동호부(銅虎符)와 죽사부(竹使符)로, 지방관에게 내려 주는 신표(信標)이다. 《한서(漢書)》 권4 〈문제기(文帝紀)〉에 "처음 군수(郡守)에게 동호부와 죽사부를 주었다."라고 하였다.

327 남은……듯 : 유선증에게 가업을 이을 만한 두 아들이 있다는 말이다. 한유(韓愈)의 《한창려집(韓昌黎集)》 권33 〈전중소감마군묘지명(殿中少監馬君墓誌銘)〉에 "물러나 소부(少傅)를 보매, 푸른 대나무와 벽오동나무에 난새와 고니가 우뚝 서 있는 것 같았으니, 그 업을 능히 지킬 만한 사람이었다."라고 하였다.

자형 도사 이유청을 곡하다
哭姊兄李都事 惟淸

자형 섬기기를 큰형님처럼 여겼나니	吾事吾兄視伯兄
양정년에 태어나 앞뒤로 십 년 차이라오[328]	兩丁先後十年生
책을 물려줬던 어린 시절 매번 추억하고	傳書每憶髫齡日
한 살림 살았으니 어찌 골육의 정 논하리	同爨何論骨肉情
사십여 년 어울리며 함께 늙어 가면서	四紀追隨俱老大
한 동이 술 기뻐하며 평생을 짝하였다오	一樽歡洽判生平
수향[329]에서의 지난 일 어제처럼 생각나고	隋鄕陳迹思如昨
가을에 돌아온다는[330] 약속 문득 꿈에서 놀라네	鴻社前期夢忽驚
낮은 벼슬살이 무단히 평소의 뜻과 어긋나니	薄宦無端違素志
타향에서 어찌 차마 붉은 명정 전송하리오	旅程那忍送丹旌
여막 아래 고아는 어린 애벌레 같고	孤兒廬下螟蟲脆
대청 안의 과부 흰머리 허옇네	孀婦堂中鶴髮明
사업은 충청 고을의 비석에 쓸쓸히 남았고[331]	事業凄涼湖縣石

328 양정년에……차이라오 : 이유청(李惟淸)은 정유년(丁酉年, 1597)에 태어나고, 유계는 정미년(丁未年, 1607)에 태어나 10년 차이가 난다는 말이다.

329 수향(隋鄕) : 수성(隋城)으로, 경기도 수원(水原)의 옛 이름이다.

330 가을에 돌아온다는 : 기러기는 춘사일(春社日)에 떠났다가 추사일(秋社日)에 다시 돌아오므로, 여기서 홍사(鴻社)는 가을에 돌아오는 기러기를 뜻한다.

331 사업은……남았고 : 여기에서의 충청 고을은 연기(燕岐)를 가리킨다. 이유청은 1653년 연기 현감이 되었다. 《承政院日記 孝宗 4年 3月 21日》

형체는 고향 선영에 묻히도다　　儀刑幽翳舊山塋
주계[332]의 신명 움츠러짐을 슬퍼할 만하고　　堪悲朱季身名局
양원이 택상의 예언 이룸[333]을 기대하리　　佇見陽元宅相成
난실 들보에 비추는 달빛 희미하고　　蘭室依俙梁月色
만가 노래 새벽바람에 처량하구나　　薤歌悽斷曉風聲
한 잔 가득 담은 술을 수작하지 않으니　　單杯湛湛無酬酢
인간 세상 한 번 통곡하며 눈물 쏟네　　一慟人間淚盡傾

332 주계(朱季) : 후한(後漢) 명제(明帝) 때 남양(南陽) 완현(宛縣) 사람 주휘(朱暉)를 말한다. 그의 자가 문계(文季)이기 때문에 주계라고 한다. 임회 태수(臨淮太守)로 있으면서 정사를 잘하여 관리들과 백성들이 존경하고 사랑하였다고 한다. 《後漢書 卷43 朱暉列傳》

333 양원(陽元)이……이룸 : 외손이 귀하게 되는 것을 말한다. 양원은 진(晉)나라 위서(魏舒)의 자이다. 위서가 어려서 외가(外家)인 영씨(寗氏)에게 양육되었는데, 집터의 풍수를 보는 이가 "장차 귀한 외손이 나올 것이다."라고 예언하였다. 그 뒤 위서가 사도(司徒)에까지 올라 현달했다는 고사가 전한다. 《晉書 卷41 魏舒列傳》

판윤 이시방[334]에 대한 만사

挽李判尹 時昉

손으로 받든 붉은 태양 하늘에 오르니	手捧紅輪上太淸
한때의 공훈 아버지 형과 함께하셨네[335]	一時勳業父兼兄
높은 관직과 많은 녹에도 겸손히 지조 지켰고	官尊祿膴謙謙操
국가 계획 백성 근심에 한결같이 성실하셨지	國計民憂斷斷誠
판서로 복잡한 정무 잘 처리해 오래 추앙받았는데	八座久推劇望
삼정승 자리에서 능력 발휘할 기회 없었다오	三台只欠奮庸名
은혜는 나라 안 세금 공평하게 하였고	惠均銖兩中邦賦
공로는 한성을 요해지로 만드는데 드러나셨지[336]	功著金湯左輔城
집 뜰에 홰나무 가득하니 기대할 수 있지만[337]	槐滿家庭還有待

334 이시방(李時昉) : 1594~1660. 본관은 연안(延安), 자는 계명(季明), 호는 서봉(西峯), 시호는 충정(忠靖)이다. 1649년 한성 판윤(漢城判尹)에 제수되었다. 《承政院日記 孝宗 卽位年 6月 19日》

335 한때의……함께하셨네 : 이시방의 부친은 이귀(李貴, 1557~1633)로, 본관은 연안, 자는 옥여(玉汝), 호는 묵재(默齋)이다. 형은 이시백(李時白, 1581~1660)으로, 본관은 연안, 자는 돈시(敦時), 호는 조암(釣巖), 시호는 충익(忠翼)이다. 이귀는 두 아들인 이시백·이시방과 함께 인조반정에 참여하여 큰 공을 세웠다.

336 공로는……드러나셨지 : 이시방이 한성 판윤에 제수되어 남한산성을 개수한 것을 말한다. 금탕(金湯)은 금성탕지(金城湯池)의 줄임말로, 견고한 요해지를 말한다.

337 홰나무……있지만 : 이시방의 자손 중에 현달한 사람이 나오기를 기대할 수 있다는 말이다. 송 태종(宋太宗) 때 병부 시랑(兵部侍郎) 왕우(王祐)가 자기 집 뜰에 홰나무 세 그루를 심고 "나의 자손 중에 반드시 삼공(三公)에 오를 자가 있을 것이다."라고 하였다는 고사가 전한다. 《宋史 卷282 王旦列傳》

서울의 푸른 버들 문득 무심하구나　柳青京兆却無情
비변사의 자리 오늘날 적막해졌나니　籌司坐席今寥闃
재배하고 만사 지음에 눈물 흐릅니다　再拜哀章涕淚傾

시남집

제7권

詩시

가을의 감회
秋懷

좋은 시대 만나니 어찌 즐겁지 않겠는가　時淸豈不樂
몸이 한가하니 또한 졸렬함을 기르네　身閑且養拙
가을 경치가 어찌 아름답지 않으랴만　秋光豈不佳
어찌하여 처량한 생각이 드는지　胡然思凄切
산에 오르고 물을 굽어 보며　登山復臨水
경치를 구경해도 근심 그치지 않아　覽物憂不歇
동쪽 울타리 꽃 꺾고 꺾으며　採採東籬花
시 읊으며 긴긴 하루 마치네　沈吟終永日
멀리서 찾아온 나그네　有客自遠方
상쾌한 기운이 나까지 맑게 하는데[1]　蕭爽淸毛骨
나의 술동이 가득한 술을 마시고　飮我盈樽酒
하늘의 달을 가리켰네　指我中天月

1 상쾌한……하는데 : 육유(陸游)의 〈감추(感秋)〉에 "추당에 내린 이슬 맑으니, 상쾌한 기운 내게도 스며드네.〔秋堂露氣淸, 蕭爽入毛骨.〕"라고 한 데서 온 말이다.

이렇게 마주해 둘이서 탄식하고는	對此兩歎息
소매 걷고 울적함 토로하니	披襟吐伊鬱
내 마음 괴로이도 의지할 데 없다가	我懷苦無賴
그대를 빌어 조금이나마 털어놓네	憑君輸百一
소싯적에 뛰어난 인물 동경하여	小少慕奇偉
자신을 위해 보잘 것 없는 것을 수치로 여겼는데	謀身恥瑣屑
중년에 더욱 얽매이지 않으니	中年益疏放
세상 명리에 대부분 무관심하였소[2]	與世多抹摋
영화는 진작에 바라지 않았고	紛華旣非願
세상 경영하는 제주도 없기에	經濟嗟無術
마침내 선현에게 부끄러웠지만	終然愧前修
때 묻히는 건 참을 수 없었다오	未忍甘緇涅
품었던 마음 아직도 그대로인데	素心猶耿耿
세월은 어찌 이리 빠르게 흐르는지	流光何忽忽
청춘은 언제였던가	春容復幾時
머리칼은 어느새 성글어졌구려	秋髮俄蕭瑟
초목이 흔들려 떨어지고	物色政搖落
바람서리 다시 잦아드니	風霜更瀏浰
모든 숲은 쓸쓸해지고	千林看索莫
온갖 벌레소리 들려오누나	百蟲聽嘈唧

2 세상……무관심하였소 : 한유(韓愈)의 〈정요선생묘지명(貞曜先生墓誌銘)〉에 "시에만 몰두하느라 세상과는 원만하지 못했고, 사람들은 모두 다급하거늘 나는 홀로 여유로웠네.〔唯其大翫於詞而與世抹摋, 人皆劼劼, 我獨有餘.〕"라고 하였다.

외물을 어찌 상관하랴마는	外物寧相管
치미는 생각을 그칠 수 없거니와	中情諒難遏
자연히 보고 느낀 건	自然見之感
계절 변화만을 슬퍼함이 아니외다	不但傷時物
생각이 계속 꼬리를 무는데	悠悠復悠悠
이 마음 누구에게 말할 건가	此意共誰說
미인이 서방에 있어서	有美在西方
하늘 끝에 있는 미인을 그리워 한다오	相思隔天末
달려가 그를 따르고 싶어도	欲往從之遊
마음만 그리로 날아갈 뿐	神魂自飛越
푸르고 푸른 저물녘 갈대여	蒼蒼蒹葭晩
가는 길이 드넓은 물결에 막혔도다[3]	溯洄波浪闊
한참을 우두커니 홀로 서있자니	獨立久延佇
마음만 자꾸 울적해지어라	心緖頻紆結
찬란한 골짜기의 난초여	燁燁中谷蘭
빽빽한 남산의 초목이여[4]	蔥蔥南山蔚

3 푸르고……막혔도다 : 그리운 사람을 만나지 못하는 애석한 마음을 말한다. 《시경》 〈겸가(蒹葭)〉에 "갈대가 창창하니 흰 이슬이 서리가 되었도다. 이른바 저분이 물가 한쪽에 있도다. 물결을 거슬러 올라 따르려 하나 길이 막히고 또 길며, 물결을 따라 내려가 따르려 하나 완연히 물의 중앙에 있도다.〔蒹葭蒼蒼, 白露爲霜, 所謂伊人, 在水一方, 溯洄從之, 道阻且長, 溯游從之, 宛在水中央.〕"라고 하였다.

4 빽빽한 남산의 초목이여 : 소인들의 기세가 성함을 말한다. 《시경》 〈후인(候人)〉에 "울창하고 무성한 남산에, 구름 기운 아침에 솟구치도다.〔薈薈蔚兮, 南山朝隮.〕"라고 하였다. 유계는 당시 골짝의 난초 같은 은자를 꿈꾸면서도 조정에 들어찬 소인들로 인해 울적함을 느낀 것이다.

저무는 해에 회포를 맡기고	歲晏托幽襟
마음에 맹세하며 늘그막을 기약하노니	誓心期晩節
항상 두려운 건 심한 풍상고초 겪다가	常恐風霜急
공연히 지조 잃는 것이라오	坐見顔色奪
동자 불러 술 올리게 하고는	呼童進一杯
강개해져 시름만 깊어지는구려	慷慨添愁絶
그대는 보았는가 우주 안에서	君看宇宙內
뜻있는 선비가 얼마나 파묻혀 지냈는지	志士幾堙沒
그저 내 초복[5]을 가져다가	聊將我初服
말끔하고 정결하게 다듬질한 뒤	楚楚且修潔
조만간 봄날을 맞이하여서	早晩逢陽春
아름다운 시기 잃지 말아야 하리	毋令佳期失

5 초복(初服) : 초복은 벼슬하기 전에 입던 옷이라는 뜻으로, 벼슬을 떠나 처음에 살던 곳으로 돌아가 은거하는 것을 비유하는 말이다. 굴원(屈原)의 〈이소(離騷)〉에 "물러가 다시 나의 초복을 손질하리.〔退將復修吾初服〕"라고 하였다.

병중에 바삐 써서 춘방에서 숙직하는 윤여망[6]에게 드리다

病裏走草 呈尹汝望春坊直廬

구습은 기름에 물드는 것 같아	舊習如膏染
날로 심해져 씻을 수 없고	日深不可濯
새로운 공부는 역행하는 배 같아	新功如逆舟
한 치를 나아갔다가 한 자나 퇴보하네[7]	進寸而退尺
사내가 맘에 품은 평생의 뜻이	男兒百年志
어쩌면 오래도록 하찮아졌는지	胡然長碌碌
그대와 이별한 지 얼마나 되었나	與子別幾日
나의 근심은 이삭[8]에 있다오	我憂在離索
병들어 누추한 골목에 엎드려 있자니	抱病伏陋巷
안부를 묻는 이 아무도 없고	無人問消息
가을바람 한번 불어오자	秋風一蕭瑟
그윽한 생각 더욱 쓸쓸하여라	幽思轉寂寞

6 윤여망(尹汝望) : 윤문거(尹文擧, 1606~1672)로, 본관은 파평(坡平), 자는 여망, 호는 석호(石湖), 시호는 충경(忠敬)이다. 1635(인조13)에 세자시강원 설서에 제수되었고, 1658(효종9)에 세자시강원 문학에 제수되었다. 《承政院日記 仁祖 13年 8月 13日》

7 한……퇴보하네 : 한유(韓愈)의 〈상병부이시랑서(上兵部李侍郎書)〉에 "운명이 기박해서 걸핏하면 참소를 만나는 바람에 한 치 나아갔다가 한 자나 후퇴하곤 하여 끝내 이룬 바가 없다.〔薄命不幸, 動遭讒謗, 進寸退尺, 卒無所成.〕"라고 하였다.

8 이삭(離索) : 이군삭거(離群索居)의 준말로, 벗들을 떠나 쓸쓸히 홀로 산다는 뜻이다. 자하(子夏)가 "나는 벗을 떠나 쓸쓸히 홀로 산 지 또한 오래되었다.〔吾離群而索居, 亦已久矣.〕"라고 하였다. 《禮記 檀弓上》

그대 생각이 나 보고 싶어서	念子欲見之
숙직하는 궁궐 서글피 바라보나니	悵望靑瑣直
맑은 관직 어찌 좋지 않으랴만	官淸豈不樂
영화는 혹 욕됨을 불러들이네	榮成或招辱
특별히 행동하면 재앙에 가까워지고	特行近殃咎
유속에 영합해도 부끄러워라	俯仰慙流俗
귀중히 여길 것은 군자의 도이니	所貴君子道
흐르지 않고 튀지도 않는 것이라오	不流亦不激
그대의 탁 트인 흉금을 사랑하노니	愛君方寸豁
어찌 조금의 간격을 용납하리	寧容些子隔
내가 가진 고인의 서적	我有古人書
묶어서 고각에 두었는데	束之置高閣
먼지 걷고 오래된 책 정돈한 뒤	披塵整舊帙
겨우내 독서로 보내고 싶건만	準擬三冬讀
뜻이며 기운 잃은 지 오래이고	志荒氣久放
이 병도 안 나을까 근심이구려	此疾恐難藥
그대가 나를 멀리 안 할 거라면	幸子不我遐
때때로 찾아와 깨우쳐 주게나	時來垂警策
진정한 사귐은 말이 없으니	至交在不言
모임이 적은 걸 따지지 마세	休論會疏數
평생의 뜻 함께 힘써	共勖平生志
당년의 약속 어기지 말게	莫孤當年約

호군에서 유배 중에[9] 옛날 놀던 시절을 생각하며 겸하여 회포를 서술하고 영동으로 가는 민명윤[10]과 이별하다

정축년(1637, 인조15)

流湖郡 憶舊遊 兼述懷 奉別閔明允嶺東之行 丁丑

술을 앞에 두고도 즐겁지 않아	對酒忽不樂
일어나 춤추며 원망시를 노래하노니	起舞歌怨詩
원망시는 또한 무슨 내용인가	怨詩亦何言
나의 이별하는 심정 담았다네	我懷在別離
산 오르고 다시 물가 임하며	登山復臨水
그대를 땅 끝으로 전송하는데[11]	送君天之涯
떠나는 자리에 노잣돈 없으니	當行闕贈賮
애오라지 이것을 지어 준다오	聊以玆相貽
그 옛날 서울살이 생각하니	念昔在京國
우리 모두 어린 시절이었지	俱當年少時

9 호군(湖郡)에서 유배 중에 : 호군은 임천(林川)을 가리킨다. 유계(兪棨)는 1636년(인조14)에 설서(說書)로 있던 중 병자호란이 일어나자 척화를 주장하다가 화의가 성립되자 임천에 유배되었다. 《市南集 附錄 卷2 神道碑銘》

10 민명윤(閔明允) : 민진량(閔晉亮, 1602~1671)으로, 본관은 여흥(驪興), 자는 명윤, 호는 구졸(九拙)이다. 《明齋遺稿 卷36 楊州牧使贈兵曹參判閔公墓誌銘》

11 산……전송하는데 : 전국 시대 송옥(宋玉)의 〈구변(九辯)〉에 "구슬퍼라 흡사 타향에 있는 듯하도다. 산에 오르고 물가에 임하며 돌아가는 사람을 보낸다.〔憭慄兮若在遠行, 登山臨水兮送將歸.〕"라고 하였다. 《楚辭 卷8》

좋은 벗 네다섯 명이	佳朋四五人
구애 없이 형식을 벗어 던졌네	脫略去毛皮
일화와 여망[12]	日華暨汝望
호연과 청지[13]가	浩然及淸之
술 생기면 초대하니	得酒且招邀
달을 보며 자주 어울렸다오	見月頻追隨
난실에서 청량한 향기 맡다가	淸香挹蘭室
마음에 쏙 드는 그댈 만나고서	心事得芝眉
남산의 소나무 함께 가리키며	共指南山松
만년을 서로 기약하였네	歲晏以爲期
모래바람 갑자기 불어	風沙一夕驚
교활한 오랑캐 서울을 엿보니	狡虜窺京師
임금의 호위대 매우 다급해지고	羽衛劇蒼黃
종묘사직 뒤집힐 듯 위태로웠네[14]	宗社瀕顚危
나는 그때 근신의 반열에 있어	余時忝近列
맨발로 임금을 수행하는데	徒步隨龍旗
용 깃발이 비린내와 먼지로 흐릿해지니	龍旗晦腥塵

12 일화(日華)와 여망(汝望) : 일화는 미상이다. 여망은 윤문거(尹文擧, 1606~1672)의 자이다.

13 호연(浩然)과 청지(淸之) : 호연은 권성원(權聖源, 1602~1662)의 자이다. 청지는 유계(兪棨)의 자형인 이유청(李惟淸, 1597~1659)의 자이다. 효종 때 연기 현감(燕岐縣監)을 지냈다. 《承政院日記 孝宗 4年 3月 21日》

14 모래바람……위태로웠네 : 1636년(인조14) 병자호란이 일어났던 상황을 묘사한 것이다.

고각 소리 외로운 성에 슬피 울려 퍼졌지 鼓角孤城悲
임금의 치욕이 이 지경에 이르고 君辱至於此
국가의 위태함 이와 같으니 國危乃如斯
남아에겐 오로지 죽음뿐이라 男兒惟死耳
신하가 어떻게 살 수 있으랴 臣子寧生爲
간 베어 많은 피 쏟는 심정으로 刳肝寫斗血
구름 헤치고 괴론 말 올리매[15] 排雲陳苦辭
감격스러운 마음 가득했지만 中情多感激
써 내려간 글에는 고분고분하지 않았네 文字少委蛇
창졸간에 죽음을 모면하니 倉卒免誅殛
하늘은 참으로 자애로워라 皇穹信聖慈
그런데 갑자기 천지가 뒤집혀 乾坤忽蕩覆
오랑캐와 중화가 존비 바뀌었네 戎夏移尊卑
성하지맹을 통곡하며[16] 慟哭城下盟
부질없이 피눈물만 쏟았다오 血涕空漣洏
노중련의 품은 뜻[17] 못 이뤘으니 未遂魯連志

15 간……올리매 : 주옥(珠玉)같은 글로 임금에게 의견을 올린다는 말이다. 한유(韓愈)의 〈악착(齷齪)〉에 "구름 헤치고 하늘 문 앞에서 소리치며, 뱃속 열어 낭간 같은 계책을 바치고 싶어라.〔排雲叫閶闔, 披腹呈琅玕.〕"라고 하였다. 《古文眞寶 前集 卷3》

16 성하지맹(城下之盟)을 통곡하며 : 성하지맹은 성 밑까지 쳐들어온 적군과 맺는 맹약이라는 뜻으로, 항복한 나라가 적국과 맺는 굴욕적인 맹약을 말한다. 여기서는 병자호란 때에 삼전도(三田渡)에서 청나라에게 항복한 것을 가리킨다.

17 노중련(魯仲連)의 품은 뜻 : 국가를 위해 목숨을 아끼지 않는 것을 말한다. 노중련이 "진나라가 방자하게 천자를 참칭(僭稱)한다면 나는 동해에 빠져 죽겠다."라고 하니,

우리는 오랑캐가 되지 않겠는가 能免吾爲夷
그대로 세자를 모시고 仍陪鶴駕塵
용황에서 포로 생활 하면서[18] 擬作龍荒羈
부디 있는 힘 모두 다하여 庶以勤苦力
조금이나마 성은에 보답하려 했는데 少答君恩垂
정성은 작고 죄는 큰 데다 誠微罪固大
하늘의 뜻 끝내 알기 어려워 天意終難知
배행하려던 바람 어긋나더니 負靮違誠願
많은 비방을 불렀네 盈車招謗訾
황야에 던져진 건 참으로 직분이거니와 投荒諒職分
목숨을 온전히 보전함은 성상의 큰 은혜로다 完領還鴻私
천지 사이에 편히 살면서 偃息天地間
우러르고 굽어봄에 부끄럼 많기도 해라 俯仰多忸怩
장탄식한 가의와 다르지만[19] 長歎異漢賈
깊은 근심은 굴원처럼 심한데[20] 沈憂劇湘纍

진나라 장군이 이 말을 듣고 군사를 후퇴시켰던 일을 말한다. 《史記 卷83 魯仲連列傳》

18 그대로……하면서 : 용황(龍荒)은 북쪽 변방을 뜻하는 말로, 여기서는 심양(瀋陽)을 가리킨다. 병자호란 이후 유계(兪棨)가 소현세자를 따라 심양으로 가려 했던 일을 말한다.

19 장탄식한 가의(賈誼)와 다르지만 : 가의는 한 문제(漢文帝) 때의 문신인데, 문제에게 치안책(治安策)을 올려 "삼가 일의 형세를 살펴보건대, 통곡할 만한 것이 한 가지요, 눈물을 흘릴 만한 것이 두 가지요, 장탄식할 만한 것이 여섯 가지입니다."라고 하였다. 《漢書 卷48 賈誼傳》 유계 자신의 글이 가의가 장탄식하며 올린 치안책에 비할 수 있는 수준이 아니라고 겸손하게 말한 것이다.

20 깊은……심한데 : 상루(湘纍)는 굴원(屈原)을 가리킨다. 양웅(揚雄)의 〈반이소

아득하고 아득한 나의 회포여 悠悠我之懷
뚜렷하게 알아줄 사람 누구인가 落落知者誰
벗들은 제각기 흩어져 朋知各星散
생사도 무엇도 알지 못하니 生死存亡疑
그 옛날 놀던 날 생각하매 追惟曩昔遊
멍하니 마음이 슬퍼졌네 憮然摧心脾
여태껏 소식도 못들었는데 已莫聞音塵
어떻게 만나 볼 수 있을까 何由接風儀
그리워 잊지 못하고 相思不可諼
하루 종일 눈앞을 아른거렸다오 耿耿窮曛曦
금년 오월에 今年夏維仲
그대가 남쪽에서 와 子實來南陲
호해의 밖에서 서로 만나니 相逢湖海外
손 붙잡고 잠시 희비가 교차하였네 握手乍悵怡
난리 나던 초기 이야기에 却說亂離初
두 뺨에 주르륵 흐르는 눈물 流淚雙交頤
전쟁의 먼지 여전히 많고 兵塵尙澒洞
산천에는 시체들 낭자하구나 狼藉川原屍
살아서 만남이 진정 행복이니 生逢眞幸耳
늙어가는 몸을 한탄치 마세나 遮莫嗟枯衰

(反離騷)〉에 "민강(泯江) 가를 따라 이 애도문을 보냄이여. 삼가 상강에서 억울하게 죽은 굴원을 애도하노라.〔因江潭而記兮, 欽弔楚之湘纍.〕"라고 하였다. 《漢書 卷87上 揚雄傳》

남강은 날씨 좋고	南江好天氣
경치는 맑고 기이해라	景物淸而奇
지팡이 짚고 매일 나가고	扶笻日相就
이틀 자며 피로를 잊으니	信宿忘勞疲
주인은 서울의 친구요	主人京洛舊
술상으로 주린 배를 위로하였네	杯盤慰餒飢
오래된 사찰 용연사는	龍淵古梵宇
시 읊고 술 마시기 제격이라	詩酒頗相宜
어지러이 술잔 벌여놓으매	繽紛列壺觴
아름다운 꽃 나무 늘어섰다오	璀璨羅瓊琪
바닷물 기울이듯 한껏 마시고	縱飮河海傾
비바람 몰아치듯 실컷 담소 나눌 제	劇談風霆馳
몽롱하게 취한 눈 앞으로	矇朧醉眼中
만상이 새로운 자태 드러내었지	萬象呈新姿
긴 강엔 달빛 비치고	長江拖玉鏡
높은 산은 푸른 유리 모아놓은 듯	峻山攢靑璃
강산을 마음껏 구경하니	江山入管領
가진 것이 참으로 적지 않아라	所得良不貲
즐기고 놀 날 다시 언제일건가	娛遊復幾時
이별의 정한이 다시 떠오르네	別恨還牽維
그대는 어디로 가는 것인가	之子去何之
영동의 동해 물가로세	嶺東東海湄
한송정과 경포대[21]는	寒松與鏡浦
신선이 머물던 곳이니	仙者所棲遲

왕자 진이 생황 불며 내려왔고[22] 子晉下鳳笙
서왕모가 구름깃발 놓아둔 곳이라[23] 王母留雲麾
여기에서 생애를 맡기면 於焉托生涯
끈적이는 덫에서 벗어나리니 可以逃黏黐
봄에는 황정이 싹을 틔우고[24] 春苗有黃精
가을에는 자지가 꽃을 피우리라[25] 秋華有紫芝
갈매기와 학은 가족이 되고 鷗鶴是家口
물과 돌은 재산이 되도다 水石是家資
광견을 꿈속에 그리나니 狂狷肯夢寐

21 한송정(寒松亭)과 경포대(鏡浦臺) : 한송정은 경포대 동쪽에 있었던 정자이다. 《신증동국여지승람(新增東國輿地勝覽)》 〈강릉대도호부(江陵大都護府)〉에 한송정을 일러 "동쪽으로 큰 바다에 임했고 소나무가 울창하다. 정자 곁에 차샘〔茶泉〕·돌아궁이〔石竈〕·돌절구〔石臼〕가 있는데, 곧 술랑선인(述郎仙人)들이 놀던 곳이다."라고 하였다. 경포대는 강원도 강릉시 저동(苧洞)에 있는 누각이다.

22 왕자 진(王子晉)이……내려왔고 : 왕자진은 주 영왕(周靈王)의 태자 진(晉)이다. 이락(伊洛) 지역에서 생황을 불어 봉황의 울음소리를 내며 노닐다가 뒤에 신선이 되어 백학(白鶴)을 타고 승천했다는 고사가 있다. 《列仙傳 卷上 王子喬》

23 서왕모(西王母)가……곳이라 : 두보(杜甫)의 〈현도단가기원일인(玄都壇歌寄元逸人)〉 시에 "두견새는 밤에 울어 산 대를 쪼개는 듯하고, 서왕모는 낮에 내려와 구름깃발이 번득이네.〔子規夜啼山竹裂, 王母晝下雲旗翻.〕"라고 하였다.

24 봄에는……틔우고 : 황정(黃精)은 선가(仙家)에서 복용하는 약초의 이름인데, 이것을 복용하면 장수를 누린다고 한다. 흔히 은사(隱士)들이 복용하던 것이므로, 전하여 은거(隱居)를 의미한다.

25 가을에는……피우리라 : 진(秦)나라 말기에 상산사호(商山四皓)가 난리를 피해 은거 생활을 하며 이 자지(紫芝)를 캐 먹고 〈자지가(紫芝歌)〉를 노래했던 고사가 있다. 《高士傳 卷上 四皓》

정치에 종사하면 위태로우리　　從政嗟殆而
표표히 초일한 흥취 동하매　　飄飄動逸興
떠나감은 아득해 뒤쫓기 어려워라　　去去邈難追
벌레가 고니를 우러러보고[26]　　壤蟲仰黃鵠
뱁새는 제비를 부러워하네　　鷦鷯羡鷫鷞
먼지를 털고 멀어지는 그대를 서글피 바라보며　　悵望淸塵遠
우두커니 서서 부질없이 머뭇거리나니　　佇立空躕踟
아 나는 또한 무슨 연고로　　嗟予亦何故
홀로 많은 근심을 만난 것인가[27]　　獨此逢百罹
가을바람이 강가로 불어오자　　秋風入江潭
번성했던 온갖 초목 시들고　　百卉凋繁蕤
빈 골짜기에 있는 외로운 난초만　　孤蘭在空谷
반짝이며 그윽한 향을 풍기네　　燁燁幽香披
꺾어다 주고 싶긴 하지만　　采之欲有贈
이것을 엮어 누구에게 주려나　　結佩將誰詒
도근도근 넋이 나갈 듯한데　　搖搖魂欲絶

26 벌레가 고니를 우러러보고 : 그 격차가 매우 크다는 뜻이다. 전국 시대 연(燕)나라 사람 노오(魯敖)가 유람하기를 좋아하여, 천하에 자기보다 많은 곳을 유람한 자가 없다고 자부하였다. 북쪽의 몽궐산(蒙闕山)에 올라 한 도사(道士)를 만나서 천상천하를 다 돌아다녔다는 말을 듣고는 "나는 도사에 비하면 땅벌레와 고니의 관계 같다."라고 탄식하였다. 《淮南子 道應訓》

27 홀로……것인가 : 《시경》 〈토원(兎爰)〉에 "내가 태어난 초기에는 오히려 일이 없었는데, 내가 태어난 뒤에 이 온갖 근심을 만났으니, 차라리 잠들어 움직이지 말았으면. 〔我生之初, 尙無爲, 我生之後, 逢此百罹, 尙寐無吪.〕"이라고 하였다.

어둑어둑 날은 지려 하네[28] 曖曖時將罷
그대 또 나를 버리고 떠나니 子又捨我去
무엇으로 이 마음을 위로할까 何以慰我思
깊은 근심은 마음병 되니 幽憂作心病
고질되면 의원도 못 고치리라 病痼醫難治
돌이켜보면 이별의 고통으로 翻思別離苦
예로부터 많은 탄식 자아냈으니 自古饒嗟咨
역대로 금석 같은 교분 맺고서 由來金石契
좋은 일에 얼마나 많이 어긋났었나 好事幾參差
정신적 교유는 원근이 따로 없으니 神交無遠邇
천지가 바로 대청이라네 天地卽軒墀
제각기 초복을 보존하고 各自保初服
사는 동안 더럽혀지지 마세나 生死無磷緇

28 이것을……하네 : 굴원(屈原)의 〈이소(離騷)〉에 “때는 어둑어둑 날이 지려 하는데, 그윽한 난초 묶고 우두커니 서 있네.〔時曖曖其將罷兮, 結幽蘭而延佇.〕”라고 한 말을 인용한 것이다.

급히 쓰다. 민명윤[29]이 보내준 40운에 차운하다
走草 次閔明允見贈四十韻

우주는 한순간이요	宇宙一瞬息
천지는 둥근 섬이니	天地一環島
그 안의 많고 많은 일	其中萬萬事
좋은 일보다 나쁜 일 많지	少好多不好
시물은 성했다가도 쇠하고	節物變榮悴
절기는 추웠다가도 더우니	時序迭寒燠
예로부터 문장으로 이름난 자	古來鳴文者
문장으로 표현하였네	形容費詞藻
매번 떠나거나 머무를 때면	每到去留際
특히나 근심이 끊어질 듯 해	最是愁絶倒
괴로이도 늦게 태어난 이 몸	伊我苦生晩
못가에서 근심 속에 초조하다오	澤畔憂心懆
시름이 만 가지로 얽히니	憂心萬緖結
무엇을 통해 하늘에 물어보나	何由問蒼昊
길 거닐며 난초와 혜초를 캐고	行行採蘭蕙
허리에 찬 마음 번뇌하네[30]	結佩情煩惱

29 민명윤(閔明允) : 민진량(閔晉亮, 1602~1671)으로, 본관은 여흥(驪興), 자는 명윤, 호는 구졸(九拙)이다. 《宋子大全 卷178 楊州牧使閔公墓碣銘幷序》

30 길……번뇌하네 : 굴원(屈原)의 〈이소(離騷)〉에 "임금님이 나를 내치면서 혜초 띠를 주시고, 또 향초인 채초(茝草)를 가려 뽑아 거듭 주셨네. 이 또한 내 마음에 달갑게

어지러운 일을 보고 탄식하노니	狂攘歎卽事
아 우리의 도가 쇠락하였구나	摧落嗟吾道
아득하고 또 아득하여라	悠悠復悠悠
이 마음 누구와 이야기할까	此意誰共討
그대만이 나를 멀리하지 않아	惟君不我遐
평생에 회포를 털어놓으니	平生托襟抱
포숙아와 관중의 사귐이었고	論交許鮑管
문예를 담론하며 잠삼과 최호[31]를 추종하였지	談藝追參顥
근래에 나에게 시편을 주었는데	近有惠我篇
문장의 물결 어찌 그리 호탕한가	文瀾何浩浩
엉성한 솜씨로 감히 대적할 수 있으랴	蕪拙敢思敵
움츠린 손으로 작은 보루 지킬 뿐이라오[32]	縮手嬰殘堡
나의 곤궁함은 월나라 왕이 은신한 것[33]보다 심한데	吾窮甚越棲

여기는 바이니, 아홉 번을 죽더라도 후회하지 않으리라.〔旣替余以蕙纕兮, 又申之以攬茝. 亦余心之所善兮, 雖九死其猶未悔.〕"라고 하였다.

31 잠삼(岑參)과 최호(崔顥) : 모두 당(唐)나라의 시인이다. 잠삼은 고적(高適)과 명성을 다투어 고잠(高岑)으로 병칭되었던 인물이고, 최호는 〈등황학루(登黃鶴樓)〉를 지어 이백(李白)의 극찬을 받았다.

32 움츠린……뿐이라오 : 축수(縮手)는 움츠린 손이라는 말로, 한유(韓愈)의 글에 "다른 사람들은 나무를 잘 깎지 못하여 손가락을 다쳐 피가 흐르고 얼굴에는 땀을 뻘뻘 흘리는데, 뛰어난 장인은 도리어 소매 속에 손을 넣고 곁에서 구경만 하고 있다."라고 하였다.《韓昌黎集 卷23 祭柳子厚文》 여기서는 감히 화답시를 짓지 못하겠다는 겸사로 쓴 말이다. 앞 구(句)에서 전쟁에 빗대어 표현하였기 때문에 '보루를 지킨다'라고 표현한 것이다.

33 월(越)나라……것 : 춘추 시대 월왕 구천(句踐)이 오왕 부차(夫差)에게 공격을

그대의 기세는 호경을 차지한 진나라처럼 씩씩해[34]	子勢壯秦鎬
붉은 칼 시험 삼아 범에게 휘두르니	赤刀試威虎
아아 동해의 노인[35] 애석하구나	堪嗟東海老
절하고 주옥 같은 말 외우노라니	拜手誦玉語
귀한 형산의 보옥[36]과 같고	珍重荊山寶
시 속에 이별의 정을 말하매	詩中說離情
이별의 정 어찌 그리 초초한지	離情何草草
내 인생 혼란한 때를 만나	人生際亂離
만나고 헤어짐을 보장하기 어렵거니와	聚散苦難保
혼란한 세상을 차마 말할 수 없으니	亂離不忍言

입어 패전했는데, 오왕이 자서(子胥)의 간언을 듣지 않고 월왕을 살려 주었다. 그 후부터 월왕은 와신상담(臥薪嘗膽)하면서 국력을 길러, 끝내는 오를 패망시켜 회계에서 당했던 모욕을 씻었다. 《史記 卷41 越王句踐世家》

34 그대의……씩씩해 : 《서경》 〈주서(周書)〉에 "5월 정해일(丁亥日)에 성왕(成王)이 엄(奄)나라로 부터 와서 종주(宗周)에 이르렀다."라고 하였는데, 그 주(注)에 "호경(鎬京)을 이미 진(秦)나라에 봉하였다."라고 하였다. 종주는 호경을 말한다. 여기서는 전국 시대 통일 직전의 강성한 진나라를 비유한 것이다.

35 동해의 노인 : 전국 시대 제(齊)나라의 고사(高士)인 노중련(魯仲連)을 가리킨다. 노중련은 진(秦)나라를 황제로 받들자는 신원연(新垣衍)의 제의를 거부하면서 "진나라가 참람하게 제(帝)를 칭한다면 동해에 빠져 죽겠다."라고 하였다. 《史記 卷83 魯仲連列傳》

36 형산(荊山)의 보옥(寶玉) : 춘추 시대 초(楚)나라 사람인 변화(卞和)가 형산에서 캐어온 보옥이다. 변화가 초나라 여왕(厲王)과 무왕(武王)에게 바쳤으나 모두 임금을 기만한 죄로 몰려 양쪽 발꿈치를 잘렸다. 문왕(文王) 때에 이르러 변화가 또 옥덩이를 안고 형산 밑에서 통곡하자, 문왕이 사람을 시켜 그 옥덩이를 쪼개어 보옥을 얻어, 이를 '화씨벽(和氏璧)'이라고 하였다. 《韓非子 和氏》

먼지를 씻어내지 못하는도다 塵氛未滌澡
들판엔 갓난아이 넘쳐나고 原野厭赤孩
구덩이엔 늙은이가 가득하며 丘壑塡皤媼
나쁜 소인 공후에 봉해지는가 하면 惡小封公侯
벼슬이 천한 사람에게 내려오네 簪纓降隷皁
이 지경에 이르게 한 건 또 누구인가 致此亦何人
결국 그 근원을 찾지 못했네 竟莫原根腦
태평성대의 바람은 이미 끊어졌으니 平昇望已絶
어질고 지혜로운 이는 빛을 감춰야 하네[37] 賢智光宜葆
영동의 이름난 산수 경치는 嶺東山水窟
드넓은 천혜의 선물 磅礴勞天造
경포의 물결은 맑기도 하며 鏡浦波瀾淨
금강의 절벽은 희기도 해라 金剛厓石皓
그대 지금 옷깃 떨치며 떠나니 君今拂衣去
영원히 세상일에 초월코자 함이지 永欲超榮槁
속세에서 신선계를 바라보지만 塵區望仙境
바다를 고인 물에 비하는 것이고 滄海於行潦
죄수가 뛰어난 이를 우러르나 羈囚仰逸軌
반딧불이를 태양에 비하는 것이라 螢爝於陽杲

37 빛을 감춰야 하네 : 《장자》 〈제물론(齊物論)〉에 "아무리 부어도 차지 않고 아무리 떠내어도 마르지 않는데 어째서 그렇게 되는지를 알지 못하나니, 이를 일컬어 내면에 감추어진 빛이라 한다.〔注焉而不滿, 酌焉而不竭, 而不知其所由來, 此之謂葆光.〕"라고 하였다.

신선과 속인이 이로부터 나뉘니	仙凡從此隔
슬피 바라보는 이 마음 방아질 하는 듯하네	悵望心如擣
예상컨대 그대 떠나는 날을 알고 있으니	懸知君去日
가을의 흥취 일고 곡식 풍족하며	秋興饒粱稻
지역이 궁벽하여 오는 사람 적은데	地僻人到稀
산 험준하여 단풍 일찍 들리라	山峻楓丹早
자고신은 선약을 보내고[38]	紫姑送玉漿
안기생은 해조를 던지며[39]	安期投海棗
경단의 도사들은	瓊壇羽衣客
서로 만나 안개와 노을을 쓸어내리라	相待煙霞掃
예로부터 고요하고 한적하던 곳에선	由來靜散地
소탈하여 풍부함이 메말라지니	脫灑富新稿
수석이 봉록을 대신하고	水石代俸祿
마름옷이 비단옷을 대체하네	芰荷當縉縞
어느새 장풍을 거느리고	倐乎御長風

38 자고신(紫姑神)은 선약을 보내고 : 자고신은 중국 신화 속의 측신(厠神)으로, 자고(子姑), 갱삼고(坑三姑), 칠고랑(七姑娘), 측고(厠姑) 등으로도 불린다. 《자고현이록(紫姑顯異錄)》에 "자고는 내양(萊陽) 사람으로 성은 하(何), 자는 여경(麗卿)이다. 이경납(李景納)의 첩으로 큰 부인의 질투를 받아 정월 15일 변소에서 음살되었다. 천제(天帝)가 이를 불쌍하게 여겨 측신으로 명했다. 세인들이 그 형상을 만들어 변소에서 맞아 제사 지내고 여러 가지 점을 친다."라고 하였다.

39 안기생(安期生)은 해조(海棗)를 던지며 : 안기생은 봉래산(蓬萊山)에 사는 신선으로, 한 무제(漢武帝) 때 방사(方士) 소군(少君)이 임금에게 말하기를 "신이 일찍이 해상에 노닐면서 안기생을 보았는데, 그는 크기가 오이만 한 대추를 먹고 있었습니다."라고 한 데서 온 말이다. 《史記 卷28 封禪書》

시원스레 맑은 기운 드리키노라면	泠然挹沖灝
천추의 네 신선[40]의 자취를	千秋四仙躅
역력히 모두 상고할 테지	歷歷皆可考
아아 말로의 자취여	嗟嗟末路蹤
이승에서 공연히 애를 태우도다	火宅空焦燥
정 영위는 조만간 돌아와서	令威早晩歸
신선의 말 들려주기를 미리 기도한다오[41]	仙語煩預禱

40 네 신선 : 신라 때의 네 신선인 영랑(永郎), 술랑(述郎), 남랑(南郎), 안상(安詳)을 가리킨다. 이들은 금강산 일대의 명승(名勝)을 유상(遊賞)했던 것으로 유명한데, 동해안 각처에 그들의 유적이 남아 있다. 《新增東國輿地勝覽 卷45 江原道 通川郡 樓亭 叢石亭》

41 정 영위는……기도한다오 : 정 영위는 한(漢)나라 요동(遼東) 사람으로 영허산(靈虛山)에서 신선술을 배워 천 년 만에 돌아왔다는 사람이다. 여기서는 정 영위를 민진량에게 빗대어 다시 영동에서 돌아와 말을 들려달라는 의미로 쓴 것이다.

밤에 앉아 회포를 적다 3수
夜坐書懷 三首

청등이 긴 밤을 비추니	青燈照永夜
침상의 나그네 자주 뒤척이네	客枕起臥頻
할 말 있으나 꺼낼 수 없고	有言不可吐
회포 있어도 털어놓지 못해라	有懷不可陳
절절히 우는 풀숲의 벌레는	切切草間蟲
슬픈 울음 새벽을 향하는데	哀哀啼向晨
누가 그리 울게 하였나	諒誰使之然
부단히 큰소리 뱉어내는구나	役役强吟呻
천기는 절로 이와 같이 움직이고	天機自爾動
만성은 이것이 참된 모습이니	物性乃其眞
일시에 불평해서 우는 건[42]	一時鳴不平
모두 다 까닭이 있어서라오	小大各有因
아이 불러 이 뜻을 적게 하는데	呼童寫此意
눈물이 어느새 수건을 적셨네	渙然忽沾巾
아득한 이 우주 안에	悠悠宇宙內
불평하는 사람 어찌 끝이 있을까	何限不平人

42 불평해서 우는 건 : 한유(韓愈)의 〈맹동야를 전송하는 서문〔送孟東野序〕〉에 "사물이 불평하면 소리를 낸다."라고 한 구절을 인용한 것이다.

가을 정자에 오래도록 서있노라니　秋亭延佇久
어둑어둑 하늘은 저물어가고　曖曖天欲晦
새들은 벌써 숲으로 사라지며　鳥雀已歸林
소 양도 언덕을 내려가누나　牛羊亦下埭
사르르 낙엽이 뜨락에 날리니　索索葉走庭
절기가 변함에 크게 놀라고　頓驚時序代
이 모습 홀연히 서글퍼지니　對此忽慘然
내 마음은 어디에 있는 것인가　我懷焉所在
몸을 덮는 베옷 있고　掩骼有布褐
뱃속 채울 물고기 채소 있나니　充腸有魚菜
쑥이라고 내 싫어하는 것 아니고　蓬蒿非我惡
금옥도 내 좋아하는 것 아니네　金玉非我愛
좋아해도 보지 못하니　愛而不相見
내 마음 서글프게 하누나　使我心悵慨
하녀에게 만일 줄 수 있다면　下女儻可遺
난초를 묶어 차게 할 텐데[43]　因之結蘭佩

술 또한 좋아할 것 무어 있겠나　酒亦有何好
내 지금 연달아 마시지만　我今連飮之
배도 부르지 않을뿐더러　諒非爲飽足

43 하녀에게……텐데 : 《초사(楚辭)》 〈구가 상군(九歌湘君)〉에 "향기로운 물가에서 두약(杜若)을 캐어, 장차 저 하녀에게 주련다.〔采芳洲兮杜若, 將以遺兮下女.〕"라고 한 데서 온 말로, 여기서는 벗을 그리워하는 마음을 표현한 것이다.

길러주지도 않는구나[44]	亦非爲養頤
마시면 문득 근심이 사라지니	飮之便忘憂
이 때문에 깊은 잔을 좋아하는 것인데	所以樂深巵
우습게도 저 무식한 자는	笑彼不知者
나를 가리켜 어리석은 선비라고 말하네	謂我士也癡
가을바람 부는 산야에서 사냥하니	秋風獵山野
뭇 꽃들 날로 시들어가도다	群芳日以衰
초택 가에서 시를 읊으며[45]	行吟楚澤上
멀리 있는 미인을 기약하네	落落美人期
이러한 때 억지로 홀로 술 깨어	此時强獨醒
굴원을 위해 슬퍼하노니	我爲屈子悲
누가 술동이 가득한 술을 마실까	誰能酒盈樽
오래도록 어울려 놀고 싶어라	願言長相隨

44 길러주지도 않는구나 : 《한서(漢書)》 권24 〈식화지(食貨志)〉에 "술은 천하에 아름다운 녹(祿)이다. 제왕이 이것으로 천하 인민을 기르고, 제사를 지내서 복을 기원하고, 노쇠하고 병든 이를 붙들어 기르는 바이다."라고 한 데서 온 말이다.

45 초택(楚澤)……읊으며 : 초택은 굴원(屈原)이 초 회왕(楚懷王)에게 버림받은 몸이 되어 멱라수(汨羅水)에 빠져 죽기 직전까지 배회하던 소상강(瀟湘江) 일대를 말한다. 그가 지은 〈어부사(漁父辭)〉에 "굴원이 쫓겨나서는 강가에서 노닐어 늪가를 거닐며 시가를 읊조릴 적에 안색은 초췌하고 형용은 바싹 야위었다."라고 하였다. 여기서는 조정에서 버림받은 유계 자신을 가리킨다.

봄 눈 오는 날, 운자를 나누다가 함 자를 얻고 운통에 있는 모든 운을 사용해서 시를 짓다

春雪 分韻得咸字沒押

이른 봄에 눈 펑펑 내리는데	新春雪意驕
약한 빗방울도 섞여 내리네	飄瞥雜微雺
처음엔 오솔길에 깔리더니	初看鋪小蹊
어느덧 높은 바위를 덮으려 하네	漸欲埋峻嵒
안에는 적시려는 마음 숨기고서	中藏沾濕意
겉으론 옥돌인양 꾸미고는	外飾輝瓊瑊
대단하게 천지간을 흩날리면서	騰凌迷上下
소나무 삼나무를 짓눌러 부러뜨렸네	逼壓摧松杉
지초와 난초의 싹 죽이고[46]	芝蘭夭句尖
뭇 나뭇가지 꺾고 휘어버리니[47]	拜敗逮叢杋
여러 봉우리 견디지 못할 듯하고	群峯似不堪
굴레 쓴 준마는 근심스럽다	玉馬愁羈銜
난새와 봉황도 얼어 죽는데	鸞鳳號凍死
교활한 토끼가 제멋대로 짓밟고 다니니	蹴踏恣狡毚

46 싹 죽이고 : 구첨(句尖)은 뾰족하게 나온 식물의 싹을 말한다. 한유(韓愈)의 〈고한(苦寒)〉 시에 "마침내 황천(黃泉)의 속에 숨은 맹아의 구첨(句尖)까지 꺾으려 하네."라고 하였다. 《韓昌黎集 卷4》

47 뭇……휘어버리니 : 《시경》 〈감당(甘棠)〉에 "자르지 말고 꺾지 말라.〔勿翦勿敗〕"라고 한 것과 "자르지 말고 휘지 말라.〔勿翦勿拜〕"라고 한 것을 인용한 것이다.

원망하고 탄식하는 백성의 고통　下民苦怨咨
칼로 피부를 찌르는 것보다 심하구나　肌膚甚砭礛
두터운 갖옷도 못 견디는데[48]　重裘亦不耐
더구나 겹옷과 홑옷이라니　何況襖與衫
사계절에는 나누어 놓은 차례가 있어　四時有分序
기후가 서로 섞이지 않거늘　氣候不相攙
아아 저 눈의 신[49]이여　吁嗟彼滕六
그대 마음 어찌 그리 용렬 한가　爾心何乃凡
겨울이 끝나도록 권세 휘둘러 놓고　用事窮玄冬
음권을 여전히 탐내는구나　陰權尙饕饞
높은 하늘을 가리고서　掩擁上蒼尊
세상을 밝게 살피는 권한 빼앗았으니　奪此明命監
깔보고 능멸하는 게 아니라면　得非肆凌虐
교활하고 사특한 것 아니겠는가　無乃爲巧讒
자못 건안 시대에　頗似建安時
날뛰던 이각과 곽사[50]를 닮았구나　跳踉有傕汜

48 두터운……견디는데 : 《삼국지(三國志)》 권27 〈위지(魏志) 왕창전(王昶傳)〉 에 "추위를 막는 데는 두꺼운 갖옷만 한 것이 없고, 비방을 막는 데는 스스로 수양함만 한 것이 없다."라고 한 데서 온 말이다.

49 눈의 신 : 등륙(滕六)은 《고금사문유취(古今事文類聚)》 전집(前集) 권4 〈등육강설(滕六降雪)〉 조에 《유괴록(幽怪錄)》의 말을 인용하여 눈을 내리게 하는 신(神)을 말한다.

50 건안(建安)……곽사(郭汜) : 건안은 한(漢)나라 헌제(獻帝)의 연호이다. 이각(李傕, ?~198)은 후한(後漢) 북지(北地) 사람이다. 곽사(?~197)는 후한 장액(張掖)

구망[51]은 흉악한 위엄을 겁내어　句芒怯凶威

위축되어 입을 꼭 닫아버렸네　縮恧牙舌緘

농사철이 장차 어긋나서　農扈時將愆

백성의 험함은 두려울 바가 아니니　可畏非民嵒

나는 주르륵 눈물을 흘리며　伊我涕汍瀾

높은 산골짜기에 엎드려 있다네　屛伏山崔巉

하늘에 호소하고 싶은 마음에　意欲籲上天

머리 숙이고 무함[52]을 불렀네　稽首招巫咸

말 하려니 재삼 목이 메지만　欲語再三咽

나의 지극한 정성 헤아리길 바라오　願諒我至諴

듣기로 사철 기후 조화로운 건[53]　嘗聞玉燭化

황제의 포용에 달렸다고 하니　不外帝包函

비유컨대 맛난 국 조미하려면　譬彼和羹味

시고 짠 것 조화로워야 하고　必須調酸鹹

사람으로 이각과 함께 동탁(董卓)의 밑에서 교위(校尉)로 있었다. 동탁이 죽자 이각과 곽사는 함께 장안(長安)을 노략질하여 장안이 거의 텅 빌 지경이 되었으며, 얼마 후 둘이 다투다가 모두 살해당했다. 《後漢書 卷9 獻帝本紀》

51 구망(句芒) : 봄을 담당하는 신이다. 《예기》 〈월령(月令)〉에 "봄을 주관하는 천제는 태호이고, 그 신은 구망이다.〔其帝太皡, 其神句芒.〕"라고 하였다.

52 무함(巫咸) : 고대의 신령한 무당으로, 은(殷)나라 중종(中宗) 때 하늘에서 내려왔다고 한다. 《서경》 〈군석(君奭)〉에 "무함이 왕가를 다스렸다.〔巫咸乂王家〕"라고 하였다.

53 사철……건 : 옥촉(玉燭)은 사철의 기후가 조화를 이루는 것을 말하는데, 임금의 덕이 옥처럼 아름다워서 사시 화기의 상서를 이룩할 수 있다는 뜻이다. 《이아(爾雅)》 〈석천(釋天)〉에 "사시가 순조로운 것을 옥촉이라고 한다."라고 하였다.

비유컨대 큰 내를 건너려면	譬彼濟巨川
배가 있어야 합니다	必須賴檣帆
나라는 뛰어난 인재로 흥하니	國以賢俊興
그래서 모두 다 우뚝한 산 바라보는 거라오[54]	具瞻在巖巖
총애 받고 용렬한 사특한 무리들이	寵庸彼奰忒
어찌 관직을 욕되게 하지 않겠습니까	寧不辱緋緣
성상께서 숨은 간악한 자를	帝願察陰姦
즉시 처단해야 마땅하지요	宜卽加翦芟
말 끝나고 거듭 머리를 조아리니	語罷重稽首
합장한 두 손 곱기도 해라	乂手雙摻摻
절하고 무함을 떠나보내고	拜送巫咸去
한밤에 혼자서 중얼거리네	中宵獨諵諵

54 우뚝한……거라오 : 《시경》 〈절남산(節南山)〉에 "높은 저 남산이여, 돌이 많이도 쌓였도다. 혁혁한 태사 윤씨여, 백성들이 다 너를 우러러보도다.〔節彼南山, 維石巖巖, 赫赫師尹, 民具爾瞻.〕"라고 한 데서 온 말이다.

윤여망 대부인[55]의 축수 자리에서 운자를 나누어 역 자를 얻다

尹汝望大夫人壽席 分韻得瀝字

나무로 깎은 소당계[56]를	木刻小唐鷄
당상의 벽에 두었는데	棲君堂上壁
닭이 새벽을 알리기를 늦게 하더니	鷄鳴遲報曉
어느덧 오랜 세월이 흘렀어라	歲月彌千億
인자하신 얼굴 늙지 않으니	慈顔景未暮
효자의 즐거움 끝이 없어	孝子樂無斁
덕스러운 집안에 남은 경사 풍년이라	德門富餘慶
뜰 앞엔 지란옥수 가득하여라[57]	盈庭摠蘭玉

55 윤여망(尹汝望) 대부인 : 윤여망은 윤문거(尹文擧, 1606~1672)로, 자는 여망, 호는 석호(石湖), 시호는 충경(忠敬)이다. 대부인은 남의 어머니를 지칭하는 말로, 윤황(尹煌)의 부인이자 성혼(成渾)의 딸인 창녕 성씨(昌寧成氏, 1572~1648)를 가리킨다. 《宋子大全 卷200 貞夫人成氏墓表》

56 소당계(小唐鷄) : 고려의 향악(鄕樂)인 〈오관산곡(五冠山曲)〉에 나오는 나무를 깎아 만든 작은 닭을 말한다. 이제현(李齊賢)이 그 뜻을 풀어서 지은 시에 "나무토막으로 작은 닭을 깎아 만들어, 젓가락으로 집어다가 벽 위에 앉혔네. 이 닭이 꼬끼오 하고 시간을 알리면, 어머니 얼굴이 서산에 지는 해와 같아라."라고 하였다. 《한국학기초자료선집 중세편, 한국정신문화연구원, 1991, 584쪽》 《高麗史 卷71 五冠山》

57 뜰……가득하여라 : 난옥(蘭玉)은 훌륭한 후손을 가리킨다. 진(晉)나라 사안(謝安)이 자식들과 조카들을 경계하면서 말하기를 "자제(子弟)가 인사(人事)와 무슨 관계가 있기에 사람들은 자제가 아름답게 되기를 바라느냐?"라고 하자, 아무도 대답하는 사람이 없었는데, 그 조카 사현(謝玄)이 "비유하자면 지란옥수(芝蘭玉樹)가 자기 집의

숙수의 기쁨[58]을 오래전부터 아노니 久知菽水懽
세 가지 희생으로 바꿀 것 없었네[59] 不用三牲易
오늘 밤은 바로 어떤 밤인가 今夕是何夕
수성이 남극에서 빛나고 있다오[60] 壽星明南極
술잔 들어 〈백화〉[61]를 노래하며 稱觴詠白華
손에 손잡고 색동옷 입고 춤을 추누나[62] 聯裾舞彩服
나는 친구의 신분으로 顧我忝朋交
당으로 올라가 술잔을 받드네 升堂叨奉爵
평생 풍수지탄 안고 사는 몸이기에[63] 平生風樹痛

정원에 나기를 바라는 것과 같습니다."라고 하였다. 《晉書 卷79 謝安列傳》

58 숙수(菽水)의 기쁨 : 집안이 가난하더라도 어버이를 정성껏 봉양하는 것을 말한다. 공자의 제자 자로(子路)가 집안이 가난하여 효도를 제대로 못한다고 탄식하자, 공자께서 "콩죽을 먹고 냉수를 마시더라도 기쁨을 다한다면, 그것이 바로 효이다."라고 위로했던 고사가 전한다. 유계가 윤문거의 집에 '숙수의 기쁨'이 있음을 알고 있다는 말이다. 《禮記 檀弓下》

59 세……없었네 : 세 가지 희생은 소·양·돼지를 말한다. 옛날에는 이 세 종류의 고기를 가장 맛있는 음식이라고 여겼으므로 성찬(盛饌)의 의미로 쓰인다.

60 수성(壽星)이……있다오 : 수성은 사람의 수명을 맡고 있는 별로 노인성(老人星), 또는 남극노인성이라고도 한다. 수성이 남극에 떴다는 것은 사람들이 장수하고 나라가 잘 다스려진다는 뜻으로, 여기서는 장수를 누리는 대부인에 비유한 것이다.

61 백화(白華) : 《시경》 〈소아(小雅)〉의 편명이나, 지금은 그 제목만 전할 뿐이다. 시서(詩序)에 효자의 결백함을 노래한 것이라 하였다.

62 색동옷……추누나 : 자식이 부모를 기쁘게 해 드리기 위해 어린아이 흉내를 내며 재롱을 부리는 것을 말한다. 춘추 시대 초(楚)나라의 노래자(老萊子)는 70세가 되어서도 부모님을 즐겁게 해 드리기 위해 항상 오색의 옷을 입고 어린아이처럼 춤추고 노래하며 재롱을 떨었다고 한다. 《初學記 孝子傳》

이날 마음이 더욱 먹먹하여라 到此增抑塞
자식 같이 여겨주시는 은혜 받았으니 旣蒙子視惠
어머니처럼 섬기기를 소홀히 하리오 敢闕母事職
해마다 이 모임에 참석하여 年年鎭此會
술 마시며 함께 취하리라 共醉芳樽瀝

63 평생……몸이기에 : 풍수지탄(風樹之嘆)은 어버이가 세상을 떠나 다시는 봉양할 수 없는 자식의 슬픔을 말한다. 유계는 1623년(인조1)에 어머니를 여의고, 1626년에 아버지를 여의었다. 《市南集 卷23 先考墓誌文》

좌태충의 〈초은시〉[64]에 화답하다

和左太沖招隱

흰 구름 청산에 걸렸고	白雲棲靑山
바윗골은 그윽이 깊으니	巖洞幽以深
내 마음 아득히 어디로 향하나	我懷杳焉如
아름다움이 빈 숲에 있구나	有美在空林
이를 따라 노닐고 싶어서	願言從之遊
옷 털고 높은 산 오르매	振衣陟崇岑
산 속의 은자[65]도 만나고	邂逅巢居子
소나무 계수나무 그늘에서 거닐기도 하네	婆娑松桂陰
멍하니 서로 마주 보면서	相對兩窅然
은미한 말은 거문고에 실나니	微言托素琴
성인은 세상 구제를 귀중히 여겼고	聖人貴兼濟
은자는 그윽한 자연에 뜻을 두었지	逸士志幽尋
한번 묻노니 소문산의 휘파람 소리[66]가	借問蘇門嘯

64 좌태충(左太沖)의 초은시(招隱詩) : 태충은 진(晉)나라 좌사(左思, 250~305)의 자이다. 〈초은시〉는 혼탁한 세상에서 선배들을 불러 은거하기를 권유하는 내용의 시이다. 《文選 卷22》

65 산 속의 은자 : 소거자(巢居子)는 은사(隱士)를 가리킨다. 진(晉)나라 왕강거(王康琚)의 〈반초은(反招隱)〉에 "옛적 태평한 때에도 소거자가 있었는데, 지금 성명(盛明)의 세상이지만 숲 속에 선비가 없단 말인가."라고 하였고, 당(唐)나라 맹호연(孟浩然)의 〈왕산인형견심(王山人逈見尋)〉에 "어떤 손이 사립문을 두들기며 스스로 소거자라고 하네."라고 하였다.

구산[67]의 읊조림과 어찌 비슷하랴 何似龜山吟
울기에 좋은 때이니 時兮儻可鳴
굽은 언덕에 상서로운 새가 있다오[68] 卷阿有祥禽

산속에 누우면 고요한데 山中一枕靜
산 밖의 세상은 어둑하니 山外八表昏
깨끗이 초야에 묻힐 자질로 皎皎林下姿
우뚝히 세상의 굴레 멀리 하네 亭亭遠世樊
사계절 훌륭한 흥취가 있건만 四時有佳興
홀로 다니며 어울려 말할 이 없고 獨行無晤言
쉬고 놀면서 저물어가는 삶 棲遲境欲暮
향초[69]를 주워서 허리에 차네 掇佩拾蘭蓀

66 소문산(蘇門山)의 휘파람 소리 : 진(晉)나라 완적(阮籍)이 일찍이 소문산에 올라가 은사(隱士) 손등(孫登)을 만나서 여러 가지 얘기를 해보았으나 손등이 전혀 대꾸를 하지 않으므로, 완적이 마침내 휘파람을 길이 불면서 내려가는데, 산 중턱쯤 내려갔을 때 마치 난봉(鸞鳳) 같은 아름다운 소리가 암곡(巖谷)에 울려 퍼졌는바, 그게 바로 손등의 휘파람 소리였다는 고사에서 온 말로, 전하여 고사(高士)의 정취를 의미한다. 《晉書 卷49 阮籍列傳》

67 구산(龜山) : 중국 북송(北宋) 말의 유학자 양시(楊時, 1053~1135)로, 자는 중립(中立), 호는 구산, 시호는 문정(文靖)이다. 벼슬에서 물러난 뒤 만년에 구산에 은거하니 학자들이 구산선생(龜山先生)이라 불렀다.

68 굽은……있다오 : 권아(卷阿)는 《시경》 대아(大雅)의 편명이고, 상서로운 새는 봉황으로, 어진 임금이 나오면 나타난다는 길조(吉鳥)로서 어진 신하를 뜻한다. 《시경》 〈권아〉에 "봉황이 우네, 저 높은 산 위에서.〔鳳凰鳴矣, 于彼高岡.〕"라고 하였다

69 향초 : 난손(蘭蓀)은 향초인 난초와 창포(菖蒲)로, 전하여 훌륭한 자손을 비유한다. 《晉書 卷79 謝安列傳》

어찌 본성을 즐기지 않으랴마는　　豈不樂素性
애달파라 저기 저 백성들이여　　哀哉彼黎元
영수[70]는 참으로 맑기도 한데　　潁水固以淸
청계엔 어디에도 도가 없구나　　靑溪非道存
금수와 무리 지어 살 수 있다면[71]　　鳥獸倘可群
성인의 길에서 어찌 수레를 돌리겠나　　聖路詎環轅
융중에 누워 있던 용도[72]　　隆中有臥龍
때맞춰 일어나 바람과 구름처럼 행동하였네[73]　　時起行風雲

70 영수(潁水) : 요(堯) 임금이 허유(許由)에게 천하를 사양하자, 허유가 귀를 더럽혔다 하여 물에 귀를 씻고, 영수 남쪽 기산(箕山) 위에 숨었다는 곳이다.

71 금수와……있다면 : 춘추 시대 초(楚)나라의 은자(隱者)인 장저(長沮)와 걸닉(桀溺)이 도(道)를 행하려고 애쓰는 공자를 매우 못마땅하게 여긴 데 대하여, 공자가 이르기를 "사람이 조수와는 함께 무리 지어 살 수 없는 것이니, 내가 이 세상 사람들과 함께하지 않고 누구와 함께하리오."라고 한 것을 가리킨다. 《論語 微子》

72 융중(隆中)에……용도 : 융중은 제갈량(諸葛亮)이 은거하던 곳이고, 누워 있던 용은 제갈량을 가리킨다. 제갈량이 남양(南陽) 융중에 은거할 적에 아침저녁으로 항상 무릎을 안고 휘파람을 길게 불며 자신의 원대한 뜻을 펼 날을 기다렸다는 고사와, 서서(徐庶)가 "제갈공명은 사람 중의 와룡이다."라고 유비(劉備)에게 추천한 결과 유비가 삼고초려(三顧草廬)했다는 고사가 전한다. 《三國志 卷35 蜀書 諸葛亮傳 註》

73 바람과 구름처럼 행동하였네 : 《주역》 〈건괘(乾卦)〉의 '운종룡 풍종호(雲從龍風從虎)'에서 나온 말로, 구름이 용을 따르고 바람이 범을 따르듯 제갈량도 유비를 따라 벼슬했다는 뜻이다.

야성에 올라 탄식하다[74] 과작

登冶城歎 課作

남을 대신해서 짓다.

그리워라 사안석[75]이여	懷哉謝安石
풍류로 한 시대 압도하니	風流一代傾
한가한 날 명사를 모아	暇日集名勝
손잡고 높은 성에 임하였지	携手臨層城
강산은 절로 빼어나고	江山自瑩秀
읊조리는 시는 맑기도 해라	吟嘯有餘清
속세를 벗어나 정신을 노닐면서	遊神八極外
아득히 육신과 명예 잊었네	杳然遺身名
보이는 것이 어찌 아름답지 않을까	瞻矚豈不佳
오가는 담론 또한 현묘하였네	談論亦玄精
풍류 있는 우군자[76]가	翩翩右軍子
입 아프게 찾아와 언쟁을 하는데	苦口來相爭
왕실이 쇠퇴했으니	爲言王室屯

74 야성(冶城)에 올라 탄식하다 : 왕희지(王羲之)가 사안(謝安)과 함께 이곳에 올라가서 회포를 나누었다는 고사가 전한다.《李太白集 卷20 登金陵冶城西北謝安墩 註》

75 사안석(謝安石) : 진(晉)나라의 고사(高士) 사안(謝安, 320~385)으로, 안석은 그의 자이다.《晉書 卷79 謝安列傳》

76 우군자(右軍子) : 동진(東晉)의 서예가 왕희지(王羲之, 303~361)로, 자는 일소(逸少)이다. 우군장군(右軍將軍)을 지낸 적이 있기 때문에 이렇게 부른다.

인력으로 형통하게 해야 한다면서	尙待人力亨
청허함을 실적에 비교하고	淸虛較實績
가을 열매를 봄꽃에 견주면서	秋實與春榮
강개한 목소리와 표정으로	慷慨動聲容
마침내 온 좌중 놀라게 했네	終令一座驚
지극한 논리는 심복해야 하거니와	至論諒心服
큰소리친 말 본심이 아닐텐데	大言非本情
퇴폐한 죽림칠현의 영향으로	竹林頹餘風
세도가 마침내 침체되었도다	世道遂淪坑
어찌 현명한 선비 없는 것인가	豈無賢達士
굳세게도 동의하지 않았네	矯矯厭同聲
명교가 날로 허물어져서	名敎日崩潰
이러한 풍조 이룬 지 이미 오래라	流波久已成
사안석도 오히려 이러했는데	安石尙復爾
나머지 사람이야 말할 것 있으랴	餘子安足評
거리낌 없이 지극한 이치 업신여기면서	放曠蔑至理
주제넘게 당시의 영웅 속에 끼었으니[77]	濫吹廁時英
일신을 위한 계책으론 참으로 잘한 것이지만	身謀諒自得
창생들은 어찌하면 좋단 말인가	可柰爾蒼生

77 주제넘게……끼었으니 : 남취(濫吹)는 능력도 없는 사람이 자리를 차지하고 있는 것을 비유하는 말이다. 제(齊)나라 선왕(宣王)이 우(竽)를 좋아하여 악사(樂士) 300명을 불러 우를 불게 하였는데, 남곽(南郭)이 부는 방법을 잘 모르면서도 여러 사람들 속에 끼어 불었기 때문에 탈 없이 넘어갔으나, 민왕(湣王)이 등극하여 한 사람씩 불게 하자 속일 수가 없으므로 도망갔다는 고사가 있다. 《韓非子 內儲說上》

시대는 다르나 같은 풍조에 감회가 일어　　曠世感同風
슬퍼하며 불평함을 노래하노라[78]　　惻愴歌不平

78 불평함을 노래하노라 : 한유(韓愈)의 〈맹동야를 전송하는 서문〔送孟東野序〕〉에 "대저 만물은 평정함을 얻지 못하면 운다."라고 한 말을 인용한 것이다. 《韓昌黎文集 卷19》

김자만에 대한 만사

挽金子晩

그대를 안 지 십 년	識子十年來
그대는 능력을 펼치리라 생각했는데	謂子當有施
지금 여기에서 그쳤으니	子今止於此
하늘의 뜻 참으로 알기 어려워라	天意諒難知
선량한 사람이 장수하지만은 않으니	善良不必壽
화복을 누가 주관하는 것인가	禍福誰實尸
옛날 그대가 거듭 상을 당했을 때	昔子洊重戚
타향에서 외로이 머물렀는데	他鄉形影羈
피눈물 흘리는 까마귀 같아	血盡林烏啼
수척하여 버티지 못할 정도였네	欒欒若不持
그래도 사씨 집 뜰 앞에	尙憐謝家庭
옥나무의 쌍 가지 사랑스러웠는데[79]	玉樹交雙枝
몇 해도 되지 않아	誰言未數歲
서리에 시들 거라고 누가 말했나	前後罹霜萎
텅 빈 산의 한 조각 땅에	空山一片地

79 그래도……사랑스러웠는데 : 사씨 집은 진(晉)나라 때 큰 문벌을 이룬 사안(謝安)의 집안을 이른다. 사현(謝玄)이 그 숙부 사안의 질문을 받고 말하기를 "비유하면 마치 지란(芝蘭)과 옥수(玉樹)가 집안의 뜰에 자라기를 바라는 것과 같습니다."라고 하였으니, 사가의 뜰에 나뭇가지가 무성하다는 것은 훌륭한 자손이 많이 있음을 비유한 말이다. 《晉書 卷79 謝安列傳》

홀연히 새 무덤이 겹겹이 쌓였네	新塚忽纍纍
몸과 이름 마침내 사라지고	身名竟寂寞
뱃속의 아이만 남았구나	後事腹中兒
애통해라 하늘이여	慟矣彼蒼者
어찌 이렇게 모진 것인가	胡寧忍此爲
그대의 얼굴을 모두들 알지만	子面人共識
그대 마음은 내가 사랑하였네	子心我愛之
곧고 곧은 소나무 계수나무의 자질에다	挺挺松桂質
낭랑한 금과 옥의 자태였고	琅琅金玉姿
직간은 하늘이 내린 것이요	諫直實天賦
재주 또한 절로 기이했다오	才華亦自奇
내가 굴원처럼 유배되었을 당시[80]	當吾楚澤囚
그대가 요해로 옮겨 오니	值子遼海移
서로 만나 웃으며 담소 나누고	相逢一笑語
마음으로 서로를 기약하였는데	肝膽兩相期
정처없이 떠돌며 풍파를 견디느라	萍蓬耐風波
산과 바다로 막혀 중간에 이별하였네	山海中分離
선산이 다행히도 동향인지라	松楸幸同鄉
세시에 자주 어울리니	歲時頻追隨

80 내가……당시 : 유계가 병자호란 때 시강원 설서로서 척화(斥和)를 주장하다가 임천(林川)에 유배되었던 것을 말한다.《市南集 附錄 卷2 神道碑銘》굴원(屈原)은 전국시대 초(楚)나라의 충신으로, 회왕(懷王)에게 버림받고 멱라수(汨羅水)에 빠져 죽은 인물이다.《史記 卷84 屈原列傳》

숲 정자에서 술 마시며 이야기 나누었고　一樽林亭話
바다 달은 찼다가 기우는 때였네　海月纔盈虧
어찌하여 부음이 날아와　如何東野報
내게 깊은 슬픔을 품게 하는가　使我抱深悲
침문에서 한바탕 통곡을 하고　寢門一慟絶
들보의 달 보며 꿈인가 의심한다오[81]　樑月夢還疑
그만두세 이제 볼 수 없지만　已矣不可見
그리움 어찌 끝이 있으랴　懷哉曷有涯
형역[82]으로 자유롭지 못하고　形役不自由
동서로 괴롭게도 분주한 몸　東西苦奔馳
유명 간에 저버려 부끄럽나니　幽明負慙恨
장사 지낼 때 긴 글 짓지 못하고　入地欠長辭
추풍에 늙은이의 눈물 섞어　秋風和老淚
하늘 끝에서 애사를 부치되다　天末寄哀詞

81 들보의……의심한다오 : 양월(樑月)은 들보에 걸린 밝은 달이라는 뜻으로, 벗에 대한 그리움을 형용하는 말이다. 당(唐)나라 때 두보(杜甫)가 이백(李白)을 그리워하며 지은 시 〈이백을 꿈꾸다〔夢李白〕〉의 첫째 수에 "지는 달빛 들보에 가득 비추니, 오히려 그대 얼굴인가 의심한다오."라고 하였다. 《古文眞寶 前集 卷3》

82 형역(形役) : 정신이 육신의 부림을 받는 것, 즉 마음이 물욕에 흔들림을 말한다. 도잠(陶潛)의 〈귀거래사(歸去來辭)〉에 "이미 스스로 마음을 가지고 형체의 부림 받았으니, 어찌 실의에 빠져 슬퍼만 하리오."라고 하였다.

면성[83]으로 부임하면서 정산 도중에 감흥이 있어서

병술년(1646, 인조24)

將赴綿城 定山道中有感 丙戌

오래전 세상에 버려졌는데	久分世我棄
도로 세상에 사역을 당하네	還爲世所役
말에 채찍질하며 장정에 오르니	策馬臨長道
가고 가도 쉴 수 없어라	行行未能息
폭염에 뼈가 녹는 듯하고	炎蒸鑠我骨
흙먼지는 눈을 가리니	塵土眯我目
물속에 노니는 물고기 부럽고	俯羨游川魚
구름 위 날아가는 새에게 부끄럽네	仰愧凌雲翮
무엇을 잃은 듯 멍하니 있다가	悵惘若有喪
멀리 있는 산림으로 고개를 돌리네	回首山林隔
저물녘 황량한 객사에 투숙해	薄晩投荒店
나지막이 읊조리며 밤을 지새우네	沈吟終永夕

83 면성(綿城) : 면성은 전라도 무안(務安)의 별칭이다. 유계는 1646년 무안 현감(務安縣監)에 제수되었다. 《承政院日記 仁祖 24年 4月 12日》

고을에 이르러 두 초당의 〈북정〉[84] 운을 사용하여 일을 기록하다

到縣 用杜草堂北征韻 紀事

운명이 괴로이도 안 좋아 賦命苦蹇剝
평생 안정된 삶 적었으니 生平少安吉
십 년을 질리도록 유랑하면서 十載厭流離
허둥대며 가정 이루지 못함을 탄식하였네 遑遑歎靡室
홑옷으로 언제나 한 해를 보내고 單衣恒卒歲
한 표주박에 하루치 음식 이틀 먹으며 一瓢聊竝日
마하산 아래 그윽이 거처하노니[85] 幽棲霞嶺下
바라는 건 오두막집[86] 살면서 죽는 것이네 願言終圭蓽

84 두 초당(杜草堂)의 북정(北征) : 두 초당은 당(唐)나라 시인 두보(杜甫)를 가리킨다. 두보가 당시 전쟁에 패한 방관(房琯)을 두둔하다가 숙종(肅宗)의 노여움을 사서 추문(推問)을 당하게 되었는데, 장호(張鎬)의 도움으로 추문을 면하고 고향으로 돌아가는 것을 허락받았다. 이에 봉상(鳳翔)에서 고향인 부주(鄜州)로 돌아가면서 〈북정〉 시를 지어 자신의 신세를 한탄하였다.

85 마하산(麻霞山)……거처하노니 : 유계는 1641년(인조19)에 가족들을 데리고 금산(錦山)으로 거처를 옮겨 마하산에 산천재(山泉齋)를 짓고 강학과 예론에 전념하였다. 《市南集 附錄 卷2 神道碑銘》

86 오두막집 : 규두(圭蓽)는 규두필문(圭竇蓽門)의 준말로, 시골 오두막집을 뜻한다. 《예기》 〈유행(儒行)〉에 "선비는 일무(一畝) 이내의 담장 안, 사방에 벽만 있는 좁은 방에서 거주한다. 대를 쪼개어 엮은 사립문을 매달고 문 옆으로 규(圭) 모양의 쪽문을 내며, 쑥대를 엮은 문을 통해서 방을 출입하고 깨진 옹기 구멍의 들창을 통해서 밖을 내다본다."라고 하였다.

재주와 힘이 못난 줄 안 지 오래라	久知才力薄
당세에 나설 깜냥도 못되지만	不堪當世出
두려운 건 수립한 것이 약해	尙怕所植弱
장차 잃어버릴 듯이 벌벌 떨었네	凜凜如將失
하루 세 번 반성하는 증삼을 좇고[87]	日三追曾省
사물을 마음에 새긴 안연을 배우며[88]	佩四師顔勿
좋은 벗들 사이에 끼어[89]	蓬麻厠友朋
옥과 돌처럼 서로 절차탁마 했지	玉石相磨切
세상이 변함에 홀연히 놀라고	世變忽驚心
중도에 마음 황홀해지니	中途意恍惚
진퇴는 실로 난감하였고[90]	進退實觸藩
송추에서 여생을 마치지도 못했네	松楸命未畢

87 하루……좇고 : 증자(曾子)가 하루에 세 가지로 자신을 반성한 것을 말한다. 증자는 "나는 날마다 세 가지로 내 몸을 반성하노니, 다른 사람과 함께 도모하면서 충실하지 못했던가? 벗과 함께 사귀면서 미덥지 못했던가? 스승에게 배운 것을 익히지 않았던가?"라고 하였다. 《論語 學而》

88 사물(四勿)을……배우며 : 안연(顔淵)이 인(仁)을 실천하는 조목을 묻자 공자가 "예가 아니면 보지 말며, 예가 아니면 듣지 말며, 예가 아니면 말하지 말며, 예가 아니면 움직이지 말라."라고 한 것을 가리킨다. 《論語 顔淵》

89 좋은……끼어 : 봉마(蓬麻)는 봉생마중(蓬生麻中)의 준말로, 《순자(荀子)》 〈권학(勸學)〉의 "쑥이 삼밭에서 자라면 붙들어주지 않아도 곧게 자란다.〔蓬生麻中, 不扶而直.〕"라는 구절에서 유래하였다. 여기서는 좋은 벗들 도움으로 덕을 진전시킨다는 말이다.

90 진퇴는 실로 난감하였고 : 촉번(觸藩)은 무모하게 전진하다가 진퇴양난의 곤경에 빠졌음을 뜻한다. 《주역》 〈대장괘(大壯卦) 상육(上六)〉에 "숫양이 울타리를 들이받아 물러나지도 나아가지도 못하여 이로운 바가 없다."라고 하였다.

억지로 지방관 임명장을 받들고[91]　逼迫奉府檄
두려워 오랫동안 움츠렸다가　兢魂久縮瑟
거북을 버리고 턱을 늘어뜨림에 가깝지만[92]　舍龜近朶頤
피에서 기다리고 구멍에서 나왔도다[93]　出穴從需血
그물에 걸린 꿩 가련하고　罝羅憐雉麗
촛불에 타 죽는 나방에 놀랐네[94]　燭焰驚蛾滅
골몰하며 티끌세상으로 나가면서　汨沒就塵土
서글프게 바위굴과 작별하고[95]　悵惘辭巖窟
부끄럽게 산천재[96] 돌아보면서　回首愧山泉
진흙탕에서 진흙 뒤집어썼나니　淤泥帶濘濡
마침내 동장[97]을 차고　遂被銅章綰

91 송추(松楸)에서……받들고 : 유계는 1640년(인조18)에 유배에서 풀려나 선영이 있는 임천(林川) 지남동(指南洞)에 집을 짓고 살다가 1646년에 무안 현감(務安縣監)에 제수되었다. 《市南集 附錄 卷2 神道碑銘》

92 거북을……가깝지만 : 《주역》 〈이괘(頤卦) 초구(初九)〉에 "너의 신령한 거북을 버리고 나를 보고서 턱을 늘어뜨리니 흉하다.〔舍爾靈龜, 觀我朶頤, 凶.〕"라고 하였다. 여기서는 자신이 벼슬을 추구하는 사람처럼 보일 것임을 말한다.

93 피에서……나왔도다 : 《주역》 〈수괘(需卦) 육사(六四)〉의 "피에서 기다림이니, 구멍에서 나온다.〔需于血, 出自穴.〕"라고 한 데서 나온 말로, 여기서는 처신을 하기가 힘들어 고향에 머물지 못하고 벼슬하게 되었다는 의미이다.

94 그물에……놀랐네 : 그물에 걸린 꿩과 촛불에 타죽는 나방은 무안 현감으로 제수되어 나가는 자신의 신세를 빗대어 말한 것이다.

95 골몰하며……작별하고 : 티끌세상은 먼지 나는 속세를 가리키는 말이고, 바위굴은 자신이 은둔하여 지내던 곳이다. 무안 현감으로 부임하기에 이렇게 표현한 것이다.

96 산천재(山泉齋) : 유계가 1641년(인조19)에 가족들을 데리고 금산(錦山)으로 거처를 옮겨 강학을 하기 위해 마하산에 마련한 집을 말한다. 《市南集 附錄 卷2 神道碑銘》

마름 옷을 찢고야 말았도다[98]	坐使芰製裂
남쪽 바닷가 면주로	綿州介南溟
유월에 수레를 달리니	六月驅征轍
사람 만날 때마다 얼굴 두꺼워지고	逢人顏獨厚
가는 곳마다 기쁘지 않네	觸境心匪悅
꿈에 초당의 소나무 보이고	夢繞草堂松
마음은 고향이 그립지만	情懸故里栗
다시 벼슬하면서 세상을 사직하는 건	謝世復此役
옻으로 머리 감으면서 풀기를 구하는 격이라오[99]	求解類沐漆
이어서 북산의 객[100]이	仍愁北山客
영원히 남의 입에 오르내림을 걱정하였네	永貽人口實

97 동장(銅章) : 동(銅)으로 만든 관인(官印)으로, 군현(郡縣)을 맡은 지방관을 뜻한다. 유계가 무안 현감에 임명되었기에 한 말이다.

98 마름…말았도다 : 마름 옷은 은자가 입는 옷이다. 공치규(孔稚珪)가 벼슬길에 나선 주옹(周顒)을 못마땅하게 여겨서 지은 〈북산이문(北山移文)〉에 "그동안 입고 있던 마름풀 옷을 불살라 버리고 연잎옷을 찢어 버린 채, 먼지 낀 얼굴을 뻣뻣이 치켜들고서 속된 모습으로 마구 달려 나갔네.〔焚芰製而裂荷衣, 抗塵容而走俗狀.〕"라고 하였다. 무안 현감에 제수되어 부임하므로 은자의 생활이 끝났음을 말한 것이다.

99 옻으로……격이라오 : 구해(求解)와 목칠(沐漆)은 미관말직을 뜻한다. 송(宋)나라 장뢰(張耒)의 〈송진소장서(送秦少章序)〉에서 진관(秦觀)이 가족을 위해 관리(官吏) 노릇을 벗어날 수 없는 자신의 신세를 한탄하여 "옻으로 머리를 감으면서 머리를 펴려고 하는 것과 같다.〔如沐漆而求解〕"라고 하였다.

100 북산(北山)의 객 : 공치규의 〈북산이문〉에 나오는, 은사(隱士) 흉내를 내며 산속에서 살던 주옹(周顒)을 말한다. 〈북산이문〉은 주옹이 세상의 부귀영화에 눈이 멀어 산을 떠났다가 다시 돌아오려 한다는 말을 듣고 산신령이 격분하여 다시는 산에 들어오지 못하도록 이문을 보낸다는 내용의 글이다.

칠척의 몸뚱이도 자유롭지 못하니　七尺不自由
일신을 도모함이 참으로 졸렬하구나　謀身良已拙
쇠도 녹일 듯한 삼복더위　三伏劇流金
도로는 더운 먼지로 묻혔으며　道途炎塵沒
여름 구름 하늘 끝에 떠 있고　火雲矗天倪
미풍은 나무 끝에 잠잠하니　微風息木末
살이 익을까 두려운지 솔개는 물속으로 들어가고　怯炮鳶墜水
이글거리는 더위에 놀란 듯 용은 동굴에 칩거하였네　驚焚龍蟄穴
땀 흘리는 몸 문드러질까 의심하고　汗流疑體潰
살 타고 뼈 녹을까 두려워했다오　肌焦畏鑠骨
빠듯한 일정에 날짜 계산하니　嚴程計日月
행색이 어찌 그리도 분주하던지　行色何卒卒
의식하며 말 달리기 재촉하느라　有意促驂騑
무심히 경물을 바라볼 뿐　無心攬景物
출발한 지 이미 달이 바뀌어　發日已換蓂
목적지인 황량한 불모지 가리켰네　歸途指窮髮
수레 세우고 선영에 절하고　停車拜先壟
부모님 생각에[101] 오래 슬픔에 잠겼지　風樹長悲結
마른 물고기 매단 노끈 오래되어[102]　枯魚久含索

101 부모님 생각에 : 부모를 여읜 슬픔을 뜻한다. 공자가 길을 가는데 고어(皐魚)라는 사람이 슬피 울고 있기에 까닭을 물었더니 "나무는 고요하고자 하여도 바람이 그치지 않고 자식이 봉양하고 싶어도 어버이는 기다려 주지 않는다."라고 하고는, 서서 울다가 말라 죽었다는 고사에서 유래하였다.《韓詩外傳 卷9》 유계는 1623년(인조1)에 모친상을 당하고 1626년(인조4)에 부친상을 당하였다.

가슴을 쓰다듬으며 더욱 오열했다오 撫心增哽咽
고개 돌려 궁궐을 그리매 回首戀京闕
다시금 눈물이 또 흐르니 浪浪復涕雪
받은 은혜 보답하지 못했는데 銜恩未橫草
임금 보좌함에 얕은 재주 버려졌구나 補袞嗟捐襪
조정에서 용안 뵙지 못하고 吁咈隔聖顔
부모의 슬하에서도 떨어졌으니 喘息違親膝
영원히 충효할 마음 저버리어 永負忠孝志
마음과 창자 번갈아 끊어질 듯해라 心腸交痛折
돌아보건대 처자식 생각하면 顧語念妻孥
한여름에도 해진 갈옷을 입고 盛夏猶弊褐
텅 빈 쌀독은 먼지만 풀풀 날리며 甑虛任生塵
지붕은 부서져 비 오면 샜지만 屋破從雨泄
이제 성은 입어 보전하게 됐으니 沾恩庶全活
골짜기에 나뒹굴 걱정은 안 해도 되네 壑殍休相慄
이곳에 머문 지 며칠이나 되었던가 淹回曾幾日
마부가 앞길을 인도하니 廏吏啓前列
이른 새벽 큰 강을 건너면서 凌晨過大江
바람으로 빗질하고 빗물로 머리 감았네[103] 風雨飽沐櫛

102 마른……오래되어 : 부모를 잘 봉양하지 못하는 것을 비유한다. 《설원(說苑)》 〈건본(建本)〉에 "마른 물고기를 매단 노끈이 좀먹지 않음이 얼마나 되리오. 양친의 수명이 다하는 것이 틈 사이를 지나가는 것처럼 빠르구나.〔枯魚銜索, 幾何不蠹, 二親之壽, 忽若過隙.〕"라고 하였다.

103 바람으로……감았네 : 오랜 세월 객지를 떠돌며 온갖 고생을 겪는 것을 비유하는

낙화암을 강이 빙 둘렀고	花巖水帶繞
마산엔 구름이 둥실둥실	馬山雲眉抹
삼례의 여관 널찍했으며	旅館參郵敞
천변의 완산 들녘 드넓었네	川路完郊闊
날마다 있는 힘 다해 가는 동안	逐日力已殫
갈증에 시달려 강물 삼킬 생각도 하였고	呑江思解渴
때때로 더위 먹고 어지럽다가도	有時發癲熱
갈림길 만나면 절규하였네	臨岐欲叫喝
여섯 고을의 수령을 만나서	經過六州倅
아침저녁으로 술에 취해 떠들었는데	朝暮困醉聒
임지에 다다르니	揭來莅州任
협착한 고을 형용하기 어려워라	齷齪難容說
외진 바닷가 잔약한 백성 다스리고	僻海牧殘氓
황폐한 성에서 피폐한 군졸 거느리매	荒城領疲卒
쇠한 귀밑머리 더욱 허예지고	衰鬢覺添皓
답답한 마음은 괴로이도 풀리지 않네	煩襟苦未豁
나는 탱자나무에 깃드는 봉황[104] 아닌데	身非棲枳鳳

말이다. 《장자》 〈천하(天下)〉에 "우 임금은 몸소 삼태기와 보급을 가지고 구주(九州)의 강들을 바다로 흘러가게 하느라 장딴지의 살은 떨어지고 종아리의 털이 다 닳아 없어졌다. 소나기에 머리를 감고 거센 바람에 머리털을 빗질하였다."라고 하였다.

104 탱자나무에 깃드는 봉황 : 현자가 작은 관직에 몸담고 있는 것을 말한다. 후한(後漢)의 고성 영(考城令) 왕환(王渙)이 구람(仇覽)을 주부(主簿)로 임명하려다가 그의 그릇이 매우 큼을 보고 "가시나무는 봉황이 깃들 곳이 아니다. 백 리의 지역이 어찌 대현이 밟을 땅이리오."라고 하였다. 《後漢書 卷106 循吏列傳 仇覽》

남들은 버드나무에 잠든 매를 추하게 여기네	人醜宿柳鶻
완악한 아전들 방자하게 눈을 흘기고	頑胥恣睒睗
좌우에서 어지럽게 마찰을 빚어낸다	左右紛淩突
닭 잡는데 칼 휘두르기 겁나고[105]	游刃怯割鷄
나약한 힘으로 필적하기 어려워라	弱力難勝匹
누적된 포흠 거두는 일 서투르거니와	積逋拙催科
자잘한 일로 일처리 지체되어라	繁文滯裁決
책상 마주할 때마다 눈썹 찌푸리고	對案輒眉攢
관아에 출근하면 머리가 지끈지끈	當衙劇首疾
들새가 새장에서 번뇌하고 있으니	野鳥惱樊籠
물성은 본디 빼앗을 수 없구나	物性固莫奪
그렇다고 어찌 멍에를 벗을까	寧將脫羈䍐
빨리 도망쳐 달아날 생각도 해보지만	走險思鋋拔
은혜를 그리며 여전히 머뭇대다가	戀恩尙遲回
생각에 잠겨 새벽을 맞이한다오	沈吟逮明發
문득 근래 일을 생각해 보니	忽憶近日事
오랑캐 먼지가 요동과 갈석[106]까지 뻗쳐	腥塵漲遼碣
중국이 참외 문드러지듯 무너지고	神州若潰瓜

105 닭……겁나고 : 조그만 고을을 다스린다는 말이다. 공자(孔子)의 제자 자유(子游)가 무성 재(武城宰)로 있을 때 공자가 무성에 갔다가 현가(絃歌) 소리를 듣고는 빙그레 웃으면서 이르기를 "닭을 잡는 데에 어찌 소 잡는 칼을 쓰리오?"라고 하였다. 《論語 陽貨》

106 요동(遼東)과 갈석(碣石) : 발해(渤海)에 근접해 있는 요동과 갈석 지방을 아울러 일컫는 말이다.

살육이 만연한 시운을 만났었지　大運正値殺
온전히 사는 것도 행운인지라　全生亦云幸
그럭저럭 살면서 세월을 보내기도 하지만　苟活延時月
군신간에는 대의가 존재하니　君臣大義在
세상사 끝내 끊기가 어렵구나　世故終難絶
성스러운 조정에서 정밀히 살피고　聖朝精錯擧
현우와 흑백을 구별하니　賢愚黑白別
백성들은 안정되기를 바라고　黎元覬蘇息
역적들은 소탕되었네　逆節已蕩折
밖으론 전쟁 걱정이 사라지고　外患熄烽煙
안으론 포사와 달기[107] 없어졌으며　內憂無褒妲
훌륭한 인재들이 힘껏 보좌하고[108]　礪翼屬英俊
초기에 바로잡으니[109] 명철하지 않은가　艮趾非明哲

107 포사(褒姒)와 달기(妲己) : 임금의 총애를 받고 나라를 망하게 한 부덕(婦德)이 없는 여인들이다. 포사는 주나라 유왕(幽王)의 총희이다. 유왕이 포사를 한번 웃게 하기 위하여 여러 번 거짓으로 여산(驪山)에 봉화(烽火)를 올리니 정작 외적이 침입하였을 때는 봉화를 올려도 제후들이 믿지 않고 군사를 보내오지 않아 국도(國都)가 함락되었다. 《史記 卷4 周本紀》 달기는 은(殷)나라 주왕(紂王)의 총희이다. 주왕이 달기를 총애하여 주지육림(酒池肉林)을 만들어 놓고, 이를 비방하는 자들을 고문하며 즐기다가 나라를 망하게 하였다. 《史略 卷1 夏后氏, 殷成湯》

108 힘껏 보좌하고 : 《서경》 〈고요모(皐陶謨)〉의 "여러 현명한 이가 힘써 도우면 가까운 데로부터 먼 데로 미루어 나가는 것이 여기에 달려 있습니다.〔庶明勵翼, 邇可遠, 在茲.〕"라고 한 데서 인용한 말이다.

109 초기에 바로잡으니 : 간지(艮趾)는 《주역》 〈간괘(艮卦) 초육(初六)〉에 "그 발꿈치에 그치면 허물이 없으니 길이 바르게 함이 이로우니라.〔艮其趾, 无咎, 利永貞.〕"라

열등한 나는 침체됨이 마땅하니　薄劣宜滯抑
감히 시대를 바로잡는 공업을 바라리오　敢望匡時烈
입과 배 채우는 것만도 사치로다　口腹亦已侈
적은 녹봉이지만 생활하기엔 넉넉하다오　五斗優資活
고적은 봉구에서 탄식하고[110]　高適歎封丘
급암은 궁궐을 그리워했으나[111]　汲黯懷禁闥
맹저[112]에 어찌 쉽게 돌아가리오　孟諸豈易歸
회양은 대궐과 떨어져 있었네　淮陽阻魏闕
근심 일자 술을 마시고　愁來喚酒飮
소리 높여 노래하니 타호에 흠집이 났네[113]　高歌唾壺缺

고 하였고, 그 전(傳)에 "그 발꿈치에 그친다고 한 것은 움직이는 초기에 그친다라는 뜻이다."라고 하였다. 어떤 일의 초기 단계에서 그치면 바름을 잃는 데까지는 이르지 않으므로 허물이 없고, 그런 자세를 오래 유지해야 이롭다는 뜻이다.

110　고적(高適)은 봉구(封丘)에서 탄식하고 : 고적은 당(唐)나라 때의 시인으로, 발해(渤海) 사람이며 자는 달부(達夫)이다. 〈봉구현(封丘縣)〉 시에 "나는 본래 맹저(孟諸)에서 물고기 잡고 나무했으니, 일생이 절로 한가로운 이였네."라고 하였다.

111　급암(汲黯)은 궁궐을 그리워했으나 : 급암은 한 무제(漢武帝) 때의 충신이다. 회양 태수(淮陽太守)로 부임하기에 앞서 아뢰기를 "신은 신병이 있어 지방관의 직무를 감당할 수 없습니다. 신의 소원은 중랑(中郞)이 되어 대궐을 드나들며 직무를 보는 것입니다."라고 하였다. 그러나 무제는 "그대가 회양을 맡아야 내가 마음을 놓을 수 있다."라고 하고 기어이 보냈는데, 급암은 그로부터 10년을 회양에 있다가 거기서 세상을 마쳤다. 《史記 卷120 汲鄭列傳》

112　맹저(孟諸) : 맹저(孟豬) 또는 맹저(孟瀦)라고도 한다. 못의 이름으로, 지금의 하남성(河南省) 상구(商丘) 동북쪽, 우성(虞城) 서북쪽에 있으며 급암과 고적의 고향이다.

113　소리……났네 : 진(晉)나라 왕돈(王敦)이 술을 마신 뒤에 늘 "늙은 준마는 구유

얻고 잃음에 분수는 정해졌으니 得喪分已定
어찌 굳이 궁달을 논하겠는가 何必論窮達

에 엎드려 있어도 천리(千里)에 뜻이 있고, 기개 있는 선비는 늙어서도 씩씩한 뜻이 그치지 않네."라는 위 무제(魏武帝) 조조(曹操)의 악부(樂府) 노래를 읊조리며 "가래 뱉는 병을 두드려 박자를 맞추다가 병이 온통 흠집투성이가 되었다."라고 한 고사에서 온 말로, 씩씩한 회포를 표출함을 말한다. 《晉書 卷98 王敦列傳》

중양절에 중씨[114]를 모시고 운자를 나누어 만 자를 얻다
九日 陪仲氏 分韻 得滿字

비바람에 현령 고을 차가운데	風雨縣齋冷
빈 섬돌엔 낙엽이 수북하구나	空階木葉滿
병든 몸 일으키니 쌀쌀함에 괴롭고	病起苦料峭
시상 일어 읊조리다 다시 나른해지네	詩情吟更懶
타향에서 명절 맞아서	他鄉值令節
기러기 그림자 짝을 이루니[115]	鴻雁影相伴
어찌 즐겁지 않으랴마는	豈不樂怡怡
어이하여 마음은 근심하는 걸까	如何心悹悹
고향은 천 리 멀리에 있어	故國邈千里
골육의 목소리 얼굴 만날 길 없어라	骨肉音容斷
중년에 많이도 비통하여	中年足愴恨
온갖 일에 양 귀밑머리 짧아졌네	萬事雙鬢短
술 한 통에 속 이야기 털어놓고	一樽話心事
하늘 끝에서 밤새도록 정담 나누네	天涯終夕款
수유와 국화주[116]로 또한 속세를 따르며	萸菊且隨俗

114 중씨(仲氏) : 유목(兪楘, 1602~?)으로, 본관은 기계(杞溪), 자는 문숙(文叔)이다.

115 기러기……이루니 : 기러기는 형제간을 비유하는 것으로, 유계 형제가 함께 있는 것을 말한다.

116 수유와 국화주 : 중국의 고대 풍속에 중양절(重陽節)이 되면 높은 산에 올라가

새벽별처럼 흩어진[117] 오늘을 위로하노라 慰此晨星散
내년에는 누가 건강할 것인가[118] 明年定誰健
술잔 오간 횟수는 따지지 말지어다 杯行遮莫算
취하여 부르는 소나무의 담쟁이덩굴[119] 醉歌松上蔦
흥얼거리노라니 귓가가 따뜻해지네 嗚嗚覺耳暖

수유(茱萸)의 열매를 따고 국화주(菊花酒)를 마시어 사기(邪氣)를 물리쳤다.

117 새벽별처럼 흩어진 : 멀리 떨어져 있는 사람에 대한 그리움을 의미한다. 당(唐)나라 시인 유우석(劉禹錫)의 〈송장관부거시서(送張盥赴擧詩序)〉에 "옛날에 함께 급제했던 벗들과 어울려 노닐 적에는 말고삐를 나란히 하고서 마치 병풍처럼 대로(大路)를 휩쓸고 돌아다녔는데, 지금 와서는 마냥 쓸쓸하기가 새벽 별빛이 서로들 멀리서 바라보는 것 같기만 하다."라고 하였다.

118 내년에는……것인가 : 두보가 중구일(重九日)에 남전(藍田)에서 "남전의 물은 저 멀리 일천 시내를 따라 떨어지고, 남전의 옥산은 저 높이 두 봉우리 모두 차가워라. 내년의 이 모임엔 누가 건강할지 모를 일, 술 취해 수유 쥐고서 자세히 들여다보네."라고 한 데서 인용한 말이다. 《杜少陵詩集 卷6 九日藍田崔氏莊》

119 소나무의 담쟁이덩굴 : 《시경》 〈규변(頍弁)〉에 "담쟁이덩굴과 더부살이, 소나무 측백나무에 뻗어 있네.〔蔦與女蘿, 施于松柏.〕"라고 하였는데, 주희(朱熹)의 주(注)에 "이는 형제와 친척들이 이에 의지하여 화목한 생활을 할 수 있음을 비유한 것이다."라고 하였다.

원차산의 〈용릉행〉[120]에 화운하다 과작

和元次山舂陵行 課作

탄식하고 또 탄식하며	歎息復歎息
한밤중에 몸을 뒤척이노니	中宵寢還興
내 옷이 어찌 화려하지 않으며	我衣豈不華
내 식사에 저민 고기[121] 있는데	我飧有殽脀
어찌하여 내 마음 측은해지나	胡然我心惻
백성 근심 때문이라네	所憂在黎蒸
국운이 오랫동안 어려워	天步久艱難
병란과 흉년 번갈아 찾아왔고	兵荒迭交乘
조정도 전야도 창고도 비어버린 오늘날	三空屬今日
홍수와 가뭄이 일 년을 이어졌네	澇暵一年仍
땅과 산은 진작에 문드러지고	土山旣焦爛
깊은 골짜기는 언덕이 되었도다	深谷還爲陵
모래밭에서 푸른 이삭 줍지만	沙原拾綠穗

120 원차산(元次山)의 용릉행(舂陵行) : 원차산은 원결(元結, 723~773)로, 당(唐)나라 때 시인이다. 자는 차산, 호는 만수(漫叟)이다. 〈용릉행〉은 원결이 용릉(舂陵)의 옛 땅인 도주 자사(道州刺史)로 있을 적에 난리를 겪은 뒤 백성들의 참상을 읊은 것이다. 두보(杜甫)가 원결의 이 시를 보고서 크게 감동하여 〈동원사군용릉행(同元使君舂陵行)〉이라는 시를 짓기도 하였다.

121 저민 고기 : 효증(殽脀)은 저민 고기를 적대(炙臺)에다 올려놓는 것으로, 좋은 음식을 가리킨다. 《국어(國語)》 〈주어(周語)〉에 "친척이 모여 잔치하면 효증이 있다."라고 하였다.

아침저녁 끼니로 어찌 충분하겠나	朝暮活何能
골짜기에 어지럽게 시체 뒹구니	貿貿轉丘壑
슬퍼하며 토붕와해를 생각하네	嗷嗷思土崩
조정은 피폐한 백성을 걱정하여	朝廷軫疲瘵
조세를 면제해 누차 불쌍히 여기나	蠲免屢垂矜
좋은 땅은 죄다 묵은 땅 되었으니	良田盡汚萊
조세는 반이라 하나 사실은 갑절이라	半租實倍徵
사람들 남쪽 땅은 숙성되었다 말하지만	人言南土熟
남쪽 땅인들 어찌 곡식이 여물까	南土豈云登
서리 내린 교외는 쓸쓸하기 그지없고	霜郊極蕭條
백성들 먹거리는 절반이 풀떼기네	民食半菰菱
떠돌아다니다가도 곧 달려 모이나	流離偏走集
한 필 명주는 고작 한 말 한 되	疋帛纔斗升
유사가 경비가 다급해지면	有司急經費
관리는 독촉을 해 대지	迫責在令丞
위에선 나랏돈 다할까 염려하고	上念邦用匱
아래선 국법에 걸릴까 두려워하여	下畏王法繩
지방 구석구석 첩문을 보내 보지만	發牒走里巷
백번을 독촉해도 한번을 응하지 않네	百催一不應
어찌 백성이 모두 완악해서겠는가	豈其民盡頑
참으로 재력으로 감내하기 어려움이라	財力諒難勝
나라의 근본이 한번 넘어지면	邦本一披蹶
또 누구에게 세금을 징수할까	徵誅復誰承
이 때문에 마음이 타는 듯하여	爲此心如惔

강개하여 울고 싶어라 慷慨欲沾膺
어찌하여 지금 사람들은 柰何今之人
일찍이 징계하지 못할까[122] 胡寧憯莫懲
시 지어 한번 읊어보니 詩成試一唱
뒤척이다 온갖 감정만 늘어나네 轉展百感增
황궁의 문이 멀고 깊어 天門邈以深
잠시 벗에게 경계하노라 薄言規友朋

122 일찍이 징계하지 못할까 : 《시경》 〈시월지교(十月之交)〉에 "높은 언덕이 골짝이 되고 깊은 골짝이 구릉이 되거늘 슬프다, 지금 사람들은 어찌하여 일찍이 징계하지 않는가."라고 하였다. 하늘의 재앙이 일어나고 있는데 유왕(幽王)이 일찍이 징계하지 않음을 말한 것이다.

비분을 노래하다[123] 과작

調悲憤 課作

곱고 고운 지란 빼어나고 艷艷芝蘭秀
아름다운 경옥은 수북하여라 英英瓊玉蘊
최고의 향기는 하늘도 관여할 수 없으니 國香天不管
바람 따라 묵은 때를 떨구어 내네 隨風墮垢坋
몸가짐 분명하지 못한데 將身未分明
누가 자기 목을 벨 수 있겠나 有頸誰能刎
애처롭게 〈호가십팔박〉[124]을 노래하고 哀歌十八拍
박마다 붉은 피를 닦는다오 拍拍紅血抆
다시 돌아오니[125] 어느덧 저무는 나이 珠還薄暮景

123 비분을 노래하다 : 후한(後漢) 채옹(蔡邕)의 딸인 채염(蔡琰)을 읊은 시이다. 채염은 흉노(匈奴)의 포로가 되어 12년 동안 흉노 땅에서 살다가 조조(曹操)에 의해 중국으로 돌아와 〈호가십팔박(胡笳十八拍)〉을 지었다고 한다. 《後漢書 卷84 列女傳》

124 호가십팔박 : 호가(胡笳)는 북방 민족들이 불던 관악기의 일종이다. 후한(後漢) 때 채옹의 딸 채염이 위중도(衛中道)에게 시집갔다가 오랑캐에게 잡혀가서 두 아들을 낳았는데, 위(魏)의 조조(曹操)가 가엾게 여겨 금벽(金璧)을 오랑캐에게 주고 채염을 데려와 동사(董祀)에게 다시 시집보내니, 채염은 절개를 잃은 것을 상심하고 또 두 아들을 잊지 못하여 〈호가십팔박〉을 지었다고 한다. 《後漢書 卷84 列女傳 董祀妻列傳》

125 다시 돌아오니 : 주환(珠還)은 주환합포(珠環合浦)의 줄임말로, 떠났던 사람이 다시 돌아오는 것을 비유하는 말이다. 후한(後漢)의 맹상(孟嘗)이 합포 태수(合浦太守)로 부임하여 폐단을 개혁하고 청렴한 정사를 펼치자 그동안 마구 캐내어 생산되지 않던 진주(珍珠)가 예전처럼 다시 많이 나오기 시작했다고 한다. 《後漢書 卷76 循吏列傳 孟嘗》

서리는 무겁게 아침 무궁화에 남아 있네　霜重餘朝槿
비 내리는 오랑캐 땅과 이별하니　訣別雨胡雝
씀바귀 먹는 것처럼 고생했지　辛苦劇茹堇
맑은 글에 그윽한 한 맺혔고　淸詞結幽恨
죽는 날까지 비분강개하였네　沒齒含悲憤
옛적의 자양옹은　千秋紫陽翁
사정을 불쌍히 여기어 말하길　原情軫矜隱
천록각에서 뛰어내린 양웅이　謂勝墜閣郎
장부의 절개 세우지 못한 것보다 낫지만　丈夫欠立慬
끝내 한결같은 덕에 부끄럽고　終然愧恒德
괴로이 입으로 읊조렸다 하였네[126]　苦語徒脣吻
가벼운 먼지가 여린 풀에 서리니[127]　輕塵委弱草
예로부터 홍분이 얼마나 있었던가　從古幾紅粉
청릉에 높은 누대 있으니　青陵有高臺
혼백은 응당 가깝기 어렵다네　魂魄應難近

126 옛적의……하였네 : 자양옹(紫陽翁)은 주희(朱熹)를 이른다. 천록각(天祿閣)은 양웅이 교서(校書)를 지냈던 곳으로, 왕망(王莽) 때에 양웅이 일에 연좌되어 옥리(獄吏)가 체포하러 오자, 모면할 수 없음을 알고 천록각 위에서 뛰어내려 죽을 뻔하니, 왕망이 그 죄를 불문에 부쳤다.《漢書 卷87 揚雄傳》《초사후어(楚辭後語)》에서 주희가 〈호가십팔박〉을 소개하면서 한나라 양웅(揚雄)이 왕망(王莽)을 섬긴 실절(失節)이 채염(蔡琰)이 호왕(胡王)에게 실절한 것과 비슷하다고 하면서도 채염은 오히려 부끄러워할 줄 알았다고 하여 채염을 양웅보다 높이 평가하였다.

127 가벼운……서리니 : 황보밀(皇甫謐)의 《열녀전(列女傳)》에 "인생이란 연약한 풀에 서린 가벼운 먼지 같은 것이다.〔人生世間, 如輕塵棲弱草耳.〕"라고 하였다.

함경[128]이 돌아가고 3일 뒤에 대이[129]가 이르렀다. 윤중경[130]·이일경[131]과 함께 한호[132]의 강가 누각에 모였는데, 함경이 시 한 수를 보내니 급히 화운하여 부쳤다. 대이는 소명을 받고 북쪽으로 돌아가는 길이었다. 때는 칠석날이다

咸卿歸後三日大而至 與尹重卿李一卿 會閑好江樓 咸卿送一詩 走筆和寄 時大而承召北歸 時卽七夕也

물 위의 부평초처럼	水上浮萍草
잠깐 모였다가 이내 흩어지니	乍合還乍離
이 때문에 전날의 편지에서	所以前日書
서로 모이길 기약하지 않았다네	相會不須期
어쩌겠나 양묘[133]가 이른 것이	叵耐兩妙至

128 함경(咸卿) : 이일상(李一相, 1612~1666)으로, 본관은 연안(延安), 자는 함경, 호는 청호(靑湖), 시호는 문숙(文肅)이다. 할아버지 이정귀(李廷龜), 아버지 이명한(李明漢)을 이어 3대가 연이어 대제학을 지냈다. 《芝村集 卷23 伯父靑湖府君墓誌》

129 대이(大而) : 홍명하(洪命夏, 1607~1667)로, 본관은 남양(南陽), 자는 대이, 호는 기천(沂川), 시호는 문간(文簡)이다. 저서로는 《기천집(沂川集)》이 있다. 《宋子大全 卷162 沂川洪公神道碑銘幷序》

130 윤중경(尹重卿) : 윤세임(尹世任, 1596~1671)으로, 본관은 파평(坡平), 자는 중경, 호는 서우당(徐于堂)이다.

131 이일경(李一卿) : 이정기(李廷夔, 1612~1671)로, 본관은 한산(韓山), 자는 일경, 호는 귀천(歸川)이다. 《滄溪集 卷17 故嘉善大夫吏曹參判李公行狀》

132 한호(閑好) : 임연(林堜, 1589~1648)으로, 본관은 나주(羅州), 자는 동야(東野), 호는 한호이다. 저서에 《한호유고(閑好遺稿)》가 전한다.

사흘 간격이었구려　三宵先後之
저물녘 강 누각에서 술 마시며　對酒暮江樓
깨끗한 자태를 생각하노라　有懷氷雪姿
칠월 칠석 좋은 날에　佳辰七月夕
심부름꾼이 맑은 시 전해 주니　鳥使傳淸詩
편지 열어 한 번 읽으매　開緘一展讀
가기도 전에 정신이 먼저 달려가네　未往神先馳
나의 마음 자네가 먼저 얻었고　我懷子先獲
자네 마음을 나 역시 안다오　子心我亦知
어찌하여 떠나고 머무는 한이　如何去住恨
가을바람 부는 시절에 있단 말인가　又此秋風時
수레 끌고 왕림하여　無由屈車蓋
함께 고양지에서 취할 방법이 없구려[134]　共醉高陽池

133 양묘(兩妙) : 뛰어난 두 사람이라는 말로, 여기서는 이일상과 홍명하를 가리킨다.

134 함께……없구려 : 고양지(高陽池)는 옛날 중국 양양(襄陽)의 호족(豪族)인 습씨(習氏)들의 아름다운 원지(園池)인데, 산간(山簡)이 태수(太守)로 있을 때 이곳의 빼어난 경치를 사랑하여 매번 와서 술을 마시고 갔으며, 이곳을 고양지라고 명명하였다. 《晉書 卷43 山簡列傳》

윤생에 대한 만사
挽尹生

너의 옥 같은 용모 사랑했나니	愛爾貌如玉
타고난 따뜻하고 순수한 자질이었고	天然溫粹質
너의 난초 같은 기질 사랑했나니	愛爾氣如蘭
자유롭게 향기를 발산하였네	自在馨香發
문장 다듬어 훌륭한 글 짓고	玉琢有奇文
그릇을 이루었는데 중도에 이지러졌네	器成仍中缺
난초가 자라며 무성해지려 하였거늘	蘭生欲峻茂
문득 봄 서리에 꺾여버렸구나	奄罹春霜折
어찌하여 운명을 주관하는 자는	柰何司命者
인재를 내고서 도로 요절하게 하였는가	生材還夭扎
하늘[135]에게 물을 수 없으니	玄天不可訊
이 이치 결국 알 수 없도다	此理竟昒圠
내가 옛날 깊은 골짜기 살 적에	我昔在深峽
어린 너를 처음 만났었지	見爾初解齕
책 들고 와서 글자를 물었는데	携卷來問字
눈 내린 마하산에서 나물 뿌리 씹으면서[136]	咬菜霞山雪

135 하늘 : 대본에는 '玄夫'로 되어 있는데, 문맥에 따라 '夫'를 '天'으로 바로잡아 번역하였다.

136 눈……씹으면서 : 유계가 1641년(인조19)에 금산(錦山)으로 거처를 옮겨 마하산(痲霞山)에서 강학에 전념하며 지냈던 것을 가리킨다. 나물 뿌리를 씹는다는 것은

날로 두각이 우뚝해지니 頭角日嶄然
친구들 사이에서 뛰어남을 칭송하였네 英妙推儕列
한번 풍진 속에 헤어졌다가 一散風塵際
다시 만나니 놀랍게도 관례를 치렀지 重逢驚弁突
나에게 영외로 간다 말하니 告我嶺外行
해 넘기는 이별에 상심하였는데 神傷經歲別
어찌 생각했으랴 잠깐 이야기 나눈 것이 豈謂造次話
문득 영결하게 될 줄을 便成幽明訣
겨우 약관의 나이로 當年纔弱冠
너의 재주 한창 특출났는데 爾才方特達
인간 세상에서 이십 년 머물고 廿載人間世
돌연 바람 앞의 등불처럼 사라졌도다 風燈苦奄忽
애통하다 차마 듣지 못하겠고 慟矣不堪聞
비통하다 차마 말하지 못하겠구나 悲哉尙忍說
부모와 천 리 멀리 떨어지니 爺娘隔千里
남은 한 저승에 맺히는구나 遺恨重泉結
준충은 정을 쏟았기에 애통해했고[137] 濬沖痛情鍾

청빈한 삶을 사는 것을 뜻한다. 북송(北宋) 여본중(呂本中)의 《동래여자미사우잡지(東萊呂紫微師友雜志)》에 "사람이 늘 나물 뿌리를 씹으면 모든 일을 이룰 수 있다.〔人常咬菜根, 則百事可做.〕"라고 하였다. 《小學 善行》

137 준충(濬沖)은……애통해했고 : 준충은 왕융(王戎, 234~305)의 자이다. 정종(情鍾)은 정(情)이 모여 있다는 것으로, 자식을 잃는 슬픔을 말한다. 왕융이 일찍이 아들을 잃고 비통함을 감당하지 못하니 산간이 말하기를 "어린애는 품 안의 물건이거늘, 어찌 이 지경에 이른단 말인가."라고 하자, 왕융이 말하기를 "성인은 정을 잊는 것이고,

양병은 대가 끊어짐 슬퍼하였네[138]	羊秉悲胤絶
슬프고 슬프다 미망인이여	哀哀未亡人
남편 잃고 천 줄기 피눈물 흐르네	鸞鏡千行血
누구인들 한 번 죽지 않으랴만	人誰無一死
너의 죽음은 특히나 비통하구나	爾死偏悽咽
남쪽 구름 아득한데	南雲杳茫茫
유골은 어느 곳으로 돌아가는가	何處歸遺骨
병든 몸 강가에 엎드렸기에	抱病伏江上
상여줄 잡을 방법이 없구나	無由相征紼
눈물 쏟으며 만사를 지어	迸淚寫哀章
바람 따라 하늘 끝에 부치노라	因風寄天末

가장 하등인 사람은 정을 다하지 못하는 것이며, 정을 다 쏟을 수 있는 것은 바로 우리들에게 있다."라고 하였다. 《晉書 卷43 王戎列傳》

138 양병(羊秉)은……슬퍼하였네 : 양병은 춘추 시대 진(晉)나라 사람으로, 무군(撫軍)의 참군(參軍)을 지내다가 후사도 없이 일찍 세상을 떠나 당시 황제였던 간문제(簡文帝)의 안타까움을 샀다. 일찍이 명성이 높아 진나라 하후담(夏侯湛)은 〈양병서(羊秉敍)〉라는 글을 지어 그를 극찬하기도 하였다. 《世說新語 德行》

대사간 김중문이 술을 가지고 와서 강 머리에서 이별하면서 시를 주니[139] 취한 뒤에 급히 화답하다 경인년(1650, 효종1)

金大諫仲文携酒來別 江頭有贈 醉後率和 庚寅

지은 죄 커서 죽어도 애석할 것 없는데	罪重死無惜
길은 멀고 근심은 감당하기 어렵네	路長愁難任
평소 자신의 주제도 모르고	平生不自量
가만히 고인의 마음을 기약하였지	竊期古人心
누가 알았으랴 일을 크게 그르쳐	誰知事大謬
멀리 변방 땅에 유배될 줄을[140]	邈投關山陰
호서에서 출발한 빠듯한 일정	嚴程自湖外
나그네 귀밑머리엔 새벽 서리 내리고	旅鬢晨霜侵
저물녘 맑은 강 건널 때는	日暮淸江渡
배가 거의 뒤집힐 뻔했다오	舟楫幾顚沈
친구가 고맙게도 와 주니	故人惠然至
정의가 남달라라	風義出尋常

139 대사간……주니 : 김중문(金仲文)은 김익희(金益熙)로, 본관은 광산(光山), 자는 중문, 호는 창주(滄洲), 시호는 문정(文貞)이다. 당시 대사간을 지내다가 병으로 사직하고 충남 결성(結城)에서 지내고 있었다. 《承政院日記 孝宗 卽位年 11月 25日, 1年 7月 3日, 2年 1月 6日》 김익희가 준 시는 《창주유고(滄洲遺稿)》에 실려 있다. 《滄洲遺稿 卷2 贈別兪市南武仲棨 赴北謫》

140 일을……줄을 : 유계가 인조의 묘호를 '인(仁)'으로 하면 인종(仁宗)과 중복되는 혐의를 지적하며 반대하다가 1650년(효종1)에 온성(穩城)에 유배된 일을 말한다. 《市南集 附錄 卷2 神道碑銘》

좋은 술로 마른 위장 적시자 醇醪沃枯腸
차가운 골짜기엔 봄빛이 돌아왔네 寒谷回春光
감히 하루 병나는 게 무서워 敢以一日病
그대의 귀한 술잔 사양할쏘냐 辭子千金觴
닭이 울고 각각 남북으로 떨어지면 鷄鳴各南北
하늘 끝에서 한참을 바라보겠지 天末長相望

시골 나그네를 따라 강가에서 물고기를 구경하다

임진년(1652, 효종3)

從村客 觀魚江上 壬辰

봄물이 한창 불어나서	春水方渙渙
맑은 강 깊이 상앗대 하나 정도 되었네	淸江深一篙
시골 나그네 내게 와서 말하길	村客爲來報
피라미가 호수에 막 올라왔다 하네	鯈魚新上濠
지팡이 짚고 어른과 아이들 따라서	杖策隨童冠
술 들고 강 언덕에 이르니	携酒臨江皐
어부는 모래사장에서 기다리다가	漁人待沙磯
둥실둥실 가벼운 배를 띄우네	泛泛浮輕舠
물 위를 떠가니 그윽한 정 일어나고	朅來牽幽情
아울러 풍경까지 흥을 돋우니	兼爲時景挑
궁벽한 곳에서 자취 이미 기이하며	境僻迹已奇
초일한 흥취 더욱 호방해라	興逸氣增豪
다시 위험한 여울 거슬러 오르려 하니	更欲溯危灘
여울이 거세고 수위 높은 데다	灘傾波面高
어젯밤 비까지 더해져	因添昨夜雨
바위에 부딪히는 풍랑 시끄러웠네	觸石喧風濤
뱃사공 놀라서 땀을 쏟으며	長年瀉駭汗
큰 소리로 서로 불러대고는	大聲相呼號
이런 상황에선 돌아가지 못할거라면서	如此將無歸

수고롭게 밧줄로 배를 묶으니 가련해라　　紼纚憐堪勞
돌아오는 배 맑은 못에 정박하고　　歸橈泊淸潭
그물 들어 물고기 빼는데　　擧網抽銀刀
강 넓어 손질할 필요 없어라　　江闊不須截
그물 성기지만 어찌 달아날까 염려하랴　　網疏寧嫌逃
물고기 엮어 오니 옥처럼 깨끗하고　　編來玉脡脡
종을 불러 가득 삶으니　　命僕充烹熬
가깝게는 송강의 농어 생각나고[141]　　近憶松江鱸
멀게는 용백국의 자라가 생각나도다[142]　　遠懷龍伯鼇
취향은 제각기 맞는 것이 있지만　　趣適各有宜
모두가 똑같은 상황에 놓였다면　　大小同所遭
입과 배의 욕심 다 떨치지 못하더라도　　口腹未盡遣
부끄러운 바는 탐욕을 가까이 함이네　　所愧近饞饕
아이 불러 이러한 뜻 이야기해주고　　呼兒寫此意
중산료[143]를 술잔 가득 채워서　　滿酌中山醪

141 가깝게는……생각나고 : 진(晉)나라 오중(吳中) 출신인 장한(張翰)이 일찍이 낙양(洛陽)에 들어가 동조연(東曹掾)으로 있다가 가을바람이 일자 고향인 강동(江東)의 순챗국과 송강(松江)의 농어회가 생각나서 관직을 그만두고 돌아갔다는 고사를 인용한 것이다. 《晉書 卷92 文苑列傳 張翰》

142 멀게는……생각나도다 : 옛날 발해(渤海) 동쪽에 신선이 사는 다섯 개의 산이 조류(潮流)에 떠밀려 표류하자, 천제(天帝)가 큰 자라 15마리로 하여금 교대로 머리를 쳐들고 그 산들을 떠받치게 하였는데, 용백국(龍伯國)의 거인(巨人)이 한 번 낚시질하여 여섯 마리를 연달아 낚아 올려 등에 지고 자기 나라로 돌아갔다는 고사를 인용한 것이다. 《列子 湯問》

143 중산료(中山醪) : 중산주(中山酒)를 말한다. 중산에서 생산되는 선주(仙酒)로,

저 어부를 따라 취하고　　從他漁父醉
굴원의 근심[144]을 비웃도다　　笑伊靈均騷
세상의 정은 이미 뜬구름이니　　世情已浮雲
도도한 물결에 맡기세　　付與波滔滔
외부 사람이 알고　　恐有外人知
무릉도원[145] 찾아갈까 두렵구나　　爲訪川源桃

한 번 마시면 천 일 동안 숙취한다고 한다.

144 굴원(屈原)의 근심 : 전국 시대 초(楚)나라의 충신 굴원은 소인(小人)들의 참소로 쫓겨나 〈이소(離騷)〉를 지어 우국충정을 토로하였다. '이소'는 근심을 만났다는 말이다.《史記 卷84 屈原列傳》

145 무릉도원(武陵桃源) : 도잠(陶潛)의 〈도화원기(桃花源記)〉에 나오는 곳으로, 동진(東晉) 시대 어부가 시내에 떠내려 오는 복숭아 꽃잎을 따라 올라갔다가 만난 별천지 낙원을 가리킨다.

단비
喜雨

비가 오지 않은 지 두 달	悶雨垂兩月
그윽한 근심이 마음 병보다 심하네	幽憂劇心病
어찌 나의 백묘 땅만 근심하겠나	豈但百畝念
백성들 거의 죽게 생겼도다	蒼生近大命
빈산의 띠집 문 닫아걸고	空山閉茅舍
한밤중에 홀로 잠 못 이루다가	中夜獨耿耿
새벽녘 드문드문 들리는 소리에	曉來蕭疏響
창문 열고 잘못 들었나 의심하였네	開窓恐錯聽
문득 놀랍게도 하늘색 변하더니	忽驚天色改
앞산 봉우리에 먹구름 자욱하고	陰雲翳前嶺
아침나절 큰비 점점 세차지다가	終朝漸雱沛
하늘 가득 은빛 대나무[146] 쏟아졌지	滿空銀竹迸
마침내 삼일 동안 비가 오니	遂成三日霖
기름진 은택 대지에 넘쳐나네	甘膏溢區卄
얼마 전 상림에서 기도하면서	向聞桑林禱
규벽 올리고 정성과 공경을 다했다고 들었는데[147]	圭璧殫誠敬

146 은빛 대나무 : 장대처럼 쏟아지는 소나기의 빛깔을 비유한 것이다. 이백(李白)의 〈숙하호(宿鰕湖)〉에 "하얀 비가 찬 산에 비치니, 죽죽 은대와 같구나.〔白雨映寒山, 森森如銀竹.〕"라고 하였다.

147 얼마……들었는데 : 상림(桑林)은 은(殷)나라 탕왕(湯王)의 고사이고, 규벽(圭

감응이 참으로 어긋나지 않았도다	感應諒不爽
하늘과 사람 본래 영향을 주고 받는구나	天人本響影
들판의 노인은 〈양사〉[148]를 노래하고	野老頌良耟
수풀의 새는 솥 작다고 지저귀네[149]	林禽喚小鼎
아이종 불러 지팡이 신발 내오라 하고	呼僮進杖屨
높이 올라 비 갠 경치 바라보니	登高望晴景
말라죽던 것이 다시 살아나서	焦枯變蘇活
파릇파릇 밭에는 새싹이 돋았네	新綠生畦町
미천한 몸으로 쟁기 잡고 있지만	雖微身操耒
들판엔 버려진 볏단이 많아	田野多遺秉
다행히 그런대로 죽을 고비 넘겼으니[150]	溝壑幸粗免
〈격양가〉[151]를 노래할 만하여라	擊壤歌可詠

璧)은 신에게 제사 지낼 때 바치는 옥이다. 가뭄이 심하자 당시 임금이 기우제를 지냈다는 소식을 들은 것으로 보인다.

148 양사(良耟) : 《시경》 〈주송(周頌)〉의 편명으로, 가을에 사직(社稷)에 보답하는 제사를 올리는 데 대한 시이다.

149 수풀의……지저귀네 : 소쩍새가 '소쩍소쩍'하고 우는 소리가 '솥 작다 솥 작다'라고 하는 것처럼 들리는 것을 비유하여 표현한 것이다.

150 다행히……넘겼으니 : 구학(溝壑)은 《맹자》 〈등문공 하(滕文公下)〉에 "뜻을 지키는 선비는 구학에 있게 될 것을 잊지 않는다."라고 한 데서 유래하여 죽음을 뜻한다. 즉 굶어 죽어 시체가 골짜기에 버려질 각오를 한다는 말이다.

151 격양가(擊壤歌) : 요(堯) 임금 때 어떤 노인이 흙덩이를 치면서 "내가 해가 뜨면 나가서 일하고 해가 지면 들어가서 쉬도다. 우물 파서 물을 마시고 밭 갈아서 밥을 먹거니, 임금의 힘이 나와 무슨 상관이 있으랴."라고 당시의 태평 시절을 노래한 것이다. 《太平御覽 卷80 帝堯陶唐氏》

비 오는 단옷날 가림의 선영[152]을 생각하며

端午日雨下 有懷嘉林先墓

내가 선영을 떠난 뒤로　自我去松楸
지금까지 삼 년이 흘렀구나　于今已三歲
땅끝에서 향불을 받드니　天涯奉香火
어찌 형제가 없어서이겠는가　豈無兄與弟
이 몸은 참배하지 못하니　此身阻參拜
제사 지내지 않은 듯한 마음이구나　中心如未祭
금년 단옷날에는　今年屬重午
장맛비가 개지 않을 듯하네　霖雨若不霽
땅은 멀고 수로 아득하니　地遠川路闊
행인의 걸음 지체되리라　行人定濡滯
마의와 농사꾼[153] 자식도　馬醫夏畦子
모두 선영을 깨끗이 청소하는데　皆能掃塋砌
황량한 언덕에 닭과 술 올리는 일[154]　荒原奠鷄酒

152 가림(嘉林)의 선영(先塋) : 가림은 충청도 임천(林川)의 옛 이름이다. 임천은 유계(兪棨)의 선영이 있는 곳이다.

153 마의(馬醫)와 농사꾼 : 모두 미천한 사람들을 가리킨다. 유종원(柳宗元)의 〈기허경조맹용서(寄許京兆孟容書)〉에 "노비와 일꾼들도 모두 부모의 무덤에 올라가 절을 하니, 마의와 하휴의 귀신들도 자손들의 추모를 받지 못하는 이가 없었다."라고 하였다.

154 닭과……일 : 닭과 술은 변변치 않은 제물(祭物)을 가리킨다. 후한(後漢)의 서치(徐穉)가 먼 곳으로 문상(問喪)하러 갈 때 술을 솜에 적셔서 햇볕에 말리고 그것으로

쓸쓸히 어린 종에게 부탁을 하네 寂寞付僮隷
날이 새도록 홀로 잠 못 드니 明發獨不寐
이 마음 어떻게 다스려야하나 我懷將何制
드넓은 천지는 거대한데 浩浩天地大
미천한 자취는 길이 매여 있고 微蹤長纍繫
백 년 인생 이미 반이 지나갔으니 百年已强半
충효할 계책 영원히 저버렸구나 永負忠孝計
사욕을 이기고 지난 허물 생각하니 剋己追前愆
아 아마도 미치지 못하리라 嗟哉恐莫逮
머리 들고 바라보매 아득한 진월[155]인데 翹首杳秦越
넓은 하늘에 구름 다시 가리우네 天長雲更蔽

구운 닭을 싸서 휴대하기에 간편하도록 만든 다음 가지고 가서 솜을 물에 적셔 술을 만들고 닭을 앞에 놓아 제수를 올린 뒤 떠났다 한다. 《後漢書 卷35 徐穉列傳》

155 진월(秦越) : 춘추 시대 두 나라의 이름이다. 진나라는 서북쪽, 월나라는 동남쪽에 있어 서로 거리가 멀었으므로, 멀리 떨어져 지내는 것을 의미한다. 여기서는 유계가 있는 곳과 선영이 진나라와 월나라의 거리처럼 멀다는 뜻이다.

돌아가신 부모님을 꿈꾸다
夢先

내가 북쪽에 있을 때를 떠올려 보면[156]	憶我在北時
하루도 부모님 꿈을 꾸지 않은 밤이 없었지	靡夜不夢先
어찌 자나 깨나 생각하는 것이[157]	豈其羹墻念
북쪽에 있을 때 유독 전일하였던가	在彼偏能專
일신이 큰 죄에 걸려	一身嬰大戮
만 리 먼 곳에 오래도록 버려지니	萬里長棄捐
도깨비[158] 날로 침범하고 능멸하여	魑魅日侵陵
겨우 숨 쉬며 목숨 연명하였지	喘息纔綿延
정령께서 불쌍히 여겨주고	精靈想垂矜
좌우에서 부지해 온전히 해 주니	左右相扶全
또한 죽어가던 마음이	抑將心近死

156 내가……보면 : 유계가 인조(仁祖)의 묘호를 논의하다가 1650년(효종1)에 함경도 온성(穩城)으로 유배된 일을 말한다. 《市南集 附錄 卷2 神道碑銘》

157 자나……것이 : 요(堯) 임금이 별세한 이후 3년 동안 순(舜)이 요 임금을 몹시 그리워한 나머지 요 임금의 모습이 앉아 있을 때는 담장에 어른거리고 음식을 먹을 때는 국그릇에 어른거렸다는 고사에서 유래하였다. 《後漢書 卷63 李固列傳》 여기서는 선친을 오매불망 생각했다는 뜻이다.

158 도깨비 : 중국 신화에 나오는 사람을 해치는 산중의 도깨비로, 악인을 비유할 때 쓰인다. 《춘추좌씨전》 문공(文公) 18년 기사에 "네 흉족인 혼돈(渾敦), 궁기(窮奇), 도올(檮杌), 도철(饕餮)을 귀양 보내 사방 변경으로 쫓아내어 도깨비의 재앙을 막게 하였다."라고 하였다.

고요해져 속박을 끊어내었네	虛靜絶拘牽
어렴풋이 모습을 드러내시고	僾然若存著
내게 이르러 정표를 내려주시는 것 같았네	感格或能旃
영월의 강가로 온 뒤로	洎來越江上
문득 일 년이 지났구나	倏忽踰歲年
잠자리를 생각해 보니	點檢寢寐間
궁벽한 변방에 있을 때만 못하도다	不如居窮邊
두려운 생각 다소 사라지고	兢惶念少息
처자식 눈앞에 가득하자	妻子鬧眼前
부끄럽게도 소인의 성질이	自愧小人性
상황 따라 마음이 바뀐 것이라오	因物卽有遷
요사이 마침 병을 앓아	邇來適抱病
빈집에서 홀로 잠을 자다가	空齋聊獨眠
부모님과 함께 있는 꿈을	夢裏侍嚴慈
또렷하게 삼일 밤을 꾸었네	分明三夜連
형제들도 웃으며 대화하니	弟兄雜笑語
황홀하여 평소인 듯하였네	怳如平生然
잠에서 깨어 베게 밀치고 일어나니	覺來推枕起
두 줄기 눈물이 주르륵	潫潫雙涕漣
불초하여 어버이 말씀 어기고	不肖背先訓
허물이 산처럼 쌓였구나	丘山積罪愆
까마귀의 효성 이루지 못하여[159]	未遂烏鳥誠

159 까마귀의……못하여 : 까마귀가 늙은 어미 새에게 먹이를 먹여 주며 어렸을 때의

남은 애통함이 하늘 끝까지 맺혔고	遺痛結終天
입신양명은 더욱 어려운 일	立揚事尤難
몸을 어루만지며 깊이 슬퍼한다오	撫躬深悲纏
충청도에 있는 선산	故山在湖外
그 아래 몇 칸짜리 집	其下屋數椽
목숨 다하도록 향불 받들다가	畢命奉香火
선영에 의지해 뼈를 묻으리라	歸骨依松阡
이 뜻은 항상 굳건하여	此志常耿介
늙을수록 더욱 간절한데	窮老彌懸懸
생각처럼 떨쳐 날아가지 못하고	願言莫奮飛
길이길이 스스로 가련해 하네	咄咄長自憐

은혜를 갚듯이 부모님께 효도해야 하는데, 부모님이 돌아가셔서 그러지 못함을 한탄하는 말이다.

백련암에서 우리 형제와 이청지 형[160]과 윤여망[161]과 함께 모여 운자를 나누어 지 자를 얻다

白蓮菴 偕舍兄弟暨李兄淸之尹汝望同會 分韻得池字

멀리 떠돌며 이미 반쯤 죽은 몸	遠遊已半世
살아 돌아오리라 기약하지 않았는데	生還曾未期
다행히 만 리 길에서 돌아와	幸從萬里回
자지의 눈썹[162] 만났구나	邂逅紫芝眉
손 이끌며 옛 자취 찾아다니고	提携訪前躅
한밤에 사찰로 자리 옮기니	夜榻禪房移
차가운 숲 낡은 절을 가리우고	寒林翳殘刹
마구 자란 풀은 마른 연못 덮었네	亂草埋枯池
쓸쓸히 물색은 변하여	蕭條物色變
보이는 것마다 처량함 더하는데	觸目增凄其
흩날리는 쑥이 묵은 뿌리에 모이고	斷蓬集陳根

160 이청지(李淸之) 형 : 이유청(李惟淸, 1597~1659)으로, 자는 청지이다. 유계(兪棨)의 자형이다. 효종 때 연기 현감(燕岐縣監)을 지냈다. 《承政院日記 孝宗 4年 3月 21日》

161 윤여망(尹汝望) : 윤문거(尹文擧 1606~1672)로, 본관은 파평(坡平), 자는 여망, 호는 석호(石湖), 시호는 충경(忠敬)이다.

162 자지(紫芝)의 눈썹 : 행실이 아름다운 사람을 말한다. 자지는 당(唐)나라 원덕수(元德秀)의 자(字)로, 행실이 매우 훌륭하여 당시 재상 방관(房琯)이 "자지의 아름다운 눈썹을 보면 명리를 추구하는 마음이 모두 사라진다."라고 칭송하였다고 한다. 《新唐書 卷194 卓行列傳》

떠돌던 새는 옛 가지에 앉았네 羈禽棲故枝
어느덧 삼십 년 세월 흘러 居然三十年
살고 죽는 일 더욱 슬퍼지나니 存沒事尤悲
동행한 대부분의 젊은이 중에 同行多少年
이 마음 누가 알아줄까 此意誰能知
오직 예부터 교유한 사람 있어 獨有舊游人
서로 대하니 백발이 드리웠네 相對霜毛垂
묵묵히 앉아 평생을 따져 보니 默坐算平生
만나고 헤어짐 어느 것이 더 많은가 聚散孰多時
다음 날 아침 산문을 나가면 明朝出山門
남북으로 갈림길 나뉠 테니 南北饒分岐
동자 불러 술 한 잔 올리게 하고 呼童進一杯
그대에게 권하노니 사양하지 말게나 勸君君莫辭
서로 만나 이미 감회 많으니 相逢已多感
헤어진 뒤 그리움을 어이할지 別後柰相思

까마귀를 슬퍼하다[163]

悲靈烏

어떤 까마귀가 주인집에서 모이를 쪼다가	有烏啄主家
하소연이라도 하는 듯 까악까악 우짖는데	啞啞如訴話
휘저어도 날아가지 않고	揮之不飛去
온종일 목이 쉬도록 울어대네	竟日聲欲喝
사람들 말에 까마귀는 귀신을 보니	人言烏見鬼
귀신 보고 괴상해서 운다 하고	見鬼能吠怪
세상에선 간혹 까마귀 울음 꺼리니	世或忌烏鳴
까마귀 울면 집안에 해가 생긴다지	烏鳴家有害
주인집에 쇠 화살촉으로	主家金鏃矢
활시위 당기니 놀라워	蹶張危機駭
휙 하고 유성처럼 날아가	劃倏流星翻
소리 따라 목을 부수었네	頸脰隨聲碎
목숨이 잠깐 사이에 결딴나니	性命決俄頃
누가 자신의 생각을 말하겠는가	誰能以臆對
푸른 피 뜨락에 흩뿌리고	碧血灑庭除
뭇 까마귀는 입 다문 채 날아갔네	群烏噤口退

163 까마귀를 슬퍼하다 : 김홍욱(金弘郁)이 민회빈(愍懷嬪) 강씨(姜氏)의 억울함을 풀어달라고 상소했다가 하옥되고 끝내 장살(杖殺)되자, 유계가 슬퍼서 이 시를 지은 것이다. 《鶴州集 附錄 卷5 年譜下》

애처롭다 까마귀야	哀哉此烏烏
한번 울었다가 재앙을 만났구나	一鳴遭奇禍
기러기는 머나먼 하늘로 날고	鴻雁飛冥冥
봉황은 퍼덕퍼덕 날아가나니	鳳凰逝翽翽
깊은 산과 울창한 숲	深山與茂林
어디인들 있지 못하겠느냐	何處不可在
오직 가지 하나의 은혜에 감사해서	獨感一枝惠
충애하는 마음을 차마 잊지 못하고	未忍忘忠愛
신령스러워 미리 알고서	性靈旣前知
정성스레 두 번 세 번 고하였구나	丁寧告三再
가령 네가 울어서 재앙이 생겼다면	使爾鳴而災
너의 죽음은 참으로 너의 죄지만	爾死固爾罪
너의 뜻은 재앙을 알리려는 것이었으니	爾志在告禍
너의 죽음 참으로 원통하구나	爾死冤實最
슬프다 너의 죽음이여	哀哉爾死矣
네가 죽었으니 누가 서로 가르쳐 주겠는가	爾死誰胥誨
집에 다시 재앙이 없다 하여	謂家更無災
편안히 즐기며 굿도 하지 않지만	恬怡廢禳禬
옛터는 도깨비가 많은데	古基饒方良
누가 한 수레에 신는 귀신을 보겠는가[164]	誰看一車載

164 누가……보겠는가 : 《주역》 〈규괘(睽卦) 상구(上九)〉에 "돼지가 진흙을 등에 진 것과 귀신을 수레에 가득 실은 것을 본다.〔見豕負塗, 載鬼一車.〕"라고 하였다. 여기서는 까마귀가 없어졌으니 불길한 귀신을 일깨워주는 역할을 하는 것이 없다는 뜻으로

이미 자신은 재앙을 면치 못하고	旣不免身禍
집안의 패망도 도와줄 수 없도다	亦無補家敗
애처롭구나 까마귀야	哀哉此烏烏
탄식하며 두 줄기 눈물을 흘리노라	感歎雙淚灑

인용하였다.

방안에 매화, 대나무, 소나무, 치자나무, 유자가 심긴 화분을 갈무리하고 운자를 불러 청·수·한·고·향 자를 얻다

房中 藏五盆梅竹松梔柚 占韻得淸瘦寒苦香字

서호의 나뭇가지 가져다가	取來西湖枝
화분에 옮겨 심고	寄向盆株生
대나무 위에 두니	置之竹君上
높이 솟은 것이 화목한 형제 같구나	高標宜弟兄
당당해라 늙은 밑둥 기이하고	昂藏老查奇
엉겨 붙은 몇 가지엔 꽃이 활짝	點綴數枝明
창문에 두니 안색 예스럽고	當窓顔色古
베개맡에 두니 꿈속이 맑아라	壓枕魂夢淸
비록 부귀한 모습 없지만	雖無富貴相
얼음 서리와 겨룰 만하네	尙與氷霜爭
처사가 유독 어여삐 여기니	處士偏憐愛
너와 마음이 같아서라오	爲爾同心情

위는 매화를 읊었다.

어찌 만 그루 대나무 동산이 없겠는가마는	豈無萬竿園
그대를 자리 오른쪽에 옮겨 두었네	移君置座右
좋아하는 몇몇의 군자인	爲愛數君子
소나무 매화나무 치자나무 유자를	松梅及梔柚

벌여 놓으니 네 명의 벗이 되어　列之成四友
사람과 취향을 같이 하네　與人同味臭
외로운 뿌리는 구불구불하고　孤根諒拳曲
시든 잎 그래도 빼어나네　病葉猶疏秀
때가 와서 홀로 술잔 들면　時來獨擧杯
맑은 기운이 향주에 더하니　淸氣添香酎
어찌 잘 먹고 살찐 게 필요 있나　何須肉者肥
맑고 늘씬함을 좋아하네　好是寒而瘦

위는 대나무를 읊었다.

백 년을 바위 사이에 살면서　百年生巖石
한 자 길이에 구불구불한 기세　盈尺勢屈盤
바람과 서리를 얼마나 맞았는지　飽更幾風霜
가지와 잎 절반이 못쓰게 되었네　柯葉半摧殘
뿌리 옮겨 작은 화분에 심으니　移根種小盆
울룩불룩해 보잘것없어라　擁腫不堪看
어찌 하늘 높이 솟을 뜻 없겠냐만　豈無干霄志
막히고 짓눌려 움 트기 어려웠는데　鬱抑抽心難
불쌍하게도 조래산의 절개[165] 가지고　尙憐徂徠節

165 조래산(徂徠山)의 절개 : 조래산은 산동성(山東省) 태안현(泰安縣)에 있는 산 이름으로, 대들보감이 될 만한 소나무와 측백나무가 잘 자란다고 한다. 《시경》 〈비궁(閟宮)〉에 "조래산의 소나무와 신보산의 측백나무를 이에 자르고 이에 헤아리며 이에 재고 이에 자질하여 소나무로 만든 서까래 크기도 하니 노침이 매우 크도다."라고 하였다.

자리 잃고 빈 난간에 기대었구나　失地依空欄
홀로 눈 내린 띠집 닫아걸고　獨閉茅齋雪
그윽한 회포는 세한의 지조[166] 기약하네　幽懷期歲寒
위는 소나무를 읊었다.

《본초경》에 이름이 보이니　著名本草經
더운 물가에 산다고 하네　托根炎洲土
어찌 약의 효능만 좋을까　豈亶藥性美
감상하기에도 진정 아름다운 나무로세　玩賞眞嘉樹
꽃 날리면 유월에 눈 내리는 듯하고　花飄六月雪
열매는 가을비에 자라네　子長三秋雨
푸른 잎사귀 사이 붉은 열매 맺고　綠葉間丹實
겨울 지내며 절개 더욱 괴로워라　經冬節更苦
밀실에서 추위를 막아주니　密室護凌寒
무성한 가지가 방안을 밝게 비치네　扶疏淸映戶
끝내 안타까운 건 작은 화분에 있는 것이니　終憐分地小
초췌한 가난한 주인 부끄러워라　憔悴慙貧主
위는 치자나무를 읊었다.

166 세한(歲寒)의 지조 : 의지를 굳게 가져 어려운 상황에서도 변하지 않는다는 뜻이다. 《논어》 〈자한(子罕)〉에 "날씨가 추워진 뒤에야 소나무와 측백나무가 늦게 시듦을 안다."라고 하였다.

옛날 남해에 있을 때	昔在南海上
청림에서 서리 맞은 누른 유자 보았는데	青林見霜黃
귤보다 모양 조금 더 크고	比橘形稍大
감보다 냄새 더 향기로웠지	方柑臭更香
평소 너무도 좋아하여	平生酷嗜好
귀한 술[167]처럼 애지중지하였는데	重之當瓊漿
금년에 드디어 씨앗 심었더니	今年始種核
몇 줄기 푸르게 자랐구나	數莖青已長
고향 떠나 성질 변할까 걱정이고	離鄉恐變性
추위 무서워 깊은 방에 들여놓았네	怯寒藏深房
어느 해에 금빛 열매 따내어	何年摘金丸
비로소 이 마음을 흐뭇하게 할까	始愜此心腸

위는 유자를 읊었다.

167 귀한 술 : 원문의 경장(瓊漿)은 신선이 먹는 음료나 좋은 술을 의미한다. 《초사(楚辭)》 〈초혼(招魂)〉에 "화려한 술잔 이미 진열하였는데, 경장 있도다.〔華酌旣陳, 有瓊漿些.〕"라고 하였다.

을미년(1655, 효종6) 입춘에
乙未立春日

봄이 오면 매번 축원하는데	當春每有祝
축원할 땐 참으로 많은 걸 바라지	有祝眞似黷
귀해짐은 이미 내가 바라는 바 아니고	貴旣非我願
부유함 또한 요행으로 얻기 어렵네	富亦難倖獲
내 바람은 많은 데 있지 않으니	所祝不在多
재앙이 없는 것이 복 받는 것보다 낫도다	無禍勝有福
소나무 대나무에 그윽한 흥취 맡기고	松篁托幽趣
화훼로 한적함을 누리며	花卉供閑適
질병에 걸리지 않고	免被疾病侵
굶주림과 추위에 시달리지 않는 거라오	不至飢凍迫
일가 친척과 자주 모이고	親戚數團圓
벗들과 떨어져 외롭지 않으면서	友朋無離索
탁주 든 술동이 놓고	匏樽有濁醪
때때로 취하는 것도 나쁘지 않지	時醉也不惡

기오헌[168]에 쓰다

題寄傲軒

술 취해 기오헌 지나는데	醉過寄傲軒
주인이 객에게 술을 권하네	主人勸客酒
주인은 오만하지 않은 듯한데	主人似不傲
객은 참으로 오만한 늙은이로다	客乃眞傲叟
아마도 기오라는 이름은	無乃寄傲名
청광한 벗을 기다리기 위함 아니겠나	爲待淸狂友
오만하게 짧은 안석에 기대어	傲兀憑短几
가득한 술잔 여덟아홉 번을 기울이니	深杯倒八九
객은 이미 주인을 모르고	客旣不知主
주인도 객을 알아보는지 마는지	主亦知客否
취기에 오만한 흥 부치고	陶陶寄傲興
함께 흠뻑 취하였네	爛熳同醉後
그러나 기는 바로 우이니	雖然寄是寓
우는 참된 소유가 아니네	寓卽非眞有
주인의 뜻 한번 묻노니	借問主人意
누가 기이고 누가 참으로 지키는 것인가	誰寄誰眞守

168 기오헌(寄傲軒) : 기오(寄傲)라는 명칭은 진(晉)나라의 은자(隱者)인 도잠(陶潛, 365～427)의 〈귀거래사(歸去來辭)〉에 "남쪽 창에 기대어 오만한 마음을 부치나니, 겨우 무릎을 들여놓을 작은 방도 편안함을 알겠도다.〔倚南窓以寄傲, 審容膝之易安.〕" 라고 한 데서 따온 것이다. 《陶淵明集 卷8》

주인은 웃으며 대답하지 않고	主人笑不應
오류선생에게 물어보라 하나	請質諸五柳
도연명은 아득히 천 년 전 사람이니	淵明邈千載
이 뜻을 물을 수 없구나	此意無與扣
주인은 또한 스스로 차지하지 말고	主人且勿居
객의 장수를 기원하며	願以爲客壽
국화술 가득 따르니	滿酌黃花巵
흔연히 재배하고 받노라	欣然再拜受

봉황은 굶주려도 좁쌀을 쪼아 먹지 않는다 과작 ○무술년(1658, 효종9)

鳳飢不啄粟 課作○戊戌

단혈[169]에서 사는 새가 있으니	有鳥生丹穴
찬란한 아홉 빛깔의 자태[170]	煌煌九苞姿
화덕으로 밝은 빛 머금었고	火德含明輝
문채는 진기함을 드러내네	文章表珍奇
구천 길 상공을 높이 날다가	高飛九千仞
덕을 보고 한 번 내려오지[171]	覽德一下之
머물고 날 적에는 제자리가 있고	棲翔自有所
나오고 들어갈 때는 때에 맞게 한다오	顯晦必以時
깨끗한 옥산에 추운 계절이 되면	天寒玉山淨
대나무 열매[172] 남은 가지에 없는데	練實無餘枝

169 단혈(丹穴) : 봉황이 나오는 곳으로, 흔히 훌륭한 인재가 나오는 집안을 비유한다.

170 아홉 빛깔의 자태 : 봉황에 대한 미칭으로, 봉황의 깃에 나타나는 아홉 종류의 빛을 말한다.

171 구천 길……내려오지 : 한(漢)나라 가의(賈誼)의 〈조굴원부(弔屈原賦)〉에 "봉황이 천길 높이 날음이여, 덕이 빛나는 곳을 보아 내려앉도다.〔鳳凰翔于千仞兮, 覽德輝而下之.〕"라고 하였다. 《史記 卷84 賈生列傳》

172 대나무 열매 : 《장자》 〈추수(秋水)〉에 "원추라는 봉황새가 남해를 출발하여 북해로 날아갈 적에 오동나무가 아니면 내려앉지 않고 대나무 열매가 아니면 먹지 않으며 약수가 아니면 마시지 않는다.〔夫鵷鶵, 發於南海而飛於北海, 非梧桐不止, 非練實不食, 非醴泉不飮.〕"라고 하였다.

한 번 쪼면 평소 뜻과 어긋나니　　一啄違素志
삼 년을 끝내 변치 않는다네　　三年終不移
어찌 벼와 조가 없겠는가　　豈無稻與粱
괴로운 굶주림 달랠 수 있지만　　可以療苦飢
닭과 집오리 무리를 따라서　　羞從鷄鶩群
같이 지저귀기를 부끄러워한다네　　剌甓同喧卑
고개 들고 한번 길게 울부짖으며　　矯首一長鳴
아득히 헌원씨와 복희씨[173]를 생각하나　　緬邈思軒羲
아각[174]은 황량한 언덕 되었고　　阿閣成荒丘
단서[175]는 마침내 누가 알겠는가　　丹書竟誰知
주공은 봉황 소리 듣지 못함을 탄식하고[176]　　姬公歎不聞

173 헌원씨(軒轅氏)와 복희씨(伏羲氏) : 중국 고대 전설에 나오는 인류 문명의 창시자로, 복희씨는 팔괘(八卦)를 처음으로 만들고 그물을 발명하여 고기 잡는 방법을 가르쳤다고 하며, 헌원씨는 처음으로 지역을 분할하고 시장을 설치하고 배와 수레를 만들었다고 한다. 《史記 卷1 五帝本紀》

174 아각(阿閣) : 사면에 차양이 있는 대궐의 누각이다. 황제(黃帝) 때 봉황이 아각에 둥지를 틀었다고 한다. 《帝王世紀》

175 단서(丹書) : 문왕(文王)이 출생할 때 붉은 새가 물고 왔다는 신서(神書)를 말한다. 《악부시집(樂府詩集)》 〈금조가사(琴操歌辭) 1 문왕〉에 대한 송(宋)나라 곽무천(郭茂倩)의 제해(題解)에 "은(殷)나라 주(紂)가 무도(無道)하자 제후들이 모두 문왕에게 귀부(歸附)하였는데, 그 후에 봉황이 교(郊)에서 서(書)를 물고 오니 문왕이 이에 이 노래를 지었다."라고 하였다.

176 주공(周公)은……탄식하고 : 주공은 주(周)나라의 정치가로 성은 희(姬)이고 이름은 단(旦)이다. 숙단(叔旦)이라고도 한다. 《주례(周禮)》의 저자로 알려져 있다. 주공이 소공(召公)에게 "구조한 분의 덕이 내려지지 않으면 우리는 봉황새의 우는 소리를 듣지 못할 것이다.〔耉造德不降, 我則鳴鳥不聞.〕"라고 하였다. 《書經 君奭》

공자는 덕이 쇠함을 슬퍼하였네[177]	孔聖悲德衰
아아 봉황아	嗟嗟爾鳳兮
너의 굶주림이 어찌 당연하지 않겠느냐	爾飢豈非宜
저 쑥대 아래를 돌아보매	眷彼蓬蒿下
온갖 종족이 갈가마귀처럼 모여서	萬族集鸒斯
엎어진 수레의 곡식 배불리 먹은 뒤	飽營覆車粟
무리지어 날면서 한껏 여유롭구나	群飛恣提提
세상 사람들 살찌고 마른 것만 중시할 뿐	世眼重肥瘦
누가 도척인지 백이인지 구분하랴[178]	誰分跖與夷
봉황아 참으로 홀로 괴로우니	鳳兮良獨苦
장기간 굶주리는 네가 슬프다	長飢我爾悲
나에게 낭간 씨앗 있는데	我有琅玕種
갈선의 언덕에 심었도다[179]	種之葛仙陂
마침 벽옥이 자라기를 기다리니	會待碧玉長
구슬처럼 열매가 주렁주렁 달렸도다	珠實結離離

177 공자는……슬퍼하였네 : 《논어》 〈자한(子罕)〉에 "봉황이 오지 않으며, 황하에서 하도(河圖)가 나오지 않으니, 나도 끝이로구나."라고 한 데서 인용한 말이다.

178 누가……구분하랴 : 도척(盜跖)은 춘추 시대 노(魯)나라 사람으로, 매우 포학하여 날마다 무고한 사람들을 죽였던 대표적인 악인이다. 백이(伯夷)는 은(殷)나라 사람으로, 은나라가 망한 뒤에 청절(淸節)을 굳게 지켰던 대표적인 선인이다. 《史記 卷61 伯夷列傳》

179 나에게……심었도다 : 낭간(琅玕)은 신선계에 산다는 전설 속의 나무로 구슬 같은 열매가 달리는데, 봉황이 오직 이 열매만을 배불리 먹는다고 한다. 갈선(葛仙)은 중국 동진(東晉) 시대의 의학자인 갈홍(葛洪, 281~341)의 별명이다. 신선술을 좋아하였다. 봉황이 좋아하는 낭간을 심어 놓고 기다린다는 뜻이다.

너를 위해 양식을 채워두고서　　為爾充粻粻

세밑에 마음을 함께하리라　　歲晏同心期

순 임금의 뜰에서 구소 연주하거든　　虞庭九韶奏

천천히 한번 와서 춤을 추거라[180]　　遲爾一來儀

180 순(舜) 임금의……추거라 : 구소(九韶)는 순 임금의 음악으로, 궁중의 음악을 말한다. 우정(虞庭)은 순 임금의 조정을 말한다. 《서경》〈익직(益稷)〉에 "소소의 음악을 아홉 번 연주하자, 봉황이 와서 춤을 추었다.〔簫韶九成, 鳳凰來儀.〕"라고 하였다.

중씨[181]를 모시고 밤에 대화를 나눈 뒤 회포를 적다

陪仲氏夜話書懷

이해 겨울에 눈이 많이 왔다.

작년엔 눈이 안 내려 걱정했는데	去年憂無雪
올해엔 기쁘게도 눈이 왔구나	今年喜有雪
눈이 오지 않으면 병충해 일어나고	無雪蝗蟲作
눈이 오면 보리싹이 잘 자라네	有雪麥芽茁
나는 시골 사람으로	我是畎畝人
임금과 백성 생각 절실해	君民念實切
한밤중까지 잠 못 이루다가	轉展逮中宵
창문 여니 뜰에 달빛 가득하네	開窓滿庭月
술 부르지만 집에 준비 없고	喚杯家已儉
시 지으려 해도 시상이 떠오르지 않아	尋詩思不發
책 덮고 한바탕 탄식하며	掩卷一歎息
깜빡이는 등불만 짝하였네	靑燈伴明滅
종일토록 국가와 개인 걱정하다가	盡日公私憂
저녁 되어 조금 한가로워졌나니	向夕稍閑靜
화락한 형제의 즐거움	陶陶弟兄樂
우연히 오늘 밤 길게 찾아왔네	偶此淸夜永
인생 백 년에	人生重百年

181 중씨(仲氏) : 유목(兪棨, 1602~?)으로, 본관은 기계(杞溪), 자는 문숙(文叔)이다.

벌써 반이 지나갔으니	居然涉半境
영고성쇠야 참으로 관심 없지만	榮枯諒無意
헤어졌다가 만나는 것도 정하기 어려워라	聚散亦難定
설령 각자 소원대로 된다 해도	縱使各適願
이별에 마음 아프니 어이하나	柰此傷分迸
푸르고 푸른 고향의 계수나무를	蒼蒼故林桂
늘그막에 함께 성묘하고 부여잡고 싶어라	遲暮同攀省

남촌 연구. 담 자 운을 얻어서 순서대로 압운하다

南村聯句 得覃字韻 順押

금산(錦山)에 있을 때이다.

아득하게 천지에 태어나서	藐爾生天地
함께 큰 교화 받으니 _무중[182]	俱蒙大化覃
뱁새는 나뭇가지 하나에 깃들고[183]	鷦棲一枝樹
교룡은 천길 못에 몸을 감추었네 _여도[184]	蛟藏千尺潭
만난 때는 맹수가 날뛰는지라	逢時騰狻猊
도를 지킴이 그야말로 석가[185]로다 _여망[186]	守道定瞿曇
평소의 뜻 크다고 자부했지만	素志雖自大
자질이 크지 못함 어이하리 _길보[187]	庸質柰非譚

182 무중(武仲) : 유계(兪棨, 1607~1664)로, 본관은 기계(杞溪), 자는 무중, 호는 시남, 시호는 문충(文忠)이다.

183 뱁새는……깃들고 : 자기 분수에 만족하고 자연에 순응하는 것을 말한다. 《장자》 〈소요유(逍遙遊)〉에 "뱁새는 깊은 숲에 둥지를 틀어도 의지한 것은 나뭇가지 하나에 지나지 않고, 두더지는 강물을 마셔도 제 배를 채우는 데에 지나지 않는다.〔鷦鷯巢於深林, 不過一枝, 鼴鼠飮河, 不過滿腹.〕"라고 하였다.

184 여도(汝道) : 박세모(朴世模, 1610~1667)로, 본관은 반남(潘南), 자는 여도이다.

185 석가 : 원문의 구담(瞿曇)은 부처를 가리킨다. 구담은 범어 Gautama의 음역으로 석가모니(釋迦牟尼)의 성씨이다.

186 여망(汝望) : 윤문거(尹文擧, 1606~1672)로, 본관은 파평(坡平), 자는 여망, 호는 석호(石湖), 시호는 충경(忠敬)이다.

187 길보(吉甫) : 윤선거(尹宣擧, 1610~1669)로, 본관은 파평, 자는 길보, 호는 미촌(美村)·노서(魯西)·산천재(山泉齋), 시호는 문경(文敬)이다.

배우는 힘은 화로에 든 쇠와 같으니　　學力金在爐

섶을 안고 불로 들어갈 마음 품었지 _무중　　營懷薪就燀

늙어서야 세월 빠름을 깨닫고　　老覺歲月忙

도는 천지에 참여함이 부끄러워라 _여도　　道愧天地參

부귀는 뜬구름을 가리키고　　富貴指浮雲

사업은 길 잃은 참마를 돌렸네 _여망　　事業回迷驂

조용히 지냄은 수북과 다르고　　幽潛異水北

침체함은 주남과 같다오[188] _길보　　留滯似周南

유유자적이 달관한 인생이지만　　悠悠是達生

자질구레함은 기이한 사내 아니네 _무중　　碌碌非奇男

날이 추워지고서야 송백이 푸름을 알고[189]　　歲寒知松柏

큰집 지을 때는 좋은 목재[190] 필요하네 _여도　　構廈要楩枏

일을 맡기를 그대는 기다리나　　負荷爾方待

버려진 것을 나는 스스로 알고 있다오 _여망　　棄捐吾自諳

출처에 용과 뱀을 보고[191]　　行藏視龍蛇

188 침체함은 주남(周南)과 같다오 : 한(漢)나라 사마천(司馬遷)의 부친인 태사공(太史公) 사마담(司馬談)이 주남 땅에 유제(留滯)되어 조정의 정사에 참여할 수 없게 되자, 분기(憤氣)가 치솟아 죽은 고사를 인용한 것이다. 《史記 太史公自序》

189 날이……알고 : 어려운 일을 당해도 지조를 변치 않는다는 뜻이다. 《논어》 〈자한(子罕)〉에 "날씨가 추워진 뒤에야 소나무와 측백나무가 늦게 시듦을 안다."라고 하였다.

190 좋은 목재 : 편남(楩枏)은 좋은 재목인 황편목(黃楩木)과 남목(楠木)으로, 훌륭한 인재를 뜻한다. 《회남자(淮南子)》 〈제속훈(齊俗訓)〉에 "편(楩)·남(楠)·예(豫)·장(章)을 베고 잘라서 널을 만들거나 기둥을 만든다."라고 하였다.

191 출처에……보고 : 《주역》 〈계사전 하(繫辭傳下)〉에 "자벌레가 몸을 구부리는 것은 장차 펴기 위함이요, 용과 뱀이 깊이 숨는 것은 몸을 보존하기 위함이다.〔尺蠖之屈,

마시고 쪼는 것은 메추라기를 따른다 _길보	飮啄隨鶉鷁
서로 손잡고 깊은 골짜기로 들어가	相携入窮谷
영원히 맹세하며 띳집 짓고는 _무중	永矢結茅庵
황량한 밭에서 몸소 농사짓고	荒田身自稷
세상사엔 입을 다물고자 하노라 _여도	世事口欲喑
서적을 좌우에 쌓아두고	圖書左右對
벗들과 술을 마시며 _여망	杯酒親朋含
빈 집에 바람과 달이 들어오고	虛堂風月入
반 묘 웅덩이에는 하늘 구름 담기네 _길보	半畝天雲涵
모래톱 여울에선 거문고 소리 들려오고	沙灘聆玉琴
눈 쌓인 산은 은색 갑옷 입었다오 _무중	雪岳瞻銀鏀
서로 어울리며 발길 닿는 대로 따르고	追隨任杖屨
주고받는 서신 많기도 해라 _여도	酬酢煩筒函
갖은 고생하면서 가난과 질병 견뎌내고	契闊耐貧病
무한한 욕구는 시의 소재로 쓰이네 _여망	詩料輸貪婪
날마다 농사에 관해 이야기하고	談言日農圃
때때로 풍경에 안개가 깔린다 _길보	光景時煙嵐
계절 경물이 마음과 눈을 감동시키지만	節物感心目
배고픔과 추위가 농사와 양잠을 슬프게 하네 _무중	飢凍軫耕蠶
적막한 골짜기 옆에서	蕭條傍林壑
방랑하며 관복을 벗어 버리네 _여도	放浪脫冠簪

以求信也, 龍蛇之蟄, 以存身也.]” 하였다. 여기서는 사람이 은둔하며 때를 기다려야 함을 말한다.

들나물은 얼어서 못 거두지만　野蔬凍未掇
바위의 매화 그윽하여 찾을 만하구나 _여망　巖梅幽可探
나이 드는 건 애석하지만　年華抛足惜
산수를 취함은 탐욕이 아니로세 _길보　山水取非貪
그대 홀로 경서를 음미하고　遺經子獨味
나는야 후미진 경치를 너무 좋아하네 _무중　僻景我偏耽
벗들은 아교를 칠한 듯하고　朋儕膠在漆
형제들은 즐겁구나 _여도　兄弟樂且湛
숲 속에 살면서 은거하길 좋아하니　林居好蠖屈
길에선 범이 호시탐탐 _여망　當路有虎眈
한가롭게 휴식하면 충분하니　投閑足遊息
이름을 그르침은 실로 탐욕 때문일세 _길보　敗名實荒酖
각자 재주 다투며 시 짓고서　尋詩各戰藝
귀밑머리 늘어트리고 열심히 읊조리네 _무중　苦吟雙鬢毿
등불 돋우고 맑은 밤 보내니　挑燈度淸夜
적막한 것이 선실 같아라 _여도　闃寂似禪龕
강한 이웃으로 적 만들기를 힘쓰니　强隣務生敵
미약한 힘 감당키 어려움을 근심하네 _여망　弱力愁難堪
삼경에 이미 기력 고갈되어　三鼓氣已竭
한번 싸워 공을 이루기 어렵구나 _길보　一鏖功難戡
어리석어 한신을 대적할 수 없거니와　癡且不敵信
곤궁한 처지에서 경감을 당해낼까[192] _무중　窮步能當弇

192 어리석어……당해낼까 : 한신(韓信)은 한(漢)나라의 명장으로 처음 항왕(項王)

때로는 굴원과 가의의 성루를 꺾기도 했으나[193] 時摧屈賈壘
장의와 소진의 입담 다시 시험하였도다[194] _여도 更試儀秦談
도모하기를 좋아함은 중유를 가르친 것과 같고[195] 好謀類誨由
계책을 수용하면서 담자에게도 질문하누나[196] _여망 屈策猶問郯
앞에 당하니 뜻이 절로 두려워지고 當前志自慴
여러 번 군색하니 마음이 타는 듯하여라 _길보 數窘心如惔
생각이 기이하여 글자가 우뚝하고 思奇字屼屼

을 섬기다가 한 고조에게 귀의하여 천하통일에 큰 역할을 한 인물이다. 경감(耿弇)은 후한(後漢) 광무제(光武帝)를 도와 창업의 공을 이룬 명장이다. 여기서는 시 짓기를 전투에 비유하고 있으므로 전투에 능한 장수를 들어 표현한 것이다.

193 때로는……했으나 : 굴원(屈原)과 가의(賈誼)는 모두 뛰어난 자질로 사부(辭賦)를 잘 지었는데 여기서는 유계와 함께 시를 짓는 친구를 비유한 것이다. 여기서는 함께 시를 짓는 친구들보다 이따금 잘 짓기도 했다는 말이다.

194 장의(張儀)와……시험하였도다 : 장의와 소진(蘇秦)은 전국 시대의 대표적인 유세객이다. 장의는 위(魏)나라 사람으로 진(秦)나라에서 재상을 지냈는데, 6국을 돌아다니며 진나라를 섬기자는 연횡설(連横說)을 주장했다. 소진은 동주(東周) 사람으로 제(齊)·초(楚)나라 등 6국을 돌아다니면서 연합해서 진나라에 대항하자는 합종설(合縱說)을 주장하였다.《史記 卷69 蘇秦列傳, 卷70 張儀列傳》

195 도모하기를……같고 : 중유(仲由)는 자로(子路)의 자이다.《논어》〈술이(述而)〉에, 자로가 삼군(三軍)을 통솔한다면 누구와 함께 하겠느냐고 묻자, 공자가 "맨손으로 범을 잡으려 하고 맨몸으로 강하를 건너려 하여 죽어도 후회함이 없는 자를 나는 함께 하지 않을 것이니, 반드시 일에 임하여 두려워하며 도모하기를 좋아하여 성공하는 자와 함께 할 것이다."라고 하였다.

196 계책을……질문하누나 : 춘추 시대 노(魯)소공(昭公) 17년에 담(郯)나라 임금인 담자(郯子)가 노(魯)나라에 조회 왔을 적에 공자가 그에게 옛 관제(官制)를 배우시고 "내 듣건대 천자가 옛 관제를 잃으면 관직에 관한 학문이 사방의 만이국(蠻夷國)에 있다고 하였으니, 이 말을 오히려 믿을 수 있다."라고 하였다.

정신이 통창하여 문장이 담담하니 _무중　神暢文淡淡
머리에 현기증 사라지고　頭腦去風眩
가슴엔 진한 가래 사라졌지 _여도　胸膈驅頑痰
거짓을 사용하는 문공을 말하기 부끄러우니[197]　用譎羞道文
차라리 고요함을 지키며 담박함을 배우리 _여망　守靜寧師澹
백전[198]을 만약 그치지 않으면　白戰若未已
화란이 이 때문에 진전됨을 알겠네[199] _길보　禍亂知用餤
글 짓는 괴로움을 토로하느니　且嘔文字苦
차라리 도의 정수를 음미하리라 _무중　寧咀道腴甘
입을 즐겁게 하는 것은 추환[200]이고　悅口是芻豢
코에 향기로운 것은 감귤이로다 _여도　香鼻宜橙柑

197 거짓을……부끄러우니 : 문공(文公)은 춘추 오패(春秋五霸) 중 한 사람인 진 문공(晉文公)을 말한다. 《논어》 〈헌문(憲問)〉에 "진 문공은 간휼하고 바르지 않으며 제 환공은 올바르고 간휼하지 않다."라고 하였다.

198 백전(白戰) : 무기가 없이 싸우는 백병전(白兵戰)을 이르는 말로, 시인(詩人)이 시로써 서로 재능을 겨루는 것을 말한다. 송(宋)나라 구양수(歐陽脩)가 주연(酒宴)에서 눈을 소재로 시를 지으면서, 눈을 형용하는 데 곧잘 쓰이는 옥(玉)·월(月)·리(梨)·매(梅)·서(絮)·학(鶴)·아(鵝)·은(銀)·무(舞)·백(白) 등의 글자를 쓰지 말도록 금지하였는데, 이렇게 항상 쓰는 글자를 쓰지 못하도록 금지해 두고 시를 지은 데에서 유래하였다.

199 화란이……알겠네 : 《시경》 〈교언(巧言)〉에 "군자(君子)가 자주 맹약(盟約)을 하는지라 난(亂)이 이 때문에 조장되며, 군자가 참인(讒人)을 믿는지라 난이 이 때문에 심해지며, 참언을 매우 달게 여기는지라 난이 이 때문에 진전되도다."라고 하였다.

200 추환(芻豢) : 초식동물인 소·양 따위와 곡식을 먹는 짐승인 개·돼지 따위로서, 사람의 입맛에 잘 맞는 음식을 뜻한다. 맹자가 "의리가 나의 마음에 기쁨은 추환이 나의 입에 즐거움과 같다."라고 하였다. 《孟子 告子上》

절개 세우려면 오히려 황벽을 잡고[201]	立憧尙操蘗
맛을 조미할 땐 감초를 사용해야 하네 _여망	致和要使苷
눈의 각막을 긁는데 금비를 쓰려 하고[202]	刮眼擬用篦
관 먼지 털어내는 데 목욕을 생각한다[203] _길보	彈冠思沐泔
홀로 나아감에 나는 용기 없고	獨詣末吾勇
무거운 책임은 그대에게 기대하노라 _무중	重負期君擔
한 이치로 꿰뚫는 데에는[204] 우매하나	雖昧貫以一
다행히 유익한 벗 셋이 있다오[205] _여도	幸有益者三
갈림길에서 남북으로 헤어지지만	岐路南復北
하얀 실이 주사도 쪽도 될 수 있다네[206] _여망	素絲朱可藍

201 절개……잡고 : 쓰디쓴 황벽나무 껍질을 씹는다는 뜻으로, 굳게 절조를 지키면서 청렴하게 사는 것을 비유한다. 당(唐)나라 백거이(白居易)의 시에 "3년 동안 자사로 있으면서, 맑은 얼음물을 마시고 쓰디쓴 소태를 씹었노라.〔三年爲刺史, 飮氷復食蘗.〕"라고 하였다. 《白樂天詩集 卷1 三年爲刺史》

202 눈의……하고 : 금비(金篦)는 금속으로 화살촉처럼 만든 눈 수술 도구이다. 맹인의 각막을 긁어내는 데 썼다고 한다. 두보(杜甫)의 시 〈알문공상방(謁文公上方)〉에 "금비로 내 눈을 틔어준다면, 값이 거거 백 개보다 중해지리.〔金篦刮眼膜, 價重百車渠.〕"라고 하였다.

203 관……생각한다 : 《초사(楚辭)》 〈어부(漁父)〉에 "새로 머리를 감은 사람은 반드시 모자의 먼지를 털고, 새로 목욕한 사람은 반드시 옷의 먼지를 터는 법이다."라고 한 말을 인용한 것이다.

204 한……데에는 : 《논어》 〈이인(里人)〉에서 "공자가 말하기를 '증삼(曾參)아, 나의 도는 하나로 관철되어 있느니라.' 하니 증자가 말하기를 '알겠습니다.' 하였다."라고 한 말을 인용한 것이다.

205 다행히……있다오 : 《논어》 〈계씨(季氏)〉에 "유익한 벗이 셋 있고 손해되는 벗이 셋 있으니, 벗이 정직하며 벗이 성실하며 벗이 견문이 많으면 유익하다."라고 하였다.

고명하면 공허하고 요원한 걸 추구하니	高明騖虛遠
불교 탐닉하는 걸 경계해야 하고 _길보	所戒耽伽籃
유약하면 세속에 동화하니	巽懦混光塵
또한 주나라 노자에게 돌아갈까 두려워라 _무중	亦恐歸周聃
모름지기 바른 길을 찾아서	須尋門路正
방구석에서도 부끄러움 없게 해야지[207] _여도	無使屋漏慙
산 오솔길은 자주 밟아야 생기고	山蹊在戛用
옥돌은 서로 쪼는 것이 중요하네 _여망	玉石貴相鏨
난초의 향기 이미 몸에 베었고	襲蘭已薰郁
진한 술도 들이켜 한껏 취하도다 _길보	飮醇方沈酣
저마다 독실히 실천하기를 생각한다면	各自思慥慥
어두운 말도 전부 어리석지만은 않다네 _무중	瞽說非全憨

206 하얀……있다네 : 인물이 출중하여 가까이 하면 유익하게 됨을 비유한 말이다. 남조(南朝) 제(齊)나라 왕융(王融)의 〈위왕검양국자좨주표(爲王儉讓國子祭酒表)〉에 "나 자신이 주사와 쪽이 아닌데, 어떻게 흰 실을 아름답게 물들이겠는가."라고 하였다.

207 방구석에서도……해야지 : 《중용장구》 제33장에 "《시경》에 '네가 홀로 방안에 있음을 보니, 방 귀퉁이에 부끄럽지 않다.' 하였다. 그러므로 군자는 움직이지 않아도 공경하며, 말하지 않아도 믿게 한다."라고 하였다. 사람이 마음을 속이면 방구석에서도 스스로 부끄럽다는 말이다.

매형 윤형지[208] 박사에 대한 만사
妹兄尹 衡志 博士挽

나는 형에게 묻고 싶지만 형은 말하지 않으니	我欲問兄兄不語
형은 지금 이곳을 버리고 어디로 가려 하십니까	兄今捨此將安之
덧없는 인생 홀쩍 흐르지만 형은 반도 살지 못했고	浮生忽忽兄未半
당당한 포부를 형은 펼치지 못했습니다	抱負堂堂兄未施
어린 아이와 약한 부인을 형은 가련히 여기지 않고	兒稚婦弱兄不憐
아우 곡하고 형은 부르짖어도 형은 슬프지 않으며	弟哭兄號兄不悲
제사음식이 상에 가득해도 형은 맛보지 않고	有奠滿牀兄不嘗
친척이 당에 가득해도 형은 말하지 않네요	有親滿堂兄不辭
상여 훌쩍 떠나면 돌아오지 않나니	駸駸柳車去莫返
형은 지금 떠나서 언제 돌아오시렵니까	兄今逝矣歸何時
가을 산에서 한번 통곡하며 구원과 이별하노니	秋山一慟九原別
늙고 아득한 하늘은 무지하여라	老色漠漠天無知

208 윤형지(尹衡志) : 1604~1634. 본관은 남원(南原), 자는 경가(景可)이다. 1629년에 승문원 박사(承文院博士)를 지냈다.

자형 별좌 이청지[209]의 시에 차운하고 이별하다 정축년(1637, 인조15)

次姊兄李別坐淸之韻 奉別 丁丑

나는 우리 자형의 뛰어난 재주를 사랑하니	我愛我兄之逸才
새 중엔 홍곡이요 짐승 중엔 준마로다	鳥中鴻鵠獸騕褭
바람 같은 발굽으로 날마다 맹렬한 기운 떨치고	風蹄逐日氣奮猛
높이 나는 날개로 창공을 날아오르길 생각했네	雲翮當空思矯夭
들쭉날쭉 뒤엉켜 천 년 동안 도랑에 있으면서	杈枒千歲溝中木
깎이고 잘려 채색을 당하지 않았고	斲斷不受丹與縹
꼿꼿하게 우뚝 서서 풍상 실컷 겪으며	亭亭特立飽風霜
봄빛 향해 교태 드러내기 부끄러워했네	恥向春姸呈嬌嬈
어느덧 반평생 어긋나서	居然半世成蹉跎
쓸쓸한 한직에서 여뀌 먹는 벌레[210] 신세	冷官一命蟲食蓼
그저 문자로 불우함을 위로하면서	徒將文字弔不遇
천지를 깔보며 그윽한 생각 깊었도다	高視乾坤幽思眇

209 이청지(李淸之) : 이유청(李惟淸, 1597～1659)으로, 자는 청지이다. 유계(兪棨)의 자형이다. 효종 때 연기 현감(燕岐縣監)을 지냈다. 《承政院日記 孝宗 4年 3月 21日》

210 여뀌 먹는 벌레 : 《초사(楚辭)》 〈칠간(七諫)〉 중 〈원세(怨世)〉에 "계수나무 좀벌레는 머물 줄을 모르고, 여뀌 벌레는 아욱으로 옮겨갈 줄을 모르네.〔桂蠹不知所淹留兮, 蓼蟲不知徙乎葵菜.〕"라고 했는데, 왕일(王逸)의 주(注)에 "여뀌 벌레는 맵고 쓴 식물에 붙어 살면서 쓰고 고약한 것을 먹으면서도 아욱으로 옮겨가 단것을 먹을 줄도 모르는 채 평생 고생만 하다 병들고 야위는 것을 말한 것이다."라고 하였다.

천지는 어려운 때를 만나　　乾坤屬當蹇屯會
나랏일 이미 곤란한 상황에 다다랐는데　　國事已到鮎竿抄
오랑캐 공격하여 당나라 울분을 씻지 못하고　　夷戎未泄唐家憤
진을 황제로 섬기는 양과 조 깊이 부끄러워라[211]　　帝秦深慙梁與趙
자형은 그때 서해 끝에서 낙담하여　　兄時落魄西海隅
평생 낚시하고 나무하며 살려고 하시니　　終老漁樵生計肇
소탈한 성격 난리 후에 배가 되어　　疏狂却倍亂離後
훨훨 날아 세속을 벗어날 듯 하셨네　　飄颻若將超塵表
나 또한 호수 남쪽에서 죄를 받느라[212]　　我亦負纍湖之陰
대궐에서 임금님 모실 가망 사라지니　　補袞天墀望已了
나그네의 한 가을 상수의 난초에 맺히고[213]　　秋潭旅恨結湘蘭
달밤에 홀로 시 읊으며 월나라 새를 짝하였네[214]　　夜月孤吟伴越鳥

211 진(秦)을……부끄러워라 : 전국 시대 제(齊)나라의 고사인 노중련이 조(趙)나라에 가 있을 때 진나라 군대가 조나라의 수도인 한단(邯鄲)을 포위하였는데, 이때 위(魏)나라가 장군 신원연(新垣衍)을 보내 진나라 임금을 황제로 섬기면 포위를 풀 것이라고 하였다. 이에 노중련이 "진나라가 방자하게 황제를 칭한다면 나는 동해를 밟고 빠져 죽겠다."라고 하니, 진나라 장군이 이 말을 듣고 군사를 50리 뒤로 물렸다고 한 일을 가리킨다.《史記 卷83 魯仲連列傳》 여기서는 병자호란 때 조선이 청나라에게 항복하고 천자로 받들기로 한 것이 부끄럽다는 말이다.

212 나……받느라 : 1637년(인조15) 병자호란에서 항복한 뒤 청나라로부터 척화신(斥和臣)으로 지목되어 2월에 임천(林川)으로 귀양 간 일을 말한다.《市南集 附錄 卷2 神道碑銘》

213 나그네의……맺히고 : 나그네는 전국 시대 초(楚)나라 굴원(屈原)으로, 여기서는 유계 자신을 가리킨다. 굴원이 상수(湘水)에 몸을 던졌으므로 상담(湘潭)은 유배지의 뜻으로 많이 쓰인다. 굴원의 〈이소(離騷)〉에 "강리와 벽지 같은 향초로 옷을 해입고 가을 난초를 엮어 장식하노라.〔扈江蘺與辟芷兮, 紉秋蘭以爲佩.〕"라고 하였다.

형제가 삼성과 상성처럼 멀리 떨어져[215]	弟兄落落參與商
천리에서 소식을 잇기 어렵고	千里聲耗難可紹
타향에서 어느덧 해 저물어 가니	他鄉忽忽歲將晏
홀로 사립문 닫고서 수심이 가득	獨閉柴荊心悄悄
넋은 관령으로 날아가나 길은 막히고	魂飛關嶺路脩阻
저 멀리 보이는 나루의 파도 끝이 없어라	望斷津梁波浩渺
찾아오신 자형의 깊은 정에 감동하니	感兄委訪情不淺
청라-지명-의 새벽에 일찌감치 말에 올라탔네	一鞭早着靑蘿曉
만나서 악수하니 기쁨 슬픔 교차해	相逢握手乍欣悵
맛있는 생선에 청주로 마음 풀었네	解以嘉魚爵淸醥
술 취한 뒤 자형의 상쾌한 마음 더욱 알았네	醉後益見兄襟爽
군계일학처럼 어찌나 우뚝하신지	鶴立鷄群何矯矯
잔 들고 시 평하매 밤은 깊어가고	把杯評詩夜向闌
서늘한 달 성긴 창살에 하얗게 비치누나	涼月疏欞窺皎皎
정신이 화락하며 서로 말을 잊었고	神融宵爾兩忘言
마주하고 높이 읊조리매 맑은 흥취 아득해라	相對高吟淸興杳
아침에 다시금 두 벗과 손잡고서	朝來更携兩友生
물고기 구경하며 푸른 못에 임하자	好觀游魚臨碧沼
자리에서 홀연 사물의 변화 보이더니	坐中忽見時物變

214 달밤에……짝하였네 : 타지에 있으면서 고향을 그리워하는 것을 의미한다. 무명씨(無名氏)의 〈고시(古詩)〉에 "호국의 말은 북풍에 몸을 의지하고, 월나라의 새는 남쪽 가지에 둥지를 짓네."라고 하였다.

215 삼성(參星)과……떨어져 : 삼성은 동쪽 하늘에 있고 상성(商星)은 서쪽 하늘에 있으므로 서로 멀리 떨어져 있는 상황을 비유하는 말이다. 《春秋左氏傳 昭公元年》

하늘 끝 가을바람 산들산들 불어오네	天末蘋風秋嫋嫋
감회 일어 다시금 두세 편 지으니	感懷還說兩三篇
굳건한 필세 봄 언덕의 불길 같아라	筆勢健逼春原燎
당당한 기강 누군들 대적하랴	堂堂紀律誰能敵
백만 마리 용감한 말 앞다퉈 진격하는 듯하구나	陣馬百萬爭蹻蹻
자형은 하늘을 찌를 듯한 예장[216]이고	兄乃參天之豫章
아우는 못가의 못난 조릿대	弟乃緣陂之苦篠
얕은 식견으로 감히 방불할 수 있겠나	管窺蠡測敢髣髴
한두 가지만 얻고 수 만 가지 잃으리라	纔得一二遺萬兆
어찌하면 자형의 재주와 준걸함 얻어서	安得如兄才且俊
오랑캐 정벌하는 깃발을 맡길거나	掌以征虜之旟旐
예로부터 오랑캐는 장구한 운 없으니	由來胡虜無長運
월나라 구천은 창과 방패 오랫동안 단련했지[217]	越句鋒干久鍛敲
기이한 재주 어찌 펼칠 날 없으리오	奇才豈無展布日
마침내 우리 백성 들에서 죽지 않게 하리라	會使吾民免野莩
아아 이 몸은 세상의 버림을 받고	嗟予抹摋世所棄
곤궁한 인생에 자형처럼 안부 묻는 사람 적은데	窮途記問如兄少
이렇게 만나 근심이 풀어졌으니	旣見聊寬心怲怲

216 예장(豫章) : 대들보로 쓸 수 있는 좋은 나무로, 훌륭한 인재를 비유한다.

217 월(越)나라……단련했지 : 춘추 시대 월나라의 제2대 왕 구천(句踐)이 오(吳)나라 왕 부차(夫差)와 싸우다가 크게 패하여 회계산(會稽山)에서 굴욕적인 화의(和議)를 체결한 뒤 20년 동안 섶나무 위에 눕고 쓸개를 맛보는 '와신상담(臥薪嘗膽)'을 한 끝에 부차를 죽이고 오나라를 멸망시켜 회계의 치욕을 씻었던 일을 말한다.《史記 卷41 越王句踐世家》

소나무 위 덩굴을 읊은 시 노래하네[218]	爲歌周詩松上蔦
이 이별은 또 왜 이렇게 급한 것인지	如何此別又悤悤
깊은 근심에 가득 채운 술잔도 작게 느껴지네	憂深更覺深杯小
부디 자형은 겨울 약속 어기지 말아서	願兄莫孤三冬約
다시 근심에 휩싸이게 하지 마시길	免遣愁腸再膠擾

218 소나무……노래하네 : 《시경》 〈규변(頍弁)〉에 "새삼 덩굴과 더부살이, 소나무 측백나무에 뻗어 있네."라고 하였다. 이 시는 형제와 친척을 만나서 잔치를 베푸는 기쁨을 노래한 것이다.

고달부의 〈봉구현〉에 차운하여 제천 현감으로 부임하는 윤여망을 전송하다[219]

次高達夫封丘縣韻 送尹汝望赴任堤川

금산 남쪽으로 이사하여 이웃을 고르니[220]	移家卜隣錦南野
그대 아니면 뉘와 함께 돌아가리오	微君誰與同歸者
그대 지금 관리되어 날 버리고 떠나니	君今作尉捨我去
나를 오막살이 집에서 외로이 살게 하누나	使我索居衡門下
모이는 인연 있는 듯하더니 어째서 헤어지는걸까	聚若有緣散何爲
인생사 거취는 참으로 기약하기 어렵네	人生去住良難期
산 오르고 물에 임해 돌아갈 사람 전송하니	登山臨水送將歸
가을바람 쌀쌀하여 마음이 서글퍼라	秋風憀慄心之悲
그대를 보내며 무슨 말을 드릴까	別子何言以贈子
고시 한편에 이 마음을 실었네	古詩一篇情在此
전성의 봉양[221] 어찌 즐겁지 않겠나마는	專城奉養豈不樂

219 고달부(高達夫)의……전송하다 : 고달부는 당(唐)나라 고적(高適)으로, 달부는 그의 자이다. 〈봉구현(封丘縣)〉은 고적의 《고상시집(高常侍集)》 권3에 있다. 윤여망(尹汝望)은 윤문거(尹文擧, 1606~1672)로, 여망은 그의 자이다. 1643년(인조21) 제천 현감(堤川縣監)에 제수되었다. 《承政院日記 仁祖 21年 6月 16日》

220 금산……고르니 : 유계는 1641년에 금산(錦山) 남촌(南村)으로 이사하였다. 《市南年譜 辛巳年》

221 전성(專城)의 봉양 : 전성은 한 고을을 도맡는다는 뜻으로, 고을 수령이 되어 녹봉으로 부모를 봉양하는 것을 말한다. 여기서는 윤문거가 제천 현감으로 부임하므로 한 말이다.

솥의 고기 더러는 숙수보다도 못하다오[222] 鼎肉或未榮菽水
은거 생활 누가 말리겠는가[223] 龜尾泥塗孰禁哉
구불구불 세상길은 고난이 많다네 羊腸世路多盤回
일찍이 충효로 임금과 어버이께 보답했으니 早將忠孝報君親
왕량처럼 번거롭게 오가지는 말게나[224] 莫學王良煩往來

222 솥의……못하다오 : 숙수(菽水)는 콩죽과 물이라는 뜻으로, 가난하지만 어버이를 극진하게 봉양하는 것을 말한다. 공자의 제자 자로(子路)가 집안이 가난해서 효도를 제대로 하지 못한다고 탄식을 하자, 공자가 "콩죽을 끓여 먹고 물을 마시더라도 기쁘게 해 드리는 일을 극진히 행한다면, 그것이 바로 효이다."라고 하였다. 《禮記 檀弓下》

223 은거……말리겠는가 : 구미니도(龜尾泥塗)는 거북이가 죽은 뒤에 그 등 껍데기가 점치는 데 쓰이는 것보다는 살아서 꼬리를 진흙 속에 끌고 다니는 것이 더 좋다는 뜻이다. 여기서는 벼슬하여 속박을 받는 것보다는 은거하여 자유롭게 사는 것이 더 낫다는 말이다. 《莊子 秋水》

224 왕량(王良)처럼……말게나 : 춘추 시대 조 간자(趙簡子)가 왕량(王良)으로 하여금 폐신(嬖臣)인 해(奚)와 함께 수레를 타고 사냥을 하도록 했는데, 왕량이 법도(法度)에 따라서 말을 달렸을 때는 종일토록 짐승 한 마리도 잡지 못했다가, 법도를 무시하고 짐승을 속여서 몰래 만나도록 해주었을 때는 하루아침에 열 마리나 잡았던 것을 말한다. 맹자는 이 말을 빌려 왕도정치와 권모술수에 비유하였다. 《孟子 滕文公下》

삼수강[225]의 노래 과작

三垂崗行 課作

남을 대신해서 지었다.

삼수강 남쪽에는 달무리 길고 三垂岡南月暈長
삼수강 북쪽에는 모래먼지 날리네 三垂岡北塵沙颺
철마 타고 밤에 삼수 곁을 넘어서 鐵騎夜趯三垂傍
세 겹으로 언덕 에워싸고 깃발 펼쳤네 繞岡三匝旌旗張
참담한 바람 구름에 신묘한 기술 감추고 風雲慘惔神機藏
치우가 안개 뿜어[226] 천자 황제 연이었네 蚩尤漲霧連天黃
아침부터 번개 소리 돌 무너지는 듯하니 平朝疾雷聲磅硠
백만 남군 어지러이 흩어지는데 南軍百萬紛披攘
살벌한 기운 마치 범이 양을 쫓는 듯 殺氣憑陵虎驅羊
흐르는 피에 방패 뜨고 해자엔 시체 가득하네 流血漂鹵屍塡隍
탕산의 노적은 쓸개가 서늘하고 碭山老賊膽欲霜
쌈닭 같은 소자들은 의기양양 鬪鷄小子神揚揚
적벽에서 조조 무찌른 손권[227]보다 뛰어나고 赤壁焚曹邁孫郎

225 삼수강(三垂崗) : 산서성(山西省) 노성현(魯城縣)의 남서쪽에 있다. 후당(後唐)의 이극용(李克用)이 맹방립(孟方立)을 격파하고 돌아와 술자리를 베푼 곳인 동시에 이존욱(李存勖)이 군대를 매복시킨 곳이다.

226 치우(蚩尤)가 안개 뿜어 : 치우는 이마가 구리로 되어 있고 안개를 내뿜는 전설상의 인물이다. 황제(黃帝)가 탁록(涿鹿)의 들판에서 치우와 전투를 벌였는데, 치우가 안개를 뿜어 황제의 군사들이 길을 잃고 헤매자, 황제는 지남거(指南車)를 만들어서 사방을 가리켜 마침내 치우를 죽였다.《史記 卷1 五帝本紀》

상복 입은 채 진나라 섬멸한 진 양공을 좇았네[228]	墨縗殲秦追晉襄
위엄 취하고 패자 정해 계책 더 좋을 수 없으니	取威定霸計莫臧
열 손가락 기이한 공으로 한 지역을 차지했도다	十指奇功收一場
영웅의 풍도 다시 품고 아군이 날아오르자[229]	英風再挾鴉軍翔
당나라의 해와 달이 얼마나 거듭 빛났던가	大唐日月幾重光
다만 이룩한 공업 잘 지키지 못함이 한이니[230]	獨恨持盈昧垂堂
사수의 악기 거듭 슬프고 처량하구나[231]	汜水樂器重悲涼

227 적벽(赤壁)에서……손권(孫權) : 적벽은 호북성(湖北省) 무창(武昌) 적벽이다. 이곳에서 208년에 조조(曹操)가 손권과 유비(劉備)의 연합군과 전투를 벌였다.

228 상복……좇았네 : 진 문공(晉文公)이 죽어 장사를 치르기 전에 진(秦)나라에서 진(晉)나라와 같은 강성(姜姓)인 활(滑)나라를 치자, 진 양공(晉襄公)이 아버지의 장사를 치르지도 않은 채 상복 차림을 하고 곧바로 진(秦)나라와 싸우러 나가 효릉(殽陵)에서 진나라 군사를 대파, 전쟁을 마치고 돌아와서 문공을 장사 지냈던 일을 말한다. 《史記 卷39 晉世家》

229 영웅의……날아오르자 : 당(唐)나라 희종(僖宗) 때 하동 절도사(河東節度使) 이극용의 군사가 모두 검은 옷을 입었기 때문에 아군(鴉軍)이라고 한 것이다. 《新五代史 卷4 唐本紀》 여기서는 이존욱이 아버지의 풍도를 다시 재현하며 용맹하게 싸웠다는 뜻이다.

230 다만……한이니 : 원문의 지영(持盈)은 성취한 대업을 잘 보전하며 지키는 것이다. 《도덕경(道德經)》 제9장에 "손에 쥐고 가득 차서 흘러넘치게 하기보다는 아예 손에 쥐지 않는 것이 낫다."라고 하였다. 원문의 수당(垂堂)은 마루의 끝에 앉는 것과 같은 위험한 경지를 비유하는 말로, 《한서(漢書)》 〈원앙전(爰盎傳)〉에 "천금을 가진 집안의 자식은 마루 끝에 앉지 않는다."라고 하였다.

231 사수(汜水)의……처량하구나 : 사수의 악기는 이존욱을 가리키는 말로, 그가 무인 출신이었으나 음율과 사곡(詞曲)에 밝아 스스로 사보(詞譜)를 만들기도 했으므로 이렇게 말한 것이다. 그는 사수에서 양(梁)나라와 전쟁을 치르고 후당(後唐)의 황제가 되었으나, 후에 교만함으로 정치를 그르쳐 자신의 신하에게 시해되는 비극을 맞이하였

흥망성쇠는 눈 깜짝할 사이	興亡成敗一瞥忙
패자의 기운 분천 북쪽에 쓸쓸해라	霸氣蕭索汾川陽
석양에 아득한 곳에 말없이 섰노라니	斜陽無語立蒼蒼
만고의 한이 삼수강에 남았구려	萬古遺恨三垂岡

다.《新五代史 卷4 唐本紀》

중씨를 모시고 밤에 술을 마시다가 산곡의 운자를 써서 시를 짓고 아울러 자질들에게 보이다
陪仲氏夜飮 用山谷韻 兼示諸子姪

우리집의 농토 수원과 해서에 있는데	我家服田隋海西
십 묘는 뽕나무와 삼밭이고 일경은 콩밭이라네	十畝桑麻一頃豆
고생하며 부역에 이바지함 달게 여기고	甘成契闊供賦役
아녀자처럼 태도 바꿈을 부끄러워했네	恥隨兒女爭娟醜
중년에 난리 겪고 떠도는 생활 괴로우니	中年離亂苦萍蓬
기러기는 눈서리에 흩어져 날아갔다오	鴻雁分飛霜雪後
황량한 고향에서 병든 형 생각하고	荒涼故里憶兄病
실의하여 타향에서 수척한 동생 가련해라	落拓他鄉憐弟瘦
어느덧 십 년 세월 남에서 북으로 가니	居然十載南又北
얼굴 본 게 언제인가 많이도 헤어졌지	會面幾時饒分手
존망과 생사로 저마다 가슴 아프고	存亡生死各愴神
우애하는 가풍을 지키지 못해 부끄럽도다	愧負靑氈傳睦友
남쪽 타지에서의 관리 생활[232] 너무도 실망스러워	南荒旅宦劇潦倒
높은 벼슬아치에게 받는 수모를 감내한다네	忍心朱丹蒙恥詬
나그네 회포 근심스레 견딜 수 없어	羈懷悄悄不自聊
서글피 구름 낀 산 바라보며 뛰는 노루 생각했는데	悵望雲山思麀走

232 남쪽……생활 : 유계가 무안 현감(務安縣監)에 부임하였던 것을 가리킨다. 《承政院日記 仁祖 24年 4月 12日》

하늘 끝에서 이때 함께 술 마시게 되니　天涯樽酒此時同
종전에 느끼던 슬픔이 어찌 남아 있겠나　哀樂從前竟何有
즐거운 마음 넘쳐서 주체하지 못하는 듯　歡悰溢抱類癡病
지치지 않는 사람처럼 기쁘게 이야기 늘어놓았네　喜言漲舌如强口
노년이라 귀밑머리 희다는 탄식 그만하고　休嗟晩景鬢俱皓
오랫동안 가까이 앉아 어릴 적 이야기나 하리라　且說稚齡長齊肘
평소의 주량은 누가 더 센지 비교하고　生平酒量較多少
방랑하는 시정을 가슴 속에서 꺼내니　放浪詩情啓緘紐
세상의 참된 즐거움은 바로 오늘 저녁일세　世間眞樂竟今夕
희미한 등불 꺼지기 전 잔에 술을 더하네　殘燭未跋杯添酒
생질과 아이들은 내 군대를 자랑할 만하니[233]　有甥有兒張吾軍
시와 예로 아름다움 전해 썩지 않기를 바란다　詩禮傳芳庶不朽
내 몸가짐이 어진 부형의 풍도에 부끄러우나　行身我愧賢父風
너희가 도리 행함에 어찌 이 몸을 수치스러워하랴　作人爾豈羞而公
정녕 나를 비웃을지라도　丁寧遮莫笑吾儂
내가 해줄 말이 있으니 너희는 따를 지어다　儂有一言爾當從
위인지학과 위기지학을 구별한다면[234]　還將所爲辨人己
그런대로 장부가 될 수 있으리라　丈夫辦此差可耳

233 내……만하니 : 한유(韓愈)의 〈취증장비서(醉贈張祕書)〉에 "아매(阿買)는 글자를 모르지만, 팔분서(八分書)를 제법 잘 쓴다. 시가 이루어져 그에게 쓰게 하니, 나의 군대를 자랑할 만하여라."라고 하여, 글을 짓고 써서 자기 쪽의 성세(聲勢)를 떨친다는 뜻으로 사용하였다.

234 위인지학(爲人之學)과 위기지학(爲己之學)을 구별한다면 : 《논어》 〈헌문(憲問)〉에 "옛날의 학자는 자기를 위하고, 지금의 학자는 다른 사람을 위한다."라고 하였다.

윤효직의 〈금구현 몽락당〉 긴 운자에 차운하다[235]

次尹孝直金溝縣夢樂堂長韻

어제 꿈에 그대와 긴 이야기 나누었는데	昨夢芝眉話更僕
끝없이 맑은 향기 완연히 평소 같았지	亹亹淸芬宛平昔
꿈 깨어 생각하나 볼 수 없으니	覺來相思不可見
금산의 푸른 물 바라보매 끝이 없네	金山碧水瞻無極
아스라한 청조[236]는 어디에서 왔는가	迢迢靑鳥自何來
서둘러 편지 열고 마음 흐뭇해지네	忙手開緘欣有得
나에게 〈몽락당〉 시를 주고는	投我夢樂堂上詩
나의 화답시 구해서 더 판각한다나	邀我續和增扁刻
나는 취향[237]에 살면서 수향[238]에 접하니	我居醉鄕連睡鄕
이를 계기로 화서국[239]을 왕래하였네	寅緣往來華胥國

235 윤효직(尹孝直)의……차운하다 : 윤효직은 윤순거(尹舜擧, 1596~1668)로, 본관은 파평(坡平), 자는 노직(魯直)·효직, 호는 동토(童土)이다. 1656년(효종7)에 금구 현령(金溝縣令)에 제수되었다. 몽락당(夢樂堂)은 금구현(金溝縣)에 있는 재(齋) 이름이다.《承政院日記 孝宗 7年 6月 23日》

236 청조(靑鳥) : 서왕모(西王母)를 위하여 소식을 전하는 신조(神鳥)인데, 여기서는 편지를 전해주는 사람을 말한다.

237 취향(醉鄕) : 술에 취했을 때 온갖 걱정을 잊는 별천지의 경계를 말한다. 당(唐)나라 왕적(王績)의 〈취향기(醉鄕記)〉에 보인다.

238 수향(睡鄕) : 잠이 들어 꿈에 나온 가상적인 태평의 나라를 말한다. 소식(蘇軾)의 〈수향기(睡鄕記)〉에 "천하가 잘 다스려짐이 수향과 같다."라고 하였다.

239 화서국(華胥國) : 황제(黃帝)가 일찍이 낮잠을 자다가 꿈에 화서국이라는 나라

이 나라 화락하니 참으로 낙토로다　此國熙熙眞樂國
인연과 생각 모두 잊는데 하물며 구악[240]일까　因想都忘況懼咢
그 속은 꿈결이라 현실인지 환상인지 분간 못하니　箇中夢寐失眞幻
누가 귀한 왕후이고 천한 종인가　誰貴王侯賤僕役
일체인 것을 가지고 억지로 분별한다면　如將一體强分別
심력과 근력 도리어 피곤해진다오　心力還應苦筋力
우스워라 참으로 구구한 사윤[241]이여　笑伊師尹眞拘拘
고락을 모두 잊는 것에 비하면 어떠한가　苦樂何如兩忘若
열어구가 꿈을 말한 것 또한 꿈일 뿐　禦寇說夢亦夢耳
현실과 환상 구분 못하니 누가 괴롭고 즐거우랴[242]　眞幻未分誰苦樂
그대의 처세하는 마음은 세상에 드무니　使君處世心不世

에 가서 그 나라가 이상적으로 잘 다스려진 것을 보고 왔다는 데서, 태평성대를 뜻한다.

240 구악(懼咢) : 《주례》 〈춘관종백(春官宗伯) 점몽(占夢)〉에 "세시에 천지일월이 서로 만나는 것을 관찰하여 음양의 기운을 변별해서 일월성신으로 여섯 가지 꿈의 길흉을 점치는 일을 관장하는데, 첫째는 정몽(正夢)이요, 둘째는 악몽(噩夢)이요, 셋째는 사몽(思夢)이요, 넷째는 오몽(寤夢)이요, 다섯째는 희몽(喜夢)이요, 여섯째는 구몽(懼夢)이다."라고 하였다.

241 사윤(師尹) : 태사(太師) 윤씨(尹氏)를 말한다. 《시경》 〈절남산(節南山)〉에 "우뚝한 저 남산이여, 바위가 높고 높도다. 혁혁한 태사 윤씨여, 백성들이 모두 너를 우러러보도다.〔節彼南山, 維石巖巖. 赫赫師尹, 民具爾瞻.〕"라고 하였다. 여기서는 정치적 사리사욕을 채우려고 혈안이었던 윤씨보다는 고락의 감정을 아예 잊고 사는 쪽이 부정부패는 없을 것이니 더 낫지 않겠냐는 말이다.

242 열어구(列禦寇)가……즐거우랴 : 세상만사가 꿈과 같이 덧없음을 말한다. 《열자(列子)》 〈주목왕(周穆王)〉에 "춘추 시대 정(鄭)나라의 나무꾼이 사슴을 잡아 파초 잎으로 가려 놓았다가 금방 그 장소를 잊어버리고 이를 꿈이라 여기면서 중얼거리자, 옆 사람이 그 이야기를 듣고는 숨겨둔 사슴을 취해 갔다."라고 하였다.

수령 되었어도 노닐면서 녹봉에 몸 숨기누나 墨綬棲遲隱於祿
황량과 백의[243]는 이미 끝났으니 已了黃粱與白蟻
어찌 삼도[244]를 부러워하고 십록[245]을 좋아하리 肯艶三刀榮十鹿
귀와 눈 어지럽히는 공문서 내버려두매 從他簿書鬧耳目
구름은 허공 지나고 마음은 고요하네 雲過太空心境寂
맑은 거문고 홀로 선보당에서 울리고[246] 淸琴獨響單父堂
상쾌한 기운 길이 서산의 성곽을 대하리 爽氣長對西山郭
한가로운 마음 자유로우면 도잠 같은 시 짓고 閑情放浪陶潛詩
취한 흥취 한껏 동하면 장전[247]처럼 글씨 쓸테지 醉興飛動張顚墨

243 황량(黃粱)과 백의(白蟻) : 황량은 황량몽(黃粱夢)을 말한다. 노생(盧生)이 도사(道士) 여옹(呂翁)의 베개를 베고 잠을 자는 동안 한평생의 부귀영화를 한껏 누렸는데, 잠을 깨고 보니 아직도 메조[黃粱]밥이 지어지지 않았더라는 꿈 이야기로, 인간 세상의 영욕(榮辱)이 한바탕 꿈처럼 부질없는 것을 가리킨다. 백의는 흰개미라는 뜻으로, 당(唐)나라 순우분(淳于棼)이 괴목(槐木)의 남쪽 가지 아래에 누워서 잠이 들었는데, 꿈속에 괴안국(槐安國)에 가서 부귀영화를 누리다가 꿈을 깨어 괴목 아래를 보니 큰 개미굴이 있었다는 고사에서 나온 말이다. 《沈旣濟 枕中記》《異聞集 南柯太守傳》

244 삼도(三刀) : 세 자루 칼로, 관리가 승진할 조짐을 뜻한다. 진(晉)나라 때 왕준(王濬)이 꿈속에서 세 자루의 칼이 천정의 들보에 걸려 있는데 또 그 위에 칼 한 자루가 더 얹히는 것을 보았다. 이의(李毅)가 축하하며 해몽하기를 "칼 세 자루는 고을 주(州) 자가 되고 그 위에 칼 한 자루가 더 보태어졌으니 익주(益州)로 부임하게 될 것이다." 하였는데 과연 그 말대로 되었다 한다. 《晉書 卷42 王濬列傳》

245 십록(十鹿) : 춘추 시대 정(鄭)나라 사람이 사슴을 잡아 파초로 덮어 감추어두었으나 너무 기쁜 나머지 그 장소를 잊어버려 찾지 못하고, 그것을 한바탕 꿈으로 체념했다는 고사를 말하는 것으로, 인생무상을 뜻한다. 《列子 周穆王》

246 맑은……울리고 : 수령으로 선정을 베풀었다는 말이다. 공자의 제자 복자천(宓子賤)이 선보(單父) 고을의 수령이 되었을 적에 마루 아래로 내려오는 일이 없이 거문고만 연주했는데도 잘 다스려지며 교화가 이루어졌다고 한다. 《呂氏春秋 察賢》

그대는 깨어있을 때도 즐거움 많은 줄 아노니　知君寤樂亦自多
줄지도 늘지도 않는 흥이 골짜기에 가득하리　不減不增神盈谷
어찌 꿈을 빌려 즐거움을 설명하는 것인가　胡爲借夢以喩樂
환상과 현실을 함께하려 함이로다　欲將幻界同眞蹟
세속과 동화되면 끝내 먼지를 뒤집어쓰기 마련　同塵終未免侵塵
번잡한 일에 응수하느라 날이 부족하지 않겠는가　無乃酬煩日不足
진흙의 거북 늪의 꿩도 저마다 낙이 있거늘　塗龜澤雉各有樂
무엇하러 나비 되어 자적할 필요 있으랴　化蝶何須託自適
내 인생 거반이나 꿈에 괴로웠는데　吾生半世苦眛夢
초당의 한가로운 낮잠 느지막이 깨달았네　草堂閑眠晩始覺
파초 덮은 노루[248] 가지고 다툰 지난 일　蕉鹿雙爭笑前迷
추구에 대한 풀이 세 번 변하는게 놀랍네[249]　芻狗三言驚變易

247 장전(張顚) : 당(唐)나라 서예가 장욱(張旭)을 말한다. 술을 좋아하여 크게 취하면 머리카락을 먹물에 적셔 휘둘러 초서를 썼으므로 세상 사람들이 '장전'이라고 하였다.

248 파초 덮은 노루 : 춘추 시대 정(鄭)나라 사람이 사슴을 잡아 파초로 덮어 감추어 두었으나 너무 기쁜 나머지 그 장소를 잊어버려 찾지 못하고, 그것을 한바탕 꿈으로 체념했다는 고사를 말하는 것으로, 인생무상을 뜻한다. 《列子 周穆王》

249 추구(芻狗)에……놀랍네 : 추구는 풀을 엮어서 만든 개로, 제사 때 사용하였다. 어떤 사람이 위(魏)나라 해몽가 주선(周宣)에게 "내가 어제 추구 꿈을 꾸었는데 무슨 뜻인가?"라고 묻자, 주선은 "좋은 음식을 얻게 될 것입니다."라고 대답하였는데, 조금 뒤에 외출하였다가 정말로 많은 음식을 얻게 되었다. 이 사람이 또 추구 꿈을 꾸었는데 무슨 뜻이냐고 묻자, 주선은 "수레에서 떨어져 다리가 부러질 것이니 조심하십시오."라고 하였는데, 정말 그렇게 되었다. 그 후에 이 사람이 또 추구 꿈을 꾸었는데 무슨 뜻이냐고 묻자, 주선은 "집에 불이 날 것이니 잘 방비하십시오."라고 하였는데, 얼마 뒤에 정말로 불이 났다. 이 사람이 주선에게 "세 번의 추구 꿈 해몽이 모두 다른 것은 무엇 때문인가?"라고 묻자, 주선은 "추구는 신에게 제사 지내는 물건이기 때문에 처음에

허황된 말이지만 아침저녁으로 만나게 된다면[250] 弔詭幸得朝暮遇
서쪽엔 임강 동쪽엔 노성산 있다오[251] 西有林江東魯嶽
꿈속으로 달려가나 자유롭지 않아 驅馳夢境不自由
이별한 뒤 몇 해 동안 고심했는데 別來多年惱心曲
알겠도다 관아의 가을밤 꿈이 懸知縣齋秋宵夢
강가의 단풍과 산 대나무를 두른 것을 也繞江楓與山竹
꿈속에 명고와 천모에서 노닐 필요 없으니 鳴皐天姥不必夢中遊
청소한 바위에서 이태백처럼 달을 즐기리라[252] 掃灑石上明月期太白

는 음식을 얻을 것이라고 한 것이며, 제사가 끝나면 수레에 깔리기 때문에 중간에는 수레에서 떨어져 다리가 부러질 것이라고 한 것이며, 수레에 깔린 뒤에는 수레에 싣고 돌아와 이를 태우기 때문에 마지막에는 불이 날까 우려하였던 것입니다."라고 하였다 한다. 《三國志 魏志 卷29 周宣》

250 아침저녁으로 만나게 된다면 : 나를 알아주는 사람을 얻는다는 말이다. 《장자》 〈제물론(齊物論)〉에 "만세가 지난 뒤라도 한 번 자신의 마음을 알아주는 대성인을 만나게 된다면, 이는 마치 아침저녁 사이에 만나는 것과 같다."라고 하였다.

251 서쪽엔……있다오 : 임강(林江)은 유계의 거처인 임천(林川)을, 노악(魯嶽)은 논산(論山)의 노성산(魯城山)을 가리킨다. 윤순거는 1639년에 생부상을 당하여 선영이 있는 논산에서 삼년상을 치렀는데, 이 시기 유계 또한 유배에서 풀려나 임천에서 지내고 있었으므로 이렇게 말한 것이다. 《童土集 附錄 司憲府掌令童土先生尹公行狀》

252 꿈속에……즐기리라 : 명고(鳴皐)와 천모(天姥)는 모두 산 이름이다. 이백(李白)이 꿈속에서 명고산을 유람하고 지은 〈명고가봉전종옹청귀오애산거(鳴皐歌奉餞從翁淸歸五厓山居)〉와, 천모산을 유람하고 지은 〈몽유천모음류별(夢遊天姥吟留別)〉이 있다.

시남집

제8권

교서 敎書

소 疏

교서 教書

간언을 구하는 전교
求言傳教

왕은 이르노라. 황천이 보우해주지 않아 이 큰 재앙을 내렸도다. 이 몸 소자가 작은 재주와 적은 덕으로 왕위에 오른 뒤로 천재시변이 거듭 일어나고 층층이 발생하여 인심이 안정되지 않고 국사가 날로 잘못되었다. 더욱 불행한 것은 홍수와 가뭄이 몇 해 동안 이어져 농사일이 크게 잘못된 나머지 우리나라 수백만 백성들이 모두 목숨을 잃는 상황을 면치 못하게 되었다. 아아, 차마 말할 수 있겠는가.

근래에 가을이 이미 깊은데 하늘의 은택이 더욱 막힌 것이 수십 일이 되었다. 조금의 비도 내리지 않으니 추수를 할 가망은 이미 기대할 수 없고, 양서(兩西 황해도와 평안도)의 병충해는 더욱 혹독하여 곡식은 손상을 입고 뿌리와 잎이 모두 시들었으니 금년의 흉황은 지난 몇 년에 비하여 곱절로 참혹하다. 우리 백성에게 죽음이 가까워오는 것을 슬퍼하여 내가 밤낮으로 근심하고 두려워하여 마음이 타들어가는 듯하니 차라리 갑자기 죽어버려서 아무것도 모르는 것이 나을 듯싶다.

아, 재앙은 이유 없이 생기지 않으니 반드시 감응한 것이 있어서이다. 그 잘못을 생각해보면 참으로 나에게 그 죄가 있을 것인데 내가 어리석어 그 까닭을 알지 못하니 하늘이 이 소자를 멀리하고 외면하여 선대의 복을 편안히 하여 민생에 미치지 못하게 한 것이 아니겠는가. 인군이 하늘을 섬기는 것은 부모를 섬기는 것과 같은 것인데 부모가 기뻐하지 않으니 자식이 정성과 효성을 다하여 감격하여 마음을 되돌리게 하는 방법이 반드시 있을 것이다. 만일 하늘의 마음을 돌리고 백성의 목숨을 살릴 방법이 있다면 내가 고루한 사람이기는 하지만 감히 선(善)으로 옮겨가기를 꺼리거나 허물을 고치는 데에 인색하여 천지 조종이 맡기신 뜻을 저버리지는 않을 것이다.

아, 너희 대소 신료와 사인(士人), 서인(庶人)들아. 어리석어 실수를 했거나 시정의 문제에 관계된 모든 일은 모두 곧바로 지적하고 극진히 말하여 감추거나 꺼리지 말 것이요, 함께 일을 하기에 부족하다고 말하면서 소홀히 대하지 말라. 말이 혹 정도에 지나치더라도 나는 벌을 주지 않을 것이며, 채택할 만한 것이 있으면 곧바로 수용하여 시행할 것이다. 힘쓰거라 정부여. 나의 지극한 뜻을 체득하여 중외에 반포하여 모두 듣고 알도록 하라.

황해도 관찰사 김여옥[1]에게 내리는 교서
賜黃海道觀察使金汝鈺教書

왕은 이르노라. 시대가 혼란하여 정사에 현명하고 준수한 자의 등용이 필요하고 임무는 지방관이 중요하니 방악(方嶽)을 맡기는 것[2]을 더욱 진념하였다. 내가 그 선발을 위해 고심하니 여러 사람이 훌륭한 이를 추천하였다. 오직 경이 행동거지가 견고하고 곧으며 재주와 지략이 통민(通敏)하여 세상을 깨끗하게 하려는[3] 평소의 뜻이 이미 시종(侍從)을 역임할 적에 드러났고, 어려운 일에도 뛰어난 능력은 군읍을 다스릴 적에 더욱 돋보였다. 부지런히 다스려서 피폐한 백성이 되살아나게 하였고 신묘하게 적발하니 간악한 자들이 사라졌으며, 사헌부와 예문관에서 중망을 받고 압록강과 연산(燕山)에서 사신의 일을 이제 막 수행하고 돌아왔다.[4] 이 해서(海西) 지방을 돌아보니

1 김여옥(金汝鈺) : 1596~1662. 본관은 광산(光山), 자는 군수(君粹), 호는 미산(薇山)이다. 정묘호란 때 인조를 강화(江華)로 호종하였으며, 병자호란이 일어나자 전라도 함평현(咸平縣)을 수비하다가 의병을 이끌고 서울로 갔으나 이미 강화가 성립되어 해산하였다. 1649년 8월에 황해 감사에 제수되었다. 《承政院日記 孝宗 卽位年 8月 17日》

2 방악(方嶽)을 맡기는 것 : 관찰사를 말한다. 방악은 사방의 큰 산악이라는 뜻으로, 동악(東嶽)인 태산(泰山), 남악(南嶽)인 형산(衡山), 서악(西嶽)인 화산(華山), 북악(北嶽)인 항산(恒山)을 말한다.

3 세상을 깨끗하게 하려는 : 후한(後漢) 범방(范滂)이 기주 자사(冀州刺史)로 부임할 때 "수레에 올라 고삐를 잡고서 천하를 정화시킬 뜻을 개연히 품었다.〔登車攬轡, 慨然有澄淸天下之志.〕"라고 한 고사를 인용한 것이다. 《後漢書 卷97 黨錮列傳 范滂》

4 압록강과……돌아왔다 : 김여옥은 1649년에 가선대부(嘉善大夫)에 오르고 청나라

참으로 하동(河東) 같은 중요한 지역[5]이다. 관방의 요충지로서 변방을 연결하고 지리적으로 가까워 도성을 울타리처럼 보좌한다. 전쟁을 겪은 뒤로 피폐함이 특히 심하였는데 게다가 국가의 큰 근심까지 만나 우리 백성의 힘이 고갈된 것을 가엾이 여겼다. 사신이 연달아 이르는데 접대할 방법이 없고 양선(洋船)이 출몰하는데 상황을 파악하기 어려우니 능력이 있는 인재가 아니면 어떻게 위임하는 책무를 감당하겠는가. 이에 낭묘(廊廟)에 자문하여 현자만 수고로운 상황[6]을 고려할 새도 없이 이렇게 경을 제수하노라. 경은 나의 지극한 마음을 이해하고 그대의 공적에 힘쓰라. 법만 가지고는 행해지지 않으며 선만 가지고는 서지 않으니[7] 요컨대 근본과 말단이 서로 필요하다는 것을 알아야 하고, 너무 부드러우면 버려지고 너무 굳세면 부러지

로 가는 사행(使行)의 부사(副使)로 차임되어 그해 3월에 정사 정태화(鄭太和), 서장관(書狀官) 목행선(睦行善)과 함께 사은사로 청나라에 다녀왔다. 《仁祖實錄 27年 3月 20日》

5 하동(河東)……지역 : 한(漢)나라 문제(文帝)가 하동 군수 계포(季布)를 어사대부(御史大夫)로 임명하려고 불러들였다가 술이 과하여 쓸 수 없다는 말을 듣고, 사관(舍館)에 머물게 한 지 한 달 만에 계포를 도로 하동으로 돌려보냈다. 그가 불러들였던 이유를 물으니 문제가 말하기를 "하동은 나의 고굉군(股肱郡)이므로 불러보았다."라고 하였다. 고굉군은 팔 다리와 같은 중요한 고을이라는 뜻이다. 《史記 卷100 季布列傳》

6 현자만 수고로운 상황 : 훌륭한 재주를 지녀 홀로 어려운 일을 감당하고 있다는 말이다. 《시경》 〈북산(北山)〉에 "너른 하늘 아래가 왕의 땅 아닌 곳이 없으며 사해(四海) 안에 왕의 신하 아닌 이가 없거늘 대부(大夫)가 균평(均平)하지 못한지라 나만 종사하게 하여 홀로 어질다 하노라."라고 하였다.

7 법만……않으니 : 법과 제도와 사람의 의지가 함께 병행돼야 정사를 제대로 펼칠 수 있다는 말이다. 《맹자》 〈이루 상(離婁上)〉에 "그저 선하기만 한 것으로는 정치를 하기에 부족하고, 한갓 법만 가지고는 저절로 행해지지 않는 법이다."라고 하였다.

니 너그러움과 매서움으로 서로 구제하기를 목표로 삼아라. 오직 공정하게 하면 능력 없는 자를 내치고 현명한 자를 승진시킬 수 있고, 경계하지 않고 근심하지 않으면 어찌 국가의 울타리를 굳게 지킬 수 있겠는가. 교화를 펼칠 때에는 풍속을 바로잡는 것을 급선무로 여기고 정사를 행할 때는 백성의 마음을 얻는 것을 우선시하며, 어떤 일을 시행할 때에는 시기에 알맞은지를 중요시하고, 의견을 여쭙고 재가를 받을 때는 모두 옛일을 따르도록 하라.

아, 안팎의 일은 원래 모두 중요한 것인데 신하가 어찌 쉽고 어려운 일을 고르겠는가. 네 마리가 끄는 수레를 타고 가면서 북산(北山)의 괴로움을 말하지 말라.[8] 중문을 걸어 잠그면 서쪽지방에 대한 근심이 거의 줄어들 것이다. 그러므로 이렇게 교시하니 나의 뜻을 잘 알리라 생각한다.

8 북산(北山)의……말라 : 〈북산〉은 《시경》의 편명으로, 역사(役使)가 균등하지 못하여 재주가 훌륭한 이가 홀로 고생하는 것을 풍자한 시이다. 김여옥에게 홀로 훌륭하여 고생한다고 여기지 말고 직임을 맡을 것을 권하는 의미로 인용하였다. 《詩經 北山》

효종대왕의 묘정에 판중추 김집을 배향하는 교문
孝宗大王廟庭 判中樞金集配享敎文

왕은 이르노라. 참된 유자(儒者)가 일대의 명망을 지니고 이미 명덕을 숭상하였으니 종묘에 만세토록 배향하기 위해 이렇게 빛나는 의식을 거행하노라. 사전(祀典)을 살펴보아도 그렇게 되어 있고 과거의 제도를 상고해 보아도 알 수 있다. 옛날 강릉(康陵 명종(明宗))과 목릉(穆陵 선조(宣祖)) 두 실에 종신(宗臣)을 가려 배향할 때에도 문원(文元 이언적(李彦迪))이나 문순(文純 이황(李滉)) 같은 현인이 모두 배향되었으니, 도학이 중요해서일 뿐만이 아니라 바로 국가의 빛나는 일이었기 때문이다. 지난 일들에서 충분히 징험할 수 있으니 후세에도 이를 본받아야 할 것이다.

경은 대현(大賢)[9]의 훌륭한 아들로서 지극한 성품이 남달리 뛰어났다. 가까이 가정에서 학문을 전수받아 문로(門路)가 매우 발랐고 연원은 멀리서 전수받은 것이 있어 도통이 존엄하였다. 이미 자품이 청명한데다 자신을 수양하는 것이 심후하니, 이는 마치 아름다운 옥을 탁마(琢磨)하면 더 윤택해지는 것과 같고 좋은 금이 단련하면 더욱 정제되는 것과도 같았다. 성찰하고 마음가짐을 바르게 하는 가운데 항상 경(敬)을 주장하여 깨어 있었고,[10] 배우고 묻고 생각하고 분별할 적에는

9 대현(大賢) : 김장생(金長生, 1548~1631)으로, 본관은 광산(光山), 자는 희원(希元), 호는 사계(沙溪)이다.

10 경(敬)을……있었고 : 《심경부주(心經附註)》 권2 〈정심장(正心章)〉에 "경은 항상 마음을 깨우는 법이다. 경으로써 주장을 삼으면 모든 일이 다 이로부터 해나가게 된다."

더욱 실천하는 데에 독실하였다. 예서(禮書)의 편찬은 황면재(黃勉齋)의 성대한 업적과 같고,[11] 의문이 드는 문장을 분석하기는 주회암(朱晦庵)의 의미심장한 말과 같았는데, 승척(繩尺)이 정해져 털끝만큼도 오차가 없었고 규구(規矩)가 확립되어 방원(方圓)이 법도에 맞았다. 공부가 지극한 경지에 도달하자 덕이 높으면서도 공순하고 행실이 고상하면서도 안정되었으니, 사림(士林)이 추숭하여 떠받들기를 하늘의 북두칠성과 땅의 태산(太山)처럼 하였다.

처음 성조(聖祖 인조(仁祖))께서 부르신 것을 시작으로 선왕조에 이르러서는 더더욱 높이 발탁되었다. 사헌부의 우두머리가 되기도 하고 이조(吏曹)를 거느리기도 하면서[12] 시초(始初)의 교화를 한결 새롭게 하였고, 왕도를 아뢰고 성학을 도와 삼황오제(三皇五帝)의 아름다운 정치를 회복하려 하였다. 그런데 마룻대가 꺾이고 대들보가 부러져 슬프게도 대로(大老 김집(金集))가 세상을 떠나더니, 하늘이 무너지고 땅이 갈라지는 슬픔을 안타깝게도 소자가 만났도다.[13]

암려(闇廬)에서 상기를 다 마치고 비궁(閟宮)에 부묘(祔廟)하는 예

라고 한 것을 인용하였다.

11 황면재(黃勉齋)의……같고 : 황면재는 황간(黃幹, 1152~1221)으로, 자는 직경(直卿), 호는 면재, 시호는 문숙(文肅)이다. 주자(朱子)의 제자이다. 저서에는 《경해(經解)》, 《면재문집(勉齋文集)》 등이 있다. 《宋元學案 卷63 勉齋學案 黃幹》 여기서는 김집 또한 황간처럼 예서(禮書)를 편찬했다는 말이다.

12 사헌부의……하면서 : 김집(金集)은 1649년 8월 20일에 대사헌에 제수되었고, 같은 해 11월 19일에 이조 판서에 제수되었다. 《承政院日記 孝宗 卽位年 8月 20日, 11月 19日》

13 마룻대가……만났도다 : 김집이 1656년(효종7)에 죽고, 얼마 뒤 1659년 5월에 효종도 승하하였다는 말이다. 《愼獨齋遺稿 卷15 附錄 墓表》 《孝宗實錄 附錄 誌文》

를 거행하니, 군신이 한 몸이므로 존망에서 은수(恩數)에 어찌 차이가 있을 수 있겠는가. 천 년 토록 이어질 제향이기에 배향자를 고르는 일이 어렵고도 막중한 것이다. 이에 덕이 같은 보좌인을 찾아 함께 배향의 반열에 올리는 것인데, 기(夔)나 설(契)과 같은 무리가 아니라면 어떻게 요(堯)와 순(舜)과 함께 배향하는 것이 걸맞을 수 있겠는가.[14] 당시 조정의 어진 보좌를 하나하나 가려보자면 다른 인물도 없는 것은 아니지만 오늘날의 공론을 널리 수렴해보면 모두가 공감하므로 이에 경을 효종 묘정에 배향하기로 한 것이다.

아, 임금과 신하가 때맞추어 만나 생전에 이미 마음이 통했으니 향화(香火)를 함께 올려 사후(死後)에 기리고 높이는 것은 당연한 일이다. 대궐의 옛날 반열을 상상해보면 아마 다시 보좌(黼座)에서 모시고 있을 것이다. 저 하늘 상제 곁에서 소고(昭考 효종)를 모시고 오르내리면서 청구(靑丘) 이 나라를 암암리에 도와 맑고 편안하게 만들 것이다. 생각건대 이승과 저승이 서로 감응하니 아마 영령도 이 모든 것을 다 알고 있으리라.

14 기(夔)나……있겠는가 : 기와 설(契)은 순(舜) 임금 때의 어진 신하들로, 기는 교육과 음악을 전담한 전악(典樂)이었고, 설은 사도(司徒)의 직책을 관장하였다.

수어사 홍중보에게 내리는 교서[15]

賜守禦使洪重普教書

국가가 험요한 방비를 설치한 곳이 참으로 거진(巨鎭)이며, 수어사는 한 방면을 맡으니 완전한 인재를 얻어야 한다. 여러 사람의 논의가 모두 경을 적임자라고 하므로 내가 마음속으로 간택하였다.

오직 경은 시(詩)와 서(書)의 내용을 평소 실천하였고, 의열(義烈)이 대대로 전해지는 집안이다. 부남용(傅南容)[16]은 충성을 바치다 죽었는데 다행히 후사를 두었고, 유자우(劉子羽)[17]는 같이 진심으로 나라를 위해 목숨을 바치니 신명(神明)에 질정할 만하였다. 이에 심복으로 결탁하였으니 어찌 마음으로만 신임하였을 뿐이겠는가. 기읍(畿邑)을

15 수어사……교서 : 홍중보(洪重普, 1612~1671)의 본관은 남양(南陽), 자는 원백(遠伯), 호는 이천(梨川), 시호는 충익(忠翼)이다. 1660년 1월 25일에 수어사에 제수되었다. 《承政院日記 顯宗 1年 1月 25日》

16 부남용(傅南容) : 후한(後漢) 사람인 부섭(傅燮)으로, 남용은 그의 자이다. 한양 태수(漢陽太守)로 있을 때 적병이 한양을 포위하자, 부섭을 고향으로 보내려고 하니, 부섭이 탄식하며 말하기를 "내가 어디로 간단 말인가. 나는 반드시 이곳에서 죽을 것이다." 하고 나가 싸우다가 전사하였다. 《後漢書 卷58 傅燮列傳》 여기서는 홍중보의 아버지인 홍명구(洪命耉)가 병자호란 때 적과 싸우다가 순절하였으므로 인용한 것이다.

17 유자우(劉子羽) : 1097~1144. 자는 언수(彦修)이다. 일찍이 위위승(衛尉丞)이 되어 진정 태수(眞定太守)로 있는 아버지 유겹(劉韐)을 보좌하면서 금나라의 침입을 잘 방어하여 이름을 널리 알렸다. 뒤에 정강(靖康)의 난에 유겹이 자결하여 충절을 지키자, 그는 국력이 튼튼해야 적을 이길 수 있다는 일념으로 송나라에서 벼슬하면서 아버지의 원수를 갚기에 힘써 금나라 군대를 여러 차례 물리쳤다. 《宋史 卷370 劉子羽列傳》

맡기니 관리와 백성들이 마음으로 복종하고 군대와 병기가 정예로워졌으며, 강화 유수로 있을 때는 창고가 가득 차고 방어가 견고해졌다. 통민한 재주와 예리한 재능을 주변에 발휘하여 모두 타당하게 하니, 높은 관직에서 명망이 따라서 더욱 융성해졌다. 사헌부의 우두머리로 업무를 총괄하니 조정의 총애가 이보다 더할 수 없고, 추사(樞司 정치의 중추가 되는 기관)의 긴밀한 자리에 있으니 낭묘의 신임이 어찌 이보다 더하겠는가.

다만 한남(漢南) 한 성은 곧 기내의 중요한 지역으로, 경읍(京邑)과 가까우면서 울타리 역할을 하니, 금릉(金陵)의 석두(石頭)[18]와 같고, 수륙의 요충지를 공제하니, 옥루(玉壘)같은 천혜의 요새로다. 그러니 긴급한 상황에 대비하는 것을 이곳에 의지해야 하지만 군대를 거느리는 일을 맡기기란 진실로 어렵다. 만일 임금 측근의 고굉지신이 아니면 누가 나라를 지키며 울타리 역할을 해내겠는가. 앉아서 승리할 계책을 세우니 맡기고 부리는 것이 비록 왕명을 받고 동분서주하는 것과는 다르지만 군사 작전까지 아울러 총괄하여 사체가 참으로 절제(節制)를 전담한다. 이에 경을 제수하노라.

경은 나의 명령을 공경하여 공적을 이루기를 힘쓰라. 백성은 성을 지키고 국가는 백성을 지킴에 모름지기 선후의 차례를 생각해야 하니, 장군은 병졸을 알고 병졸은 장수를 제대로 알면, 반드시 윗사람과 아랫

18 금릉(金陵)의 석두(石頭) : 석두는 석두성(石頭城)으로, 지금의 강소성(江蘇省) 남경(南京)을 가리킨다. 본래는 초(楚)나라의 금릉성(金陵城)이었는데, 후한(後漢) 건안(建安) 17년(212)에 손권(孫權)이 증축하고 석두로 이름을 바꿨다. 조조(曹操)가 오(吳)나라를 침공하였을 때 손권이 유비(劉備)와 합세하여 적벽(赤壁)에서 크게 격파한 고사로 유명하다.

사람이 편안히 화합할 것이다. 요컨대 인심을 굳게 결합하고, 은근하게 사기를 진작시키도록 하라. 기회가 아니고 주밀하지 않으면 계책을 성취할 방법이 없으며, 경계하고 미리 근심하지 않으면 어찌 긴급한 상황에 대비할 수 있겠는가. 병기나 양식과 같은 지엽적인 것에 대해서는 내가 많은 말을 하지 않을 것이요, 편의대로 조처하는 방법에 대해서는 경이 스스로 판단할 수 있을 것이다.

아, 진양(晉陽)이 요행히 어진 재상을 얻어 전쟁 걱정을 조금 줄일 수 있었고,[19] 삭방(朔方)에서 막 원수(元帥)를 바꾸자 깃발의 색이 크게 바뀌었다.[20] 군신과 부자지간에는 간격이 없으니 편안함과 위태로움, 좋은 일과 슬픈 일을 함께하기를 바란다. 그러므로 이렇게 교시하노니 내 뜻을 잘 알리라 생각한다.

19 진양(晉陽)이……있었고 : 진양은 나라가 위태로울 때 대피할 수 있는 전략적 요충지를 뜻한다. 전국 시대 조(趙)나라의 조 간자(趙簡子)가 윤탁(尹鐸)을 수령으로 삼아 세금을 견감(蠲減)하고 선정을 베풀게 하여 보장지지(保障之地)로 만든 곳으로, 튼튼한 국가의 기반이 되는 지역을 비유하는 말로 쓰인다. 《史記 卷43 趙世家》《國語 晉語9》

20 삭방(朔方)에서……바뀌었다 : 군대를 엄정하게 다스렸음을 말한다. 당(唐)나라 이광필(李光弼)이 곽자의(郭子儀)의 후임으로 삭방 절도사(朔方節度使)에 부임하자 보루와 깃발의 광채가 달라졌다는 고사를 인용한 것이다. 《新唐書 卷136 李光弼列傳》

전라도 관찰사 이태연[21]에게 내리는 교서

賜全羅道觀察使李泰淵教書

국가가 천리의 군민(軍民)을 맡기는 임무를 줄 적에는 적임자 찾기가 어려운데, 호남(湖南)은 사람이 많이 모이는 지역이라 선발을 더욱 신중히 하였다. 누가 이 일을 감당할 수 있겠는가. 경을 대신할 자가 없다. 오직 경은 성품이 성실하고 현명하며 재주와 계책이 통달하고 민첩하다. 위풍(威風)이 분명하여 천하를 맑게 할 평소의 뜻이 일찍이 드러났고, 칼날을 놀리는 것이 거침이 없어[22] 어려운 상황을 해결하는 능력이 절로 남달랐다. 여러 군읍에서 여러 번 시험하였는데 모두들 공수(龔遂)와 황패(黃霸)[23]를 다시 보았다고 말하였다. 호번(湖藩)에서 정절(旌節)을 끼고 백성의 부모가 되었고, 기보(畿輔)에서 관방(關防)을 진무하니 국가가 간성(干城)처럼 의지하였다. 조처한 것이 모두 마땅하였으니, 재주와 정성을 겸비하였다. 안팎의 경중을

21 이태연(李泰淵) : 1615~1669. 본관은 한산(韓山), 자는 정숙(靜叔), 호는 눌재(訥齋)이다. 1661년 전라도 관찰사에 제수되었다. 《承政院日記 顯宗 2年 6月 5日》

22 칼날을……없어 : 일을 맡아 능수능란하게 처리함을 말한다. 《장자》 〈양생주(養生主)〉에 백정이 두께가 없는 칼날을 틈이 있는 소의 살 속에 집어넣으면, 그 공간이 널찍하여 여유작작하게 칼날을 놀릴 수 있다.〔刀刃者無厚, 以無厚入有間, 恢恢乎其於遊刃, 必有餘地矣.〕"라고 하였다.

23 공수(龔遂)와 황패(黃霸) : 두 사람 모두 한(漢)나라 때의 어진 지방관이다. 공수는 발해군(渤海郡)의 난민(亂民)을 다스려서 양민(良民)으로 만든 일로, 황패는 하남태수(河南太守)의 승(丞)으로 있으면서 백성과 아전을 잘 다스린 일로 명성이 높았다. 《漢書 卷89 循吏傳 龔遂, 黃霸》

생각하여 내가 특별히 부르니, 긴급한 계책을 도모함에 모두가 경을 버려두겠는가. 이곳 백제의 강역을 돌아보니 바로 삼한(三韓)의 근본이로다. 많은 인민과 성대한 물력이 거의 한 나라의 반을 차지하지만, 번다한 송사(訟事)와 사나운 습속이 여러 도(道)에 비교하여 유독 남다르며, 불행히도 심한 가뭄이 해를 이어 일어나서 백성들의 피폐함을 슬퍼할 만하다.

아, 나의 수십만 백성들이 입을 벌리고서 먹이를 넣어주기를 기다리고 있으니, 그대 같은 이천 석(二千石) 녹봉을 받는 정성스러운 신하[24]가 아니면 누구와 더불어 어루만지며 병통을 다스릴 것인가. 이에 이미 시험하여 중망이 있는 자를 간택하여 함께 나라를 다스리는 깊은 근심을 나눈다. 이에 경을 제수하노니, 마음을 힘쓰고 이 명령을 공경하라. 느슨함과 긴밀함, 너그러움과 매서움을 중도에 맞게 시행하는 것이 중요하고, 덕과 예와 정사와 형벌 중에서 어찌 한 가지라도 소홀히 할 수 있겠는가. 대수롭지 않게 일을 처리하여 사실과 어긋나게 하지 말고, 깨끗하고 엄격하게 처신해서 명예를 추구하지 말라. 출척(黜陟)을 공정하게 하면 어찌 조금의 사사로운 것을 용납하리오. 외침에 대비를 게을리 하지 않으면 변방의 방어가 견고하리라. 더구나 이렇게 거듭 기근을 겪은 상황에서는 더욱 서둘러 구휼해야 마땅하다. 한 명의 사내가 골짜기에 떨어지는 것도 마치 자신이 밀어서 그런 것처럼 생각하고, 사방으로 떠도는 사람이 있는 것도 모두 나의 책임이다. 비록 알맞은 방도를 얻지 못하더라도 크게 어긋나지 않는 것은 진실로 성의에 달려

24 이천 석(二千石)……신하 : 지방관을 가리킨다. 이천 석은 한(漢)나라 때 지방관이 받던 녹봉(祿俸)이다.

있는 것이니,[25] 요컨대 힘을 다하고 마음을 다하면 어찌 효험이 없겠는가. 모름지기 예상(翳桑)[26]의 명맥을 이어서 반란이 일어나는 상황이 없도록 해야 한다. 백성을 편안케 하는 방법은 대동법만한 것이 없으니 명령을 낼 적에 하찮은 일에 구애받지 말아야 한다. 임시로 임기응변하는 계책은 내가 어찌 많은 말을 하겠는가. 그 외에 옛것을 따라 여쭙는 법령은 경이 법대로 하도록 하라.

아, 위단(韋丹)이 형초(荊楚)를 진무하니 서남(西南)의 은혜로운 교화가 퍼져나갔고,[27] 부필(富弼)이 청제(青齊)에 있으니 동북(東北)의 백성이 목숨을 구하였다.[28] 고인에게 어찌 미치지 못하겠는가. 지금 경은 훌륭한 일을 해내기에 충분하다. 열심히 돌아다니는 가운데 현자가 홀로 고생한다는 탄식을 하지 말고,[29] 도모하고 헤아려서 한 나라의

25 알맞은……것이니 : 《대학장구》 전 9장에 "〈강고(康誥)〉에 이르기를 '적자를 보호하듯이 한다.'라고 하였으니, 마음에 진실로 구하면 비록 딱 맞지는 않으나 멀지 않을 것이다. 자식 기르는 것을 배운 뒤에 시집가는 자는 있지 않다."라고 한 말을 인용한 것이다.

26 예상(翳桑) : 뽕나무가 무성하게 우거진 곳을 말한다. 춘추 시대에 진(晉)나라 영첩(靈輒)이 예상에 굶주리며 곤궁하게 지낼 적에 진(晉)의 권신인 조돈(趙盾)이 먹을 것을 주어 그를 구해 주었는데, 뒤에 조돈이 위급한 일을 낭했을 때 영첩이 은혜의 보답으로 다시 조돈을 구해 주었던 고사에서 온 말이다. 《春秋左氏傳 宣公2年》

27 위단(韋丹)이……퍼져나갔고 : 위단은 당(唐)나라 사람으로 강서 관찰사(江西觀察使)를 지냈다. 재임할 때 탁월한 정치적 업적을 남겼으므로 강서의 남녀노소가 모두 그 은혜를 잊지 못하여서 공덕비를 새겨 은덕을 기렸다고 한다. 《新唐書 卷197 韋丹列傳》

28 부필(富弼)이……구하였다 : 송(宋)나라 인종(仁宗)때 부필이 청주 자사(青州刺史)가 되었는데, 하북(河北)의 홍수로 유민(流民)이 대량으로 발생하자 풍년이 든 고을에서 모은 곡물 등으로 이들을 구제하였으니, 그 숫자가 50여만 명이나 되었다고 한다. 《宋史 卷313 富弼列傳》

잔약한 백성들을 살리기 바란다. 그러므로 이에 교시하노니 내 뜻을 잘 알리라 생각한다.

29 현자가……말고 : 능력이 있는 신하가 그 능력 때문에 홀로 수고롭게 일하는 상황을 말한다. 《시경》 〈북산(北山)〉에 "이것이 왕의 일이 아님이 없건만, 나만 홀로 어질다 하여 수고롭구나."라고 하였다.

강원도 관찰사 홍처량[30]에게 내리는 교서

賜江原道觀察使洪處亮敎書

방백(方伯)이 왕기(王畿) 밖의 지역에 교화를 베푸는 일은 그 적임자 찾기가 어려운데, 동번(東藩 강원도)은 국가의 중요한 지역이므로 이번 선발이 더욱 중요하다. 누가 이 일을 감당할 수 있겠는가. 경을 대신할 자가 없다.

오직 경은 대대로 이름 있는 집안으로 조정에서 뛰어난 명망이 있었다. 풍류와 문아(文雅)는 이미 당시에 일컬어졌고, 예리하고 통달한 재주는 여러 번의 시험에서 모두 공적이 있었다. 금련(金鑾 예문관)과 옥서(玉署 홍문관)에서의 행동거지와 미성(薇省 사간원)과 백부(柏府 사헌부)에서 명성을 떨쳤으니, 벼슬에서 물러나 한가히 지내는 것을 늙지도 않은 날에 어찌 허락하겠는가.[31] 분주히 다니며 자문하는 일을 바야흐로 함께 다스릴 훌륭한 수령에게 힘입으리라.

이 예맥(濊貊)의 옛 땅을 돌아보니 마침 깨끗하게 할 새로운 교화가 필요하다. 천 리 바다와 산이 있는 지역으로 토지가 척박하고 홍수와 가뭄이 여러 해 계속되어 백성이 초췌하고 물자가 고갈되었으니 손으

30 홍처량(洪處亮) : 1607~1683. 본관은 남양(南陽), 자는 자회(子晦), 호는 북정(北汀), 시호는 정정(貞靖)이다. 1662년 강원도 관찰사에 제수되었다. 《顯宗實錄 3年 6月 21日》

31 벼슬에서……허락하겠는가 : 출중한 인재를 벼슬에서 물러나게 할 수 없다는 뜻이다. 홍처량은 1657년 대부인(大夫人)의 상을 당한 뒤로 벼슬길을 단념하였는데, 계속해서 조정의 부름을 받자 마지못해 강원도 관찰사에 부임하였다. 《藥泉集 卷17 神道碑銘》

로 어루만져 위무하지 않으면 어찌 백성의 마음을 위로할 수 있겠는가. 이 때문에 경에게 한 지방의 명을 맡기니 나의 궁궐에서의 근심을 덜어 내어 주기 바란다. 이에 경을 제수하노라. 경은 나의 말을 어기지 말고 그대의 공적을 더욱 힘쓰라. 너그럽게도 하고 위엄을 보이기도 하며, 강함과 부드러움이 알맞게 베풀어지도록 하라. 오직 공정하고 현명하게 하여 등용하고 내치기를 실제에 맞게 하라. 오만한 것이 고상한 듯 보이고 노닐면서 감상하는 것이 달관한 것처럼 보이지만 어찌 공에게 그런 면모가 있겠는가. 입김을 불고 거품으로 적셔주면서[32] 인(仁)을 가까이 한다거나 혹독하게 다스리면서 명성을 가까이 하는 것을 나는 취하지 않을 것이다. 속을 살핌에 세속을 바로잡는 것을 근본으로 하고 정사를 베풀 때에는 백성의 마음을 얻는 것을 우선으로 하라. 더구나 이러한 관방(關防)은 소홀히 하다가 일을 그르치는 만큼 더욱 전쟁의 대비를 경계하고 엄칙해야 마땅하다. 이로움과 병통은 스스로 편의에 맞게 전담할 수 있고, 나의 재기를 받아야 할 것은 모두 상전(常典)을 따라야 할 것이다.

아, 신하는 각자의 직분이 있으니 안과 밖에 어찌 경중을 달리 하겠는가. 평소의 포부를 생각하여 평소의 뜻을 저버리지 말고, 조정의 덕스러운 뜻을 베풀어 만백성을 널리 구제하라. 그러므로 이렇게 교시하노니 내 뜻을 잘 알리라 생각한다.

32 입김을……적셔주면서 : 《장자(莊子)》 〈대종사(大宗師)〉에 "물이 바짝 말라 물고기들이 뭍에 있게 되면 서로 김을 내뿜어 축축하게 해 주고 서로 거품으로 적셔 주지만, 강과 호수에서 서로 잊고 사는 것만 못하다."라고 하였다. 여기서는 사소한 은혜를 가리킨다.

소疏

급히 남한산성을 보수하고 분조하기를 청하는 상소

請急修南漢爲分朝疏

병자년(1636, 인조14) 12월 13일 설서(說書)로 재직할 때이다.

삼가 아룁니다. 신이 삼가 오늘날의 국사를 보니 이미 강하게 대처하지도 못한데다가 약하게 대처하지도 못하여 조정의 계책이 정해지지 않은 상태에서 오랑캐가 강을 건너 다급한 형세가 눈앞으로 다가왔으니 신은 삼가 답답하고 마음이 아픕니다. 오늘날을 위한 계책은 대가(大駕)가 강도(江都)에서 전란을 피하고 세자는 분조(分朝)하여 남하(南下)하는 것일 뿐이니, 이는 진실로 정묘년(1627, 인조5)에 겪었던 일입니다. 그러나 오늘의 일은 정묘년과는 다릅니다. 정묘년에는 오랑캐의 계획이 오로지 위협하여 화친을 맺는 데에 달려 있었습니다. 병사를 해서(海西)에 주둔한 채 깊숙이 쳐들어올 생각이 없었으므로 강도는 근심이 없을 수 있었고 분조도 당황하지 않을 수 있었으며 나라 안의 백성들은 유린당하지 않을 수 있었습니다.

하지만 지금은 그렇지가 않습니다. 오랑캐의 뜻은 실로 화친을 끊은 것에 분노하여 반드시 우리의 팔도(八道)를 짓밟고 우리 만백성을 약탈할 것입니다. 저들이 이르는 곳마다 여력을 남겨두지 않음으로써 우리가 나라를 세우지 못하도록 만들어서 마치 고려가 몽고(蒙古)에게 했던 것처럼 궁지에 몰려 슬피 구걸해야만 그만둘 것입니다. 비록 세자가 분조하여 남하하더라도 우리나라의 지방은 천 리까지 이어진 먼 땅이 없고 호남과 영남의 고을들은 방어할 수 있는 성지(城池)가 전혀 없으니 철마가 돌격하면 불과 열흘 만에 길이 막혀버립니다. 그 위태롭고 궁박한 형세는 지혜로운 자가 말해주지 않아도 앉아서 예상해볼 수 있습니다. 분조가 스스로 보존하지 못한다면 또한 바다로 나가야 하겠지만, 두 조정이 바다로 들어가고 팔방(八方)이 잔인하게 침해를 입어 혹여 백성이 궁하고 힘에 부친 나머지 꺾여 저들에게 들어간다면 한 도(島)를 보전한다 하더라도 어찌 나라를 이룰 수 있겠습니까. 생각이 여기에 이르니 신은 그윽이 가슴이 철렁합니다. 묘당(廟堂)이 또한 여기까지 의논한 적이 있는지 모르겠습니다.

신은 삼가 국가가 남한산성을 수축하는 것을 보고 긴급한 상황에 대비한 지가 오래되었다고 생각했습니다. 신이 일찍이 일이 있어 왕래하면서 그 형세를 살펴보니, 성터가 광활하지만 천연적으로 험고한 지형이기에, 저의 어리석은 생각으로는 이 성에 필요한 준비물을 급히 다스려서 분조의 장소로 만들어 한편으로는 강도(江都)의 표리가 서로 호응하는 형세를 만들고, 한편으로는 신하와 백성에게 목숨을 바쳐 반드시 지키겠다는 뜻을 보인다면 국가의 사업이 거의 희망이 있을 것이라고 여겼습니다.

신의 뜻으로는 이 성의 형세가 비록 군사가 만 명이 되지 않더라도 반드시 지킬 수 있다고 확신하지만 그렇다고 성상을 모시고 고성(孤城)으로 들어가는 것은 여러 장수와 일의 체통이 같지 않습니다. 삼가 바라건대 속히 묘당에서 상의하도록 명하소서. 서울에 있는 정예병과 경기도에서 선발한 병졸 2만 명을 반으로 나누어 거느리게 한 다음 미더운 신하와 어진 장수로 세자를 보호하게 함으로써 반드시 사수한다는 계획을 세우십시오. 또한 경창(京倉)의 곡식과 경국(京局)의 병기를 속히 옮겨서 양식이 바닥나거나 기계가 부족한 것을 근심하지 않도록 한다면 성 안의 사람들이 믿고 안심할 뿐만 아니라 한강 이북의 유민들도 기대할 곳이 있을 것입니다.

앞으로 회복해 나갈 기회도 반드시 여기에 있습니다. 왜냐하면 강도와 남한산성은 성세(聲勢)가 서로 의지하는 만큼, 각각 강한 군대를 주둔하여 중도에서 허리를 끊는다면, 저 적들이 아무리 강하더라도 반드시 이들을 버리고 남쪽으로 내려가서 멋대로 도륙하지는 못할 것입니다. 병사를 견고한 성 아래에 주둔하면 그들의 저돌적인 기세가 조금은 꺾이지 않을 수 없으며 상황이 안 좋게 돌아가서 나아가고 물러남에 의지할 곳을 잃기라도 한다면 몇 개월 지나지 않아 얼었던 강이 녹고 비가 내려 도로가 진흙구덩이가 되었을 때 저들은 다시 돌아갈 마음이 생길 것이고, 우리는 그 틈을 엿보고 편리한 기회를 얻게 될 것입니다. 서북의 병사들이 중강(重江)을 막아서 요양(遼陽)과 심양(瀋陽)의 소식을 단절하고, 삼남(三南)의 군사가 요충지를 나누어 지키면서 주변 진영에서 사행하는 약탈을 무찌르는 가운데 영원(寧遠)으로 신속히 보고하여 빈틈을 타서 적의 소굴을 무찌름으로써 군대의 기세가 크게 펼쳐지고 멀고 가까운 곳에 전파된다면, 고립무원의 적들은 놀라서 동요하게 될 것이니, 이러한 때에 비록 공격해서 완벽한 승리를 거두는 것도 어려울 것이 없을 것입니다. 가령 오랑캐의 군사들이 요행히 온전하게 돌아간다고 하더라도 그 마음에는 두려움이 있고 그 기세는 꺾였을 테니 사신을 통하여 거듭 옛 우호를 맺자고 타이르면, 저들은 장차 우리의 말을 따르고 반드시 요사이 했던 것처럼 무례하게 대하지는 않을 것입니다. 지금 만일 이것을 도모하지 않고 급급하게 화친을 맺으려 한다면 신은 그것이 반드시 이루어지지 않을 것임을 압니다. 가령 천 리를 승승장구하며 들어온 적들이 패배를 두려워하는 기색과 이익을 곱절로 얻는 것도 없으면서 바로 화친을 허락하고 군대를 거두어 도로 물러날 리는 절대로 없을 것입니다.

신은 감히 오늘날의 형세가 싸워 지키는 것은 반드시 이길 수 있고 화친을 맺는 것은 반드시 불가능하다고 말하는 것은 아닙니다. 화친을 맺는 일은 반드시 이루어지지 않지만, 싸워서 지키는 일은 그래도 해볼 만하기 때문입니다. 혹시라도 사직에 혼령이 있고 종묘가 도와주셔서 이 계책이 어긋나지 않고 이루어진다면, 최상으로는 전승을 취할 수 있고 다음으로는 맹약을 이룰 수 있습니다. 설혹 불행하더라도 오히려 사수하는 의리는 잃지 않는 것이니 한결같이 피하기만 하면서 애걸하다가 결국 나라가 망하고 마는 것보다는 낫지 않겠습니까. 미천한 소신이 직분에 벗어난 말을 아뢰는 죄를 잘 알고 있습니다만, 국사가 크게 변하는 것을 직접 보고 급히 소장을 올리느라 말을 가리지 못했습니다. 삼가 밝으신 성상께서 살펴주시기 바랍니다.

척화를 주장하는 여러 신하를 잡아 보내지 말기를 청하는 상소 정축년(1637, 인조15) 1월 23일

請勿執送斥和諸臣疏 丁丑正月二十三日

삼가 아룁니다. 신이 어젯밤 삼가 들으니, 묘당의 여러 신하들이 성상께 여쭙지 않고 제멋대로 이조와 병조에 분부하고 각 사(司)에 통지하여, 전후로 척화를 주장한 사람을 기록해서 오랑캐의 진영으로 모두 보내려 한다고 합니다. 신은 지극히 분하고 놀라운 마음을 금치 못하겠습니다. 변송(汴宋 북송(北宋)) 때에도 없었던 일을 도리어 오늘날에 보게 될 줄이야 일찍이 생각이나 했겠습니까.

신은 삼가 근래에 외간에서 전하는 말을 들으니 이 무리들이 오랫동안 일망타진할 계책을 쌓아서 일시의 명류(名流)를 제거하고자 했으나 그 뜻을 이룰 방법이 없자 장차 밖으로 교활한 오랑캐의 말을 빌려 살육의 미끼를 삼았고 정한 계책이 견고해지자 여러 사람들에게 전파시켰습니다. 온 성의 사람 중에 이를 모르는 이가 없었지만 다만 이 무리들의 기세에 억눌려서 감히 성상께 진언하지 못한 것이라고 합니다. 신은 처음에 듣고는 믿기지 않았는데 지금에 와서는 징험이 되었습니다.

아, 전하께서 계해년(1623, 인조 원년) 반정[33]의 초기에 광해군의 죄를 낱낱이 헤아리셨는데 오랑캐와 내통한 것이 실로 그 한 가지를

33 계해년 반정 : 1623년 이서(李曙)·이귀(李貴)·김류(金瑬) 등이 광해군 및 대북파를 몰아내고 능양군(綾陽君), 곧 인조를 옹립한 인조반정을 말한다.

차지하였으니 이것이 오늘날 나라를 세우게 된 근본이라 할 수 있습니다. 저 척화를 주장하는 사람들이 또한 어찌 자신을 위한 계책을 내었겠습니까. 다만 천지의 떳떳한 법도를 알아 바꿀 수 없는 대의(大義)를 붙들고자 하였을 뿐입니다. 나라를 그르친 죄가 무엇이 있습니까. 설령 조정에서 그 말을 모두 수용한 결과 전쟁을 야기했다 하더라도 고금천하에 자신의 다리를 스스로 끊어서 호랑이의 미끼를 삼으면서 말하기를 "저 호랑이가 나를 아끼어 씹어 먹지 않을 것이다."라고 말할 수 있겠습니까. 이자들이 이런 계책을 낸 것은 신이 그 유래를 알고 있습니다.

지난번 좌상(左相) 홍서봉(洪瑞鳳)[34]이 오랑캐의 진영에서 돌아왔을 때 감히 차마 듣지 못할 말을 분주히 와서 전하자, 이들 무리 8, 9명이 같은 소리로 호응하고 소매를 나란히 하여 입대(入對)한 뒤 겉으로는 눈물을 흘리는 모습을 보였지만 속으로는 임금을 버리고 제 몸을 보전할 계책을 품고서 기어이 저군(儲君 세자)을 협박하여 호랑이 입에 던져 넣으려고 하였습니다. 이런 짓도 차마 하는데 무슨 일인들 하지 않겠습니까. 이때 많은 사람들이 분노하여 검을 끼고 노려보면서 다투어 그의 배에 칼을 꽂으려 하자, 이자들도 또한 스스로 지은 죄가 중대하여 천지 사이에 용납받지 못할 것을 알게 되었습니다. 그리하여 그들은 생각하기를 '만일 속히 처음의 계책을 이루어 오랑캐 세력에 의지하

34 홍서봉(洪瑞鳳) : 1572~1645. 본관은 남양(南陽), 자는 휘세(輝世), 호는 학곡(鶴谷), 시호는 문정(文靖)이다. 1623년(인조 원년) 인조반정에 가담하였고, 병자호란 때에 화의를 주장하였으며, 소현세자(昭顯世子)가 급사하자 봉림대군(鳳林大君)의 세자 책봉을 반대하였다. 저서에 《학곡집(鶴谷集)》이 있다.

여 조정을 위협하지 않으면 몸을 보전하지 못할 것이다.'라고 하였습니다. 그러므로 갖가지 방법으로 시간을 끌며 사기(事機)를 저지시키고, 오랑캐의 형세가 약해져서 군사들이 분투하기를 생각할 때에는 혹은 일진이 안 좋다고 하기도 하고 바람이 순하지 않다는 핑계를 대기도 하였으며, 출병을 하려다가 실행하지 않는 경우가 혹은 하루에도 두세 차례나 있는 등 시기를 미루고 날을 끌면서 사기가 꺾이게 만들었습니다. 그러다가 적들의 원군이 대거 도착한 뒤에는 허풍을 떨면서 성상의 마음을 뒤흔들어서, 당당한 수백 년의 종사(宗社)로 하여금 마침내 오랑캐의 제후국이 되게 하였습니다. 그러나 겹겹의 포위는 풀리지 않고 오랑캐의 마음은 만족할 줄을 몰라 기어코 우리 임금과 세자에게 푸른 옷을 입히려고 하니, 신하된 자가 또한 어찌 차마 입에 담으면서 다시 이 오랑캐와 만날 수 있겠습니까.

그런데 이 무리들은 도리어 이것을 기회로 이용해 당대의 명류(名流)를 모조리 제거하여 한 사람이라도 감히 말하는 자가 없게 한 뒤에 나라를 팔아 제 몸을 보전하고 저 하고 싶은 대로 하려고 합니다. 그래서 감히 이런 이상하고 해괴한 짓을 하면서도 오히려 임금 마음에 차마 못하는 바가 있을 것을 염려하여 궁문이 지척에 있는데도 성상의 뜻을 여쭙지 않고 제멋대로 분부한 것입니다. 문안을 강제로 만들게 한 뒤 성을 나가 사죄한다는 명목을 붙여 겉으로는 잡아 보내는 흔적을 숨기려고 하였지만 안으로는 사실 사류(士流)를 해치고자 한 것입니다.

아, 그들의 계책이 또한 교묘하고도 참혹합니다. 무엇을 근거로 그렇게 단정하는가 하면, 오랑캐의 서신에는 앞장서서 맹약을 깨트리기를 모의한 자를 언급하였는데 이들은 그동안 척화한 사람을 뒤섞어 거론하였고, 오랑캐의 서신에는 두세 사람을 말하였는데 이들은 그

수를 확정하지 않았으니, 반드시 그들이 증오하는 사람을 모조리 보내어 한편으로는 과거의 사사로운 원한을 갚고 한편으로는 훗날의 언로를 막으려는 것입니다. 이 몇 가지를 가지고 보면 그들이 어떤 마음을 먹었는지 환히 알 수 있습니다. 신은 당대의 명유들이 모두 사라진 뒤에 이자들의 마음에 못하는 짓이 없을까 염려됩니다.

신은 감히 알지 못하겠습니다만, 성상께서는 만일 척화를 주장하는 사람들을 보낸다면 북쪽으로 끌려가는 치욕을 면할 수 있다고 생각하십니까? 당초에 이자들이 말하기를 "만일 왕자와 대신(大臣)을 보내면 화친이 성사될 수 있다."라고 하였는데, 이미 보내고 나니 바로 세자를 요구하였고, 그 후에는 또 신하라고 칭하면 겹겹의 포위를 풀겠다고 하더니 신하라고 칭하자 또 성에서 나오라고 요구하였습니다. 이것이 이미 드러난 분명한 증거가 아니겠습니까. 교활한 오랑캐의 만족할 줄 모르는 요구는 갈수록 심해지니, 신은 백마역(白馬驛)의 재앙이 청성(靑城)의 치욕에 전혀 보탬이 되지 않을 것임을 압니다.[35]

공자가 말씀하기를 "삼군(三軍)의 장수를 빼앗을 수는 있어도 필부

35 신은……압니다 : 백마역(白馬驛)의 재앙은 당말(唐末) 천우(天佑) 2년(905)에 주온(朱溫)이 그 부하 이진(李振)의 건의를 받아들여 이른바 청류(淸流)라고 불리던 당시의 학자들을 백마역에서 죽여 황하(黃河)에 던져 버린 사건을 말한다. 《新唐書 卷140 裴遵慶列傳 曾孫樞》 청성(靑城)의 치욕은 북송(北宋) 때 재궁(齋宮)인 청성에 금(金)나라가 쳐들어와 군대를 주둔하고 휘종(徽宗)과 흠종(欽宗)의 항복을 받아냈는데, 휘종과 흠종은 이곳에서 포로로 잡혀가 흑룡강 주위에 있는 오국성(五國城)에 갇혀 있다가 죽고, 후에는 금나라의 말제(末帝)가 청성에서 원(元)나라의 포로가 되었던 일을 말한다. 《宋史 卷22 徽宗本紀, 卷23 欽宗本紀》《金史 卷18 哀宗下》 여기서는 사류를 일망타진 하더라도 조선의 임금이 청나라의 포로로 끌려가는 상황을 피하는 데에는 보탬이 되지 않을 것임을 말한 것이다.

의 뜻을 빼앗을 수는 없다."라고 하였으니,[36] 선비에게는 진실로 몸이 가루가 되어도 초심을 변치 않는 것이 있습니다. 이자들이 아무리 사죄한다는 명목을 만들어 쫓아보내는 계책을 이루더라도, 척화하는 사람들의 입장에서는 애초에 스스로 부끄럽게 여길 실제가 없으니 어찌 사과할 만한 죄가 있겠습니까. 흉적의 칼날에 죽임을 당할 뿐만 아니라 전하의 군신 대의를 끊게 만들어 온 나라의 민심이 모두 떠나갈 생각하게 하게 할 것입니다. 전하께서는 차마 하시겠습니까? 설령 이것으로 인해 목전의 재앙이 조금 늦춰진다고 해도 국가의 명맥은 이미 끊어져 결코 몇 년을 넘기지 못할 것입니다. 어차피 망할 것이라면 어찌 굳이 전고에 없던 일을 해서 천하 후세에 비웃음을 받은 뒤에 망하려고 하겠습니까.

전하께서 반드시 그동안 척화했던 사람을 모두 보내고자 하신다면 대소신료를 가리지 말고 보내셔야 합니다. 신은 지난해에 경연에 입시(入侍)하여, 영의정 김류(金瑬)가 척화를 주장하면서 "사신을 보내서도 안 되고 '청국(淸國)'이라고 써서도 안 된다."[37]라고 하는 소리를 여러 번 들었습니다. 이것으로 보면 김류 또한 지난날 척화를 주창했던 사람입니다. 전하만 기억하지 못하시는 것입니까. 지금 만일 김류 등을 묘당 위에서 팔짱을 끼게 하고 단지 평소에 채택되지 않은 빈말을 한 사류만 골라서 간사한 자들의 마음을 흡족하게 한다면, 신은 전하께서

36 공자가……하였으니 : 《논어》 〈자한(子罕)〉에 보인다.

37 영의정……된다 : 만주(滿州)가 뒤에 청국(淸國)이라고 고쳤는데, 조선에서는 그것을 승인하지 않아 국서(國書)에 그 국호를 쓰지 말고 전과 같이 금국(金國)이라고 쓰자는 주장을 한 것을 말한다.

신하를 대하는 것에 차별이 있게 될까 걱정됩니다. 저의 우둔한 생각으로는 이자들을 베어서 군주를 업신여기고 국가를 그르친 죄를 바로잡지 않으면 북쪽으로 끌려가는 치욕을 끝내 면치 못할 뿐만 아니라 성을 나가기도 전에 먼저 무너져 흩어지는 근심이 있을까 염려됩니다.

신이 근래에 이자들의 정상을 익숙히 보고서 한마디 하려고 생각한 지가 오래되었습니다마는, 이어서 생각건대, 이자들이 국사를 바야흐로 맡고 있으니 말해봤자 유익함은 없이 그저 분란만 초래할까 진실로 염려되었기 때문에 머뭇거리고 참으면서 감히 입 밖으로 꺼내지 못하였습니다. 그러나 지금은 일이 이미 끝장이나 희망이 없습니다. 이에 한 번 죽을 것을 각오하고 감히 어리석은 충정을 모두 아뢰오니, 전하께서 혹 신의 말이 모함이라고 여기신다면 신의 머리를 먼저 참수하여 나라를 그르친 자의 마음을 기쁘게 하소서. 신은 차라리 진동(陳東)과 같이 죽을지언정[38] 이자들과 같이 천지 사이에서 살고 싶지 않습니다.

신에게 한 가지 설이 있는데, 신이 죽음을 앞두고 한 말씀 올려도 되겠습니까? 예로부터 나라를 창업하여 중흥한 제왕치고 죽을 위기에서 살아나기를 구하지 않은 사람은 없었습니다. 그러므로 백번 죽을 고비를 벗어나 한 번 살아날 수 있었습니다. 지금 전하께서는 간신들이 제 몸을 보전하기 위한 계책을 곧이듣고서 항상 사(死) 자를 한 구석에 방치하고 감히 거론하지 않았습니다. 다만 애걸하고 괴로운 말을 하면

38 진동(陳東)과 같이 죽을지언정 : 진동(1086~1127)은 송(宋)나라 사람으로, 흠종(欽宗) 때 금(金)나라의 침략에 대항하여 척화론(斥和論)을 주창한 이강(李綱)이 파직당하자 유생 수만 명을 이끌고 글을 올려 복직하게 하였다. 또 고종(高宗) 때 이강이 조정에서 떠나게 되자, 또 글을 올려 유임(留任)시키기를 청하였다가 황제의 노여움을 사서 사형 당하였다. 《宋史 卷455 陳東列傳》

서 머리를 조아리고 무릎을 꿇는 것으로 한때 요행히 면하는 훌륭한 계책이라고 여기시지만 신은 삼가 오늘날의 만전지계(萬全之計)가 사실은 만 번 위태로워지는 길이라고 생각합니다. 전하는 어찌하여 마음을 굳게 정하여 흥망과 성패에 동요됨이 없도록 하지 않으십니까. 만일 이치가 궁하고 힘이 다하여 재앙이 다가오려 하면 성 안의 군중을 모두 모아서 사문(四門)으로 나누어 나가게 하여 한쪽에서는 전쟁을 하고 한쪽에서는 행군을 하게 하소서. 전하는 미복(微服) 차림으로 혼잡한 틈을 타서 한 고조(漢高祖)가 형양(滎陽)에서 빠져나오고[39] 광무제(光武帝)가 계성(薊城)에서 빠져나왔던 것처럼[40] 달려 나가십시오. 하늘이 만약 도와주어 국운이 끊어지지 않는다면 부흥을 그래도 기약할 수 있고, 설혹 불행하게 되더라도 온 족속이 북쪽으로 끌려가는 치욕을 겪는 것 보다는 낫지 않겠습니까. 생각이 여기에 미치니 마음과 쓸개가 모두 찢어지는 것 같습니다. 삼가 바라건대 밝으신 성상께서는 살펴주소서. 신은 너무도 간절하고 비통한 마음을 금치 못하겠습니다.

39 한 고조(漢高祖)가 형양(滎陽)에서 빠져나오고 : 한고조가 형양에서 항우(項羽)에게 포위당하여 사태가 급박해졌을 때, 장군 기신(紀信)이 고조의 수레를 타고 고조처럼 꾸며서 거짓으로 항우에게 항복하는 척하며 그 틈에 고조를 탈출하게 하고, 자신은 항우에게 잡혀서 살해당했던 일을 말한다. 《史記 卷7 項羽本紀》

40 광무제(光武帝)가……것처럼 : 광무제가 왕랑(王郎)의 세력이 성대해지는 것 때문에 계주(薊州)에 이르렀는데, 성내에서 반란이 일어나 왕랑에게 호응하자, 광무제가 남으로 달아나 호타하(滹沱河)를 건너게 되었던 일을 말한다. 《後漢書 卷1 光武帝紀上》

경연을 열기를 청하는 상소 기축년(1649, 효종 즉위년)

請開經筵疏 己丑

수찬(修撰)으로 재직할 때이다.

삼가 아룁니다. 미천한 신은 타고난 성품이 거칠고 어리석어, 지난번 종묘사직이 위태롭고 천지가 뒤집어지던 때에 목숨을 바쳐 순국하지는 못하고 한갓 망녕된 말을 해서 하늘에 죄를 얻었습니다.[41] 스스로 분수와 의리를 헤아려보건대 참으로 형벌을 받아 죽는 것도 달게 여겨야 했지만 성상의 은택을 과하게 입고 생명을 보전하여 천지간에 머무른 지도 12년이 되었습니다. 그런데 생각지 못하게 이번에 잘못된 은총을 받아 쌓인 죄를 씻고 시종의 반열에 들었으니, 신은 참으로 황송하고 감격의 눈물이 흘러 몸 둘 바를 모르겠습니다.

신이 비록 영화를 탐내고 총애를 무릅써서 과분한 자리를 외람되이 차지하더라도 안으로는 지난 죄를 생각하고 밖으로는 공론을 돌아보면 위축되고 두려워서 끝내 감히 차지할 수 없습니다. 더구나 신은 병들어 썩는 몸이라 평소 향리(鄕里)에서도 오히려 남들 사이에 끼지 못하는데 또한 어찌 감히 시종신의 자리에서 얼굴을 뻔뻔하게 들고서 명기(名器 벼슬)를 거듭 욕되게 하겠습니까. 소원하고 미천한 신은 하늘의 해와 같은 성상에게 감히 말을 꾸미고 사실을 숨기지 못하오니, 삼가 바라건대, 천지 부모와 같은 성상께서는 죄를 짓고도 과분한 은혜를 받아

41 미천한……얻었습니다 : 1637년 병자호란 때 시강원 설서(侍講院說書)로서 척화(斥和)를 주장한 일로 임천(林川)에 유배된 것을 가리킨다. 《市南集 附錄 卷2 神道碑銘》

절절매는 상황을 헤아려 특명으로 신을 체직시켜 미천한 분수를 편안히 해 주소서. 신은 하늘을 우러러 지극히 하소연하는 마음을 금치 못하겠습니다. 신이 이미 이전에 지은 죄를 스스로 나열해 아뢰었으니 거듭 망발을 하여 죄를 가중시키는 것은 진실로 마땅치 않습니다. 다만 생각건대 미천한 신이 10년 전에 근신(近臣)의 말단에 외람되이 있으면서 임금을 제대로 섬기지 못하고 죄만 자초하였는데 생각지 못하게 다시 도성에 들어갔고, 지금 다시 구사일생(九死一生)으로 살아남아 다시 궁궐의 해와 달을 우러르니 마음속으로 감격하여 스스로 억제하지 못하겠습니다. 이에 감히 만 번 죽을 것을 무릅쓰고 한 말씀 올리오니, 혹 자애로운 성상께서 불쌍히 여기시고 채택해 주신다면 신이 비록 구덩이나 골짜기에서 병이 들어 죽더라도 지극히 영화롭고 감격스러울 것입니다.

아, 전하께서는 세상에 드문 영무(英武 영민하고 용맹함)를 가지고 세상에 드문 공적을 세우셨으니 주 선왕(周宣王)과 한 광무(漢光武)의 업적[42]도 실로 이루기 어렵지 않을 것인데, 여러 신하가 보잘것없어 성상의 교화를 받들어 선양하지 못하여 기강을 진작시키지 못하고 국세가 쇠약해지게 만들었으니 병자년(1636, 인조14)과 정축년(1637)[43]

42 주 선왕(周宣王)과 한 광무(漢光武)의 업적 : 주 선왕은 쇠퇴하던 주나라를 중흥시킨 현군(賢君)으로, 성은 희씨(姬氏)이고 이름은 정(靜)이다. 여왕(厲王)이 죽은 뒤 즉위하여 문왕(文王)과 무왕(武王), 성왕(成王)과 경왕(景王)의 유풍을 받들어 내정을 안정시키고, 오랑캐 험윤(玁狁)을 정벌하여 문왕과 무왕 때의 영토를 회복하였다. 《史記 卷4 周本紀》 광무제(光武帝)는 후한(後漢)의 초대 황제로, 중앙 집권 체제를 공고히 하고 예교주의(禮敎主義)의 꽃을 피운 임금이다.

43 병자년과 정축년 : 병자호란(丙子胡亂)을 말한다. 병자호란이 1636년 12월부터

에 망하지 않은 것만도 다행입니다. 그 이후로는 형세에 눌려 스스로 떨쳐 일어나지 못하고 느슨하고 나태해져 미봉하기에도 급급하게 되어, 우리 전하께서 큰일을 할 성대한 뜻이 부득불 꺾이고 막혀 고식적이고 안일함에 빠져들게 하였으니 신은 깊은 밤에 이를 생각할 때마다 저도 모르게 눈물이 흐릅니다.

게다가 불행히도 성상의 체후가 편치 않으셔서 십년 이래로 신하를 드물게 만나보시고 옥좌에 계시면서도 조참(朝參)의 예가 폐기 되었으니, 비유하면 천지가 꽉 막히고 일월이 빛을 감추어 만물이 내달리면서 돌아갈 곳을 모르는 것과 같습니다. 비록 뛰어난 성상의 자질로 외물에 따라 마음이 옮겨가지는 않으시더라도, 깊은 구중궁궐에서 좌우의 아녀자와 내시가 또한 곁에서 조금씩 입김을 넣어 은연중에 변하는 것이 어찌 없겠습니까. 황극(皇極)[44]이 확립되지 않고 사유(四維)[45]가 마구 무너지는데 위에서는 도(道)로써 헤아림이 없고 아래에서는 법으로 지킴이 없이 안일하게 오늘에 이르렀습니다.

그리하여 하늘이 사나워 기근이 연달아 일어나고 거짓된 말이 매우 심하여 백성은 안정되지 못하며, 비정상적인 변고가 매달 일어나니 위태로워 망하는 재앙이 아침저녁 사이에 일어날 듯합니다. 신은 모르겠습니다만, 전하께서 지금의 상황을 어떻게 생각하십니까? 지금 말을

1637년 1월까지 이어졌으므로 두 해를 일컬은 것이다.

44 황극(皇極) : 천하를 다스리는 준칙을 이른다. 《서경》 〈홍범(洪範)〉에 "황극은 임금이 표준을 세우는 것이다.〔皇極, 皇建其有極.〕"라고 하였다.

45 사유(四維) : 예(禮)·의(義)·염(廉)·치(恥)를 말한다. 관자(管子)가 "사유가 펴지지 않으면 나라가 멸망한다.〔四維不張, 國乃滅亡.〕"라고 하였다. 《管子 牧民》

아뢰는 자는 일에 나아가서 일을 논하고 방법에 따라 보완하고 막으니, 약석(藥石)과 같은 경계와 적절한 시무(時務)가 없는 것은 아니지만, 전하께서 먼저 큰 뜻을 세워서 크게 경동하고 크게 진작시키어 아랫사람들을 앞장서서 이끄시지 않는다면, 하늘의 마음을 돌리는 공적은 약물을 한번 마시는 정도로는 결코 바라기 어려울 것입니다. 신은 오늘날의 급선무는 성상의 뜻을 먼저 세우는 데에 있고, 성상의 뜻을 세우는 단서는 경석(經席 경연)을 다시 여는 데에 있다고 생각합니다. 신이 하루를 경연의 자리에 참여한 이상, 진실로 감히 입을 다물고 있지 못하지만, 또한 감히 직분을 뛰어넘어 함부로 의논하지도 못합니다. 삼가 바라건대 밝으신 성상께서는 신이 용렬하다고 해서 신의 말까지 폐기하지 마소서.

신은 삼가 들으니 며칠 전 연신(筵臣)이 차자(箚子)를 올려 때때로 신하들을 만나보시기를 청하였는데 성상의 유지(諭旨)가 정성스러워 시행할 것을 허여하셨다고 합니다. 그런데 지금 벌써 몇 개월이 지났는데 여전히 시행되었다는 소식이 들리지 않습니다. 신은 성상께서 임시로 온화한 유지를 내려서 그 말을 때우려는 뜻이 아니셨을 것임을 분명히 압니다. 진실로 성상의 체후가 편치 않으셔서 아직 정상으로 돌아오지 못했기에 몸을 신중히 돌보느라 아직 거행하지 못하신 것입니다. 그러나 보잘것없는 신의 미혹된 의견으로는 여전히 깊이 바라는 바가 있지 않을 수 없습니다. 옛사람은 서책으로 병을 물리치는 도구로 삼았는데, 서책은 병을 물리칠 수 있는 것이 아닙니다. 하지만 사람의 온갖 병은 마음에서 나오니, 진실로 마음을 주로 붙이는 곳이 있을 경우 그것이 마음을 홀리고 삶을 해치는 성색과 외물이 아니라면 모두 마음을 바꾸어 병을 물리치는 이치가 있는 것입니다. 더구나 성현의 말씀은

훈계함이 깊고 절실하며 사적에 실려 있는 글에는 치세와 난세가 밝게 드러나 있습니다. 이것을 성상의 마음에 담아 깊이 음미하고 살핀다면, 마음을 다스리고 병을 치료하는 일에 있어서 어찌 썩은 풀과 묵은 뿌리 등의 약재로 맑고 시원하게 하면서 보완하는 방법 보다야 크게 공이 있지 않겠습니까.

성상께서 수고롭게 움직이시니 신은 또한 삼가 매우 걱정이 됩니다. 그러나 이 또한 드릴 말씀이 있습니다. 무릇 사내가 부여받은 순양(純陽)의 강건한 기운은 하늘의 운행을 본받은 것입니다. 천도(天道)가 운행하여 사시(四時)가 이루어지고 만물이 생겨나는 것은 청명함과 강대함이 항상 운행하여 쉬지 않기 때문입니다. 혹여 하늘이 운행하다가 간혹 멈추기라도 한다면 한 해를 이루고 만물을 내는 도(道)에 지체되고 문제가 생기는 일이 분명 허다할 것이며 천도가 병이 든 것도 오래되었을 것입니다. 사람 또한 마찬가지입니다. 그러므로 의가(醫家)의 말에, 밀폐된 방에서 옷에 땀을 흘리는 것은 병을 부르는 문(門)이 되고, 오랫동안 앉아 있으면서 걷지 않는 것은 맥(脈)을 상하게 하는 근원이라고 하였습니다. 몸은 행동을 따라 조화로워지고 기운은 움직임을 따라 베풀어지니, 이 또한 옛날 양생(養生)을 하던 자의 말입니다.

지금은 하늘의 기운이 맑고 온화하며 육양(六陽)이 막힘이 없으니 전하께서는 진실로 천시(天時)에 성하게 합하여 만물을 발육하고[46] 막

46 천시(天時)에……발육하고 : 《주역》 〈무망괘(无妄卦) 상(象)〉에 "하늘 아래에 우레가 행하여 물건마다 무망(无妄)을 주니, 선왕(先王)이 보고서 천시(天時)에 성하게 합하여 만물을 기른다."라고 하였다.

힌 것을 조절하여 베풀면서 때때로 편전에 나아가 형식을 벗어던지고 집안의 부자지간의 의리와 같이 조용하게 강구하고 몸에 알맞게 하며 마음을 평온하게 하신다면, 또한 침체되고 막혀있던 울뚝밸이 점차 경쾌하고 평화롭게 바뀔지 또 어찌 알겠습니까.

지금 의논하는 자들은 간혹 성상의 학문이 이미 완성되었으니 오늘날의 신하들이 도와드릴 수 있는 것이 아니고, 성상의 연세가 이미 많으시니 또한 강습과 같은 말단적인 것에 굳이 수고롭지 않아도 된다고 합니다. 이 말이 그럴 듯해 보이지만 실은 그렇지 않은 점이 있습니다. 옛날의 성인(聖人)은 그 학문이 지극하지 않았던 것이 아니고 그 덕이 이루어지지 않았던 것이 아니었는데도 오히려 말하기를 "성인도 생각하지 않으면 광인(狂人)이 된다."[47]라고 하였습니다. 무릇 성인과 광인의 구분은 그 차이가 현격합니다. 어찌 생각 하나의 차이로 성인이 대번에 광인이 되겠습니까. 그러나 사람의 마음은 하나일 뿐입니다. 잡지 않으면 잃어버리고 선하지 않으면 이익에 빠지니, 여기에서 나와 저기로 들어감에 그 사이가 터럭 하나의 공간도 되지 않습니다. 진실로 여기에 대해서 밝게 살펴 관리하지 못한다면 그런 현상이 가속화되어 정도(正道)를 잃어버리는 것이 순식간에 수없이 많아져서, 마음에서 나와 정사에 해를 끼치는 일들이 기약하지 않아도 나타나게 될 것입니다. 이미 혹 성인의 도와 반대로 하여 어지러운 자와 일을 함께 했다면, 따라서 광자라고 말하는 것은 지나친 말이 아닙니다. 요(堯) 임금은 공경하였고 순(舜) 임금은 공손하였으며 탕(湯) 임금은 두려워하였고

47 성인도……된다 : 《서경》 〈다방(多方)〉에 "성인도 제대로 생각하지 않으면 광인(狂人)이 될 수 있고, 광인도 제대로 생각하면 성인이 될 수 있다."라고 하였다.

무왕(武王)은 조심조심하였던 것은 이 때문이었습니다. 어찌 일찍이 스스로를 성인이라고 여겨 소홀히 하였겠습니까. 옛 선현의 말씀에 나무꾼에게 물어보라고 하였습니다.[48] 지금의 뭇 신하들은 용렬하고 무식하여 참으로 나무꾼에게 부끄러운 점이 있습니다. 그러나 묻기를 좋아하고 살피기를 좋아하되[49] 양쪽 끝을 잡고 중도를 쓰는 것은, 진실로 밝으신 성상이 채택하시는 데에 달려 있으니 또한 어찌 조금이나마 보답하는 것이 어찌 없겠습니까.

옛날 주 문왕(周文王)은 성스러운 왕이었는데 중년에 천명을 받고서 도를 바라는 마음이 매우 간절하였고, 위 무공(衛武公)은 어진 군주였는데 나이가 백세에 다다랐어도 더욱 성실하게 경계하였습니다.[50] 《서경》에 이르기를 "해가 기울도록 밥 먹을 겨를도 없으셨다."[51]라고 하였

48 옛……하였습니다 : 《시경》 〈판(板)〉에 "선현들이 말하기를 나무꾼에게도 물으라 하셨다.〔先民有言, 詢于芻蕘.〕"라고 한 데서 온 말로, 아무리 미천한 사람의 의견도 겸허히 듣는다는 뜻이다.

49 묻기를……좋아하되 : 《중용장구》 제6장에 "순 임금은 묻기를 좋아하고 천근한 말도 자세히 살피기를 좋아하였으며, 남의 잘못을 숨겨 주고 잘한 점을 치켜세워 주었다."라고 한 말을 인용한 것이다.

50 위 무공(衛武公)은……경계하였습니다 : 위 무공은 춘추 시대 위(衛)나라의 제후로, 무공은 그의 시호이다. 그는 나이 95세 때 국중(國中)에 경고하기를 "경(卿) 이하 모든 조정의 관원들은 나를 늙었다 하여 방치하지 말고 반드시 조정의 일을 조심해서 하고 서로들 나를 경계해 줄 것이며 한두 마디라도 들은 말이 있으면 반드시 나에게 가르쳐 달라."라고 하였다. 《國語 楚語上》

51 서경에……없으셨다 : 《서경》 〈무일(無逸)〉에 문왕의 덕을 칭송하여 "아름답게 부드럽고 아름답게 공손하시어 백성을 품어 보호하시며, 홀아비와 과부들에게 은혜를 입혀 생기가 나게 하시어, 아침부터 해가 중천에 뜰 때와 해가 기울 때에 이르도록 한가히 밥 먹을 겨를도 없으시어 만민을 모두 화합하게 하셨다."라고 하였다.

으니, 이는 문왕이 순수하고 전일하여 쉬지 않으셨던 것[52]이고, 《시경》에 이르기를 "하늘이 매우 밝으시니 우리 삶이 즐겁지 않도다. 네 어지러움을 보고 내 마음 서글퍼지노라."[53]라고 하였으니 이것은 무공(武公)이 예성(睿聖)이라 일컬어졌던 까닭입니다.[54] 옛날의 성현은 그 마음을 세운 것이 이와 같았습니다. 그러므로 덕업이 밝게 빛나 날마다 새로워지는 것이 한계가 없었습니다. 후세에는 밝은 군주와 명철한 임금 중에 대부분 시작은 있으나 유종의 미를 거두지 못하는 것은 모두 이러한 도에 밝지 않아서입니다. 성스럽고 밝은 전하께서 또한 어찌 이것을 보지 못하셨겠습니까.

지금 사람들은 대부분 경석(經席)을 일러 형식적인 것이라고 하니, 신의 이 말 또한 시속의 비웃음거리가 될 것을 알고 있습니다. 그러나 신이 우러러 밝으신 성상께 바라는 것은 시속에서 하는 말 정도로 그치지 않으니, 다시 바라건대 밝으신 성상께서 큰 뜻을 분발하여 스스로 경연을 열고 답습하는 폐단을 통렬하게 고쳐서 훌륭한 일을 할 뜻을 명쾌하게 보이소서. 무릇 형식적인 일은 일체 없애고, 격물치지(格物致知)와 성의(誠意), 정심(正心)의 설[55]에 대해 유심히 살피고 힘을

52 문왕(文王)이……것 : 《중용장구》 제26장에 "문왕이 문왕이 된 까닭은 순수함이 또한 그치지 않았기 때문이다."라고 한 말을 인용한 것이다.

53 시경에……서글퍼지노라 : 《시경》 〈억(抑)〉에 보인다.

54 무공(武公)이……까닭입니다 : 위 무공(衛武公)은 춘추 시대 위나라의 군주로, 〈억(抑)〉 시를 지어 스스로 경계하였는데, 그가 죽자 시호를 '예성무공(睿聖武公)'이라고 하였다. 《詩經 抑》《國語 楚語上》

55 격물치지(格物致知)와……설 : 모두 《대학장구》 경 1장의 팔조목(八條目)에 속하는 말이다.

쓰고 실천하여, 항상 청명한 덕을 몸에 지니고[56] 일을 대할 때 어둡지 않으시면, 정사에 시행하고 공업에 드러나는 것이 저절로 광명정대하여 쇠미하고 구차한 틀에 빠지지 않을 것입니다. 이 말이 우활한 듯하지만 거두는 실효는 실로 깊고, 성공하기 어려울 듯 하지만 힘을 쓰는 것은 본인에게 달려 있으니 전하께서는 또한 무엇을 꺼려서 실천하지 않으시겠습니까.

지금 나라의 형세는 위태로운 지경이라고 할 수 있습니다. 인재가 등용되지 않아 온갖 직분이 폐해지고, 사론(士論)은 둘로 갈라져 조정이 안정되지 않으며, 민생이 고달픈데 피폐한 정치는 더욱 만연하고, 변방이 매우 위급한데 전쟁 준비는 소홀합니다. 무릇 지금의 잘못된 정사 가운데 치료하고 다스리며, 불구덩이에서 구하고 물속에서 건질 것들이 일일이 거론할 수 없을 정도로 많은데, 신이 그러한 일은 논하지 않고 오직 경연만을 급하게 여기는 것은 경연을 한번 열면 위태로운 것이 곧바로 편안해지고 어지러운 것이 곧바로 다스려지기 때문은 아닙니다.

진실로 피폐한 정사를 개혁하는 것은 기강을 먼저 행하는 데에 달려 있고, 기강을 먼저 행하는 것은 성상의 뜻이 먼저 세워지는 데에 달려 있으며, 성상의 뜻이 세워지는 것은 성상의 학문을 먼저 강학하는 데에 달려 있고, 성상의 학문을 강학하는 것은 반드시 경연을 여는 데에서 시작되니, 그 선후와 차례가 절로 그렇게 되지 않을 수 없는 것입니다. 만일 성상의 뜻이 세워지지 않고 기강이 행해지지 않으면, 비록 아름다

56 청명한……지니고 : 《예기》 〈공자한거(孔子閒居)〉에 "청명함이 내 몸에 있으면, 나의 기운과 뜻이 신과 같이 된다.〔淸明在躬, 氣志如神.〕"라고 한 말을 인용하였다.

운 말이 숨겨지지 않고 여러 계책이 모두 거론되어 하나하나 호령하고 조목조목 거행하더라도 한갓 번잡하고 어지러워 폐단이 착수하는 일마다 생겨나서 끝내 효과를 볼 기약이 없을 것입니다.

삼가 바라건대, 전하께서 마음에 결단을 내려 속히 경연을 여시어 조종의 훌륭한 일을 따르고 근일에 폐지된 전례를 회복하신다면, 국중의 신하와 백성들이 모두들 기쁘게 뛰면서 말하기를 "우리 왕이 거의 병이 없으신가보다. 국사를 이제부터 다스릴 수 있겠다."라고 하며, 눈과 귀가 보고 듣는 바에 풍채(風采)가 바로 변할 것이니 이 어찌 진작하고 경동하는 하나의 큰 거조가 아니겠습니까. 10년 동안 편치 않으셨던 성상의 몸으로 오히려 경석에 자주 나아가시는데 뭇 신하들이 혹 감히 태만하게 직분을 닦지 않는 자가 있다면 사람이 아닙니다. 만약 대단히 보잘것없는 사람이 아니라면 누가 감히 분주하게 힘을 다하지 않겠습니까. 전하께서 이것으로 대신(大臣)을 독려하고 대신은 이것으로 경사대부(卿士大夫)를 독려해서 윗사람과 아랫사람이 서로 독려하여 일제히 호응하면 인심이 믿고 경외할 것이며 기강이 크게 진작될 것입니다. 그렇게 된 뒤에 나머지 피폐한 정치는 차례대로 개혁할 수 있을 것입니다.

미천한 신은 학술이 엉성한데 천지가 시종일관 생성해주는 은혜를 받았으니, 한번 죽을 것을 각오하고 우러러 아뢰기를 생각하여 감히 어리석은 견해를 진달하였습니다. 지극히 간절하고 두려운 마음을 이기지 못하겠습니다.

묘호를 논하는 상소[57]

論廟號疏

수찬(修撰)으로 재직할 때이다.

삼가 아룁니다. 대행 대왕(大行大王)의 공렬(功烈)이 하늘에 닿았고 지극한 인(仁)으로 천하를 보살펴 주시어 수많은 백성들이 우러러 받든 지가 거의 30년입니다. 그런데 생각지 못하게 승하하여 활과 칼을 붙잡고 따르지 못하게 되니,[58] 깊은 산이나 외진 바다에 사는 이들도 달려와 슬피 울부짖지 않는 이가 없었습니다. 오늘날 신민이 망극한 성은에 보답하는 길은 성덕(聖德)을 기리고 선양하여 만세에 드리우는 것뿐입니다. 그러니 묘호의 아름다운 칭호를 의논할 때에 어찌 감히 조금이라도 미진한 부분을 두어 천하 후세의 이견이 있게 해서야 되겠습니까.

지난날 묘당과 관각(館閣)의 신하들이 재삼 의견을 올려 아름다운

57 묘호(廟號)를 논하는 상소 : 인조(仁祖)가 승하한 뒤 인조의 묘호(廟號)에 '인(仁)' 자를 쓰면 조종에 이미 인종(仁宗)이 있으므로 중첩되는 문제가 있음을 논하여 올린 상소이다.《孝宗實錄 卽位年 5月 23日》

58 활과……되니 : 임금이 승하한 것을 의미한다. "황제(黃帝)가 수산(首山)의 동(銅)을 캐어 형산(荊山) 아래서 솥을 만들었는데, 그 솥이 완성되자 하늘에서 수염을 드리운 용(龍)이 내려와서 황제를 맞으니 황제는 올라탔으나, 그때 황제를 시종한 여러 신하와 후궁(後宮) 70여 명은 타지를 못했다. 용이 마침내 올라가니 나머지 소신(小臣)들이 모두 용의 수염을 잡고 늘어졌으나 용의 수염이 뽑히면서 신하들과 황제의 활과 칼이 떨어졌다. 황제가 하늘로 올라가버리니 백성은 그 궁검과 용의 수염을 안고 울었다."라고 하였다.《史記 卷28 封禪書》

칭호를 정하였습니다. 그 글자가 포함하고 있는 뜻이 광대하니 지극하다고 이를 만하고 대행왕(大行王)의 큰 공업과 성대한 덕에도 거의 부합하니 신민의 기쁨과 감동이 어찌 끝이 있겠습니까. 그러나 신의 어리석고 비루한 견해에는 약간의 의심이 없지 않습니다. 왜냐하면, 성인(聖人)이 시법(諡法)을 만든 것은 효자 충신의 추모하는 지극한 정을 다하게 하고, 천하 만세토록 바꾸지 못할 공론을 정하는 것이니, 만일 내용과 형식에서 조금이라도 혐의나 구애되는 것이 있으면 또한 선왕의 뜻을 받들어 선양하고 선왕의 뜻에 따라 효를 이루는 뜻이 아니기 때문입니다. 삼가 생각건대 우리 조정의 여러 성왕(聖王)의 묘호에는 이미 인종대왕(仁宗大王)이 있는데 오늘날 시호를 의논하면서 다시 '인(仁)'자를 쓴다면 아무리 전후의 성왕의 도가 같고 헤아림이 같다 하더라도 또한 어찌 혐의를 분별하는 뜻이 전혀 없겠습니까.

시법이 생긴 이후로 주(周), 한(漢), 당(唐), 송(宋)의 수천 년이 지났지만 일대(一代)의 임금의 묘호가 거듭 나온 경우는 없었습니다. 만일 조손(祖孫)이 같은 덕을 가져서 모두 하나의 시호를 쓰는 것이 의리에 해가 되지 않는다면, 주나라 이래로 같은 사당 안에 있는 현군과 성군 중에 무슨 까닭으로 그동안 같은 시호를 쓴 사람이 한 명도 없었던 것입니까. 논의하는 자는 태조(太祖)와 태종(太宗), 세조(世祖)와 세종(世宗)이 거듭 일컬어진 것을 가지고 오늘의 증거로 삼으려고 하는데, 이것은 생각하지 않은 것입니다.

무릇 '태(太)'라는 말은 그 이상이 없음을 일컫고, '세(世)'라는 말은 세실(世室)의 뜻을 가지고 있습니다. 글자의 의미가 시법에 보이지는 않지만 역대로 국가를 창업하고 중흥한 임금에게는 모두 '태(太)'와 '세(世)' 두 글자를 사용하고 아래에 '조(祖)'와 '종(宗)' 두 글자를 두어서 구별하였습니다. 우리 조종도 이러한 전례를 사용한 것은 상고하여 알 수 있습니다. 오직 중국의 순조(淳祖)와 소황(昭皇)[59]만이 동일한 글자를 사용했는데 어느 경전에 의거한 것인지는 알지 못하겠지만 당시 삼양(三楊)의 무리[60]가 정한 전례처럼 후세의 비난을 받는 일이 없지 않으니, 이러한 수준으로 말한 것이 아니라고 또 어찌 보장하겠습니까. 이 한 가지 일은 끝내 온당치 못한 점이 있습니다. 삼가 바라건대 밝으신 성상께서는 번복하는 것이 혐의스럽게 여기지 마시고 다시 조정의 의견을 물어 지당한 결론을 구하신다면 매우 다행이겠습니다.

어제 응교 심대부(沈大孚)가 소장을 올려 묘호에 조(祖) 자를 사용하는 것은 옳지 않다고 아뢰었는데 성상의 비답이 매우 엄하여 그 논의를 허락하지 않으셨습니다.[61] 심대부는 가까이에서 모시는 사람이니 생각이 있으면 반드시 아뢰는 것이 진실로 그의 직분입니다. 더구나 그가 논한 것은 실로 근거가 없지 않습니다. 그 말이 이미 심대부의 원소(原疏) 가운데에 다 나와 있으니 신은 감히 다시 군더더기 말을 덧붙이지 않겠습니다. 그가 말한 '종(宗)이 조(祖) 보다 낮은 것이 아니

59 순조(淳祖)와 소황(昭皇) : 순조는 명 태조의 아버지로서 황제에 추존(追尊)된 인조(仁祖) 순황제(淳皇帝)이고, 소황은 명나라 제4대 황제인 인종(仁宗) 효소황제(孝昭皇帝)이다.

60 삼양(三楊)의 무리 : 명(明)나라 선종(宣宗) 때의 세 현신(賢臣)으로 내각 대학사를 지낸 양사기(楊士奇)·양영(楊榮)·양부(楊溥)를 가리킨다.

61 어제……않으셨습니다 : 심대부는 인조가 창업의 군주가 아니고 계승한 군주이기 때문에 조(祖)가 아니라 종(宗)을 써야 한다고 주장하였는데, 이에 대해 효종은 "자신의 의견을 고집하여 망녕된 의논을 내지 말라."라고 엄격한 비답을 내렸다. 《孝宗實錄 卽位年 5月 23日》

고 조가 종보다 높은 것이 아니다.'라는 등의 말은 심대부의 말이 아니라 옛사람 중에 이미 그렇게 말한 사람이 있었습니다. 여러 신하들이 말하지 못하는데 심대부가 말한 것입니다. 예는 중도에 맞는 것을 귀하게 여기고 논의는 강명하기를 싫어하지 않아야 하니, 성상의 비답이 이와 같이 준엄하게 배척하는 것은 마땅치 않은 듯합니다.

즉위한 초기인지라 모든 사람들이 주목하고 있는데 이러한 왕의 말씀이 한 번 나왔으니 실망하는 이가 없지 않을 것입니다. 신은 진실로 성상의 뜻이 어디에 있는지 알고 있습니다. 지극히 중하고 지극히 큰 예인지라 사람들이 경솔하게 의논할 수 있는 것이 아니라고 여기시고, 또한 밝으신 성상께서도 말하기 어려운 것이 있으므로 그렇게 하지 않을 수 없었던 것입니다. 비록 그렇기는 하지만 국가의 일은 대소를 막론하고 진실로 의론을 논의해야 할 것이 있으면, 여러 신하들로 하여금 각자의 견해에 따라 남김없이 말하고 숨기지 않게 하는 것이 성대한 세상의 일입니다. 가령 이것보다 중대한 논의가 있는데 신하들이 모두 관망하면서 침묵한다면 이 어찌 조정의 복이겠습니까.

허계(許啓)가 존호를 더하기를 청한 일[62]은 여러 말할 것 없이 시비를 분별할 수 있습니다. 옛날에 당(唐)나라의 안진경(顔眞卿)이 조종에게 시호를 더하는 일의 잘못을 남김없이 아뢰면서 "상원(上元) 중반과 개원(開元) 말기에 시작되었는데 법으로 취하기 부족하다."라고 하

62 허계(許啓)가……일 : 허계(1594~?)의 본관은 양천(陽川), 자는 옥여(沃余), 호는 성암(醒菴)이다. 1649년 5월에 허계가 시호(諡號) 위에 존호(尊號)를 추상(追上)할 것을 상소한 내용에 대해 사헌부가 아뢴 내용이 보인다. 《承政院日記 孝宗 卽位年 5月 26日》

자,[63] 당시 유학자들이 모두 그의 의견을 따랐고, 송나라 신하인 범조우(范祖禹)가 이를 논하기를 "조종(祖宗)이 만일 탁월한 공덕이 있으면 문(文)이나 무(武)라고 해도 충분하니, 시호를 번다하게 하는 것으로 귀함을 삼았다는 말은 들어보지 못했다."라고 하였으니 이것이 진실로 만세의 정론(正論)입니다.

무릇 우리 태조대왕의 성신(聖神)과 공렬(功烈)을 태종대왕과 세종대왕이 추모하며 효도하고 예를 극진히 했지만 당시의 휘호는 여덟 글자를 넘지 않았으니, 이것을 어찌 오늘날 마땅히 본보기로 삼아야 하지 않겠습니까. 더구나 우리 대행왕은 즉위하신 지 여러 해가 지났는데 한 번도 존호를 의논하여 쇠미한 시대의 잘못된 전범을 따른 적이 있지 않으니 그 고아한 식견과 원대한 도량은 더욱이 보통보다 매우 뛰어나셨습니다. 오늘날 뭇 신하들은 그 뜻을 받들어 따르기에도 겨를이 없는데 또 어찌 감히 망령되이 이러한 논의를 하겠습니까. 허계의 말에는 실로 눈치보고 아첨하는 조짐이 있으니 대관(臺官)이 논핵(論劾)해선 안 될 것이 없는데 성상의 비답은 허계에게는 용납해주고 심대부에게는 배척하시니 신은 삼가 대중의 뜻이 동의하지 않아 혹 아득한 사사로운 의론이 있을까 염려됩니다.

다시 바라건대 밝으신 성상께서는 두 신하가 건의한 것을 유심히 살펴서 순종하고 거역할 때 반드시 도(道)에 입각하여 처리하는 뜻을

63 옛날에……하자 : 상원(上元)은 당 고종(唐高宗)의 여덟 번째로 개원(改元)한 연호이다. 조종은 고조(高祖)와 태종(太宗)을 가리킨다. 고조에게는 '대무황제(大武皇帝)'를 '신요황제(神堯皇帝)'로 고쳐 올렸고, 태종에게는 '문황제(文皇帝)'를 '문무성황제(文武聖皇帝)'로 고쳐 올린 것을 말한다. 《資治通鑑 卷202 唐紀 18》《舊唐書 卷1 高祖本紀, 卷3 太宗本紀下》

흔쾌히 베풀어 막중한 전례가 조금이라도 미진하다는 아쉬움이 없게 하신다면 종사에도 매우 다행이며 신하와 백성에게도 매우 다행이겠습니다. 무릇 이 몇 가지 일은 모두 국가의 중대한 논의입니다. 또한 상중(喪中)이신 가운데 미천한 소신이 분수를 모르고 망녕되이 논한 것이 만 번 죽을죄에 해당됨을 잘 알고 있습니다만, 이미 마음에 품은 것을 끝내 숨기지 못함은 또한 미천한 신이 하늘에서 부여받은 본성입니다. 삼가 바라건대 밝으신 성상께서 살펴주소서.

두 현신을 배향하기를 청하는 상소

請兩賢從祀疏

다른 사람을 대신해서 지었다.

삼가 아룁니다. 유자(儒者)를 높이고 도를 중시하는 것은 제왕의 성대한 절목이며, 덕을 숭상하고 공적에 보답하는 것은 국가를 소유한 자가 공통으로 하는 전례입니다. 무릇 도학(道學)과 국가의 관계는 사람의 몸에 원기가 있는 것과 같습니다. 세도의 오르내림과 풍속의 성쇠, 사습(士習)의 바름과 바르지 않음, 인심의 좋음과 나쁨이 도학이 밝고 어두운 것에 연유하지 않는 것이 없습니다. 그 관계의 중요성이 이와 같기 때문에 옛날의 현철한 왕은 도덕과 학문이 있는 선비에 대해 비록 한 시대를 함께 살며 그 쓰임을 다하지 못하였더라도 또한 죽은 뒤에 드러내고 장려하여 모두 사전(祀典)에 차례로 올림으로써 숭상하고 보답하는 예를 다하였으니, 그 존중하고 중시하며 숭상하고 보답하는 것이 어찌 다만 한 사람의 영화나 한때의 좋은 볼거리가 되고 말뿐이겠습니까. 진실로 바른 학문을 밝히고 드러내어 원기를 부지하고 당세를 격려하여 사문(斯文)을 일신하는 일은 이것을 필요로 하지 않을 수 없는데, 하물며 막 즉위해서 교화를 새로 펼쳐 팔방에서 기대하며 바라보는 때를 당하였으니 세교(世敎)와 인도(人道)에 또한 평소보다 훨씬 많은 보탬을 줄 수 있는 환경이 아니겠습니까.

신들은 삼가 생각건대 옛 선정(先正) 신 문성공(文成公) 이이(李珥)와 문간공(文簡公) 성혼(成渾)을 문묘에 배향하려는 논의[64]는 안으로는 성균관과 사학(四學)의 유생으로부터 밖으로는 먼 지방 초야에 있는 선비들에 이르기까지 서로 논의를 하지 않고도 한 목소리를 내며 궐 앞에 엎드려 호소한 것이 한두 번이 아닌데 성상께서는 전혀 듣지 않으시니 신들은 당혹스럽습니다. 저 두 현신은 전일하고 아름다운 도덕과 심오한 학문으로 옛 성인을 잇고 후학을 열어준 공로가 있으니 예의상 높이 보답하는 실제에 부합합니다. 그동안의 소장에 대략 이미 진달했으니 성스럽고 밝으신 전하께서 통촉하지 않으신 것은 아닐 텐데 여전히 미루고 계시니 어찌 해와 달 같은 밝으심으로 혹 빛을 비추어 주지 못하는 곳이 있는 것입니까.

신들은 다시 평일에 부형과 장로에게 들은 것을 가지고 전하께 대략 아뢰고자 합니다. 이이는 타고난 자질이 매우 높아 총명함이 세상에서 가장 뛰어났고, 지식과 행실이 아울러 지극하며 실천과 이해가 모두 지극하였습니다. 도체(道體)에 대해서는 큰 근원을 밝게 보았으므로 언론(言論)에 나타내고 저술에 드러낸 것을 보면, 뛰어나고 정명(精明)하며 훤히 풀어주고 구속됨이 없었습니다. 조정에서 활동한 절조를 말하자면, 항상 군주를 요순(堯舜)과 같은 분으로 인도하고 이 경세제민(經世濟民)하는 것을 자신의 임무로 삼았습니다. 군주의 마음을 바르게 하려는 성심과 백성을 구제하려는 의지가 장수(章奏) 사이에 정성스럽게 나타난 것은 푸른 하늘의 밝은 해를 만백성이 함께 보는 것과 같습니다. 대개 그 규모를 성립한 것이 성인을 배우다가 이르지 못할지

64 옛……논의 : 1635년 5월 11일에 관학(館學) 유생 송시형(宋時瑩) 등 270여 명이 성혼(成渾)과 이이(李珥)를 문묘에 배향할 것을 건의하는 상소를 올린 일을 말한다. 《仁祖實錄 13年 5月 11日》

언정 작은 성취에 스스로 안주하려 하지 않았으니, 이것을 미루어 말하면 비록 삼대(三代)의 인물이라고 해도 좋을 것입니다.

성혼(成渾)은 가정에서 가르침을 받았는데 연원이 유래가 있었습니다. 돈후(敦厚)하고 장중(莊重)하며 독실하게 배우고 힘써 행하니, 언행이 한결같이 법도를 따르고 출처 행장(出處行藏)은 항상 성현을 본보기로 삼았습니다. 자신을 단속함이 엄격하여 혼자 있을 때에도 부끄럽지 않았고, 효성스럽고 우애 있는 행실은 신명(神明)에 통할 만하였으니 덕기(德器)가 성취되어 겉과 속이 한결같았습니다. 이이(李珥)와 도의지교(道義之敎)를 맺었는데, 그들이 익힌 것에는 전현(前賢)이 기존에 말하지 않은 것을 많이 언급하였으며, 이이는 항상 말하기를 "행동거지가 돈독하고 확실하여 내가 미치지 못한다."라고 말하였습니다. 아, 이런 사람이야말로 어찌 옛사람이 말하는 백세의 스승이 아니겠습니까.

본조(本朝)의 문명의 교화는 중국의 송조(宋朝)와 나란하다 할 수 있습니다. 오도(吾道 유학의 도)가 동방으로 전해진 뒤로 명유(名儒)가 배출되었지만 우뚝하게 도학으로 자임하면서 사림으로부터 함께 추앙받는 사람은 앞 시대에는 오현(五賢)이 있고 뒤 시대에는 두 신하가 있을 뿐입니다. 이들의 언론과 풍격, 도덕과 공렬은 어리석고 비루한 말학이 감히 함부로 논의할 바가 아니나, 요체는 두 신하의 학문이 바로 오현의 학문이고 두 신하의 도가 바로 오현의 도라는 것입니다. 지금 두 신하를 오현과 함께 제향하여 흠모하고 숭상함을 보여야 한다는 것은 실로 온 세상의 공론이며 많은 선비들의 지극한 바람입니다. 그런데 오히려 세도가 점점 쇠퇴하고 인심이 착하지 않아 일종의 사특한 말들이 그 뿌리를 끊어내지 못하고 감히 현혹하는 계책을 만들고 바른 사람을 더럽히는 말들을 공공연히 내뱉었습니다.

아, 옛날의 공자와 맹자, 안회(顔回)와 증자(曾子) 같은 대성(大聖), 대현(大賢)도 오히려 한때의 비방을 면치 못하였고, 송(宋)나라의 정자(程子)와 주자(朱子)도 사는 동안 '아첨하고 간사하다'느니 '간사한 귀신'이라는 오명과 위학(僞學)과 당고(黨錮)의 금법(禁法)을 면치 못하여, 몇 대를 거치도록 그치지 않다가 세월이 더욱 오래 흐르고 나서야 시비가 확정되었습니다. 성현의 도는 사특한 설과 함께 절로 용납되지 못하기에 애증이 쌓이고 많고 적은 형세로 인해 소인들에게 미움을 받지 않을 수 없으니 이 또한 사리 상 필연적인 현상입니다. 소식(蘇軾)이나 공문중(孔文仲) 같은 자들이 언제 스스로를 소인이고 사특한 무리라고 여겼겠습니까마는 오히려 대현을 스스로 끊고 끝내 소인이 되고 말았습니다.[65] 더구나 이보다 더 하류인, 보잘것없고 간사하여 아무런 거리낌 없이 현자를 헐뜯고 바른 사람을 해치는 무리야 또한 어찌 따질 것이 있겠으며, 군자의 도에 영향을 끼친 적이 어찌 있겠습니까.

우리나라의 오현(五賢) 가운데 김굉필(金宏弼), 정여창(鄭汝昌), 조광조(趙光祖), 이언적(李彦迪)과 같은 현인은 간흉에게 질투를 받고 가혹한 화에 걸려 간혹 먼 변방으로 유배 가서 처형을 겨우 면했습니다. 문순공(文純公) 이황(李滉)만은 비방하여 해치는 재앙을 다행히

65 소식(蘇軾)이나……말았습니다 : 정이(程頤)와 소식은 평소 사이가 좋지 않았다. 신종(神宗) 연간에 정이가 숭정전 설서(崇政殿說書)로 있을 때, 소식이 우간의대부(右諫議大夫) 공문중(孔文仲)을 사주하여 정이를 탄핵하게 하자, 공문중은 마침내 소식의 말만 믿고 소장(疏章)을 올려 정이를 소인배로 몰아서 탄핵하였다. 뒤에 공문중은 자신이 도리어 소인배의 사주를 받았음을 크게 후회하고 끝내 피를 토하고 죽었다. 《二程外書 卷12》《晦庵集 卷41 答程允夫》《宋史 卷344 孔文仲列傳》

피하였는데 적신(賊臣) 정인홍(鄭仁弘)이 또한 이미 배향한 뒤에 크게 추악한 모욕을 다시 하였습니다.[66] 소인이 군자를 재앙에 빠뜨려 해치는 것이 한결같이 이렇게 심하니 아, 차마 말할 수 있겠습니까.

지금 논의하는 자들은 오현이 소인의 화를 피하지 못하였으나 공론은 이미 정해진 반면, 오직 이 두 신하는 여전히 오늘날 이러저러한 점이 있다고 하고 있습니다. 이것을 의아해한다면 여기에 대해서도 드릴 말이 있습니다. 무엇인가 하면, 저 몇몇 현자가 재앙을 겪은 것이 매우 참혹하여 온 나라 사람들이 가슴 아파하고 애통해하였기 때문에 간흉들이 죽고 난 뒤에 공론이 바로 정해졌습니다. 그러나 지금 이 두 신하가 무함을 받은 것은 불행히도 당론(黨論)이 생긴 뒤에 나와서 위해를 가하는 단서를 서로 조작하여 그 기틀이 매우 깊은데다, 화를 당한 참혹함이 또한 이전의 몇몇 현인들과 같은 지경에는 이르지 않았습니다. 그러므로 세상에서 일종의 말을 하는 자가 떠드는 소리만 믿고 그 실제를 깊이 연구할 겨를이 없었으므로 간사한 말로 그 사이에서 모함하였던 것입니다.

신들이 그 까닭을 대략 아뢰겠습니다. 옛날에 선묘(宣廟)가 처음 즉위하셨을 때 두 신하가 도학으로 한 시대를 선창하니 사람들이 존숭하고 우러르기를 태산과 북두칠성을 보듯이 할 뿐만이 아니었습니다. 그 당시에는 피차간에 공격할 단서가 전혀 없었는데, 조정의 의론이 혼란하고 사정(邪正)이 뒤섞이는 지경에 이르러서는 이이가 국사를

66 문순공(文純公)……하였습니다 : 1611년에 정인홍(鄭仁弘)이 오현(五賢)을 문묘(文廟)에 배향하는 일과 관련하여 이언적(李彦迪)과 이황(李滉)을 헐뜯은 일을 말한다.《光海君日記 3年 3月 26日》

깊이 근심하여 매번 '동(東)'과 '서(西)' 두 글자를 가지고 반드시 나라를 망하게 하는 재앙의 싹이라고 여기고서 조제하고 억제할 계책을 힘껏 아뢰니 이것 때문에 시배(時輩)들의 마음을 여러 차례 잃었습니다.

계미년(1583, 선조16)에 이르러서는 선묘(宣廟)가 이이에게 세상을 다스리는 재주가 있음을 깊이 인식하고 서둘러 발탁해 등용하여 장차 크게 쓰려고 하였는데 두세 명의 간사한 무리들이 기회를 틈타 헐뜯고 죄명을 얽으니 세속의 무리들이 따라서 부화뇌동하여 충현이 입게 될 화를 예측할 수 없었습니다. 그때 성혼이 마침 부름을 받고 서울에 있으면서 소장을 올려 구원하면서 시배들이 붕당을 이루어 참소하고 기발하게 중상하는 죄에 대해 극언하자 이에 여러 소인이 다투어 일어나서 모두 성혼까지 싸잡아 공격하였습니다. 다행히 성상께서 밝게 헤아려 주셔서 간사한 우두머리가 쫓겨났으나, 백성은 복이 없어 군자의 도는 사라졌습니다. 이이가 죽고 성혼이 물러나자 시사가 크게 변하고 당화(黨禍)가 일어나서 몇 년 사이에 갖가지 괴이한 일이 층층이 생겨나더니 이름을 장주(章奏)에 올리고 엮어서 당적(黨籍)을 만들었습니다. 아, 이것은 어떤 상황에서의 논의란 말입니까.

기축년(1589)에 이르러서는 역적의 변란이 벼슬아치들 사이에서 일어났는데,[67] 적의 괴수 정여립(鄭汝立)은 평소 두 현신을 공격하는 것이 더욱 심한 자였습니다. 이에 한 시대의 제멋대로 의논하는 무리가

67 기축년에……일어났는데 : 1589년(선조22)에 정여립(鄭汝立)의 모반을 계기로 일어난 기축옥사(己丑獄事)를 말한다. 정여립은 대동계(大同契)를 조직하여 난을 일으키려다 발각되어 그 일당과 함께 처형당했는데, 이 사건으로 동인(東人)이 몰락하고 서인(西人)이 정국을 주도하게 되었으며, 호남 출신 인물은 관직 등용에 제한을 받게 되었다.

더욱 사정(邪正)을 구별하는 것에 두려움이 없지 않아서 지난 잘못을 덮고 자신과 다른 사람을 모함하여 해치려고 하는 것이 더욱 악랄해졌습니다. 심지어는 옥사를 다스리는 신하의 애매한 일을 가지고 죄안(罪案)을 엮어 성혼에게 미치게 하고자 하면서도 오히려 감히 드러내어 말하지 않다가, 임진왜란에 성혼이 물러나서 처벌을 기다릴 때 소명이 내려오지 않아서 감히 스스로 나아가지 못하니 이홍로(李弘老) 같은 한때의 간사한 무리들이 성상을 속이고 갖가지 단서를 얽어 만들자,[68] 자애로운 증자(曾子)의 어머니도 세 번 이르는 의심을 면치 못하였습니다.[69] 그런 뒤에 적신 정인홍이 비로소 그 무리들을 사주하여 연이어 소장을 올려 두 현신을 크게 배척하며 못하는 짓이 없었으며, 정인홍은 다시 기자헌(奇自獻) 등과 손을 잡고 마침내 성혼의 관작을 추탈하게 만들었습니다.[70] 그리하여 수십 년 동안 사특한 설이 모조리 행해져서

68 임진왜란에……만들자 : 1592년 왜군(倭軍)의 침입으로 선조(宣祖)가 파천할 때 파주(坡州)를 지나면서 성혼(成渾)의 집이 어디에 있느냐고 묻자, 옆에 있던 이홍로(李弘老)가 강가의 마을을 가리키며 저곳이라고 거짓으로 고하였다. 그러자 선조가 "어째서 나와서 나를 보지 않는 것인가?"라고 하니, 이홍로가 "이런 때에 저가 어찌 오려 하겠습니까."라고 한 일을 가리킨다. 《宣祖實錄 27年 3月 1日》

69 증자(曾子)의……못하였습니다 : 증자가 비(費) 땅에서 살 때 그와 이름이 같은 자가 사람을 죽인 것을 옆 사람이 잘못 알고 증자의 어머니에게 증자가 사람을 죽였다고 알렸는데, 처음에는 믿지 않다가 연이어 두 사람이 계속 와서 알리자 짜던 베를 던져버리고 담을 넘어 도망갔다고 한다. 《戰國策 秦2》 여기서는 선조가 이홍로 같은 간신이 계속해서 아뢰는 말을 믿고 성혼을 괘씸하게 여긴 것을 말한다.

70 적신……만들었습니다 : 정인홍이 1601년 문도인 문경호(文景虎) 등을 사주해 상소하게 하여, 조식(曺植)의 문도 최영경의 죽음을 날조한 자는 정철(鄭澈)이고 사주한 자는 성혼이라고 투소하게 하였다. 기자헌(奇自獻은) 대사헌으로서 그 내용에 대해 동의하며 최영경이 원통하게 죽었다고 주장하였다. 《宣祖實錄 34年 12月 30日》

떳떳한 인륜이 무너지고 세도(世道)가 오랫동안 어두웠는데, 계해년(1623, 인조1)의 반정(反正)으로 하늘의 해가 다시 밝아지니 두 현자에게 시호를 내리고 신원하는 일이 차례대로 시행되었습니다. 이것이 두 현자의 도가 시종 펴지고 굽혔던 대략입니다. 유독 한스러운 점은, 배향하려는 논의가 이미 선조(先朝) 때 나왔는데 정인홍이 남긴 논의가 죽지 않고 다시 일어나서 음험한 짓거리가 오늘날에도 여전히 분분한 것입니다.

아, 저 어리고 망녕된 무리들이 어찌 감히 두 현신의 도학이 어떠한지를 알겠으며, 또 세간에서 부끄러워해야 일이 있는 줄 알겠습니까. 그들이 품은 마음을 따져보면, 과오를 이어받고 잘못된 견해를 고수하는 것에 지나지 않지만, 자신도 모르게 과실을 꾸미고 잘못을 이루어 피음사둔(詖淫邪遁)의 설[71]에 빠져들었으니, 그 또한 매우 딱한 노릇입니다.

아, 두 현신의 바른 도학이 저렇게도 우뚝한데 무함을 받은 자취가 이렇게도 분명합니다. 한 시대의 공론이 거의 크게 정해졌는데 아직까지 정하지 않은 자는 다만 명목과 형세에 따라 부려지고 속박당하는 무리에 불과합니다. 오늘날 성대한 전례를 닦아 거행하는 것은 진실로 이것으로 말미암아 의심할 만한 것이 없습니다. 선조(宣祖)께서 근거 없는 말을 믿고 의심한 것과 선조(先朝)에서 신중히 처리했던 것을

71 피음사둔(詖淫邪遁)의 설 : 맹자가 '말을 안다〔知言〕'라는 것에 대해 "편벽된 말〔詖辭〕에 그 가린 바를 알며, 방탕한 말〔淫辭〕에 그 빠진 바를 알며, 사벽한 말〔邪辟〕에 그 괴리된 바를 알며, 도피하는 말〔遁辭〕에 그 논리가 궁한 바를 안다."라고 한 말을 인용한 것이다. 《孟子 公孫丑上》

가지고 오늘날 의론을 막는 큰 단서로 삼는다면, 그 또한 생각이 깊지 못한 것입니다. 예컨대 조광조(趙光祖)가 참혹한 화를 당하고 이언적(李彦迪)이 먼 지방에 내쳐져 죽은 것은 소인들의 무함에서 나온 것입니다. 애초에는 성조의 본심이 아니었으므로 우리 인종(仁宗)과 선조께서 즉위하던 초기에 모두 원한을 풀어주고 작위를 회복해 주셨으며, 선대왕이 반정한 초기에 또한 두 신하에게 바로 신원하고 시호를 내려주는 거조가 있었습니다. 성조(聖祖)의 일식과 월식 같은 허물이 성손(聖孫)을 기다려서 다시 밝아져서,[72] 천하 후세로 하여금 모두 성조의 본심이 애초에는 이렇지 않았음을 우러르게 하였으니, 이 어찌 성왕이 전대를 빛내고 후대를 넉넉하게 하는 대경대법(大經大法)이 아니겠습니까. 더구나 성왕의 도는 때에 따라 마땅함을 만들어 동시에 모두 거행할 수 없는 점이 있으니, 바로 사계절이 서로 이어지는 가운데 하는 일이 다르다고 지장을 주지 않는 것과 같습니다.

수십 년 동안 짙은 음기가 엉겨 있는 끝에 비록 화창한 기운이 돌아와 만물이 다시 살아난다고 해도, 풀리고 두루 하며 빛을 거듭하고 아름다움을 다하는 도는 이명(離明)이 이어 밝힘을 기다릴 때가 없지 않습니다. 지금 임금이 새로 즉위하여 밝음을 명하고 길흉을 명함[73]이

72 성조(聖祖)의……밝아져서 : 《논어》 〈자장(子張)〉에 "군자의 과실은 마치 일식·월식과 같아서, 과실이 있으면 사람들이 다 볼 수 있고, 고치면 사람들이 다 우러른다."라고 하였다. 앞에서 언급한 이언적의 무함이 후대에 와서 신원되었음을 말하고자 인용한 것이다.

73 밝음을……명함 : 《서경》 〈소고(召誥)〉에 "자식을 낳는 것은 처음 낳을 때에 달려 있어 스스로 밝은 명(命)을 받지 않음이 없음과 같으니, 이제 하늘이 우리에게 밝음을 명할 것인가, 길흉을 명할 것인가, 역년(歷年)을 명할 것인가. 이를 아는 것은 지금

달린 이때에 많은 선비들의 바른 논의에 따르고 사방에서 기대하는 마음을 들어주어 선조에서 미처 행하지 못한 대전(大典)을 서둘러 거행하여, 밝으신 성상께서 도학을 높이고 중시하며 사문(斯文)을 일신함으로써 장차 삼황오제의 성대한 뜻과 아름다움을 짝하게 됨을 중외(中外)에서 모두 우러르게 한다면, 계술하는 도리에 있어서 또한 어찌 더욱 빛나고 더욱 드러나지 않겠습니까. 신들은 초야에서 생장해서 인재를 양성하는 은택을 입고 목을 늘이고 눈을 씻고서 새로운 교화에 고무되었습니다.

삼가 들으니 유자(儒者)를 숭상하고 현자(賢者)를 본받는 일에 공론이 막 일어나자 사특한 설이 다시 나와서 사방의 듣는 이들로 하여금 간혹 밝으신 성상께서 도를 향하는 정성이 미진하고 현자를 높이는 예에 흠이 있는가 의심하게 하였으니, 이것이 신들이 크게 두려워하는 바입니다. 이에 감히 발을 싸매고 피를 토하며 하찮은 정성이 전달되기를 바라오니, 삼가 바라건대 밝으신 성상께서는 바르고 사특한 것의 본말을 밝게 살피고 현자를 높이는 성대한 예를 단호히 거행하여 도학을 천명하고 사습(士習)이 방향을 미혹되지 않도록 하신다면 사문(斯文)의 큰 다행이며 오도(吾道)의 큰 다행이겠습니다.

우리가 처음 정사를 하는 데 달려 있다."라고 하였다.

지은이 유계(兪棨)

1607(선조40)~1664(현종5). 조선 중기의 인물로, 본관은 기계(杞溪), 자는 무중(武仲), 호는 시남(市南)이다. 1630년(인조8) 진사과에 합격하고, 1633년 식년문과에 급제하였다. 1636년 병자호란 때 시강원 설서로서 척화를 주장하다가 화의가 성립되자 임천(林川)에 유배되었다. 1639년에 풀려났으나 벼슬을 단념하고 금산(錦山)의 마하산(麻霞山)에 산천재(山泉齋)를 짓고 은거하여 학문에 전념하였다. 1646년 무안 현감이 되었다. 1649년 인조 사후에 인조의 묘호를 정하는 일에 반대하여 선왕을 욕되게 했다는 죄로 효종의 노여움을 사 1650년(효종1) 온성(穩城)에 유배되었다가 영월(寧越)로 이배되었다. 1652년 유배에서 풀려난 뒤 다시 등용되어 대사간·대사성·부제학·대사헌·이조 참판·도승지 등 여러 관직을 역임하였다. 시호는 문충(文忠)이다. 저서로는 《시남집(市南集)》, 《가례원류(家禮源流)》, 《여사제강(麗史提綱)》이 전한다. 송준길(宋浚吉)·송시열(宋時烈)·이유태(李惟泰)·윤선거(尹宣擧)와 더불어 충청오현(忠淸五賢)으로 일컬어졌다.

옮긴이

이상수(李相修)

1981년 세종에서 태어났다. 공주대학교 한문교육과를 졸업하고, 한국고전번역교육원 연수과정을 수료하였다. 성균관대학교에서 박사과정을 수료하였다. 병주 이종락, 아당 이성우 선생에게서 한문을 배웠다. 현재 충남대학교 한자문화연구소에서 연구원으로 재직 중이다. 공역으로 《면불일기》가 있다.

임현정(任賢情)

1991년 충남 보령에서 태어났다. 충남대학교 한문학과를 졸업하고, 성균관대학교 한문고전번역협동과정을 수료하고, 한국고전번역교육원 연수과정과 연구과정을 졸업하였다. 아당 이성우 선생에게 한문을 배웠다. 현재 충남대학교 한자문화연구소에서 연구원으로 재직 중이다. 공역으로 《세종실록》, 《홍산군지》, 《면불일기》가 있다.

한국고전번역원 권역별거점연구소협동번역사업
충남대학교 한자문화연구소 연구진

연구책임자 **이향배**(충남대학교 한문학과 교수)
공동연구원 **정만호**(충남대학교 한문학과 교수)
자문위원 **이성우**(한국고전번역원 자문위원)
책임연구원 **황교은**
선임연구원 **이재숙**
오승준
연 구 원 **이상수**
임현정

시남집 2

유계 지음 | 이상수 · 임현정 옮김
2023년 12월 29일 초판 1쇄 발행
편집 · 발행 문진 | 등록 2002. 5. 6. 제2006-000011호
주소 대전광역시 유성구 대학로 31 한진리조트오피스텔 2004호
전화 042-933-6510 | 팩스 042-367-5510

값 30,000원

ISBN 979-11-87638-93-3 94810
979-11-87638-80-3 (세트)